I0395033

www.ingramcontent.com/pod-product-compliance
Lightning Source LLC
Chambersburg PA
CBHW070642120526
44590CB00013BA/822
9781912699025

نمایش کتاب‌مقدس

ISBN 978-1-912699-02-5

90000

9 781912 699025

نمایش کتاب‌مقدس

یافتن جایگاه‌مان در داستان کتاب‌مقدس

کریگ جی. بارتولومیو
مایکل دبلیو. گوهین

مترجم: نغمه فیروز
ویراستاری: نادر فرد
نمونه‌خوانی: ش. رجب‌زاده
طرح جلد: اندی ساوتون

انتشارات پارس ۲۰۲۳
کلیهٔ حقوق برای ناشر محفوظ است

شابک: ۵-۰۲-۹۱۲۶۹۹-۱-۹۷۸

The Drama of Scripture

Finding Our Place in the Biblical Story

Second Edition

Craig Bartholomew
Michael Goheen

Copyright© 2004, 2014 by Craig Bartholomew and Michael Goheen
Originally published in English under the title
The Drama of Scripture by Baker Academic,
a division of Baker Publishing Group,
Grand Rapids, Michigan, 49516, U.S.A.

All rights reserved.

Persian Translation © 2019 Pars Publications

Reprint: 2023

Translated into Persian by: Naghmeh Firouz
Edited by: Nader Fard
Proof Reading: S. Rajabzadeh
Cover: Andy Southan

Persian Translation Published by:
Multimedia Theological Training Limited
P. O. Box 66099, London, W4 9FE, UK

publications@parstheology.com
www.parsonlineshop.com

ISBN 978-1-912699-02-5

فهرست مطالب

پیش پرده:
کتاب‌مقدس به‌عنوان داستان اصلی ۹

پردۀ اول:
خدا پادشاهی خود را برقرار می‌کند ۱۹

پردۀ دوم:
طغیان در پادشاهی ۳۷

پردۀ سوم:
پادشاه، قوم بنی‌اسرائیل را برمی‌گزیند ۴۳

فاصلۀ میان دو پرده:
داستان پادشاهی، در انتظار پایان ۱۳۷

پردۀ چهارم:
آمدن پادشاه ۱۵۷

پردۀ پنجم:
بشارت خبر خوش ۲۲۳

پردۀ ششم:
بازگشت پادشاه ۲۷۷

پیش پرده

کتاب مقدس
به‌عنوان داستان اصلی

تصویر ۱- گفتگو در ایستگاه اتوبوس

«الســدیر مک‌اینتایر»[1] می‌کوشــد طی داســتان جالبی نشان دهد که یک رویداد خاص، تنها زمانی درســت درک می‌شــود که در چارچوب داستان تعریف شـود. او تصور می‌کند که در ایسـتگاه اتوبوس، مردی کنارش می‌ایسـتد و می‌گوید: «اسـم اردک وحشی هیسـتریونیکاس،

---

1. Alasdair MacIntyre

هیستریونیکاس، هیســتریونیکاس اســت.» معنی جمله به اندازهٔ کافی مشخص است اما اصلاً معلوم نیست او دربارهٔ چه صحبت می‌کند. زمانی این موضوع روشن خواهد شد که آن را در چارچوبی وسیع‌تر، یعنی در داستانی که جمله در آن قابل فهم باشد، قرار دهیم. برای مثال، سه داستان مختلف ممکن اســت این موضوع را روشن‌تر سازد. نخست اینکه شاید گویندهٔ این جمله، شــخص مخاطب را با شــخص دیگری که دیروز در کتابخانه ملاقات کرده و از او پرســیده بود: «آیا اسم لاتین اردک وحشی را می‌دانی؟» اشــتباه گرفته باشد. یا شــاید تازه از پیش روانپزشک که به او در کنار آمدن با کمرویی‌اش کمک می‌کند، برگشــته است. روانپزشک از او خواســته اســت تا با غریبه‌ها صحبت کند. آن مرد جوان می‌پرسد: «چه صحبتی باید با غریبه‌ها بکنم؟» روانپزشــک پاسخ می‌دهد: «دربارهٔ هر چه می‌خواهی صحبت کن.» یا شــاید او جاسوس روس بوده که به دنبال رابطش در ایســتگاه اتوبوس می‌گشته و رمز آنها اسم لاتین اردک بوده است. منظور السدیر از این داستان‌ها این است که: معنی آن ملاقات غیرمترقبه در ایســتگاه اتوبوس بستگی به داســتانی دارد که بدان شکل داده اســت. در حقیقت، هر کدام از این داستان‌ها معانی گوناگونی به این رویداد می‌دهند.

این در مورد زندگی انســان‌ها نیز صادق است. برای آنکه بتوانیم به زندگی خود معنا ببخشیم به داستان نیاز داریم. داستان تعریف جامع‌تری از همهٔ قسمت‌های زندگی به دست می‌دهد. مجدداً مک‌اینتایر در این باره زیبا می‌گوید: «من فقط زمانی می‌توانم به این سؤال که "چه باید بکنم؟" پاســخ دهم که ابتدا به ســؤال "من خودم را جزء چه داستانی می‌بینم؟" پاســخ داده باشم.» زندگی ما - یعنی ســؤالات، رویدادها، تصمیمات و روابط آن- در بطن روایت‌ها معنی می‌یابد.

این امر ما را به‌ســوی مثال دیگری هدایت می‌کند، داستانی که شاید به زندگی ما نزدیک‌تر باشــد تا داستانِ ســاختگی و غیرمترقبهٔ ایستگاه اتوبوس و اسم لاتینِ اردک.

تصویر ۲- آلبرت و ژانت

پسر و دختر جوانی به نام‌های آلبرت و ژانت بعد از اتمام جلسهٔ کلیسایی همراه چند نفر به سالن پذیراییِ مخصوص تازه‌واردین کلیسا رفتند و تصادفاً سر میز با هم نشستند. آنها هنگام صرف قهوه و ساندویچ، شروع به صحبت از هر دری کردند. افراد دیگری که سر میز آنها بودند کم‌کم میز را ترک گفتند، و شخصی نیز شروع به جمع کردن فنجان‌ها و صندلی‌ها کرد. اما آلبرت و ژانت گویی اصلاً متوجهٔ این چیزها نشدند. سپس به این فکر افتادند که بد نیست کمی همدیگر را بیشتر بشناسند. بنابراین، قرار گذاشتند تا یک‌بار دیگر همدیگر را در یک کافهٔ خلوت و دنج برای صرف قهوه و دسر ملاقات کنند. اما دلیل اصلی آنها برای ملاقات در چنین مکانی این بود که آنجا فضای بهتری برای صحبت‌های خصوصی فراهم می‌کرد تا سالن شلوغ کلیسا.

آنها طی صحبت چیزهایی از زندگی‌شان به هم گفتند؛ در واقع، آنها شروع به گفتن داستان زندگی‌شان کرده بودند. آلبرت توضیح می‌دهد که فرزند آخر خانواده بعد از چهار دختر است و خواهرها به‌شدت لوسش کرده‌اند. آلبرت تعریف می‌کند که در دهلی نو، جایی که والدینش در کنسولگری کار می‌کردند، به‌دنیا آمده و دورهٔ دبیرستان را در چهار کشور مختلف گذرانده است. آنها به‌تدریج کلی‌گویی را کنار گذاشتند و شروع به گفتن جزئیات کردند، اینکه: آلبرت تا آن زمان بیش از دویست مایل از

مزرعهٔ خانوادگی‌اش دور نشده بود (هرچند که سفر را دوست داشت). ژانت به چهار زبان مختلف صحبت می‌کرد و چند زبان دیگر را هم می‌فهمید. آلبرت تعطیلات کودکی‌اش را در کنار جمع بزرگی از بچه‌های فامیل در کلبهٔ پدربزرگش در منطقهٔ مسکوکای کانادا گذرانده بود. ژانت یک‌بار سال نو را با غواصی کردن در خلیج مائوری در آفریقای جنوبی جشن گرفته بود. گفتگوی آن دو همین‌طور ادامه پیدا کرد، و از خاطرات دوران کودکی گرفته تا ترس‌ها و باورها، اولین شغل تابستانی، برنامه‌های تحصیلی و امیدهای آینده با یکدیگر گفتگو کردند.

وقتی کسی از شما می‌پرسد: «کمی از خودت بگو»، تنها پاسخ درست آن است که داستان یا مجموعه داستان‌هایی از خودتان بگویید. هنگامی که روایت زندگی‌مان را با دیگران در میان می‌گذاریم، شروع به شناختن هم می‌کنیم. ما نه تنها می‌خواهیم بفهمیم که آن شخص، امروز و در این لحظه چه کسی است، بلکه می‌خواهیم بدانیم که چه چیز او را تبدیل به شخص کنونی کرده است. چه تجربیاتی، ایده‌هایی و شخصیت‌هایی زندگی او را شکل داده است. داستان‌های شخصی افراد زمینه‌ای در اختیار ما می‌گذارد و دربارهٔ زندگی آنها توضیحات زیادی می‌دهند. اما حین شرح داستان‌شان، ممکن است بپرسند: آیا برای یافتن معنای زندگی، فقط باید به داستان‌های شخصی خود بسنده کنیم؟ یا اینکه داستان حقیقی دیگری وجود دارد که بزرگتر از هر دوی ماست، و به کمک آن می‌توانیم جهان را بهتر درک کنیم و برای زندگی‌مان معنا بیابیم؟ آیا داستان‌های شخصی ما - جدا یا با یکدیگر - قسمتی از داستانی جامع‌تر و کلی‌تر است؟

داستانی که من در آن ارزش و هدف می‌بینم، می‌تواند همان «داستان زندگی من» باشد، یعنی روایت زندگیِ خصوصیِ من. در ضمن می‌تواند از این هم گسترده‌تر باشد: داستان خانواده و شهر من؛ یا حتی کشور و تمدن من. هر چه عمیق‌تر به معنی آن فکر می‌کنم، با زمینهٔ وسیع‌تری روبه‌رو می‌شوم. و این ما را به‌سوی پرسش بسیار مهمی سوق می‌دهد: آیا ***داستانی واقعی برای کل جهان وجود دارد*** که من خوانده شده‌ام تا در

بطن آن نقش داشته باشم؟ «لسلی نیوبیگین»[1] در این باره چنین توضیح می‌دهد: «درک ما از زندگی انسان بستگی به درک ما از داستان زندگیِ انسان دارد. داستان واقعی، که داستان زندگی من بخشی از آن است چیست؟» آیا «داستانی واقعی» وجود دارد که تعریفی کلی برای تمام انسان‌ها در هر زمان و مکان فراهم کند و همچنین زندگی مرا نیز در این دنیا دربرگیرد؟

امروزه بسیاری از مردم، امید کشف این «داستان واقعی» را از دست داده‌اند. آنها معتقدند که نمی‌توان حقیقت وجود این جهان را کشف کرد، و افراد و جوامع باید به کشف محدود و جزئی داستان‌های جداگانهٔ خود قانع باشند. تعهد به کثرت‌گرایی باعث می‌شود حتی در پی داستانی جامع نباشیم، داستانی که می‌تواند برای همهٔ انسان‌ها، جوامع و ملت‌ها درست باشد، زیرا کشف «داستان واقعی» بدین‌معناست که همهٔ داستان‌ها به یک اندازه معتبر نیستند.

با این‌حال، بسیاری معتقدند که داستانی واقعی و حقیقی وجود دارد که به زندگی همهٔ انسان‌ها و جوامع معنی می‌بخشد. به‌طور مثال، مسلمانان معتقدند که داستان آنها (که در قرآن آمده است) داستان درست دربارهٔ الله، خلقت این جهان توسط او، نقش او در تاریخ بشریت و پیروزی نهایی او است. ممکن است مسلمانی بگوید که بالاخره همه خواهند فهمید که این تنها داستان حقیقی است. همچنین، شخصی مدرنیست (نوگرا) که به داستان روشن‌فکری متعهد است، باور دارد که داستان واقعی یعنی اینکه: بشر در نهایت توسط عقل و استدلال بشری بر امور طبیعی پیروز خواهد شد و علم و تکنولوژی به ما کمک خواهد کرد تا دنیای بهتری برای همه بسازیم. این داستان امروزه توسط افراد بسیاری در اروپای غربی و آمریکای شمالی پذیرفته شده است.

مسیحیان نیز باور دارند که **یک** داستان حقیقی وجود دارد: داستانی که کتاب‌مقدس بیان می‌کند. این داستان با خلقت خدا آغاز می‌شود،

---

[1] Lesslie Newbigin

طغیان بشر را نشان می‌دهد و توسط داستان قوم بنی‌اسرائیل تا مسیح و بعد از آن تا دوران کلیسا ادامه پیدا می‌کند، و تا آمدن پادشاهی خدا پیش می‌رود. درست در مرکز این داستان مردی وجود دارد به نام عیسی که خدا، هدف غایی و تعریف کل جهان را در او نمایان ساخته است. تنها در این روایت است که می‌توانیم تعریفی برای تاریخ بشریت و همچنین برای زندگی من و شما بیابیم.

این داستانی اساسی و بنیادین است و کمک می‌کند تا درکی درست نسبت به کل هستی و جایگاه‌مان در آن داشته باشیم. چنین داستان جامعی، نه تنها تعریفی از تاریخ فردی یا ملی ارائه می‌دهد، بلکه تاریخی از جهان را نیز به ما معرفی می‌کند. امروزه چنین شرح و روایتی، داستان اصلی یا فراروایت خوانده می‌شوند، و تلویحاً ادعا می‌کند که «داستان، بهترین وسیله برای بیان شرح واقعی دنیاست.»[1] مسلمان، مدرنیست و مسیحی هرکدام باور دارند که داستان خودشان، تنها داستان درست است، و داستان روشنگری در مورد پیشرفت بشر، قرآن یا کتاب‌مقدس در نهایت توسط همه به‌عنوان حقیقت پذیرفته خواهد شد. اما باید بدانیم که همهٔ این داستان‌ها نمی‌توانند منحصراً و همزمان حقیقت به‌شمار روند. ما باید انتخاب کنیم.

می‌دانیم که شنیدن این امر در میان جوامعی که به‌طور ضمنی به کثرت‌گرایی عادت کرده‌اند، چقدر دشوار است. تلاش برای ایجاد توازن میان فرهنگ‌ها و ملت‌ها، ما را متقاعد می‌سازد کتاب‌مقدس را فقط کتاب جالب دیگری میان کتاب‌های جالب کتابخانهٔ جهانی ببینیم، که همگی ممکن است کم‌وبیش قابل اعتماد باشند یا نباشند. اما این کار باعث می‌شود کتاب‌مقدس را متفاوت با آنچه ادعا می‌کند یعنی: تنها داستان حقیقی دربارهٔ جهان، ببینیم. با توجه به روایت کتاب‌مقدس، تعریف کل تاریخ جهان هستی به‌طور کامل در شخص عیسای مسیح بر ما نمایان شده است. شخص می‌تواند کتاب‌مقدس را به‌عنوان حقیقت بپذیرد یا آن

---

1. N. T. Wright, New Testament and the People of God, 40.

را داستانی دروغین تلقی کرده، رد کند، اما نمی‌تواند آن را به سلیقۀ خود تغییر دهـــد. کتاب‌مقدس ادعا می‌کند حقیقت را دربارۀ تاریخ جهان بیان می‌کند و این تعریف، اساسی برای ساختار آن است.

متأسفانه، بسیاری از مسیحیان جوهر اصلی کتاب‌مقدس را تشخیص نداده‌اند. الاهی‌دانی هندو به نیوبیگین چنین گفت:

«نمی‌دانم چرا شـــما میسـیونرهای مسـیحی کتاب‌مقدس را به ما در هندوســتان به‌عنوان کتـــاب مذهبی ارائه می‌کنیــد. این کتابی مذهبی نیست؛ در ضمن، ما کلی کتاب مذهبی در هند داریم و به کتاب مذهبی دیگری احتیاج نداریم! در کتاب‌مقدس شـــما شرح منحصربه‌فردی از تاریخ جهان، آفرینش و نژاد بشـــری پیدا کردم. همچنین تفسـیر بی‌مانندی از مسئولیت انسان در تاریخ را می‌توان در آن مشــاهده کرد. این واقعاً منحصربه‌فرد اســـت. در کل ادبیات مذهبی جهان هیچ چیز را نمی‌توان با آن مقایسه کرد.»[1]

شـــکایت او این بود که حتی بســـیاری از میسـیونرهای مسـیحی نتوانســـته‌اند کتاب‌مقـدس را به‌عنوان «شــرحی منحصربه‌فرد از تاریخ جهان، آفرینش و نژاد بشری» تشخیص دهند. آنها کتاب‌مقدس را در حد کتابی مذهبی پایین آورده‌اند، اما این الاهی‌دان هندو دریافته بود که در کل جهان هیچ متن مذهبی‌ای نمی‌تواند با کتاب‌مقدس مقابله کند.

چـــرا مسـیحیانِ کتاب‌مقدس‌باور نمی‌دانند چه گوهری در دســت دارند؟ مشکل این اســـت (به‌خصوص زیر فشار داستان روشنگری) که کتاب‌مقدس به قطعات کوچکی تقسیم شده است: بخش‌های تاریخی-ادبی، عبادی، اخلاقی، الاهیاتی و روایتــی. در حقیقت، کتاب‌مقدس به قطعات کوچک‌تری تقسیم شده اســـت تا بتواند خود را در گوشه و کنار داستان فرهنگ غرب جا دهد! بدین‌ترتیب، کتاب‌مقدس که باید به‌عنوان داســتانی جامع و حقیقی اعلان شود، توسط داســتان دیگری که همانا

---

1. Lesslie Newbigin, A Walk through the Bible (Louisville: Westminster John Knox, 1999), 4.

روایت بشری است، تحت‌الشعاع قرار می‌گیرد. و چنین است که داستانی دیگر زندگی ما را شکل می‌دهد.

«جان کارول»، جامعه‌شناس استرالیایی که خود را مسیحی نمی‌داند، باور دارد دلیل مشکلات کلیسای غرب این است که داستان خود را گم کرده است. از دیدگاه او، «زوال امروزهٔ مسیحیت در غرب، به‌راحتی قابل توضیح است، زیرا کلیسا کاملاً در وظیفهٔ اصلی خود شکست خورده و داستان اساسی و بنیادینش را با توجه به شرایط زمانه تعریف کرده است.»[۱]

این امر بسیار جدی است، زیرا «نکتهٔ کلی مسیحیت در این است که داستانی ارائه می‌کند که داستان کل جهان است. این داستان حقیقتی عام است.»[۲] همچنین وظیفهٔ حیاتی الاهیات و خدمت امروز ما این است که «این داستان را تا حد امکان واضح بیان کنیم، تا روایات دیگر در مورد داستان جهان را کنار بزنند.»[۳]

ما با این موضوع موافقیم، و به همین دلیل این کتاب را نوشتیم، و می‌کوشیم تا کتاب‌مقدس را به‌صورت نمایشنامه‌ای منسجم و کامل ارائه کنیم. از شما دعوت می‌کنیم تا در این مسیر با ما همراه شوید. ممکن است شما شخصی مسیحی باشید که می‌خواهد داستان خودش را بهتر درک کند، یا فرد کنجکاوی باشید که می‌خواهید بدانید کتاب‌مقدس دربارهٔ چه سخن می‌گوید که تا این اندازه بر فرهنگ غرب تأثیر گذاشته است. در هر صورت، از شما دعوت می‌کنیم با ما در این سفر، که بیانگر ***عمل خدا در تاریخ برای نجات جهان است***، همراه شوید.

ما در اینجا از استعارهٔ بسیار مفید «ان. تی. رایت» دربارهٔ کتاب‌مقدس، که آن را نمایشنامه خوانده است، استفاده کرده‌ایم. اگرچه او کتاب‌مقدس را در پنج پردهٔ نمایشی تصویر می‌کند، لیکن ما آن را به شش بخش تقسیم کرده‌ایم. همچنین از آنچه باور داشتیم جامع‌ترین تصاویر موجود در کلام است، یعنی عهد (عهدعتیق) و پادشاهی (عهدجدید)، استفاده کرده‌ایم. رئوس مطالب به شرح ذیل است:

---

1. John Carroll, The Existential Jesus (Brunswick, Australia: Scribe Publications, 2008), 7.; 2. Wright, New Testament and the People of God, 41- 42.; 3. Ibid.

- پردهٔ اول: خدا پادشاهی خود را برقرار می‌کند: آفرینش
- پردهٔ دوم: طغیان در پادشاهی: سقوط
- پردهٔ سوم: پادشاه (خدا)، قوم بنی‌اسرائیل را برگزید: آغاز رهایی

  صحنهٔ اول: قومی برای پادشاه

  صحنهٔ دوم: سرزمینی برای قوم پادشاه
- پردهٔ چهارم: آمدن پادشاه: وقوع رهایی
- پردهٔ پنجم: اعلان خبر آمدن پادشاه: مأموریت کلیسا

  صحنهٔ اول: از اورشلیم تا روم

  صحنهٔ دوم: و تا تمامی جهان
- پردهٔ ششم: بازگشت پادشاه: تکمیل رهایی

ما بر این باوریم که این داستان جهان است. از شما دعوت می‌کنیم جای خودتان را در آن پیدا کنید.

پردهٔ اول

خدا پادشاهی خود را برقرار می‌کند

آفرینش

پنج کتاب اول کتاب‌مقدس، تورات (رهنمود) یا شریعت موسی نامیده می‌شود. اگرچه این امر لزوماً به این معنی نیست که موسی تک‌تک کلمات آن را نوشته است، اما بیشتر آنها به‌واسطهٔ او نوشته شده و قطعاً او شخصیت کلیدی داستان این کتب است. کتاب دوم، خروج، تولد موسی را شرح می‌دهد و بیانگر ظهور او به‌عنوان رهبری است که خدا به‌وسیلهٔ او اسرائیلیان را از مصر بیرون آورد. بعد از آن، موسی تقریباً در تمامی فصول، تا آخر کتاب تثنیه حضور دارد. اما این تنها شامل چهار کتاب از پنج کتاب می‌شود. اولین کتاب از کجا آمده است، و چرا شامل بخش‌هایی از شریعت موسی است در صورتی که وقایعی را توصیف می‌کند که بسیار قبل از اینکه موسی به‌دنیا آمده باشد به وقوع پیوسته‌اند؟

«خداوند خدا» کیست؟

احتمالاً برای‌تان اهمیت چندانی ندارد که بدانید «میکائیل» نامی است یهودی، به معنای کسی که شبیه خداست. در فرهنگ ما اگرچه اسامی مهم هستند، اما اغلب معانی خاصی را ضمیمهٔ آنها نمی‌کنیم. اما در دنیای عهدعتیق که ما آماده می‌شویم در پردهٔ اول نمایش با آن روبه‌رو شویم، معانی نام‌ها اغلب از اهمیت خاصی برخوردارند. و البته هیچ نامی مهم‌تر از اسامی خدا در کتاب پیدایش و دیگر کتب عهدعتیق وجود ندارد.

در پیدایش ۱، کلمهٔ عبری *الوهیم* (که در کتاب‌مقدس‌های ما «خدا» ترجمه شده است)، اسمِ عامی برای خدا بود که مردم بین‌النهرین از دیرباز آن را به‌کار می‌بردند. کلام خدا می‌گوید که «خدا» کل هستی را

از نیستی به‌وجود آورد. اما در پیدایش ۴:۲ نام دیگری به‌کار می‌رود. خدا در این آیه «خداوند خدا» (یهوه الوهیم) نامیده می‌شود. این یکی از غیرمعمول‌ترین روش‌ها برای اشاره به خدا بود، زیرا آشکارکنندهٔ برخی از مهمترین ویژگی‌های او محسوب می‌شد.

دو قسمت کلیدی در عهدعتیق (خروج ۳ ؛ ۶:۱-۱۲) بر اسم عجیب و اسرارآمیز ***یَهْوه*** نوری می‌تاباند. این متون نشان می‌دهند هنگامی که خدا موسی را فراخواند تا اسرائیلیان را از بردگی مصر بیرون آوَرَد، چگونه خود را به‌عنوان ***یَهْوه*** بر او آشکار ساخت. یهوه نامی بود که خدا برگزید تا به‌وسیلهٔ آن خود را خدای رهاننده معرفی کند، خدایی که قومش را از بردگی نجات می‌دهد و با آنها در کوه سینا ملاقات می‌کند (خروج ۴:۹).

وقتی نام‌های یهوه (خداوند) و الوهیم (خدا) در پیدایش ۴:۲ به هم می‌پیوندند، ترکیب قدرتمندی می‌سازند که نشان می‌دهد خدایی که اسرائیلیان را از بردگی رهایی بخشید، همان خدایی است که همه چیز را آفرید، خالق آسمان و زمین. «یهوه، خدای عبرانیان، همان خدایی است که کل هستی را آفرید و خداوندی‌اش بر همه چیز و حتی در میان تگرگ و توفان می‌درخشد.»[1] اسرائیلیان ابتدا خدا را (به‌واسطهٔ موسی) به‌عنوان نجات‌دهنده شناختند، و پس از آن بود که نقش او را به‌عنوان خالق هستی درک کردند. برای ما نیز چنین است، حتی با وجود این که بسیار متأخرتر از داستان‌های کتاب‌مقدس زندگی می‌کنیم. وقتی شناخت خدا را توسط کار نجات‌بخش پسرش عیسی آغاز می‌کنیم، در ابتدا او را به‌عنوان نجات‌دهنده و رهانندهٔ خود می‌شناسیم، ولی او همچنان خدای خالق تمام هستی، آنچه بوده، هست و خواهد بود، باقی می‌ماند: او یهوه الوهیم، تنها «خداوند خدای» ازلی است. بدین‌ترتیب، از همان دقایق اولیهٔ ایمان‌مان و برای اعلان ***داستان مسیحی*** (به‌جای داستان شخصی خودمان)، ناگزیر برمی‌گردیم به همان نقطهٔ آغاز: داستان آفرینش؛ «در ابتدا، خدا ...»

1. Jean L'Hour, "Yahweh Elohim," Revue biblique 81 (1974): 530.

ایمانی برای قوم اسرائیل

اولین صحنهٔ هر داستان نیازمند توجه خاص است، و اولین صحنهٔ داستان کتاب‌مقدس نیز خارج از این قاعده نیست. اولین باب پیدایش، داستان خلقت را بیان می‌کند، که در گذشته‌ای دور برای اسرائیلیانی که از لحاظ فرهنگی با ما بسیار متفاوت بودند نوشته شده است. اگرچه برخی از جنبه‌های خلقت در داستان فصل‌های ۱ و ۲ پیدایش برای ما عجیب به‌نظر می‌رسند، اما باید به خاطر داشت که برای قوم بنی‌اسرائیل، وقتی اولین بار آن را می‌شنیدند، کاملاً قابل فهم بود. زیرا نویسنده از صنایع بدیع ادبی و مفاهیمی استفاده می‌کند که برای شنوندگانش آشنا است. وقتی فصل ۱ پیدایش را که با توجه به پیش‌زمینهٔ دنیای باستان نوشته شده است، مطالعه می‌کنیم، به قدرت پیامی که این داستان قصد بیان آن را دارد، پی می‌بریم.

متفکرین بسیاری به جنبهٔ جدلی و مباحثه‌ای پیدایش ۱ و ۲ اشاره کرده‌اند. در بین‌النهرین باستان مباحثات بسیاری بر سر چگونگی به‌وجود آمدن دنیا درگرفته بود. این داستان‌ها در مصر، در دوران اسارت اسرائیلی‌ها، و همچنین در کنعان وقتی اسرائیل آن را به‌عنوان سرزمین خود به‌دست آورد، رواج بسیار داشت. برای اسرائیلیان بسیار راحت بود که به داستان‌های مردمی که پیش از آنها و یا همزمان با آنها در آن سرزمین می‌زیستند و (از قرار) سرزمین خود را بهتر از آنها می‌شناختند، عادت کنند. بسیاری از خدایانی که توسط کنعانیان پرستش می‌شدند با حاصلخیزی زمین مرتبط بودند. تازه‌واردان که می‌کوشیدند نحوهٔ کشاورزی در آنجا را بیاموزند با این وسوسه روبه‌رو بودند که به‌جای عبادت خداوند خدا، دست نیاز به‌سوی این «خدایان» دراز کنند.

ما از داستان‌های مربوط به آفرینش جهان که در دنیای باستان رواج داشته است کم‌وبیش آگاهیم. و این شگفت‌آور است که می‌بینیم داستان در پیدایش ۱ و ۲ چگونه به‌عمد، در تضاد با عناصر اصلی و مهم آن داستان‌ها بیان می‌شود. برای مثال به پیدایش ۱۶:۱ که آفتاب و ماه را توضیح می‌دهد نگاهی بیندازید. متن برای اشاره به خورشید از کلمهٔ

عبری معمول آن استفاده نمی‌کند، و به‌جای آن از «نور افشان بزرگتر» که خدا آن را برای روز آفرید استفاده می‌کند. به همین ترتیب هم ماه را «نور افشان کوچکتر» می‌نامد. چرا؟ احتمالاً به این‌خاطر که خورشید و ماه توسط مردمی که اسرائیلیان در میان‌شان می‌زیستند، پرستش می‌شد. خوانندگان پیدایش، نباید خورشید را اشتباهاً موجودی الاهی و مورد پرستش قلمداد می‌کردند. کلام صراحتاً بیان می‌کند که خورشید مخلوق است و همچون شیئی که در آسمان قرار داده شده برای هدفی صریح و عملی که همانا تولید نور است. در ورای همهٔ این مسائل توجه روی کسی است که این نور حیرت‌آور را خلق کرده است، کسی که قدرتش به‌قدری عظیم است که می‌تواند فقط با گفتن کلمه‌ای کل جهان را به‌وجود آورد. هیچ نوری در آسمان لایق پرستش نیست. خدای یکتا، تنها خدای واقعی است، تنها او باید پرستیده شود. اگرچه تمام خلقت «بسیار نیکو» است (پیدایش ۱:۳۱) لیکن بدان علت است که آفریننده‌اش، بی‌نهایت برتر از هر آن چیزی است که ساخت.

و این خالق فراباشنده شبیه خدایان دمدمی‌مزاجِ داستان خلقت بابلی‌ها (انوما اِلیش) نیست که انسان را تنها برای خدمت به خدایان ساخته است تا دست به سینه از آنها پذیرایی کرده، خرسندشان سازد. در کتاب پیدایش خدایی که جهان را خلق می‌کند، مرد و زن را به‌عنوان اشرف مخلوقات در میان تمامی آفریدگانش، قرار می‌دهد. خود خلقت نیز به‌عنوان مکانی عالی برای بشر معرفی می‌شود، مکانی که در آن زندگی و رشد کنند و از صمیمیت حضور و همراهی خالق هستی لذت ببرند.

باب اول پیدایش چگونه متنی است؟

داستان خلقت در کتاب پیدایش بسیار بحث‌برانگیز است، زیرا مدعی است که حقایق را دربارهٔ جهان بیان می‌کند حال آنکه صراحتاً در تضاد با داستان‌های عرف دنیای باستان قرار دارد. بنی‌اسرائیل دائماً وسوسه می‌شد تا به آن داستان‌ها به‌عنوان اساس جهان‌بینی‌اش نگاه کند، به‌جای آنکه ایمانش را بر خداوند خدا قرار دهد، کسی که آسمان و زمین را

آفریـــد. البته، روایت خلقـــت در کتاب پیدایش صرفاً نوشـــته‌ای جدلی نیســـت. یکی از هدف‌های روایت خلقت در پیدایش این است که به ما بیاموزد ایمان به خدا بر نحوهٔ اندیشـــیدن ما دربارهٔ خلقت او و زندگی در آن چه تأثیری دارد. و این کار را در قالب داستان بیان می‌کند. و این دقیقاً همان فرم داستانی اســـت که باید به آن توجه کنیم، البته اگر آن را اشتباه تفسیر نکنیم.

برای درک داســـتان خلقت در پیدایش، لازم اســـت دربارهٔ ســـبک نوشتاری آن آگاهی داشته باشـــیم. البته خود دانشمندان کتاب‌مقدس نیز در این مورد دچار مشکل هستند. «ون راد»[1] آن را به‌عنوان «آموزهٔ کهانتی» می‌بینند، منظور اینکه نمی‌شـــود آن را صرفاً همچون متن الاهیاتی تفسیر کرد. «بلاچر»[2] داســـتان خلقت را نمونه‌ای از ادبیـــات حکمتی می‌داند که بسیار ماهرانه نگارش یافته اســـت. اما آنچه دانشمندان کتاب‌مقدس درباره‌اش اتفاق نظر دارند این اســـت که داستان در باب‌های اولیهٔ کتاب پیدایش بسیار دقیق تدوین شده است: آثار مهارت نگارشی در متن کاملاً واضح است. از این‌رو ما باید همان‌قدر به شیوهٔ داستان توجه کنیم که به جزئیات آن، و بدانیم که این جزئیات چنان نوشـــته نشده‌اند که مورخ و دانشمند مدرن امروزه آنها را می‌خواند. در حقیقت این مسئله‌ای پیچیده و ســـخت است: داســـتان روایت‌شـــده در اینجا در واقع حاکی از آغاز رازگونهٔ تاریخ است. اما خطوط اصلی داســـتان پیدایش قطعاً برای ما و کسانی که در ابتدا این داستان را می‌شنیدند واضح است. خدا منشأ الاهی تمامی هستی است. او برتر از همه چیز در رابطه‌ای خاص به‌عنوان خالق با مخلوقش قرار دارد. آفرینش انسان توسط خدا به‌عنوان عالی‌ترین نقطهٔ کار خدا در آفریدن و شـــکل دادن در نظر گرفته شده است. خدا رابطه‌ای خاص بین خود و این آخرین مخلوق دست‌ساخته‌اش در نظر داشت.

در این فصل‌ها ما داســـتان خلقت را بیان می‌کنیم اما نه برای ارضای حس کنجکاوی قرن بیســـت‌ویکمی دربـــارهٔ اینکه خدا چگونه جهان را

1. Von Rad; 2. Blocher

خلق کرد. برای مثال، جای سؤال است که خدا جهان را طی زمانی طولانی خلق کرده یا همه چیز را به‌یکباره از نیستی به هستی آورده است. با این‌حال، داستان آفرینش به ما داده شده است تا درک درستی از جهانی که در آن زندگی می‌کنیم، خالق ازلی جهان و جایگاه‌مان در آن داشته باشیم. «جان استک» به‌درستی دربارهٔ داستان خلقت در پیدایش چنین می‌گوید:

> موسی ... قصد داشت معرفت درستی از خدا، که خود را در کار خلاقانه‌اش آشکار ساخته است، بیان کند، و درک درستی از بشریت، دنیا و تاریخی که مُعرِف خدای حقیقی است به‌دست دهد، و در این موارد حقیقت را در برابر عقاید کاذب ادیان حاکم بر دنیای معاصرش اعلان کند.[۱]

پیدایش باب اول علیه عقاید بت‌پرستانهٔ حاکم بر مصر و کنعان برخاسته، حقیقت را دربارهٔ خدا، بشر و دنیا اعلام می‌کند. در قیاس با ادیان رمزی بین‌النهرین، در کتاب پیدایش تصویر خدا، انسان و دنیا واضح‌تر دیده می‌شود. در اولین صحنه، نقش‌های اصلی معرفی می‌شوند، خدا و انسان، و جهانی که در آن نمایش تاریخی آشکار می‌شود.

اساطیر بت‌پرستان	پیدایش باب ۱
خدایان	خدا
بشریت	بشریت
دنیا	دنیا

تصویر ۳ – مقایسهٔ اساطیر بت‌پرستان با پیدایش باب ۱

1. John Stek, "What Says the Scripture?," in Portraits of Creation: Biblical and Scientific Perspectives on the World's Formation, by Howard Van Till et al. (Grand Rapids: Eerdmans, 1990), 230.

خدایی که خالق هستی است

فصل اول پیدایش کمی شبیه اتفاقی است که در نمایشگاه بزرگ هنری می‌افتد. تصور کنید که آرام گوشه‌ای نشسته‌اید، و از زیبایی و تأثیر نقاشی‌های بی‌نظیر آنجا لذت می‌برید. سپس کسی پیش‌تان می‌آید و می‌پرسد: «دوست دارید هنرمند این آثار را ببینید؟» پیدایش ۱ معرفی همان *هنرمند* است. چه معرفیِ جالبی! سه کلمهٔ اول کتاب‌مقدس عبری به‌طور تحت‌اللفظی چنین است: «(۱) در ابتدا (۲) آفرید (۳) خدا (فاعل جمله).» در سه کلمهٔ کوتاه عبری، ما به اصل همه چیز بازمی‌گردیم، به منبع رازآلود و اصلیِ هستی، یعنی خدای ازلی و خلق‌ناشده/ نامخلوق. این خدا، که آغاز و پایانی ندارد، تنها با یک فرمان تمام هستی را به وجود فرامی‌خواند.

ایدهٔ خلق جهان به‌وسیلهٔ کلام، اولین تمایز بنیادین بین خالق و مخلوق است. خلقت را حتی نمی‌توان ساطع‌شده از خدا تصور کرد. آفرینش امری نیست که از وجود یا طبیعت خدا سرریز شده باشد بلکه، نتیجه و محصول خواستِ شخصی او است. تنها رابط میان خدا و خلقت او، کلامش بود.

پیدایش باب ۱ خدا را به ما به‌عنوان شخصیتی لایتناهی، ابدی و ازلی که توسط عمل خلاقانهٔ خود جهان را به‌وجود آورد، معرفی می‌کند. نور و تاریکی، روز و شب، دریا و آسمان و زمین، گیاهان، حیوانات و بشریت؛ همه را، این خدا، به‌وسیلهٔ قدرتش و کار نیکوی خلقت به‌وجود آورده است. چنانکه «ون راد» می‌گوید: «ایدهٔ خلق جهان توسط کلام، بیانگر دانشی است که نشان می‌دهد همهٔ جهان متعلق به خدا است.»[1]

این حقیقتاً جایی است که منطق می‌ترسد به آب بزند، حال آنکه ایمان در آن شنا می‌کند. «نقطهٔ آغاز کتاب‌مقدس، دقیقاً همان جایی است که امواج بی‌احساس فکری درهم می‌شکنند، به عقب پرتاب می‌شوند و قدرت خود را از دست داده، در آب کف‌آلود محو می‌شوند.» در کتاب

1. Von Rad, Genesis, 50.

مکاشفه، یکی از دلایل اصلیِ پرستش مدام خدا برای عملش در آفرینش، چنین ذکر شده است:

«ای خداوند و خدای ما، تو تنها شایسته‌ای
که صاحب جلال و حرمت و قدرت باشی،
زیرا تو همه چیز را آفریدی
و به ارادهٔ تو، آنها هستی و حیات یافتند.» (مکاشفه ۴:۱۱)

این سرود روحانی که در پایان کتاب‌مقدس آمده است، در حضور تخت پادشاهی آسمان اتفاق می‌افتد. این فوق‌العاده است، زیرا بازتابی از همان حقیقتی است که از ابتدا در کتاب پیدایش دربارهٔ خدا آمده است. خلقت به‌قدرت کلام خدا به‌وجود آمد و خدا آن را به‌عنوان مکانی برای پادشاهی عظیم خود برگزید. و سپس خود را به‌عنوان پادشاه بزرگ بر تمام خلقت قرار داد، بدون هیچ حد و مرزی؛ پادشاهی لایق دریافت تمام جلال، حرمت و قدرت در پرستش‌های مخلوقاتش.

در دنیای بین‌النهرین باستان مردم معنای قدرت و اقتدار را خوب می‌دانستند. در میان آنها، قدرت رهبران و حاکمان قبیله‌ای و ملی، حقیقتی محض بود. در پیدایش باب ۱ خدا به طرق مختلف خود را به‌عنوان سلطان و پادشاهی که حاکمیتِ برحق و نیرومندش بر کل خلقتش گسترش یافته است، تصویر می‌کند. در دنیای باستان ساده‌ترین سخنان پادشاهان فانی نیز باید توسط شنوندگان، فرمان تلقی می‌شد. حال این سخنان پادشاه ابدی و ازلی است و توسط فرمان الاهی او کل آفرینش درست چنانکه او می‌خواست، به‌وجود آمد. خدا در حین خلقت، مخلوقات را نامگذاری هم می‌کرد، و این نیز نشانه‌ای از حاکمیت او بود. «عمل نامگذاری، بالاتر از هر چیز به معنای حق حاکمیت است ... بدین‌ترتیب، این نامگذاری و مابقی کار خلقت، بار دیگر نشان‌دهندهٔ صحت ادعای پادشاهی خدا بر تمام مخلوقات است.»[1]

---

1. Von Rad, Genesis, 51.

در پیدایش باب ۱، فرمان خدا که به‌صورت «... بشود» تکرار می‌شود، خلقتی را به‌وجود آورد که از دقت، نظم و توازن برخوردار بود:

> همـــان خدایی که زمان را به حرکت درمـــی‌آورد و اقلیم‌ها را برقرار می‌ســـازد، تمام جنبه‌های هســـتی بشـــر را نیز برقرار می‌سازد. وجود آب و توانایی زمین برای رشد محصول؛ قانون طبیعت و چرخهٔ فصول، همه و همه مخلوقات خدا هستند که برای کاری خلق شده‌اند؛ و هر آنچه توسط خدا شکل گرفت، نیکو بود نه ظالمانه و تهدیدآمیز.[1]

خلقت خدا «نیکو» اســـت، و این نیکوییِ خلق‌شـــده بیانگر نیکویی، حکمت و عدالت بی‌نظیر خالق آن اســـت. او تنها پادشاه حکیم بر تمام قلمرو هستی است.

با این‌حال، خدا به‌عنوان پادشـــاه، خود را از مخلوقاتش جدا نساخته است. در پیدایش ۲:۱ می‌خوانیم که روح خدا سطح آب‌ها را فرو گرفت، همچـــون پرندهٔ مـــادری که از فرزنـــدان نوزاده‌اش مراقبـــت می‌کند و رشدشـــان می‌دهد تا بالغ شوند. خدا پادشـــاهی نیست که از دور فرمان براند و نســـبت به قلمرو یا مردمش بی‌اعتنا باشد. او این پادشاهی را برپا کرده است و شخصاً بر آن حکمرانی می‌کند. پیدایش ۱ و ۲ خدا را عمیقاً اهل رابطه تصویر می‌کنند. وقتی او سخن می‌گوید تنها برای فرمان دادن نیست، بلکه برای نشان دادن این امر که او در ساخت جهان هستی کاملاً دخیل است. برای مثال، در پیدایش ۲۶:۱ ضمیر رازگونهٔ «ما» به‌کار رفته اســـت (که آن را به معنای خطاب خدا به مجمع فرشتگان آسمان قلمداد می‌کنیم). این امر توجه ما را به‌ســـوی شـــخصیت خدا و ارادهٔ او جلب می‌کند، و اینکـــه موجوداتی متمایز (اما در عین حال مرتبط) با او وجود دارند. اما جالب‌تر از همه، زمانی اســـت که خدا انسان را خلق کرد، آنها را برکت داد و بدیشـــان فرمود: «بارور و کثیر شوید و زمین را پر سازید

1. John Walton, Victor Matthews, and Mark Chavalas, The IVP Bible Background Commentary: Old Testament (Downers Grove, IL: InterVarsity, 2000), 28.

و بر آن تســلط یابید.» (پیدایش ۲۸:۱). در اینجا شاهد ارتباطی شخصی میان پادشاه الاهی و مخلوق بشری هستیم. خدا کار خاصی دارد و از آنها دعوت می‌کند تا در آن ســهیم شــوند، جهان را پر سازند و بر آن فرمان برانند، زیرا آن را به‌عنوان مســکن به آنها بخشیده بود. شخصیت خدا در پیدایش ۲ و ۳ بیشتر نمایان می‌شود. خداوند خدا (یهوه الوهیم) با آدم و حوا در باغ عدن قدم می‌زند که بیانگر صمیمیت بی‌نظیر و همچنین علاقهٔ او به آنها، نیازها و مسئولیت‌های‌شان است.

بشریت به‌عنوان صورت خدا

نقطهٔ درخشان داستان پیدایش را می‌توان در خلقت بشر مشاهده کرد (۱:۲۶–۲۸). در کتاب‌مقدس، مرد و زن به‌عنوان مخلوقاتی که توسط خدا آفریده شده‌اند و باید بخشی از جهان مخلوق او باشند، معرفی می‌شوند. اگرچه ما عمل آفرینش خدا را با تئوری‌های علمی می‌سنجیم، اما اگر به آنچه کتاب‌مقدس دربارهٔ حقیقتِ وجودیِ انسان می‌گوید وفادار بمانیم، نمی‌توانیــم خود را محصــول تصادفیِ زمان و احتمــال ببینیم (چنانکه بی‌خدایان به آن باور دارند). انســان مخلوق است و بنابر کتاب پیدایش (و کل کتاب‌مقدس) هر انسان به نوبهٔ خود، مخلوقی منحصربه‌فرد است.

در پیدایش باب‌های ۱ و ۲ تعالیم بسیار غنی و متعددی دربارهٔ انسان وجود دارد. انســان موجودی شــخصیت‌مند و در میان دیگر مخلوقات بی‌مانند است. خدا تنها با مرد و زن مستقیم سخن می‌گوید. آنها از رابطهٔ شــخصی با خدا برخوردار بودند. آگوستین در کتاب ***اعترافات*** می‌گوید که ما برای خدا آفریده شــده‌ایم، و قلب‌هامان آرامی نخواهد پذیرفت تا زمانی که آرامی خود را در او بیابیــم. رابطهٔ میان خالق و مخلوق به‌طرز فوق‌العاده‌ای در پیدایش ۸:۳ ذکر شده است. خدا طبق عادت روزانه «در خنکای روز در باغ می‌خرامید» و قصد داشت با مرد و زنی که در باغ قرار داده بود ملاقات کند. «گوردن ونهام»[1] معتقد است تصویری که پیدایش

1. Gordon Wenham

از باغ عدن می‌دهد به‌نوعی بیانگر خیمهٔ ملاقات است، که در آن خدا میان قومش زندگی می‌کرد. انسان‌ها برای داشتن رابطه‌ای صمیمی با خدا آفریده شدند، و زمینی (خاکی) بودنِ انسان مانعی برای آن محسوب نمی‌شد. خدا غالباً با آدم و حوا در باغ بزرگی که برای آنها درست کرده بود، راه می‌رفت و با آنها دربارهٔ توسعهٔ باغ و اینکه چگونه گیاهان و حیوانات تحت مراقبت آنها رشد می‌کنند، صحبت می‌کرد.

دانشمندان معاصر معمولاً با توجه به تفاوتی که بین متون ۱:۱-۲:۴(الف) و ۴:۲(ب)-۲۵ به چشم می‌خورد، معتقدند که در اینجا **دو** روایت گوناگون از پیدایش وجود دارد، که این البته بسیار گیج‌کننده است. اگر چه این دو قسمت متفاوتند، اما در عین حال بسیار به هم مرتبط می‌باشند. پیدایش ۱ به انسان و رابطه‌اش با جهان می‌نگرد. در روند خلقت سه مکان عظیم در جهان به‌وجود می‌آید: زمین، آسمان و دریا. در پیدایش ۲ تمرکز بر مرد و زن و رابطه‌شان با یکدیگر و خدا است. آدم و حوا به‌عنوان نخستین زوج بشری صاحب بدن فقط می‌توانستند در مکانی مشخص زندگی کنند. و سپس در پیدایش ۲ و ۳ ما از تمام جهان به‌سمت مسکن این زوج و باغ شگفت‌انگیزی به سبک پارک شهری به نام عدن حرکت می‌کنیم. این دو قسمت، تصاویر و استعاره‌های متفاوتی ارائه می‌دهند، زیرا تمرکز هر یک بر جنبهٔ متفاوتی از معنایِ انسان بودن است.

در پیدایش ۱:‎۲۶-۲۸ خدا انسان را به ***صورت خود*** و شبیه خود افرید. توجه داشته باشید که واژه‌های ***صورت*** و ***شباهت*** به یک نکته اشاره دارند. اگرچه خدا، خالقی ازلی است و انسان مخلوقی فانی، اما شباهتی بنیادین میان‌شان وجود دارد. واژهٔ صورت یک استعاره است. وقتی آن را می‌شکافیم، باید در ذهن داشته باشیم که هدف از این استعاره آن است که توجه ما را به شباهت بین انسان و خدا جلب کند، اما در عین حال حتی یک لحظه هم نباید از یاد ببریم که ما اساساً با خدا متفاوتیم. پیش‌تر دریافتیم که خدا به‌عنوان خالق، کاملاً و اساساً با هر آنچه آفریده متفاوت است، که البته شامل ما نیز می‌شود. اما اگر انسان به صورت خدا

آفریده شـــده است، پس ما به‌نوعی شبیه کسی هستیم که ما را خلق کرده است. این شباهت در آیات زیر دیده می‌شود:

در پیدایش ۱:۲۶ خدا می‌فرماید: «انســـان را به صورت خود و شبیه خود بســـازیم... تا بر همهٔ مخلوقات فرمان براند.» ســـپس به انسانی که خلق کرده بود گفت: «بارور و کثیر شـــوید و زمین را پر ســـازید و بر آن تســـلط یابید» (۱:۲۸). بنابراین، عیان است که شباهت بنیادین میان خدا و انســـان، همانا دعوت منحصربه‌فرد از جانب خدا است که انسان بدان فرا خوانده شده و مأموریت یافته است. تحت حاکمیت خدا، انسان باید بر بخش‌های غیرانســـانیِ خلقت روی زمین، در دریا و آسمان به همان میزان فرمان براند، که خدا به‌عنوان حاکم اعظم بر همه چیز فرمان می‌راند. «ون راد» توضیح می‌دهد:

> چنانکه پادشاهان قدرتمند برای نمایش قدرت در قلمروشان، تمثالـــی از خود - جایی کـــه حضور جســـمانی ندارند- بنا می‌کردند؛ انســـان نیز بر زمین همچـــون تصویر خدا به‌عنوان علامتی از حاکمیت او قرار داده شـــده اســـت. او تنها نمایندهٔ خدا است و خوانده شده تا از این قلمرو حفاظت کند و فرمان خـــدا را در قلمرو او بر زمین اجرا کند. تنها مورد قاطع دربارهٔ شـــباهت انســـان به خدا، همانا نقش او در جهان غیربشـــری است.[1]

در پادشاهی خدا که به‌واسطهٔ عمل خلاق او آفریده شده است، نقش خاص انسان این است که زیر اقتدار خدا، ناظر و مباشر کار او باشد. ما بر آفرینش فرمان می‌رانیم تا نام خدا در بطن پادشاهیِ کیهانی‌اش برافراشته شود.

پیدایش ۱:۲۶-۲۸ در حلقهٔ مدافعین محیط زیست به‌خاطر استدلال «لین وایت»[2] بدنام شـــد، چرا که وی معتقد است این تعلیم کتاب‌مقدس

1. Von Rad, Genesis, 58.; 2. Lynn White

تباهی محیط زیست در دنیای مدرن را توجیه می‌کند. اگرچه این بخش از کلام، به دعوت انسان به‌عنوان حاکم و ناظر بر زمین اشاره دارد ولی نباید آن را سند و مدرکی برای فرمانروایی ظالمانه و بهره‌برداری ناصحیح از طبیعت قلمداد کرد. خدا در عمل خلاقانه‌اش، خیریت آفرینش را مد نظر دارد نه ارضای خودخواهی خود را. برای مثال، او خانه‌ای بی‌نظیر برای انسان ساخت. در هر نقطه‌ای از کار خدا، خلقتْ «نیکو» و یا «بسیار نیکو» توصیف شد. خدا انسان را فرامی‌خواند تا در این خلقت نیکو به‌عنوان مباشر تحت حاکمیت او خدمت کند و مظهر توجه خدا نسبت به خلقت نیکویش تحت قدرت حاکمه‌اش بر تمامی خلقت باشد. مزمور ۶:۸ این را به زیبایی توصیف می‌کند: فخر انسان در این است که خدا او را به‌عنوان فرمانروا بر خلقتش قرار داده است. اما این را نمی‌توان بدین‌معنا درک کرد که انسان مجاز است هر کار که می‌خواهد با خلقت خدا بکند. بالاتر از تمامی اینها، بشر به خالق الاهی جهان که مراقبت و حفاظت از آن را به آدمی سپرده، پاسخگو است.

انسان بودن به معنی داشتن آزادی بسیار و در عین حال مسئولیت بسیار در مقابل خدا است؛ انسان نسبت به اعمال خود، پاسخگو است. بدین‌ترتیب، ممکن است راه بهتر برای توصیف حکمرانی بشر بر خلقت این باشد که بگوییم ما ناظران و خادمان سلطنتی خدا هستیم و خدا ما را در اینجا قرار داده است تا امکانات بالقوهٔ نهفته در خلقت را توسعه دهیم، تا به‌تمامی خدا را جلال دهند.

تصور کنید شما مجسمه‌سازی در قرن پانزدهم میلادی هستید و پیغامی از میکل آنژ دریافت می‌کنید، مبنی بر اینکه آیا مایلید به کارگاه مجسمه‌سازی او بروید تا اثری را که شروع کرده است تکمیل کنید؟ البته این پیام خاطرنشان می‌سازد که باید کار را به روشی ادامه دهید که در نهایت شهرت میکل آنژ افزایش یابد! دعوت خدا از ما به‌عنوان افرادی که باید بر خلقت او حکمرانی کنیم نیز به همین ترتیب است و از ما به‌عنوان ناظر می‌خواهد تا این وظیفه را انجام دهیم. در نتیجه مسئولیت سنگینی بر دوش ماست، زیرا ثمر کار نظارتی ما بسیار مهم است. اگر خلق شدن

«به شباهت خدا» بدین‌معنا است، پس به‌وضوح خدمت ما به خدا به اندازهٔ خلقت وسعت دارد و شامل نگهداری از طبیعت می‌شود. اغلب، پیدایش ۲۶:۱ را همچون فرمانی فرهنگی یا مبتنی بر خلقت می‌خوانند. این متن از ما می‌خواهد تا هرگونه فعالیت فرهنگی را در خدمت خدا انجام دهیم. در حقیقت به صورت خدا بودن دارای عنصری پویا است. در تعامل ما با خلقت، و توسعهٔ امکانات بالقوه و نهفتهٔ آن در کشاورزی، هنر، موسیقی، تجارت، سیاست، دانش، زندگی خانوادگی، کلیسا، و حتی فراغت و هرچه که موجب جلال خداست، دقیقاً در اینهاست که خدا «صورت» خود را مکشوف می‌سازد. وقتی فرمان خلاقانهٔ خدا را که به‌صورت «... بشود» در پیدایش آمده است، عملی می‌سازیم و توانایی بالقوهٔ نهان جهان را توسعه می‌بخشیم، رایحهٔ خوش حضور خدا را در سراسر خلقتش، پخش می‌کنیم.

پیدایش باب ۱ انسان‌ها را ستمگرانی که فقط از زمین بهره‌برداری می‌کنند توصیف نمی‌کند، بلکه ناظرانی می‌داند که در حضور خدا فرمان می‌رانند. در تاریخ تفکر مسیحی همواره بر سر این موضوع که زندگی عملی بهتر است یا زندگی عبادی بحث بوده است. به عقیدهٔ ما، به شباهت خدا بودن هر دو را به‌صورت لاینفک به همراه دارد. ما نه تنها با اعمال بلکه به‌وسیلهٔ رابطهٔ عمیقی که با خدا داریم، «صورت» خدا را جلوه‌گر می‌سازیم، چنانکه اولین زوج بشری در باغ، یعنی مسکن مشترک‌شان، با خدا راه می‌رفتند و مشارکت داشتند. ماهیت رابطهٔ ما با خدا در میزان نگهداری ما از خلقتش نمایان می‌شود. ما نه فقط فرداً، بلکه به‌صورت گروهی نیز باید این مأموریت را به انجام برسانیم.

در پیدایش باب ۱، انسان به صورت «مرد و زن» آفریده می‌شود. تمایزی جنسیتی در خلقت ایجاد می‌شود تا حاملانِ صورت خدا همواره مذکر و مؤنث، مرد و زن باشند. بدین‌معنا که ما همواره و متقابلاً در رابطه قرار داریم، درست همان‌طور که در رابطه با خدا قرار داریم. هیچ‌یک از ما نمی‌تواند به‌تنهایی انسانی کامل باشد؛ ما همیشه در روابط متنوع و گوناگونی قرار داریم. انسان‌ها برای خدا خلق شده‌اند. پیدایش باب ۲

بر مبنای شیوهٔ خلقت جهان توسط خدا نگاه عمیق‌تری به این موضوع و دیگر روابط بشری می‌افکند. پیدایش ۱۸:۲-۲۵ داستان خلقت حوا را، به‌عنوان معاونی موافق و همراهی برای آدم، بیان می‌کند؛ و بار دیگر بیانگر ماهیت خاصِ محبت خدا نسبت به مخلوقاتش است. خدا محبتش را با مهیا کردن آنچه برای انسان بهترین است، نشان می‌دهد. فرمانروایی آدم بر خلقت، در نام‌گذاری حیوانات تصویر می‌شود: چنانکه خدا به هنگام آفریدن مخلوقات بر آنها نام نهاد، در اینجا نیز آدم اجازه یافته تا بر حیواناتی که خدا آفریده است نام بگذارد. بدین‌ترتیب آدم هم با خدا رابطه داشت، هم با دنیای حیوانات. اما آدم آفریده شد تا با دیگر انسان‌ها نیز در مشارکت باشد. این امر به عمیق‌ترین شکل در ازدواجش با حوا نمایان است، اتحادی که صمیمیتش در این دیده می‌شود که دو فرد (تن)، تبدیل به «یک تن» می‌شوند (۲۴:۲).

در پیدایش باب ۲ می‌خوانیم که آدم و حوا فرا خوانده شدند تا بر خلقت فرمان برانند، و همچنین مسئول بودند در باغ کار کنند و از آن محافظت کنند (۱۵:۲). در شرحی که در پیدایش ۸:۲-۱۴ آمده است، می‌خوانیم که آن باغ بیشتر همچون پارک‌های ملی بود تا باغی خانگی. باغی عظیم که رودخانه‌ها از میانش می‌گذشتند و درختان و حیوانات بسیاری داشت. بدین‌ترتیب آدم و حوا اولین مزرعه‌داران و اولین حافظان محیط زیست بودند. باز شاهدیم که انسان بودن به معنای ارتباط داشتن با خلقت است. انسان در خلقت کار می‌کند، امکانات بالقوهٔ آن را آشکار می‌سازد و از آن محافظت می‌کند. انسان‌ها برای خدا و همچنین برای یکدیگر و نیز برای خلقت آفریده شدند تا در آن کار کنند. با توجه به مزمور ۸، این فخر ماست که کار کنیم و صورت خدا را نمایان سازیم.

روابط گوناگونی که بشر در پیدایش ۱ و ۲ در آن تصویر شده، به شرح زیر است:

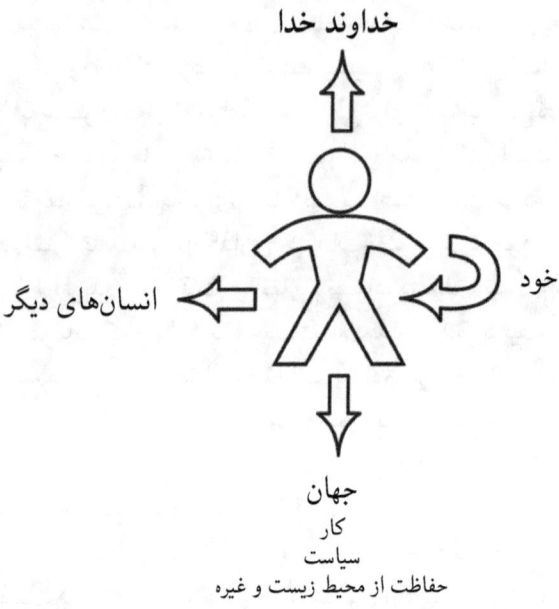

تصویر ۴- دیدگاه کتاب‌مقدسی دربارهٔ بشر

جهان به‌عنوان پادشاهی خدا

اگرچه مسیحیت اغلب به آن‌جهانی‌بودن متهم می‌شود، اما چنانکه می‌بینیم، داستان آغازین کتاب‌مقدس کسی را تشویق نمی‌کند که خود را از این دنیای ماده و زمان و مکان جدا یا برتر احساس کند. کتاب‌مقدس این دنیای مخلوق و مادی را همچون مظهر جلال خدا و قلمرو حکومت او به تصویر می‌کشد. باب‌های اولیهٔ کتاب پیدایش، دید بسیار مثبتی به جهان دارد. اگرچه تمام اینها مخلوق هستند (و هرگز نباید با خدای ابدی و ازلی در یک سطح دیده شوند)، اما همیشه نیکو توصیف شده‌اند. در پیدایش باب ۱ تکرار واژهٔ «نیکو» یادآور آن است که خلقت نشأت‌گرفته از خداست و در شکل اولیهٔ خود به بهترین نحو منعکس‌کنندهٔ طرح و نقشهٔ اوست. خلقت مملو از تنوع است: نور و تاریکی، زمین و دریا،

رودخانه‌ها و معادن، گیاهان، حیوانات، پرنده‌ها و ماهی‌ها و انسان‌ها به صورت مرد و زن. این وفور قسمتی از خواست خداست که به هماهنگی شگفت‌انگیز خلقت اشاره دارد و چون ارکستر، سمفونی باشکوهی برای جلال خالق اجرا می‌کنند. در این تنوع نظمی وجود دارد؛ کلام خلاقهٔ خدا موجد این نظم است.

پیدایش همچنین جهان ما را زمانمند تلقی می‌کند. خدا کسی است که روز و شب را آفرید و بر آنها نام نهاد. در همین باب‌های آغازین می‌خوانیم که خدا چگونه قصد داشت خلقتش در زمان توسعه یابد. اما واضح است که او می‌خواست این رشد و توسعه در درون آنچه آفریده بود نیز اتفاق بیفتد. مرد و زن از طرق یک تن شدن، تولیدمثل خواهند کرد و نسل آیندهٔ آنها در جهان پخش خواهد شد تا بر زمین حکمرانی کنند. داستان پیدایش در ۴:۲ با جمله‌ای کلیدی آغاز می‌شود: «این است پیدایش آسمان‌ها و زمین ...» که آشکار می‌سازد تاریخ، بخشی جدایی‌ناپذیر از خلقت است. کار آدم و حوا در باغ شگفت‌انگیزی که توسط خدا ساخته شده بود، نشان‌دهندهٔ آغاز راهی طولانی بود که فرزندان و نسل آنها باید طی می‌کردند تا شکوه و جلال آفرینش را گسترش دهند. نظارت ملوکانهٔ آدم و حوا بر عدن تنها نمونهٔ کوچکی است از آنچه خدا قصد داشت در کل جهان و در طول تاریخ اتفاق بیفتد.

پردۀ دوم

طغیان در پادشاهی

سقوط

بارزترین ویژگی هر داستان، تنش و تعارضِ محوری آن است، مشکلی که پیش آمده و باید حل شود. «ایوجین پیترسون» این را چنین توضیح می‌دهد: «فاجعه‌ای رخ داده است، ما دیگر در راستایِ نیکوییِ آغازین نیستیم، زیرا در اثرِ خرابیِ بار آمده از آن جدا شده‌ایم. البته، همچنین از هدف نیکوی‌مان نیز جدا شدیم. به بیانی دیگر، ما درست وسطِ آشفتگی و هرج و مرج قرار گرفته‌ایم.»[1] و ورود گناه به جهان بی‌نقصِ خدا، همان تضاد و کشمکش دنیایی است که پیدایش برای ما شرح می‌دهد. این فاجعه اندکی پس از آنکه خدا جهان را آفرید، رخ داد؛ نیکوییِ خلقت تهدید به نابودی شد و هر واقعه‌ای که پس از آن اتفاق افتاد تحت تأثیر شرارت قرار گرفت. شرحِ این بخش از داستان کتاب‌مقدس که اغلب (به‌سادگی و بدشگون) از آن به‌عنوان داستان سقوط یاد می‌شود، در باب ۳ پیدایش آمده است.

چنان‌که در دو باب آغازین کتاب پیدایش دیدیم، کشف ساختار ادبیِ متن بسیار اهمیت دارد. وقتی صحبت از سقوط می‌شود، برخی متفکرین سریعاً به واژه‌های *اسطوره* و *افسانه* متوسل می‌شوند. اما این روایت بخشی از یک ساختار کلی‌تر است (پیدایش ۴:۲-۲۴:۳) که با جملهٔ مهم آغاز می‌شود: «این است تاریخچۀ (پیدایش) ...» و برای نویسنده به این معنی است که آنچه در پی آمده با آنچه واقعاً اتفاق افتاده مرتبط است. بدین‌ترتیب باید واقعه‌ای را که در پیدایش ۳ ثبت شده است جدی

---

1. Eugene Peterson, Working the Angels: The Shape of Pastoral Integrity (Grand Rapids: Eerdmans 1993), 82, 83.

بگیریم، حتی به‌رغم اینکه جزئیات آن - اعم از مار سخنگو و درختان سمبولیک- با متون تاریخیِ معمول، متفاوت است. از دیدگاه ما، باب سوم پیدایش، منشأ اسرارآمیز پیدایش شرّ در جهان الاهی را صادقانه شرح می‌دهد؛ که البته ریشهٔ آن در عصیان زوج اولیهٔ بشری قرار دارد. آنها وسوسه شدند، تسلیم شدند و این امر نتیجهٔ اسفباری به‌همراه داشت.

از دو باب اول پیدایش کاملاً آشکار است که بشر نیکو آفریده شده، زیرا ساختهٔ دست خدا است. حتی اسم باغی که خدا آدم و حوا را در آن قرار داد - ***عدن*** - به معنی پدیدآورندهٔ خوشی و لذت بود. عدن سرشار از معادن و ذخایر بود. به‌زعم بسیاری از متفکرین، توضیحی که دربارهٔ عدن داده می‌شود بیانگر مکانی است که خدا در آن ساکن بود. این ادعا در پیدایش ۸:۳ اثبات می‌شود، که می‌گوید یهوه خدا در باغ راه می‌رفت و با آدم و حوا مشارکت داشت. در ابتدا آفرینش حاکی از شالوم بود، کلمه‌ای که در عهدعتیق برای صلح استفاده می‌شد و به معنی تمامیت غنی، یکپارچه و رابطه‌ای بود که خدا قصد داشت با خلقت خود داشته باشد. زندگی آدم و حوا مبتنی بر شالوم بود. آنها با خدا راه می‌رفتند، همدم یکدیگر بودند، باغ نیز چنانکه خاک مرغوبش را کشت می‌کردند و گیاهانش را هرس می‌کردند، تمام نیازهای‌شان را برآورده می‌ساخت. هیچ اثری از ابر توفان‌زا و هیچ اشاره‌ای به وقوع مشکلات در این منطقه دیده نمی‌شد. از این بهتر نمی‌شد.

ما بر اساس تجربیات‌مان می‌دانیم که دنیایی که در آن زندگی می‌کنیم عمیقاً آسیب‌دیده است. اما علت چیست؟ وقتی دربارهٔ زندگی در باغ عدن می‌خوانیم، آرزو می‌کنیم کاش زندگی ما هم به همین شکل بود. چرا زندگی ما تا این حد متفاوت است؟ پیدایش باب ۳ پاسخ این سؤال را می‌دهد؛ اگرچه ممکن است تمام اطلاعاتی را که در این زمینه لازم داریم در اختیارمان نگذارد. این متن به ما نمی‌گوید که مار سخنگو از کجا آمده است و یا اصلاً کیست. (بعدها در انتهای کتاب‌مقدس متوجه می‌شویم که این موجود همچنین به‌عنوان شیطان هم شناخته می‌شود؛ نگاه کنید به مکاشفه ۹:۱۲). چگونه این موجود توانست مخلوقات

نیکوی خدا را منحرف کند؟ پاسخی به این سؤال داده نشده است، اما این امر ما را متوجه منشأ رازگونهٔ شرّ در جهان هستی می‌کند. ما باید این راز را جدی بگیریم.

قدرت انتخاب داشتن، بخشی از انسان بودن است. حتی در خلقت نیکوی خدا، آزادی آدم و حوا برای «دوست داشتن» به این معنی بود که می‌توانستند انتخاب کنند دوست نداشته باشند. به همین دلیل بود که می‌توانستند وسوسه شوند. اما وسوسه برای آنها شامل چه چیزهایی می‌شد؟ جواب در «درخت معرفت نیک و بدِ» اسرارآمیز بود (پیدایش ۹:۲). مار بر خلاف آنچه خدا به آنها گفته بود، وسوسه‌شان کرد تا از آن درخت بخورند (۱۷:۲؛ ۳:۱-۵). اما این به چه معنا است؟ این قسمت از کلام خدا تنها جایی است که در آن دربارهٔ چنین درختی صحبت می‌شود، و بسیار حائز اهمیت است زیرا وسوسه را عملی خودمختارانه معرفی می‌کند. (واژهٔ Authonomy در انگلیسی که به معنی خودمختاری است از دو واژهٔ یونانی autho به معنی «خود» و nomos به معنی «قانون» تشکیل شده است).

آدم و حوا می‌توانستند از خدا پیروی کنند یا با او مقابله کنند. می‌توانستند تسلیم احکام خدا شوند و از زندگی لذت ببرند، یا راه خود را فارغ از فرمان‌های الاهی بروند و مرگ را تجربه کنند. آدم و حوا به زیبایی و کامل آفریده شدند تا آزادانه زیر سلطنت خدا و متناسب با فرمان‌ها و قوانین او زندگی کنند. وسوسه‌ای که از طریق مار با آن روبه‌رو شدند، این بود که خودمختاری‌شان را اعلان کنند و خود منشأ قانون برای زندگی‌شان شوند. خودمختاری به معنی انتخاب «خود» به‌عنوان مبنای تعیین درست یا نادرست بودنِ امور، به‌جای کلام خدا است. مار زیرکانه آدم و حوا را نسبت به کلام خدا و حتی نسبت به نیکوییِ ذاتی خدا به شک انداخت. هچنین وانمود کرد که خدا از اینکه مخلوق بشری‌اش با خوردن میوهٔ درخت، و درک تجربهٔ نیک و بد، با او برابر شود، می‌ترسد. خدا گفته بود که اگر از میوهٔ آن درخت بخورند خواهند مرد، اما مار چنین وانمود کرد که با خوردن آن، راه زندگی حقیقی را خواهند یافت. در پرتو

این پیشـــنهادها، زن و مرد درخت را جور دیگـــری دیدند، و از میوهٔ آن گرفتند و خوردند.

جالب اینجاســـت که در ابتدا به نظر می‌رسـید مار درست می‌گوید؛ آدم و حوا بلافاصله نمردند. شـــاید هم مردند؟ یکی از تأثیرات این متن آن است که ما را در خصوص معنای مرگ به‌طور عمیق و جدی به تأمل وادارد. زندگی جســمانی آدم و حوا به محض خوردن متوقف نشد؛ این میوه مانند سـیب زهرآلود داستان‌های افسانه‌ای نبود. اما چیزی در درون آنها و بین آنها مرد. احساســی که نسبت به خود و رابطه‌ای که با یکدیگر داشـــتند درهم شکست. آنها به‌شــکلی بیمارگونه به خودآگاهی رسیدند و بدین‌ســبب شتابان سعی بر پوشــاندن عریانی خود داشتند. آنها برای اولین‌بار شــرم را تجربه کردند و (حتی بدتر از آن) رابطهٔ آنها با خداوند خدا شکسته شــد. آنها به‌خاطر ترس و شرم خود را از او پنهان ساختند. خدا با آدم و حوا مقابله کرد و عدالت را اعلام کرد. مار لعنت شد، زایمان زن ســـخت‌تر گردید، زمین نیز زیر داوری رفت تا کار کردن بر آن برای مرد سخت شــود و به‌مراتب کمتر خوشایند باشــد. آدم و حوا از عدن بیرون رانده شدند و دیگر اجازهٔ ورود به آن باغ را نیافتند.

معنی این داســتان، بسیار غنی است و نکات بســیاری برای تفکر در اختیارمـــان می‌گذارد. اگرچه افتادن در گناه همچنـــان به‌صورت راز باقی می‌ماند، اما داســتان پیدایش باب ۳ قصد دارد ماهیـــت اصلی گناه را، که همانا تلاش برای خودمختاری، و اشـــتیاق برای جدا شدن از خدا است، آشکار ســازد. همچنین در اینجا عواقب گناه به‌وضوح شرح داده می‌شود. درســـت مانند پیدایش باب ۲ که بشـــر را در بســـتر رابطه‌ای سالم نشان می‌دهد، پیدایش باب ۳ بر گسست آن روابط که پس از عصیان انسان علیه پادشــاه الاهی پدید آمد تمرکز دارد. ما انسان‌ها برای ارتباط آفریده شدیم، اما تأثیر گناه ما را از یکدیگر دور می‌کند. مهمتر از این، انســان آفریده شد تا از رابطه با خدا برخوردار باشد، اما گناهِ آدم و حوا باعث شد آنها از خدا بگریزند، و ترســـان، خجل و منزوی شوند. آدم، حوا را مقصر می‌دانست؛ حوا، مار را، و در عین حال هر دو می‌کوشند عریانی‌شان را بپوشانند.

تمامی این اعمال نشان می‌دهد گناه، حسِ «خود» و حس تعلق داشتن به دیگران را تضعیف کرده است. مجازات آدم و حوا از جانب خدا بیانگر این حقیقت است که ابعاد زندگی اجتماعی و کاری آنها نیز مخدوش شده است. اگرچه آدم و حوا مرگ جسمانی را تجربه نکردند - حداقل چنانکه انتظارش را داشتند- اما از این داستان درمی‌یابیم که معنای مرگ بسی فراتر از پایان یافتنِ زندگی جسمانی است. مرگ را می‌توان به بیان کلی، اختلال در روابط؛ و به‌خصوص پایان رابطهٔ حیاتی با خدا توصیف کرد:

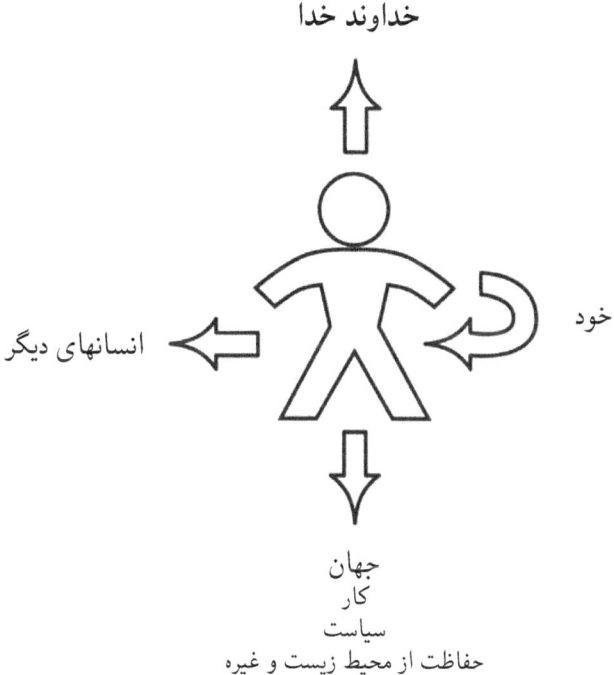

تصویر ۵- درک کتاب‌مقدسی دربارهٔ بشر، و تأثیر گناه

آیا داستان این دنیا به همین زودی و با تلخی به پایان می‌رسد؟ به هیچ روی. حتی در داستان غم‌انگیز ورود گناه به دنیا، خدا از تصمیمی که

برای خلقت و پادشاهی‌اش داشت، صرف‌نظر نمی‌کند. اگرچه آدم و حوا از حضور خدا گریختند، اما خدا از سر لطف پیش‌قدم شد و به‌دنبال آنها گشت. خدا مجازات را اعلام کرد: مار ملعون است و میان نسل او و نسل زن دشمنی خواهد بود (پیدایش ۱۵:۳)، و نسل زن سر مار را خواهد کوبید. به دیگر سخن، خدا وعده می‌دهد شعله‌های شرّ را که آدم و حوا به‌پا کرده بودند خاموش سازد. این اولین وعدهٔ کتاب‌مقدس است: مسیح از نسل زن خواهد آمد و با شیطان مقابله خواهد کرد، لیکن بابت آن، باید بهای سنگینی پرداخت کند: «مار پاشنهٔ او را خواهد کوبید.» در پیدایش ۲۰:۳ خدا برای پوشاندن شرم آدم و حوا، از پوست حیوانات پوششی تهیه می‌کند. در عهدعتیق، هنگامی که کسی را خلع لباس می‌کردند به این معنا بود که آن شخص از ارث محروم شده است؛ تهیهٔ لباس توسط خدا در عوض نشان از این حقیقت داشت که خدا از هدفی که برای آنها داشت، دست بر نداشته است. آنها همچنان باید صورت خدا را در این جهان نمایان سازند. آنها همچنان «وارثان» زمین هستند. وقتی آدم و حوا عدن را ترک کردند، آیندهٔ به‌ظاهر نامشخصی داشتند. (بله، آنها به‌خاطر خوردن آن میوه، آناً و جسماً نمردند. و جالب اینجاست که در این قسمت مار درست گفته بود اما در مابقی مسائل اشتباه کرده بود.) نااطاعتی، فاجعه به بار آورده بود. درِ آن باغ شگفت‌انگیز پشت‌سر آنها بسته شده بود و دنیای نامطمئن و ترسناکی پیش رو داشتند. روبه‌رو شدن با خداوند خدا، وقتی آنها را یافت، چقدر تلخ بود! چقدر سخت بود که به چهره‌اش نگاه کنند! اما با این‌حال به آنها لباسی برای پوشیدن داد و همچنین وعده داد که نسل زن سر ما را خواهد کوبید.

پردهٔ سوم

پادشاه، قوم بنی‌اسرائیل را برمی‌گزیند

آغاز رهایی

صحنهٔ اول: قومی برای پادشاه

پیدایش: منشأ قوم بنی‌اسرائیل

طغیان گناه و واکنش خدا نسبت به آن

هنگامی که دروازه‌های عدن به‌روی آدم و حوا بسته شد، بشریت خدادادی آنها پایان نیافت. تأثیر سقوط بر انسان، ناقض انسانیتش نشد، و ما همچنان به شباهت خدا هستیم (پیدایش ۱:۵ ؛ ۹:۶). اما عصیان و سرکشی، عمیقاً بر انسان بودن ما تأثیر گذاشته است. با این‌حال، آدم و حوا بعد از ارتکاب گناه همچنان زن و شوهر باقی ماندند و حوا دو پسر سالم به دنیا آورد. این چهار نفر خانواده‌ای تشکیل دادند، درست همان‌طور که خدا قبل از سقوط برنامه‌ریزی کرده بود. اما پس از سقوط، بلافاصله هنگامی که به داستان باب چهارم پیدایش می‌رسیم، با تغییر هولناکی روبه‌رو می‌شویم.

قائن و هابیل اولین برادران در این دنیا بودند. اسم هابیل که در عبری تلویحاً اشاره‌ای است به فانی (عبث) بودن (که در کتاب جامعه شرح آن آمده)، خبر از مشکلی می‌دهد که در راه است. قائن کشاورز بود، و هابیل گله‌بان. اما به عوض لذت بردن از مصاحبت و حمایت یکدیگر، قائن به هابیل حسادت ورزید. مسائل وقتی به اوج رسید که هر دو برادر هدایای‌خود را به حضور خدا آوردند. هدیهٔ هابیل پذیرفته شد، اما هدیهٔ قائن به‌خاطر شرارتی که در او بود، رد شد. خدا از سر لطف به او می‌گوید که اگر عمل نیکو انجام دهد، هدیه‌اش مورد قبول واقع می‌شود و به او

هشدار می‌دهد که اگر مراقب نباشد، گناه همچون حیوان وحشی بر او چیره خواهد شد و او را خواهد بلعید. اما خشم قائن فزونی می‌یابد. او برادرش را دعوت می‌کند تا با او در صحرا قدم بزند و آنجا است که او را می‌کشد. اتفاق نامنتظره‌ای رخ داده بود، و شادی جایش را به حسادت، خشم و در نهایت قتل داده بود.

شاید انتظار داشته باشیم که در این شرایط هولناکِ قتل و خون‌ریزی، خدا همه چیز را به‌یکباره نابود کند؛ اما او چنین نکرد. نظم نیکویی که خدا برای خلقتش برقرار ساخته بود به قوت خود باقی ماند. قائن ازدواج کرد و صاحب پسری به نام خنوخ شد و سپس شهری ساخت و نام پسرش را بر آن نهاد. قائن و خانواده‌اش نیز انسان‌هایی بودند که صورت خدا را داشتند. اما داستان به‌وضوح شرح می‌دهد که انسان‌ها اکنون با تجربهٔ سقوط، قابلیت آن را دارند که زندگی‌شان را در مسیر غلط پیش ببرند. زندگی خانوادگی و دیگر هدایای نیکوی خدا، ممکن است تبدیل به منبعی برای درد و رنج و انتقام شود. برای درک وقایعی که در ذیل آمده است (پیدایش ۴:‏۱۷-۲۶)، باید این پیش‌زمینه را در نظر داشته باشیم. قائن شهری بنا کرد، و مردم شروع به توسعهٔ فرهنگ به طرق مختلف کردند.

فرهنگ، نامی است که به فعالیت‌های سازمان‌یافته در جامعه داده‌ایم، مانند ساختن موسیقی، خانه و یا بنیان نهادنِ ساختارهای اقتصادی و سیاسی. پیدایش ۱:‏۲۶-۲۸ در برخی موارد به‌عنوان قانون فرهنگی شناخته می‌شود، زیرا در آن انسان‌ها مکلف می‌شوند تا بر خلقت نیکوی خدا نظارت مقتدرانه داشته باشند و امکانات نهفته در آن را توسعه بخشند. آن هنگام است که کل آفرینش بیشتر جلال خدا را نمایان می‌سازد، درست مانند یک سمفونی بزرگ و پرشکوه. نظارت مقتدرانه همچنین شامل رشد و توسعهٔ هر آن چیزی می‌شود که ما در معماری، کشاورزی، هنر و زندگی خانوادگی به‌دست می‌آوریم. خواست خدا همواره این است که ما در این‌گونه کارها سهیم باشیم.

در پیدایش باب ۴ دربارهٔ قائن (کسی که شهری به نام خنوخ ساخت)، یابال (پدر همهٔ چادرنشینان و دامداران)، یوبال (پدر همهٔ

نوازندگان بربط و نی)، توبال قائن (کسی که صانع هرگونه ابزار برنجی و آهنی بود) و لَمِک (کسی که شعر می‌سرود) می‌خوانیم. بنابراین، نباید چنین تصور کرد که تمامی این فعالیت‌های فرهنگی نتیجهٔ گناه هستند. بر خلاف آن، این فعالیت‌های فرهنگی هنگامی به‌عمل می‌آیند که مردان و زنان توانایی‌هایی را که خدا به این جهان بخشیده است، گسترش می‌دهند. این‌گونه فعالیت‌ها اساساً عالی هستند و هیچ بدی‌ای در آنها نیست. این همان نکته‌ای است که «هانس روکماکر» در کتاب کوچکش به نام «هنر نیازی به توجیه ندارد» بیان می‌کند. منظور «روکماکر» این نیست که باید هنر را تنها به‌خاطر هنر بودنش بپذیریم، بلکه چون خدا جهان را با توانایی‌های انسانی برای فعالیت‌های هنری و تخیلی آفرید. فعالیت‌های فرهنگی شیوه‌ای زیربنایی برای خدمت به خدا و جلال دادن نام اوست. در چارچوب پیدایش باب ۴ درمی‌یابیم که انسان گناهکار، این فعالیت‌های فرهنگی خوب را به مسیر غلط می‌اندازد.

اگرچه بنای شهر از مهمترین گام‌ها در رشد توانایی‌های نهفته در خلقت است، اما با شناختی که از قائن داریم، تصور اینکه او شهری بنا کرده، آن را کنترل می‌کند، مایهٔ تأسف است. این تصور که خدا قصد داشته جهان خلقت، فقط باغی بکر و ساده باشد، اشتباه است. خواست خدا این بوده که شهرها توسعه یابند. شهرسازی لزوماً نتیجهٔ شرّ نیست، زیرا همهٔ شهرها می‌توانند مکان‌های بی‌نظیری برای رشد و شکوفایی بشر و مکان جلال خدا باشند. اما این حقیقت که قائن اولین شهر را ساخت، ما را متوجه امکان انحراف از قصد و نیت خدا می‌کند. چنانکه می‌دانیم، شهرها می‌توانند تبدیل به فضایی گناه‌آلود و محلی برای اعمال زشت و ظلم و ستم شوند. حسادت و غیظ قائن، چگونه زندگی در شهر خنوخ و حتی اطراف آن را تحت‌الشعاع قرار می‌دهد؟ رشد و توسعهٔ فرهنگ شهری آغاز می‌شود - که فی‌نفسه و بالقوه به معنای توسعهٔ امکانات نیکوی خلقت مبنی بر وظیفهٔ محول‌شده به انسان بود- اما متأسفانه آغازگر این روند کسی است که از همان ابتدا به حاکمیت بی‌نظیر خدا بی‌احترامی کرده بود.

شعر و سرود، هدیهٔ نیکویی از سوی خدا است، و کتاب‌مقدس شامل سروده‌ها و اشعار بسیاری است که زیبایی و قدرت زبان را در اطاعت از نظم الاهی جلوه‌گر می‌سازند. لَمِک اولین شاعر کتاب‌مقدس است. اما در اشعار او، هدیهٔ بی‌نظیر خدا خدشه‌دار شده، تبدیل به وسیله‌ای برای تهدید و انتقام می‌شود: «اگر برای قائن هفت چندان انتقام گرفته شود، برای لَمِک، هفتاد و هفت چندان» (پیدایش ۲۴:۴). باز در اینجا عطایی خوب (شعر) به‌کار رفته است، اما به‌نحوی که فرمانروایی خدا بر خلقت و نقش او به‌عنوان بخشندهٔ این عطا را نادیده گرفته، انکار می‌کند.

از طریق نسب‌نامه‌ای که در باب پنجم پیدایش آمده، می‌توان داستان رشد نسل بشر از آدم تا نوح (پسر لَمِک) را دید. نوح به معنی «آرامش و آسایش» است و لَمِک امیدوار بود خدا به‌وسیلهٔ نوح، انسان‌ها را از کار سختی که در خلقت سقوط‌کرده انجام می‌دادند، آرامی بخشد (۲۸:۵-۲۹). لَمِک خوب می‌دانست که پیامد سقوط، نه تنها بر کار انسان، بلکه بر تمام جنبه‌های زندگی بشر تأثیر گذاشته است. او امیدوار بود با تولد نوح امور بهتر پیش رود. اما امور خلقت خوب پیش نرفت، لااقل در ابتدای کار. پیدایش باب‌های ۶ تا ۹ داستان نوح و توفان مهیب را بیان می‌کند. علی‌رغم امیدِ لَمِک به آرامی و آزادی، آنچه از طریق توفان اتفاق افتاد، اجرای داوری‌ای هولناک بود.

در پیدایش ۱:۶-۴ با داستانی عجیب و غریب روبه‌رو می‌شویم. «پسران خدا» (نوعی مخلوقات آسمانی)، با دختران آدمیان درمی‌آمیزند و از آنان فرزندانی غول‌پیکر (انسان‌هایی هیولامانند) زاده می‌شوند. نکتهٔ مهم داستان این است که مجدداً از فرمان خدا سرپیچی می‌شود و سبب می‌گردد داوری خدا جاری شود (درست مانند آنچه در پیدایش ۳ اتفاق افتاد). تخطی از مرزهای ممنوعه (پیوستن انسان با موجودی غیربشری)، نشانه‌ای از وجود بیماری گناه است و پیدایش ۵:۶-۸ نشانگر شرایطی حاد و جدی است. شرّ اختیار و عنان زندگی بشر را به‌دست گرفته است.

مسائل به‌قدری اسفبار شدند که خدا تصمیم گرفت جهان را به‌وسیلهٔ توفانی نابود کرده، از نو آغاز کند. نوح جای آدم را خواهد گرفت. او

امکان آرامش را چنانکه لَمِک آرزو داشت فراهم خواهد ساخت، اما پس از داوری. توفانی که خدا بر زمین فرستاد، مصیبت‌بار و عالم‌گیر بود، نوعی ویرانی (نابودی). حجم عظیمی از آب زمین را فراگرفت. «در همان روز، همهٔ چشمه‌های ژرفای عظیم فوران کرد» و باران چهل شبانه‌روز بی‌وقفه بارید (پیدایش ۷:۱۱-۱۲). اگرچه داوری گناه امری هولناک بود، اما خدا یک‌بار دیگر عهد خود را نسب به هدف اولیه‌اش از خلقت به‌یاد آورد. خدا نوح را مأمور ساختن کشتی‌ای می‌کند تا به همراه خانواده‌اش و تعدادی از هرگونهٔ جانوری بر زمین، از داوری خدا جان به در برند. این داستان چنان مناسب کانون شادی قلمداد شده است که اغلب اهمیت جهان‌شمول آن را نادیده می‌گیریم. چرا خدا این حیوانات را داخل کشتی برد؟ به این‌خاطر که او به فکر تمام خلقت است که شامل حیوانات نیز می‌شود. نجات تنها برای انسان‌ها نبود: بلکه تمام خلقت را در بر گرفت (نگاه کنید به رومیان ۸:۲۱).

> نجات و هلاکت آدمی، و شادی و غم او، بر محیط زیست حیوانات و ارتباط‌شان با انسان تأثیرگذار است. حیوانات نه به‌عنوان موجوداتی مستقل، بلکه به‌عنوان موجوداتی وابسته به انسان (عامل مستقل)، در عهد، با او سهیم‌اند. آنها هم در وعده و هم در لعنتی که بر وعده سایه افکنده است با انسان شریکند. خلقت، مملو از نگرانی و در عین حال لبریز از اطمینان، همراه انسان برای تحقق کاملش صبر می‌کند، و هنگامی که اینها موقتاً و سپس قطعاً واقع شود، نفس راحتی خواهد کشید.[1]

ما معمولاً اهمیت این موضوع را به‌خاطر نداشتن دید وسیع در مورد نجات، نادیده می‌گیریم.

داستان توفان، خدایی را معرفی می‌کند که هم داور عادل است و هم رهاننده‌ای پرمحبت و فیاض. وقتی نوح و خانواده‌اش از کشتی بیرون

1. Karl Barth, Church Dogmatics, vol. 3/ 1, The Doctrine of Creation, trans. J. W. Edwards et al. (Edinburgh: T& T Clark, 1958), 178.

آمدند، خدا وعده‌هایی به نشانهٔ عهد به نوح داد (پیدایش ۹:۸-۱۷). واژهٔ ***عهد***، بیانگر رابطهٔ خدا با قومش است. پالمر رابرتسون به‌خوبی آن را چنین تعریف می‌کند «پیوند با خون از جانب حاکم.»[1]

اجازه دهید سه عنصر اصلی مذکور در این عبارت را بررسی کنیم:

۱) پیوند: عهد، همانا رابطهٔ عمیق شخصی میان خدا و قوم اوست، رابطه‌ای چنان نزدیک که گویی خدا خود را به آنها، و آنها را به خود، بسته است. در عهدی متأخرتر با بنی‌اسرائیل، یکی از زیباترین عبارات را در ارمیا ۷:۲۳ می‌خوانیم: «من خدای شما خواهم بود و شما قوم من.»

۲) با خون: عهد، رابطه‌ای جدی و در عین حال قانونی مانند ازدواج است (که در عهدعتیق نیز از آن به‌عنوان عهد یاد شده است). ماهیت جدی و علنی عهد به‌صورت نمادین شامل مراسم قربانی و ریختن خون است. (چنانکه در پیدایش ۸:۲۰-۲۲ آمده است).

۳) از جانب حاکم: عهد، رابطه‌ای بین دو شریک برابر نیست که با هم در مورد مفاد آن توافق دارند. خدا، خداوند حاکم است و تنها کسی است که می‌تواند شرایط عهد را استوار سازد.

«ویلیام دامبرل»[2] به‌درستی اذعان می‌دارد که وقتی خدا (در پیدایش ۶:۱۸) می‌گوید عهد خود را با نوح استوار ***خواهد ساخت، عهد*** در اینجا به رابطه‌ای اشاره دارد که از قبل وجود داشته است. استدلال دامبرل از پیدایش باب ۹ این است که خدا در تجدید عهد با نوح، مجدداً عهد خود را با خلقتش تجدید می‌کند. مدرک آن نیز در پیدایش باب ۹ دیده می‌شود که نوح را همچون آدم ثانی به تصویر می‌کشد. مأموریتی که خدا به نوح داد، درست مانند مأموریت آدم بود، و حتی همان کلمات

1. "bond in blood sovereignly administered", O. Palmer Robertson, Christ and the Covenants (Phillipsburg, NJ: P& R, 1980), 4.; 2. William Dumbrell

نیز در آن به‌کار رفته است: «بارور و کثیر شوید و زمین را پر سازید» (پیدایش ۱:۲۸؛ ۹:۱، ۷). خدا شروعی دوباره را با نوح آغاز می‌کند، اما هدف او برای خلقتش همچنان به قوت خود باقی است: نوح به‌عنوان آدم ثانی مأموریت می‌یابد. علاوه بر این، مفاد عهد خدا با نوح به تمامی خلقت تعمیم می‌یابد. در پیدایش ۸:۲۱ خدا فرمود که دیگر هرگز زمین و جاندارانی را که بر آن زندگی می‌کنند هلاک نخواهد کرد. از متن ۹:۸-۱۷ کاملاً پیداست که این عهد با نوح و نسل او و تمام موجودات زندهٔ روی زمین است. رنگین‌کمان نشان عهد و محبتی است که میان خدا و «هر ذی جسدی که بر زمین است» استوار شد (۹:۱۷).

از این‌رو، عهدی که خدا با نوح می‌بندد، اشاره به رابطهٔ خاصی دارد که او با نوح و خانواده‌اش داشت. اساساً این عهدی است که خدا با کل خلقتش استوار ساخته است. از همین‌رو، در واقع خدا در نوح و از طریق او کار می‌کند تا بتواند آنچه را که برای کل جهان در نظر داشته است به انجام برساند.

اما افسوس، این شروع دوباره نیز آرامش کاملی را که لَمِک آرزومند آن بود به همراه نداشت. کل زمین توسط سه پسر نوح، سام، حام و یافث پر از سکنه شد (۹:۱۸). اما پس از چندی، گناه مجدداً خود را در زندگی نوح و پسرانش نشان داد (۹:۲۰-۲۸). یک بار دیگر، رشد فرهنگ جنبه‌ای دو سویه به خود گرفت. از یک‌سو، کشاورزی پیشرفت کرد و نوح اولین کسی بود که درخت مو کاشت و به‌وسیلهٔ هنر خدادادی و بی‌نظیرش صنعت شراب‌سازی را توسعه بخشید (۹:۲۰). اگرچه شراب و مهارت ساخت آن به خودی خود هدیهٔ نیکویی هستند، اما می‌توانند به طرق نادرست و گناه‌آلودی استفاده شوند. اولین سازندهٔ شراب، مست شد و خود و خانواده‌اش را بی‌حرمت ساخت و پسرش حام او را که برهنه در چادر به خواب رفته بود یافت (۹:۲۱-۲۳). نمی‌توان گفت که دقیقاً خطای اصلی پسر نوح در واکنش به رفتار پدرش چه بوده است؛ آیا مسئلهٔ جنسی در کار بوده یا عمل غیبت حام دربارهٔ برهنگی پدرش رفتاری گناه‌آلود برای بی‌حرمت ساختن او محسوب می‌شد؟ در

هر صورت در اینجا شـاهـد گسستگی در خانواده هستیم. نوح، کنعان را که فرزند حام بود لعنت می‌کند (که شـامـل تمام نسـل و نوادگان او نیز می‌شود) و سـام را برکت می‌دهد (در آینده، از نسل او قوم بنی‌اسرائیل به‌وجود خواهد آمد).

پیدایش باب ۱۰ دربارۀ به‌وجود آمدن ملت‌های دنیا از طریق پسـران نوح صحبت می‌کند. این تحقـق فرمان خدا به آدم بود که بعدها به نوح نیز داده شد: «بارور و کثیر شوید و زمین را پر سازید.» البته در این مرحله از داستان، عجیب نیست که ببینیم این توسعۀ مثبت - که همانا گسترش جمعیت و رشـد فرهنگی اسـت - جنبۀ منفی نیز داشـت. باب بعدی پیدایش داستان برج بابل را شرح می‌دهد. این قسمت در داستان پیدایش بیانگر بالاترین میزان گناه در این نقطه از نمایشـنامۀ کتاب‌مقدس است. بابل بنایی تاریخی و تلاشی جمعی توسط نسل آدم بود تا خود را از خدا مستقل و خودمختار سازد.

چنانکه پیش‌تر ذکر شـد، انگیزۀ شهرسازی بخشی طبیعی از فرهنگ رشد و توسعه در دنیایی است که خدا آفریده بود. اما این انگیزه می‌تواند اشتباه هدایت شود، و در داستان بابل شاهد این هدایت نادرست در ابعاد و مقیاسـی وسیع هستیم. وقتی مردم به سمت شرق کوچ کردند، شهری با برجی بلند سـاختند. این راهی بود تا از خواسـت خودشـان در مقابل خواسـت خدا دفاع کنند مبنی بر اینکه انسان‌ها باید بارور شده، در همۀ جای دنیا پراکنده شـوند ("زمین را پر سازید"). برجی که آنها ساختند به احتمال قوی یک زیگورات بود، که در تمدن بین‌النهرین بالاترین بخش آن معبد را به پرستش خدایان اختصاص می‌دادند. اسم *بابل*، در اصل به چیزی اشاره دارد که به‌طور خاص در ذهن مردم این شهر و این برج بود. بابل به معنی "دروازۀ خدا" است. در تمدن بین‌النهرین، زیگورات ساخته می‌شد تا همچون نردبانی باشـد که خدایان‌شان از آن پایین می‌آمدند تا شـهر را برکت دهند. در بالاترین نقطۀ آن، اتـاق کوچکی با تخت، میز و مقـداری غذای تازه وجود داشـت تا هنگامی که خدایان‌شان فرود می‌آمدند، بتوانند آنجا استراحت و تغذیه کنند.

در ضمن، چنانکه در پیدایش باب ۱۱ دربارهٔ بابل آمده، راوی داستان به ما یادآور می‌شود که "بابل" با کلمه‌ای عبری به معنی "اغتشاش" یا "سردرگمی" هم مرتبط است. برای راوی داستان اسم بابل "دروازهٔ خدا"، چنانکه بابلی‌ها معتقد بودند، معنی نداشت، بلکه به معنی سردرگمی و اغتشاش بود. می‌توان این تصمیم انسان را که در واقع مخالفت با خالق بود به‌عنوان نماد غایی سقوط بشر دانست. با اینکه خدا فرمان داده بود انسان‌ها در تمام زمین پخش شوند، این گروه در بین‌النهرین تصمیم گرفتند مرکز امنی برای خود بسازند تا از آنجا محیط اطراف‌شان را کنترل و از خودشان حفاظت کنند. به عوض اتحاد و هویتی که خدا به آنها بخشیده بود، آنها به‌دنبال تشکل خودمختار و کاذب، و شهرت خودساخته‌ای بودند. در اینجا شاهد تکرار همان داستان خوردن میوهٔ معرفت نیک و بد هستیم، که این‌بار در مقیاس اجتماعی بزرگتری نماد یافته است. آنها به‌وسیلهٔ ساختن این برج، متکبرانه از خدا می‌خواستند فرود بیاید و تلاش‌شان را برکت دهد.

در صحنه‌ای طنزآمیز (۱۱:۵-۶)، خدا پایین می‌آید تا آنچه را که این شهرسازان طغیانگر ساخته بودند، ببیند. اگرچه آنها تصور می‌کردند دستاورد بی‌نظیرشان نردبانی به‌سوی آسمان است لیکن خدا می‌بایست از آسمان پایین می‌آمد تا *آن* را ببیند! خدا نه تنها این پروژه را برکت نداد، بلکه تکبر آنها را که باعث شده بود چنین عملی انجام دهند شدیداً توبیخ کرد. خدا این قوم را با مغشوش ساختن زبان‌شان، داوری کرد و از آنجا به بیرون پراکند. سپس خدا آنها را مجبور ساخت تا اراده‌اش را به انجام برسانند و در تمامی نقاط زمین پراکنده شوند.

بابل نمادی است از تمایل همیشگی انسان به ساختن پادشاهیِ مستقل از خدا. اما خدا چنین تمرکز انسانیِ کاذبی را نمی‌پذیرد و سازندگان بابل را پراکنده می‌سازد. ***اسم*** در کلام خدا نمادی از هویت است. مردم از طریق این شهر و برج به‌دنبال هویت و شهرتی کاذب بودند، شهرتی که بر خودمختاری انسان بنا شده بود (۱۱:۴). واکنش خدا این بود که

آنها را به سبب گناه‌شان داوری کند و از اقدام جاه‌طلبانه و بت‌پرستانهٔ ساختمانی آنها جلوگیری کند. اما چنانکه بارها دیده‌ایم، داوری اغلب با لطف و شفقت همراه است. در حالی که پیدایش باب ۱۱ اوج گناه بشر را در خلقت نشان می‌دهد، پیدایش باب ۱۲ از شروعی تازه سخن می‌گوید مبنی بر اینکه خدا همچنان بی‌وقفه هدفش را برای خلقت دنبال می‌کند.

عهد ابراهیمی: برکت‌یافته برای برکت دادن

تا به اینجا داستان کتاب‌مقدس شامل زندگی و اعمال کل بشر می‌شد. اما اکنون، خدا در واکنش به فاجعهٔ بابل (بالاترین سطح گناه در خلقت نیکوی خدا)، یک بار دیگر ابتکار عمل را به‌دست گرفت و توجهش را به یک شخص (ابراهیم) معطوف ساخت. در حقیقت، ابراهیم و نسل او بیشترین اهمیت را در مابقی کتاب پیدایش به خود اختصاص می‌دهند.

خدا ابراهیم را فراخواند تا مملکت خود (اور) را ترک کند، و به سرزمینی برود که به او نشان خواهد داد (۱۲:۱-۳). این دعوتی بنیادین بود. حتی امروزه برای ما که در قرن بیست‌ویکم زندگی می‌کنیم و از تسهیلات و امکانات بسیاری برخورداریم، فکر کردن به نقل مکان از یک کشور به کشور دیگر مشکل است. ما تنها می‌توانیم درکی جزئی از معنای واقعی این عمل برای شخصی چون ابراهیم، داشته باشیم. او می‌بایست هر آنچه را که داشت و می‌شناخت - خانواده، قبیله، خانه و کشورش - را برای سفری طولانی و نامعلوم به‌سمت مقصدی اسرارآمیز ترک می‌کرد. از ابراهیم خواسته شد تا تمام نمادهای امنیت و خودمختاری را که سازندگان بابل به‌وسیلهٔ آن به‌دنبال تقویت و استحکام هویت خود بودند ترک کند. ابراهیم نیز با کمال میل تمام آنها را به‌خاطر اطاعت از خدا ترک گفت تا به همراه همسرش (ساره) و برادرزاده‌اش لوط و مابقی خانواده‌اش هرجا خدا هدایت می‌کند برود.

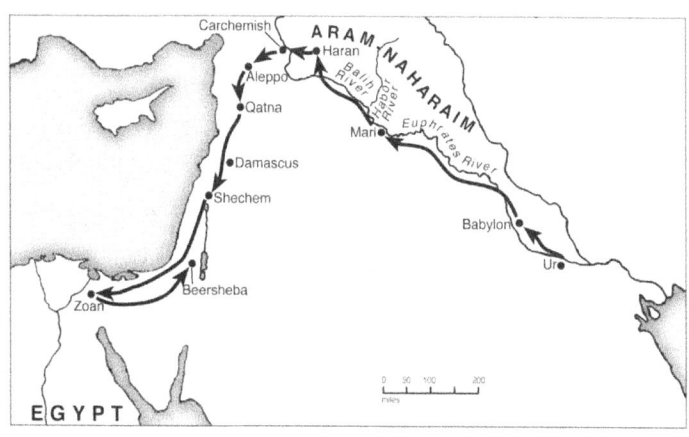

تصویر ۶ - سفر ابراهیم

حال منظور خدا از تمام اینها چه بود؟ آیا محدود کردن تمام توجهش به ابراهیم به معنی رها کردن مابقی انسان‌ها بود؟ سه آیهٔ اول باب ۱۲ شرح نقشهٔ خدا برای ابراهیم است مبنی بر اینکه از او چه می‌خواهد، که البته نقشهٔ بسیار قابل توجهی است. خدا به ابراهیم وعده‌هایی داد: (۱) از ابراهیم قومی بزرگ پدید خواهد آورد (۲) او را برکت خواهد داد (۳) نام او را بزرگ خواهد ساخت (۴) او برکت خواهد بود (۵) و خدا برکت خواهد داد به کسانی که او را برکت دهند و لعنت خواهد کرد کسی را که او را لعنت کند (۶) و همهٔ طوایف زمین به‌واسطهٔ او برکت خواهند یافت! مردم روی زمین در جستجوی نامی برای خودشان، اقدام به ساختن برج بابل کردند، اما خدا نقشهٔ جاه‌طلبانهٔ آنها را باطل کرد زیرا می‌خواستند به راه خودشان بروند. اما اکنون خدا وعده می‌دهد که نام ابراهیم را بزرگ خواهد ساخت و از او قومی بزرگ پدید خواهد آورد. تمام آنچه را که مردم بابل اشتیاق داشتند برای خود به‌دست آورند همچون شهرت، امنیت و میراثی برای آیندگان، خدا به رایگان به ابراهیم هدیه داد. در اینجا شاهد پاسخ خدا به اختلالی هستیم که در خلقت پدید آمده بود. خدا از طریق ابراهیم، قومی، یعنی بنی‌اسرائیل، را به‌وجود آورد

که تبدیل به قوم خدا در میان تمام قوم‌های جهان شد. و از طریق این قوم خدا تمام قوم‌های جهان را برکت داد (۱۸:۱۸-۱۹).

از این نقطه به بعد در داستان عهدعتیق، روایت بر ابراهیم و نسل او متمرکز می‌شود. اما خدا حتی در شخصی‌ترین وعده‌هایی که به این شخص و خانواده‌اش می‌دهد، همچنان هدفی را که برای کل قوم‌های جهان دارد فراموش نمی‌کند. این امر در کلماتی که برای وعدهٔ مذکور در ۱:۱۲-۳ آمده، مشهود است. کلمهٔ برکت پنج مرتبه به آشکال مختلف بیان شده و واژهٔ بسیار مهمی در باب‌های آغازین کتاب پیدایش است. کلمهٔ پویای **برکت** بیانگر هدفی است که خدا برای خلقتش داشته، تا بتوانند طبق خواست خدا زندگی کنند و نیازهاشان را مطابق ارادهٔ او برآورده سازند. در مقابل، واژهٔ *لعنت*، بیانگر داوری مهیب خدا بر خلقتی است که در مقابل خواست خدا، سرکشی و طغیان می‌کند.

کلام برکت خدا بر ابراهیم که در ۱:۱۲-۳ آمده از طرفی دیگر، نشان‌دهندهٔ کاری است که خدا می‌خواهد از طریق این مرد انجام دهد. تکرار پنجگانه برکت تعمداً در تضاد با تکرار پنجگانهٔ *لعنتی* است که در پیدایش ۱ تا ۱۱ آمده است. لعنت خدا یا داوری او بر بشر به معنی از دست دادن آزادی (۱۴:۳-۱۶)، بیگانگی آنها با زمین (۱۷:۳-۱۹)، بیگانگی با یکدیگر (۱۱:۴) وتنزل اخلاقی و روحانی (۲۵:۹) بود. تکرار واژهٔ برکت در پیدایش ۱:۱۲-۳ اعلان می‌کند که خدا قصد دارد از طریق ابراهیم تأثیر داوری بر خلقت را معکوس سازد. هرچند گناه، لعنت خدا را بر خلقت به همراه داشت، اما خدا همچنان در صدد احیای هدفش برای برکت دادن آفرینش است، و ابراهیم باید همچون واسطی، این احیای الاهی را به تمام جهان برساند.

از طریق ابراهیم، «تمام طوایف زمین برکت خواهند یافت.» آخرین قسمت پیدایش ۳:۱۲ اوج نتیجه‌گیری این آیات است و به هدف غایی خدا اشاره دارد که به‌خاطر آن، ابراهیم را انتخاب کرد. خدا عمل رهایی‌بخش خود را متوجه یک نفر، و یک قوم ساخت، اما در نهایت قصد او این است که برکت رهایی به تمام مخلوقات برسد. وعده‌ای که

خدا به ابراهیم داد، پاسخی بود به گناهی که کل خلقت را فاسد ساخته بود: خدا خلقت خود را احیا خواهد کرد. پیدایش ۱۲:۱-۳ پاسخی قاطع به پیامد سقوط است، همچنین بیانگر احیای هدفی است که خدا در پیدایش ۱-۲ برای کل جهان دارد. آنچه که این چند آیه بیان می کنند، تعریف الاهیاتی از تاریخ نجات جهان است، و تحقق آن با دعوتی آغاز می‌شود که از اَبرام به عمل آمده بود. «گوردن ونهام» در این باره می گوید:

> وعده‌هایی که به ابراهیم داده شد رؤیای انسانیتی را احیا می کنند که در پیدایش ۱ و ۲ شاهدیم. ابراهیم، همچون نوح که پیش از او می‌زیست، آدم ثانی بود. به آدم باغ عدن داده شد، به ابراهیم وعدهٔ سرزمین کنعان. خدا به آدم فرمود بارور و کثیر شوند، به ابراهیم وعدهٔ نسل کثیری همچون ستارگان آسمان را داد. خدا با آدم در عدن راه می‌رفت، به ابراهیم گفته شد پیش روی خدا راه رود. از این‌رو، گویا ظهور ابراهیم پاسخی است به تمام مشکلات و مسائلی که در پیدایش ۱ تا ۱۱ به‌وجود آمده بود: همهٔ طوایف زمین به‌واسطهٔ او برکت خواهند یافت.[1]

از همان ابتدا قوم خدا "مأموریت" یافتند. آنها انتخاب شدند تا همچون واسط، برکت خدا را به دیگران برسانند. اما برای آنکه قومی مأمور باشند، باید به‌شباهت وعده‌ای که حامل آن بودند درمی‌آمدند. شاید بپرسید چرا اغلب در پیدایش ۱۲-۵۰ با داستان‌های عجیبی روبه‌رو می‌شویم که شخصیت‌های اصلی آن اغلب درگیر رفتارهای نادرستند. ابراهیم و نسل او هم انسان بودند اما در سلوک تدریجی با خدا آرام‌آرام به شکل قومی درآمدند که برای کسب وعدهٔ خدا آماده بود.

رابطهٔ خدا با ابراهیم به‌عنوان "عهد" در پیدایش ۱۵ و ۱۷ توضیح داده شده است. در باب ۱۵، خدا وعده می‌دهد که پاداش ابراهیم بسیار عظیم است. ابراهیم می‌پرسد که چگونه ممکن است، زیرا فرزندی ندارد تا

1. Gordon J. Wenham, Story as Torah: Reading the Old Testament Ethically (Edinburgh: T& T Clark, 2000), 37.

وارث این برکات باشد. خدا به ابراهیم وعده می‌دهد که نسل او روزی همچون ستارگان آسمان بی‌شمار خواهد بود. خدا همچنین وعده می‌دهد که سرزمین موعود را به نسل او خواهد بخشید. آنها در سرزمین بیگانه برای چهارصد سال غریبه خواهند بود، اما خدا آنها را مجدداً به سرزمین وعده (کنعان) که به ارث برده بودند، باز خواهد گرداند. وقتی ابراهیم دربارهٔ وعدهٔ خدا پرسید، خدا آیین عهد را بنیاد نهاد. ابراهیم سه حیوان را دو نیمه کرد و نیمه‌ها را به‌گونه‌ای روبه‌روی هم قرار داد تا راهی بین آنها ایجاد شود. خدا از میان حیوانات همچون آتشدانی پردود عبور کرد. در این مراسم معروفِ عهد، خدا تأکید کرد که اگر عهدش را نگه ندارند همچون این حیوانات دو نیم می‌شوند. (به ارمیا ۳۴:۱۸–۲۰ نگاه کنید). بدین‌ترتیب، خدا با ابراهیم عهد بست.

زمانی دیگر، خدا مجدداً خود را بر ابراهیم آشکار ساخت. آن هنگام ابراهیم نود و نه ساله بود و هنوز فرزندی نداشت. ابراهیم در مقابل خدا به‌روی درافتاد و خدا عهد خود را با او تأیید کرد. خدا به ابراهیم وعده داد نسلی عظیم (۱۷:۴–۶)، و سرزمین و خانه‌ای (۱۷:۸) به او خواهد بخشید و بالاتر از همه، خدا خودش پادشاه بزرگ بر قومی از نسل ابراهیم خواهد بود (۱۷:۷). خدا عهد خود را با ابراهیم و نسل او بست، و در پیدایش ۱۷:۹ نشان ختنه برای فرزندان ذکور نسل ابراهیم قرار داده شد. در بین‌النهرین باستان، ختنه تقریباً توسط تمام قوم‌ها انجام می‌شد. در اینجا خدا برای قومش معنی این عمل فرهنگیِ رایج را به‌گونه‌ای خاص تغییر داد. برای بنی‌اسرائیل این عمل نشانهٔ عهدی بود که بین خدا و ابراهیم و نسل او بسته شده بود. این علامت دائمی در بدن آنها به احتمال قوی به معنی ارتباط دائمی خدا با قومی از نسل ابراهیم بود.

در عهد خدا با ابراهیم سه عنصر وجود داشت. خدا به آنها وعدهٔ ارتباط شخصی، تبدیل یک خانواده به یک قوم، و همچنین وعدهٔ سرزمین موعود را داد. تمام این وعده‌ها در پرتو رساندن برکت به تمام قوم‌ها داده شد. مابقی داستان در تورات (پنج کتاب موسی، از پیدایش تا تثنیه) تحقق بخش‌هایی از این وعده‌ها است و شکل‌گیری قوم خدا

را نشـــان می‌دهد. « دیوید کلاینز»[1] در این باره بســـیار زیبا می‌گوید که موضوع تورات در واقع «تحقق نسبی - و عدم تحقق نسبی - بخش‌هایی از وعده یا برکات خدا به پاتریارخ‌ها اســـت. وعده و برکت هر دو ابتکار عمل الاهی است در دنیایی که در آن ابتکار انسان همواره به خرابی منتهی می‌شود، و نیز مجدداً تأییدی است بر قصد و نیت اولیهٔ خدا برای انسان.»

در بابل، مردم به دنبال این بودنـــد که نامی برای خود بیابند، اما خدا به ابراهیم و نســـل او وعده داد که به‌واسطهٔ رابطه و توکل‌شان به او نامی بزرگ به آنها می‌بخشد. اما بر اساس پیدایش ۱۲ تا ۲۵، اطمینان به خدا و باور وعده‌های او کار آســـانی نبود، و از آن سخت‌تر، نگه داشتن آن بود. ابراهیم با پذیرفتن دعوت خدا مبنی بر ترک سرزمین و قوم خود و رفتن به سرزمینی که قرار بود خدا به او نشان دهد، ایمانی وصف‌ناشدنی نشان داد (۱:۱۲). اما اشـــتیاق به خودمختاری، که در پیدایش باب‌های ۳ و ۱۱ دیدیم، در ابراهیم نیز مشـــهود است. او باید مجدداً تحت آموزشی بسیار دشوار قرار می‌گرفت تا بهتر بیاموزد.

ابراهیم می‌دانست که نسل خود را که وارث سرزمین وعده می‌شوند نخواهد دید (۱۵:۱۵). او باید می‌آموخت به خدا در برابر تمام مشکلات اعتماد کند و البته او به سهم خود بارها چنین کرده بود (۶:۱۵). اما داستان ابراهیم و ســـاره نشان می‌دهد که رسیدن به چنین ایمان و اعتمادی چقدر دشوار است. خدا وعدهٔ بسیار عالی دربارهٔ نسل ابراهیم و ساره، سرزمین وعده و برکت عظیمی که در راه اســـت به آنها داده بود. اما سال‌ها گذشته بود و هنوز ساره باردار نشده بود. ولی در نهایت خدا آنها را با دادن فرزند وعده، یعنی اسحاق، برکت داد. در این زمان ابراهیم صد ساله بود (۵:۲۱). آزمایـــش ایمانِ ابراهیم در پیدایش باب ۲۲ هنگامی که خدا به او می‌گوید پسر یگانه‌اش را بر کوه موریا قربانی کند به اوج می‌رسد. تمام این سال‌ها ابراهیم و ســـاره در انتظار این پســـر بودند، اما اکنون به ابراهیم گفته شده است که او را قربانی کند. اما در واپسین دقایق به او امر می‌شود که دست

1. David Clines

نگه دارد زیرا قوچی به‌جای اسحاق مهیا شده است. «سورِن کی‌یرکگور» در کتاب ***ترس و لرز*** تفسیری متأثرکننده از این واقعه ارائه می‌دهد:

> ابراهیم، ای پدر مکرم! در بازگشت از کوه موریا به خانه، نیاز به مدحی نداشتی تا تو را به‌خاطر آنچه از دست رفته بود تسلی بخشد. زیرا همه چیز را به‌دست آوردی و اسحاق را نگه داشتی؛ آیا چنین نیست؟ خداوند او را از تو باز پس نگرفت و در چادر، شادمان گرد سفرهٔ شام کنار هم نشستید، چنانکه در جهان بعد تا ابد خواهید نشست ... ستاینده را ببخش اگر به‌شایستگی تو را نستوده است. او چنانکه قلبش مشتاق است فروتنانه اما کوتاه سخن می‌گوید، چنانکه می‌باید. اما هرگز فراموش نخواهد کرد که ۱۰۰ سال زمان نیاز بود تا فرزند کهنسالی‌ات را مقابل تمام انتظاراتت قرار دهی. باید نخست کارد را می‌کشیدی تا سپس اسحاق را نگه‌داری؛ او هرگز فراموش نخواهد کرد در ۱۳۰ سال هیچ چیز فراتر از ایمان نداشتی.[1]

نباید به هیچ روی، مصایب ابراهیم را در مسیر اعتماد به خدا ناچیز بشماریم. خدا اعتماد ابراهیم را در این واقعهٔ ستودنی با تجدیدعهدی قوی میان خود و او پاداش داد. (۲۲:۱۶-۱۸)

اسحاق و یعقوب و یوسف: نیاکان قوم خدا (پاتریارخ‌ها)

پیدایش باب‌های ۲۵-۳۶ روایت داستان اسحاق و پسرانش، عیسو و یعقوب است. از پسران یعقوب، دوازده قبیلهٔ بنی‌اسرائیل پدید آمدند. اگرچه قصد خدا از دعوت ابراهیم این بود که توسط او کل جهان برکت یابند، اما تمرکز داستان کتاب‌مقدس موقتاً روی خانواده‌ای است که این برکت از سوی آنها می‌آمد: دوازده پسر یعقوب، که تبدیل به دوازده قبیله‌ای شدند که قوم بنی‌اسرائیل از آنها به‌وجود آمد.

---

1. Søren Kierkegaard, Fear and Trembling; Repetition, Kierkegaard's Writings 6, trans. H. V. Hong and E. H. Hong (Princeton: Princeton University Press, 1983), 22- 23.

سه عنصر به‌طور مشخص در این داستان‌ها نمایان است. اولین مورد این است که خدا همان عهدی را که با ابراهیم بسته بود با پسر و نوه‌اش تجدید می‌کند، به همین‌خاطر نیز «خدای ابراهیم، خدای اسحاق و خدای یعقوب» خوانده می‌شود (خروج ۶:۳). در پیدایش ۲۶:۱-۴ اسحاق می‌خواست از قحطی کنعان فرار کند. خدا بر او ظاهر شد و گفت که به مصر نرود و در سرزمین کنعان بماند. خدا به او وعده داد که این سرزمین را به او و نسل او خواهد بخشید و آنها را مانند ستارگان آسمان کثیر خواهد ساخت و از طریق این نسل همهٔ قوم‌های زمین برکت خواهند یافت. این عهد در پیدایش ۲۶:۲۳-۲۵ مجدداً تکرار شده است. همین وعده نیز به یعقوب داده شد، به کسی که شخصیت پیچیده‌ای داشت و پدرش اسحاق را فریب داد تا برکت نخست‌زادگی را (به‌جای عیسو) به او بدهد (باب ۲۷). به‌خاطر این حیله‌گری، عیسو از یعقوب متنفر شد تا جایی که قصد جان او را کرد و یعقوب برای حفظ جانش مجبور به فرار شد. علی‌رغم این حیله‌گری، خدا یعقوب را در خواب در بیت‌ئیل ملاقات کرد. در حین سفر، یعقوب که خسته شده بود سنگی را برداشت و به‌عنوان بالش زیر سرش گذاشت و به خواب رفت. در خواب دید که پلکانی بر زمین برپاست که سرش به آسمان می‌رسد و فرشتگان بر آن صعود و نزول می‌کنند و خداوند بالای آن ایستاده و خود را خدای ابراهیم و اسحاق معرفی می‌کند و به یعقوب وعده می‌دهد که به او سرزمین و نسل عظیمی خواهد بخشید. از همه مهمتر، به یعقوب اطمینان داد که «همهٔ طوایف زمین به‌واسطهٔ تو و نسل تو برکت خواهند یافت» (۱۴:۲۸).

دومین علامت مشخصهٔ این داستان‌ها، مخصوصاً آنهایی که به یعقوب و یوسف مربوط می‌شوند، تم تلخ تکرار شکستگیِ روابط خانوادگی است. عداوت بین یعقوب و عیسو نقش بسزایی ایفا می‌کرد و حتی زندگی فرزندان‌شان را تحت‌الشعاع قرار داد. یوسف (قبل از به‌دنیا آمدن بنیامین) فرزند محبوب یعقوب بود، همان که پدر را از کارهای بد برادران آگاه می‌ساخت و با شرح رؤیایش مبنی بر اینکه برادرانش او را

خدمت خواهند کرد، دشمنی آنها را برانگیخت. برادرانش او را به‌عنوان برده فروختند و به یعقوب وانمود کردند که یوسف کشته شده است. در تمام اینها، الگویی اسف‌بار از گسستگی روابط دیده می‌شود که از گناه آدم و حوا آغاز و دائماً در "نسل برگزیدهٔ خدا" تکرار می‌گردد. این داستان‌ها در صدد توجیه رفتارهای اشتباه نیستند، بلکه ما را با حقایق آشکاری در مورد شخصیت‌های منتخب خدا روبه‌رو می‌سازند. خدا از طریق این افراد دنیا را برکت می‌دهد، اما ابتدا باید در آنها، و با آنها، کار کند تا بتوانند صلح و آشتی را به ارمغان آورند. چنانکه ونهام[1] می‌گوید: «اساساً هر دو، داستان یعقوب (۱۹:۲۵-۲۹:۳۵) و داستان یوسف (۲:۳۷-۲۶:۵۰)، داستان آشتی خانوادگی هستند.» در داستان یوسف ما شاهد تبدیل یوسف از جوانی لوس و خودخواه و بیگانه به فردی بالغ و رهبر سیاسی ایثارگری هستیم که با خانواده‌اش کاملاً مصالحه می‌کند.

سومین مشخصهٔ این روایت‌ها، حفاظت خدا از قومش در برابر موانع بسیاری است که بر سر راه نقشه‌اش برای آنها قرار داشت. همسران پاتریارخ‌ها نازا بودند یا به حرمسرای مردان دیگر برده می‌شدند. بلایای طبیعی همچون قحطی، خانواده‌ها را تهدید می‌کرد. نادانی و گناه پاتریارخ‌ها، خود و نوادگان‌شان را - همچنین نقشهٔ خدا را - به مخاطره می‌انداخت. اما با وجود همهٔ آشفتگی‌های انسانی، یک چیز ثابت بود، اینکه: خدا به عهدش با ابراهیم وفادار ماند. این مطلب بر یکی از اسامی خدا که در روایت پاتریارخ‌ها آمده است دلالت دارد: اِل شَدّای (۱:۱۷؛ ۳:۲۸؛ ۱۱:۳۵؛ ۳:۴۸؛ یعنی "خدای قادر مطلق"). در خروج ۳:۶ خدا خود را بر ابراهیم، اسحاق و یعقوب با این نام آشکار ساخته است، اما معنی دقیق آن مشخص نیست. اِل شدّای به احتمال قوی بیانگر آن است که خدا قادر است نازا را بارور سازد و وعده‌هایش را تحقق بخشد. مشیت الاهی به‌طور خاص در داستان یوسف دیده می‌شود. در پیدایش ۷:۴۵ یوسف دریافت که آنچه بر او واقع شده است، توسط خدا برنامه‌ریزی شده تا نسل پدرش را که بر

1. Wonham

زمین باقی مانده بودند حفظ کند و زندگی آنها را با رهاییِ عظیمی نجات بخشد. در ۵۰:۲۰ یوسف پس از مرگ پدر به برادرانش یادآور می‌شود: «شما قصد بد برای من داشتید، اما خدا قصد نیک از آن داشت تا کاری کند که مردمان بسیاری زنده بمانند، چنانکه امروز شده است.»

در پایان داستان پیدایش، وعدهٔ داشتن نسل عظیمی که خدا به ابراهیم داده بود، تا حدودی تحقق یافت (۴۷:۲۷؛ خروج ۱:۶-۷). فرزندان یعقوب اکنون گروهی بزرگ و رو به رشد شده بودند. اما «پادشاهی تازه در مصر به پا خاست که یوسف را نمی‌شناخت» (خروج ۱:۸). این تبصرهٔ شوم، شروع اتفاقی بود که در آینده اسرائیلیان را هدایت می‌کرد تا از مصر بیرون بروند و به سرزمین موعودشان وارد شوند، جایی که خدا به ابراهیم وعده داده بود.

خروج: شکل‌گیری یک قوم

قوم بنی‌اسرائیل به‌واسطهٔ عمل نیرومند رهایی شکل گرفت

در ادامهٔ داستان کتاب‌مقدس در خروج، چهار صد سال پس از ابراهیم، ما همچنان در مصر هستیم. یوسف و برادرانش وفات یافته‌اند، اما نسل آنها چنان گسترش پیدا کرده است که بخش اعظمی از جمعیت مصر را به خود اختصاص داده‌اند. وعدهٔ خدا به ابراهیم مبنی بر داشتن نسلی عظیم، تقریباً به‌وقوع پیوسته بود. اما وعده‌های دیگری که خدا داده بود چه می‌شد؟ اینکه با او ارتباط شخصی خواهند داشت و صاحب سرزمینی برای خود خواهند شد. با شروع روایت خروج، چنین به‌نظر می‌رسد که تحقق این وعده بسیار دور از انتظار است. فرعون تازه‌ای بر تخت نشسته بود که یوسف را نمی‌شناخت و از جمعیت رو به رشد اسرائیلیان می‌ترسید. به همین خاطر از آنها به‌عنوان برده‌های کارگر استفاده می‌کرد و سیاست ظالمانه‌ای در پیش گرفته، دستور داده بود فرزندان نوزادهٔ اسرائیلی کشته شوند. اگرچه این ظلم و ستم به نظر مانعی برای تحقق وعدهٔ خدا بود، اما در اصل برای اسرائیلی‌ها انگیزه‌ای شد تا از مصر فرار کنند. وقتی آنها از رنج و ستمی که تحمل می‌کردند نزد خدا

فریاد برآوردند، «خدا نالهٔ ایشـــان را شنید و خدا عهد خود را با ابراهیم، اسحاق و یعقوب به یاد آورد» (خروج ۲:۲۴).

موسی، رهانندهٔ بنی‌اسرائیل به دنیا آمد. در اوج ناامیدی، مادر موسی از اینکه مبادا او نیز مانند مابقی فرزندان پســر که برای اسرائیلی‌ها به دنیا می‌آمدند کشته شـــود، او را در سبدی گذاشت و آن را در نیزار کنار رود نیل قرار داد. خواهر بزرگتر موسی او را دنبال کرد تا ببیند چه اتفاقی برای او می‌افتد. به‌طرز شگفت‌انگیزی هنگامی که دختر فرعون برای استحمام وارد رود می‌شـــود، کودک را پیدا می‌کنـــد و او را به فرزندی می‌پذیرد. از قضا موســـی در خانهٔ فرعون فرصت می‌یابد تا از بهترین آموزش‌های موجود در مصر بهره‌مند شود.

موســـای جوان نسبت به رنجی که قوم اســـرائیل متحمل می‌شدند بسیار حساس بود. یک‌بار او شاهد ضرب و جرح فردی اسرائیلی توسط شخصی مصری بود. موسی به‌شدت خشمگین شده، آن مصری را کشت و به‌خاطـــر اینکه دیگران شـــاهد این اتفاق بودند، مجبور شـــد بگریزد. فرعون چون این جریان را شـــنید، قصد جان او را کرد. موسی به‌سمت مدیان فرار کرد و به کار چوپانی مشغول شد. (۲:۱۱-۱۷)

زمانی که موســـی گلهٔ پدر زنش را در نزدیکی کوه حوریب شـــبانی می‌کرد، به‌گونه‌ای شـــگفت‌انگیز با خدا روبه‌رو شد. خدا از میان بوته‌ای مشـــتعل با او صحبت کرد (باب ۳). بوته شـــعله‌ور بود اما نمی‌سوخت. خدا به موســـی فرمود کفش‌هایش را از پا درآوَرَد، زیرا جایی که ایستاده بود زمین مقـــدس بود. خدا خود را به‌عنوان خدای ابراهیم، اســـحاق و یعقوب به موســـی معرفی کرد. خدا فرمود که فریاد قوم ستمدیده‌اش را شنیده است و اکنون او را نزد فرعون می‌فرستد تا قومش را از مصر بیرون آورد و به ســـرزمین موعودی که به آنها وعـــده داده بود هدایت کند. اما موســـی ناباورانه پرسید که چگونه می‌تواند اسرائیلی‌ها را متقاعد کند که او فرستادهٔ خدا است. در پاسخ به این سؤال، خدا به موسی گفت: «هستم آنکه هســـتم.» این چیزی است که باید به بنی‌اسرائیل بگویی: «هستم مرا نزد شما فرستاده است» (۳:۱۴).

در این داستان با مرسوم‌ترین و در عین حال خاص‌ترین اسم خدا که در عهدعتیق استفاده می‌شد، یعنی "یَهْوه" آشنا می‌شویم که عموماً در کتاب‌مقدس فارسی "خداوند" ترجمه شده است. اسم یهوه ۶۸۰۰ بار در عهدعتیق ذکر شده است و مطالب بسیاری دربارهٔ معنی دقیق آن نوشته‌اند. ترجمه‌ها و نظرات بی‌شماری دربارهٔ این اسم و عبارتی که از آن گرفته شده است وجود دارد (در خروج ۱۴:۳). برخی معتقدند که راز این اسم به این خاطر است که خدا قصد نداشت اسم خود را آشکار سازد. اما سخت بتوان این نظر را با حضور این نام در کل کتاب‌مقدس و همچنین مکاشفه‌هایی که خدا مدام از خودش به قوم بنی‌اسرائیل در عهدعتیق نشان می‌دهد، مطابقت داد. اما ترجمهٔ پیشنهادی جایگزین دیگری نیز وجود دارد، یعنی «هستم آنکه هستم» یا «به‌وجود آورم آنچه به‌وجود آورم.» اما شاید بهترین ترجمه برای این اصطلاح «خواهم بود آنکه هستم» باشد. اگر این‌گونه نگاه کنیم، نام یهوه تنها بیانگر حضور امروز او نیست، بلکه او همان «خدایی است که در طول تاریخ به قوم خود وفادار بوده است و همچنان نیز خواهد بود. قوم بنی‌اسرائیل با خدایی بلهوس و دمدمی‌مزاج روبه‌رو نبود. می‌توان روی خدا به‌خاطر آنچه هست حساب کرد. قوم اسرائیل تاریخ خود را از طریق این اسم می‌شناسد و این اسم را از طریق تاریخ خود. این اسمی است که داستان قوم اسرائیل را شکل خواهد داد، اما داستان قوم اسرائیل نیز بافت وسیع‌تری برای آن اسم تشکیل خواهد داد.»[1]

خدا با ابراهیم عهدی بسته بود، و اکنون توسط رهایی قومی از نسل ابراهیم و نجاتشان از بردگی به‌سمت سرزمینی که به آنها وعده داده بود، وفاداری‌اش را ثابت کرد. نام او، یهوه، عمیقاً با عمل شگفت‌انگیز رهایی از بردگیِ مصر آمیخته است. در خروج ۶:۶-۷ هنگامی که خدا به موسی مأموریت می‌دهد، تمام این عناصر را مشاهده می‌کنیم:

پس بنی‌اسرائیل را بگو: «من یهوه هستم و شما را از زیر یوغ بیگاری مصریان بیرون خواهم آورد. من شما را از بندگی

---

1. Terence Fretheim, "Yahweh," in New International Dictionary of Old Testament Theology and Exegesis, ed. W. A. VanGemeren, 5 vols. (Grand Rapids: Zondervan, 1997), 4:1296.

ایشان رها خواهم کرد، و به بازوی افراشته و داوری‌های عظیم شما را خواهم رهانید. من شما را بر خواهم گرفت تا قوم من باشید و من خدای شما خواهم بود. آنگاه خواهید دانست که من یهوه خدای شما هستم که شما را از زیر یوغ بیگاری مصریان به‌در آوردم.»

فرعون برای اسرائیلی‌ها بزرگترین مانعِ ترک مصر بود. او قدرتش را امری مطلق می‌پنداشت. وقتی موسی و هارون از پادشاه مصر درخواست کردند تا اسرائیلی‌ها را آزاد کند تا در صحرا برای خدا مراسمی برگزار کنند، فرعون پاسخ داد: «یهوه کیست که باید از او فرمان بَرم و اسرائیل را رها کنم؟ یهوه را نمی‌شناسم و اسرائیل را نیز رها نخواهم کرد» (۲:۵). سپس فرعون و یهوه با یکدیگر رو در رو شدند؛ هر دو مدعی قوم بنی‌اسرائیل بودند و هر دو خدمات و سرسپردگی آنها را می‌طلبیدند. دورهٔ بلایا مشخص ساخت که چه کسی حقیقتاً قدرت برتر است.

خدا موسی و هارون (سخنگوی موسی) را فرستاد تا با فرعون روبه‌رو شوند؛ اما او قلبش را سخت ساخته بود و نمی‌خواست خداوند را بشناسد یا اجازه دهد اسرائیلی‌ها بروند. فرعون طی ده بلای نازل با این حقیقت روبه‌رو شد که خداوند [یهوه]، تنها خدا است. نُه بلای اول عبارت بودند از بلای خون در نیل، بلای وزغ، بلای پشه، بلای مگس، بلا بر دام‌های مصریان، بلای دمل، بلای تگرگ، بلای ملخ و بلای تاریکی. سرانجام بلای مرگ بر نخست‌زادگان ذکور انسان و حیوان در کل مصر بود که شامل اسرائیلی‌ها نمی‌شد.

نظرات بسیاری برای چگونگی درک این بلایا مطرح شده است. به‌طور مثال، برخی معتقدند این بلایا می‌تواند جزئی از بلایای طبیعی باشد که در طول زمان در مصر اتفاق افتاده است. «گرتا هورت»[1] توضیح می‌دهد که شش بلای اول در اثر مَد رود نیل که در تابستان بین ماه‌های

1. Greta Hort

ژوئیه تا سپتامبر اتفاق می‌افتد و باعث می‌شود آب رود به تاژکداران[1] آلوده شود، رخ داده است. به‌طور مثال تاژکداران می‌توانند مسبب اولین بلا باشند: رنگ قرمز خون در نیل، مرگ ماهی‌ها و بوی بد که باعث می‌شد آب غیرآشامیدنی شود (نگاه کنید به ۷:۲۰-۲۱). از دیدگاه هورت «پنج بلای بعدی از همین بلا نشأت گرفته است. در نتیجه، شش بلای اول از توالی اتفاقات طبیعی که در نتیجهٔ بالا آمدن سطح آب رود نیل و آلوده شدن به تاژکداران بود نشأت گرفته است؛ در حالی که بلای هفتم تا دهم به شش بلای اول ارتباطی ندارد.»

دربارهٔ توفان تگرگ در بلای هفتم، هورت یادآور می‌شود که توفان‌های شدیدی گاه و بی‌گاه مصر را درمی‌نوردید و می‌توانست خرابی‌های عظیمی به بار آورد (نگاه کنید به ۳۱:۹). تگرگ در مصر امری عادی و رایج نبود و می‌توانست باعث وحشت مصری‌ها شود. در مقابل، بلای ملخ برای دنیای بین‌النهرین باستان امری طبیعی بود. به همین خاطر، پیدا کردن موارد مشابه طبیعی همچون بلای شمارهٔ هشت کار دشواری نیست. «کالین هامفریز»[2] معتقد است که زمین در اثر توفان، خیس و مرطوب می‌شود (به دلیل بلای شمارهٔ هفت)، و جایی مناسب برای پرورش ملخ‌ها فراهم می‌سازد. «هورت» نهمین بلای تاریکی را با توفان شن صحرایی مرتبط می‌داند. به عقیدهٔ «هورت» توضیح طبیعی برای بلای دهم وجود ندارد. از نظر او، این گزینه استثنا است. اما «هامفریز» با توجه به نظر «جان مار»[3] و «کورتیس مالوی»[4] بیان می‌کند که در بلای آخر عامل طبیعی وجود دارد. به نظر او پس از پایان نهمین بلا، حتماً مصریان ناامید و دلسرد شده بودند. خصوصاً اینکه به احتمال قوی غذای کمی داشتند و ممکن است دچار اشتباه هولناکی در ذخیره‌سازی مواد غذایی مرطوب بعد از توفان شده باشند و سپس آنها را به نوزادگان و حیوانات داده باشند. دانه‌های مرطوب احتمالاً در اثر قارچ‌های سمی که روی این محصولات پدید آمده بود سمی شده بودند.

1. Flagellates; 2. Colin Humphreys; 3. John Marr; 4. Curtis Malloy

ممکن است چنین اندیشیدن دربارهٔ بلایا درست باشد، ولی نباید سبب شـــود این معجزات را امری صرفاً طبیعی بدانیم. خدا حیات کل آفرینش را حفظ می‌کند و قانون طبیعت، بخشـــی از نظم او برای خلقت اســـت. بدین‌سان، حتی به‌رغم وجود تشابهاتی بین بلایای مذکور و بلایای موجود در زندگی مصریان (بی‌آنکه مایهٔ تعجب ما شود، زیرا بلایا باید با فرعون و مصریان صحبت می‌کرد)، همزمان بودن این بلایا بیانگر این حقیقت است که دست خدا در کار بوده است. چنانکه «گوردن اسپایکمن» می‌گوید:

> در جهان‌بینـــی جامع و کامل کتاب‌مقدســـی، خدا و جهان با یکدیگر مقابله نمی‌کنند. به همین‌خاطر، خدا در آنچه ما معجزه می‌خوانیـــم، عناصر خلقتش را حذف نمی‌کنـــد. این عناصر همچنان خادمان گوش به فرمان او هستند. بدین‌ترتیب، اعمال قدرتمنـــد خدا (معجزات) نه مخّل نظم پویا - و در عین حال پایدار - خلقتند و نه جای آن را می‌گیرند. هیچ امری تصادفی نیســـت بلکه طرح و حکمتی در آن وجـــود دارد. از منظر ما اینها مداخلهٔ شگفت‌انگیز، پیش‌بینی‌ناپذیر و عالیِ دست خدا در تاریخ اســـت. در اصل، معجزه برای خدا، چنان نیست که ما درک می‌کنیم. معجزات در واقـــع انجام ارادهٔ خدا به‌نوعی دیگرند؛ شـــیوه‌هایی که برای ما اســـتثنائی و غیرمتعارفند، اما همواره تحت فرمان خدایند.[1]

در نتیجـــه مهمترین نکته دربارهٔ بلایا این اســـت کـــه در این وقایع خارق‌العاده، خدا در صدد اســـت تا قدرتش را بر کل آفرینش به فرعون و مصریان نشان دهد. مهمترین جنبهٔ بلایا، همین جنبهٔ مذهبی آن است.

محققینـــی که تمرکزشـــان روی بُعـــد مذهبی بلایا اســـت، نظرات متعددی دربارهٔ چگونگی درک درســـت این بلایا داده‌اند. برخی از این نظرات مخصوصاً در پرتو خـــروج ۱۲:۱۲ که می‌گوید: «بر همهٔ خدایان

---

1. Gordon Spykman, Reformational Theology: A New Paradigm for Doing Dogmatics (Grand Rapids: Eerdmans, 1992), 289.

مصر داوری خواهم کرد»، اســتدلال می کنند که این بلایا مستقیماً رو در روی خدایان مصری قرار داده شــده‌اند. بدین‌سان، مانند معجزات ایلیا و الیشع در کتاب پادشــاهان، بلایای خروج نیز نشان می‌دهد اقتداری که مصریان دربارهٔ خدایان‌شــان متصور بودند، فقط دربارهٔ خداوند خدای آسمان‌ها و زمین صادق اســت. قطعاً برخی از این بلایا خدایان خاصی را در ذهــن مصریان تداعی می کردند. به‌طور مثال، ســیلاب رود نیل را به خدای «اُزیریس»[1] و قیام او مرتبط می‌دانســتند. «بدین‌ســان، خوناب نیل می‌توانســت بیشــتر نمادی از مرگ او [اُزیریس] باشــد تا قیام او، مرگ کشــاورزی مصریان باشد تا سرسبزی مزارع‌شان. و این چشم‌انداز هولناکی برای مصریان بود.»

ممکن اســت نتوانیم تمام بلایا را به خدا یــا خدایان خاصی ارتباط دهیم، اما چنین به‌نظر می‌رسد که این رویکرد در مسیر درستی قرار دارد، مخصوصاً به این‌خاطر که در مصر شــخصِ فرعون، به‌عنوان موجودی الاهی تکریم می‌شد؛ یعنی چنین تصور می‌شد که او پسر خدای خورشید، «رَع»[2] اســت. فرعون به‌عنوان خدا موظف بــه حفظ و نگهداری چیزی بــود که مصریان به آن «ماآت»[3] می گفتند که بــه معنی نظم در کائنات یا خلقت بود. وقتی نظم کهکشــان بر هم می‌خورد، طبیعت رفتار متفاوتی نشــان می‌دهد که به‌وضوح همان چیزی اســت که در بلایا اتفاق افتاد. آنچه بلایای خروج نشان می‌دهند، ناتوانی پادشاه سرسختی است که باید حافظ دنیا [ماآت] باشد. اما در مقابل، یهوه و خادمانش موسی و هارون، بر آشــفتگی کائنات فائق آمده، ثابت کردند چه کسی حقیقتاً کنترل امور طبیعی را در دست دارد. مواجههٔ خدا با فرعون نشانگر قدرت خدا بود تا «نام او در سراسر جهان بلند کرده شود» (۹:۱۶).

وقتی فرعون ســرانجام شکست را پذیرفت، به اسرائیلی‌ها اجازه داد از مصر بیرون بروند. با توجه به خروج باب ۱۲، این رهایی، بنیانی برای جشــن سالیانهٔ عید پِسَخ شد، تا اسرائیلی‌ها همواره به‌یاد داشته باشند که

1. Osiris; 2. Re; 3. Ma'at

با عمل قدرتمند خدا نجات یافته‌اند. اصطلاح پِسَـخ (فصح) یا «گذر» از آخرین بلا گرفته شــده است که طی آن خدا نخست‌زادگان ذکور مصری و حیوانات‌شــان را کشت ولی از اسرائیلی‌ها گذر کرد. در سال‌های پیشِ روی قوم اسرائیل، تجربهٔ رهایی از ظلم و بردگی، عمیقاً خاطرات‌شان را تحت تأثیر قرار داد. آنها دیگر آزاد بودند و به یک قوم تبدیل شده بودند، و این تنها به این خاطر میســر شد که خدا رهانندهٔ قدرتمند آنها بود. خدا به قوم اســرائیل فرمود تا ماه آزادی‌شــان را به‌عنوان اولین ماه سال قرار دهنــد (۲:۱۲). این عمل برای آنها همان معنی را دارد که یکشــنبه برای مســیحیان؛ روز رســتاخیز و زندگی تازه. در این زندگی تازه، خدا قوم بنی‌اسرائیل را رهایی بخشـیده بود و آنها تقویم‌شان را به‌گونه‌ای ترتیب دادند که همواره عمل نجات‌بخش خدا را به خاطر داشته باشند.

فرعون آخرین تلاش نافرجام خود را برای مهار اســرائیلی‌ها کرد و لشــکرش را در پی آنها که از مصر می‌گریختند فرستاد. اما دریا، این نماد قدرت، تحت کنترل خدا ارتش فرعون را در هم شکست (خروج ۱۴). در خروج باب ۱۵ سرود پیروزی موسی و قوم اسرائیل ثبت شده است. خدا به‌عنوان جنگاوری قدرتمند به تصویر کشـیده شده که در نبرد برای قومش پیروز شده است و تا ابد سلطنت می‌کند. این سرود بیانگر اعتمادی اســت مبنی بر اینکه خدا به هدایت قوم نو رهاندهٔ خود ادامه خواهد داد. او آنها را به ســمت سرزمینی که به آنها بخشـیده بود رهبری کرده، آنها را در آنجا در "کوه میراث خود" ســاکن خواهد کــرد. خانهٔ جدید قوم اسرائیل مکانی اســت که خدا خود برای سکونت برگزیده است، قدسی که خود بنیان نهاده اســت (۱۳:۱۵-۱۸). تمام این عبارات حاکی از این است که سرزمین موعود شبیه باغ عدن است، مکانی که خدا میان قومش مسکن می‌گزیند. در تمدن بین‌النهرین، این‌گونه تصور می‌شد که خدایان در کوه‌ها ساکنند. اما در اینجا، کل زمین به‌صورت کوه خدا، مسکن او و قدس او به تصویر کشیده شده است. مسکن گرفتنِ قوم اسرائیل به‌واسطهٔ خدا در سرزمین موعود بزرگترین قدم برای بهبود و احیای خلقت بود.

اسرائیل به‌واسطهٔ عهد به خدا مقید شد

بدین‌ترتیب موسی بنی‌اسرائیل را از مصر بیرون آورد و به بیابان برد. بلافاصله شکل‌گیری آنها همچون یک قوم آغاز شد. درست مانند ابراهیم و نسل او که باید به شباهت خدا درمی‌آمدند، برای قوم اسرائیل هم در همهٔ ابعاد زندگی‌شان باید همین اتفاق می‌افتاد. به‌طور مثال، «اِلن دیویس»[1] چنین اظهار می‌کند که داستان منّا در خروج باب ۱۶ ضدداستانی (تقابلی) است علیه اقتصاد کشاورزی که بنی‌اسرائیل در مصر تجربه کرده بودند. او تولیدات غذایی مصری‌ها را با آنچه امروزه تجارت محصولات کشاورزی و تولیدات غذایی در مقیاسی عظیم و متمرکز می‌خوانیم، مقایسه می‌کند. در عوض خدا گوشت (بلدرچین) و منّای روزانهٔ آنها را مهیا کرد تا بتوانند به اندازهٔ نیازشان جمع کنند. آنها آموختند که خوراک هدیه‌ای از سوی خدا است که باید عادلانه توزیع شود و در روز شبات نباید به دنبال آن گشت. قوم خدا بودن بر همه چیز، حتی بر نحوهٔ تفکر دربارهٔ خوراک و چگونگی تهیه آن نیز تأثیر می‌گذارد!

سه ماه پس از خروج از مصر، قوم اسرائیل به کوه سینا رسیدند، همان جایی که موسی برای نخستین‌بار خدا را ملاقات کرده بود. اما فرقی وجود داشت: آنجا، خدا از طریق بوتهٔ مشتعل با یک نفر صحبت کرده بود، اما این‌بار، تمام کوه مشتعل بود (۱۶:۱۹). خدا تمام قوم را فراخواند تا نه فرداً بلکه جمعاً متعلق به او باشند. خدا خود را به بنی‌اسرائیل در رعد و برق در کوه آشکار ساخت، تا به‌یاد داشته باشند با چه کسی روبه‌رو هستند، و بدانند این زمین هم مکان مقدس است.

خدا به‌وسیلهٔ موسی به قوم بنی‌اسرائیل یادآور شد که چه کاری برای‌شان انجام داده است و نقشهٔ او برای آنها چیست (۱۹:۳-۶). خدا چنین فرمود که آنها را چون عقابی بر بال‌های خود حمل کرد و از مصر بیرون آوَرد. شکل‌گیری قوم اسرائیل به‌عنوان قوم خدا کاملاً وابسته به عمل فیض‌آمیز خدا برای آنها بود. ماهیت رابطهٔ عمیق این عمل

1. Ellen Davis

نجات‌بخش خدا، به‌طرز زیبایی در این جمله بیان شده است: «تو را نزد خود آوردم» (آیهٔ ۴). خدا می‌خواست قومی داشته باشد که بتواند با آن در رابطه باشد.

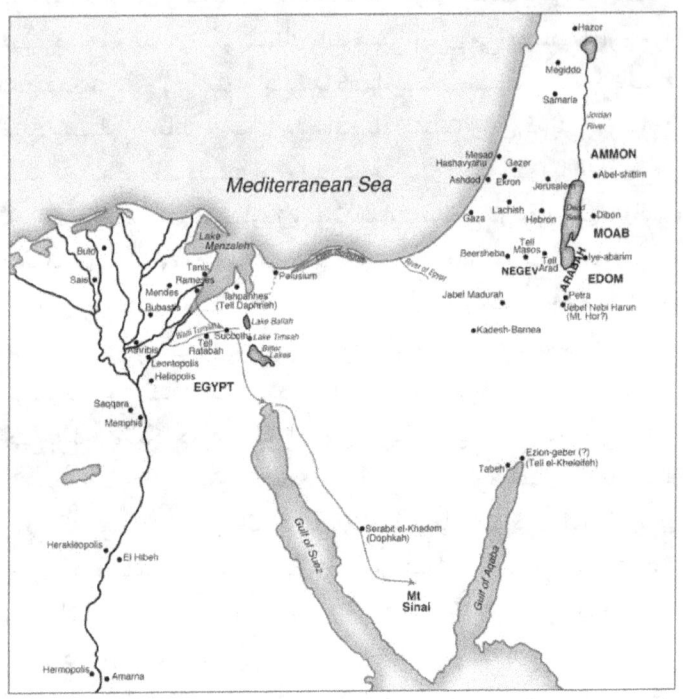

تصویر ۷- خروج

اما چرا خدا آنها را برگزید؟ پاسخ در ۶-۵:۱۹ بسیار واضح است. خدا اسرائیل را برای هدفی خاص فراخواند. از میان جمیع قوم‌ها، آنها انتخاب شدند تا مِلک خاص خدا باشند! اما (چنانکه دربارهٔ ابراهیم نیز اشاره کردیم) برگزیدگی فقط امتیاز محسوب نمی‌شود بلکه برای خدمت و به‌خاطر تمام قوم‌ها است. اگر آنها زیر سلطنت او زندگی کنند، برای او "مملکتی از کاهنان" و "امتی مقدس" خواهند بود (آیه ۶).

مهمترین صفتی که کتاب‌مقدس به خدا نسبت می‌دهد "قدوس" است. این امر به ما یادآور می‌شود که خدا منحصربه‌فرد است و با هر آنچه آفریده، متفاوت است و سرشـــار از نیکویی است. خدا قوم اسرائیل را فراخواند تا مقدس، و با قوم‌های دیگر متفاوت باشد و همچون قوم خاص او عمل کند. قوم اسرائیل تنها زمانی متفاوت می‌شـــد، که با این جنبه از شخصیت خدا همخوانی پیدا می‌کرد. اگر قوم اسرائیل چنین می‌کرد، نقش خاصش که همانا کهانت ملوکانه میان قوم‌های دیگر بود، به تحقق می‌پیوســـت. نقش کاهنان قوم اسرائیل این بود که واسطی میان خدا و قوم باشند. به همین ترتیب، در مقیاسی جهانی، قوم اسرائیل خوانده شده بود تا میان خداوند و تمام قوم‌ها واسطه باشد. قوم اســـرائیل می‌بایست نماینده و بیانگر این حقیقت می‌بود که زندگی در بســـتر عهد با یهوه چگونه مردم را تغییر می‌دهد. قوم اسرائیل می‌بایســـت با اطاعت از خدا نشان می‌داد که زندگی تحت فرمانروایی خدا چگونه اســـت، و بدین‌ترتیب قوم‌های دیگر می‌توانستند با دیدن آنها درکی مقدماتی از نقشـــهٔ خدا برای تمام قوم‌ها به‌دست آورند. تمام تجربیات قوم اسرائیل، شامل زندگی خانوادگی، سیاست، اقتصاد و تفریحات آنها بیانگر شـــخصیت خدا و قصد اولیهٔ او برای زندگی بشر بود. زندگی قوم اسرائیل تحت حاکمیت خدا، شهادتی بود مبنی بر حضور خدا در میان قومش. این همان زندگی غنی و عالی بشـــری است که همهٔ قوم‌های زمین خواهان آن هستند. از این طریق بود که قوم اســـرائیل عهد ابراهیمی را مبنی بر برکت دادن تمام قوم‌های جهان، تحقق می‌بخشـــید. وفاداری به فرمان خدا مبنی بر زندگی مقدس و ســـلطنت کهانتی طریقی بود که قوم اسرائیل می‌بایست توســـط آن نقش ابراهیمی خـــود را ایفا کند و بدین‌ترتیـــب آنچه را که در پیدایش ۱۲:۱-۳ وعده داده شده بود به انجام برساند.

نجات قوم اسرائیل توسط خدا، نه به دلیل شایستگی آنها برای دریافت این نجات بود، نه به‌خاطر اطاعت‌شان، بلکه تنها به‌خاطر محبت بی‌نظیر خدا به آنها بود (تثنیه ۷:۷-۸). اما سرنوشت بنی‌اسرائیل پس از رهایی، و تبدیل شـــدن به کهانت ملوکانه و قوم مقدس، فقط زمانی امکان‌پذیر بود که مطیع باشند و در زندگی دائماً از خدا پیروی کنند.

«دامبرل» اهمیت این خواندگی را به مابقی عهدعتیق ارتباط می‌دهد: «در حقیقت تاریخ قوم اسرائیل از این نقطه به بعد، تنها گزارشی است از میزان سرسپردگی و رعایت آنچه در سینا به قوم داده شده بود.» مابقی عهدعتیق نقل وفاداری و عدم وفاداری قوم اسرائیل به این خواندگی است.

تکلیف قوم اسرائیل در چارچوب عهد به آنها داده شد. در خروج باب‌های ۱۹-۲۴ خدا در کوه سینا عهدی میان خود و اسرائیل بنیاد نهاد. محققین از دیرباز به شباهت‌های بین معاهدات ارباب-رعیتی، که در دنیای بین‌النهرین نوشته می‌شد، و عهدی که در کوه سینا بسته شد، اشاره کرده‌اند. این معاهدات، پیمانی بود میان پادشاهی که سرزمینی را فتح می‌کرد و قومی که زیر فرمانروایی او آمده بودند. در زمان موسی، پادشاهان "هیتی" حاکمیت خود را چنین اِعمال می‌کردند. شکل عهد در خروج بیشتر شبیه معاهدات ارباب-رعیتی بود. واضح است که معاهدات یکسان نیستند: خدا پادشاه اعظم است و قوم اسرائیل تحت فرمان اویند. در اینجا بنی‌اسرائیل زیر فرمان خدا قرار گرفت و قوم او شد، نه به این خاطر که خدا بر آنها (مانند پادشاهان هیتی که بر قوم‌ها غلبه می‌یافتند) پیروز شده بود، بلکه به این دلیل که آنها را از زیر یوغ بردگی رهایی بخشیده بود.

شش شاخص اصلی در معاهدات هیتی‌ها وجود داشت: ۱) مقدمه ۲) بررسی تاریخچۀ روابط میان پادشاه و قوم زیردست او ۳) شرایط اصلی حاکم بر روابط ۴) جزئیات شرایط و احکام ۵) شاهدان عهد ۶) برکت‌ها و لعنت‌ها به‌خاطر اطاعت و نااطاعتی. تمام این مشخصه‌ها در خروج باب‌های ۱۹-۲۴ و در کتاب تثنیه دیده می‌شود. این آیات بر این امر دلالت دارند که خدا پادشاه عظیم و فاتح است، مانند پادشاهان فاتح هیتی‌ها، اما به‌شکلی قیاس‌ناپذیر عظیم‌تر از آنهاست. این تصویر از جایگاه خدا، به ما درک درستی از چگونگی تبدیل قوم اسرائیل به قوم خدا می‌دهد. چنانکه پادشاهان فاتح تمام جنبه‌های زندگی قوم مغلوب را پیش از عقد قرارداد (ارباب-رعیتی) مهم می‌شمارند، خدا نیز قصد دارد قوانین و فرمان‌هایش را بر تمام شئون زندگی قوم اسرائیل به‌کار گیرد.

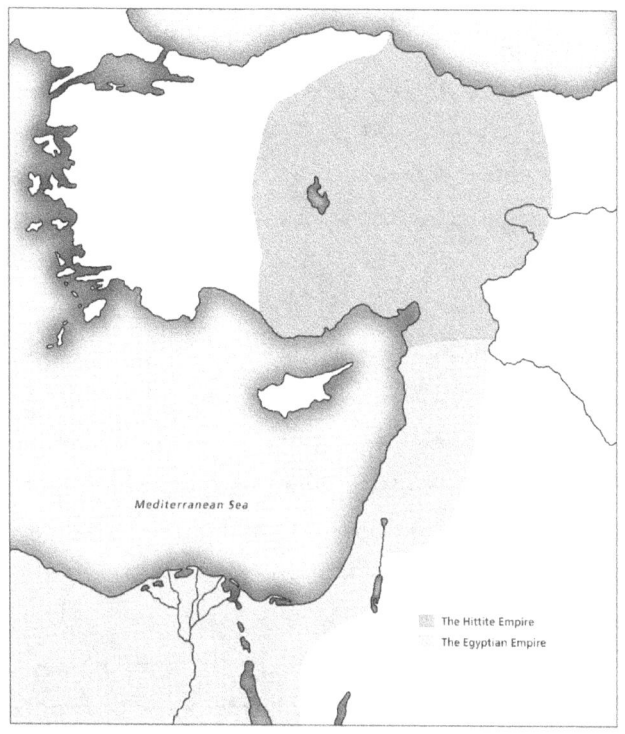

تصویر ۸- امپراتوری هیتی‌ها و مصری‌ها. ۱۵۰۰ قبل از میلاد مسیح

خدا نیز همچون پادشاهان مشهور در بین‌النهرین به سیاست، اقتصاد و قانون علاقه‌مند است.

علاقه‌مندی خدا به جزئیات زندگی قومش، کاملاً در فرمان‌هایی که دربارهٔ تمام جنبه‌های زندگی‌شان می‌دهد تا آنها را تحت فرمان خود نظم و ترتیب دهد، دیده می‌شود. ما اغلب این دستورالعمل‌ها را قانون (شریعت) می‌نامیم، که البته برای قوم اسرائیل تازگی نداشت. آنها تجربهٔ فراوانی از قوانین در دورهٔ بردگی در مصر داشتند. در حقیقت، ممکن است قانون خدا در کوه سینا برای قوم کاملاً جدید نبوده، بلکه آنچه را که به‌عنوان قانون می‌شناختند دوباره شکل داده باشد؛ برخی قسمت‌ها

را حذف کرده، برخی را به آن اضافه کرده باشد. شریعتی که خدا برای قوم اسرائیل به موسی داد، تمام نشانه‌های قوانین اصلی تمدن بین‌النهرین را داشت. خدا نمی‌خواست قومش در فضایی غیرعادی و غیرتاریخی زندگی کنند، آنها مردمی واقعی در تاریخ و جغرافیای جهان بودند. اما خدا مجدداً قوانین رایج را بازنوشت تا بازتاب شخصیت او و قصد اولیه‌اش از خلقت باشد؛ همچنین عناصر متمایزی نیز در آن قرار داد. به‌طور مثال، در حالی که طبق برخی از احکام آن زمان ارزش مایملک از انسان بیشتر بود و برای دزدی مجازات بزرگتری از مجازات قتل در نظر می‌گرفتند، شریعت قوم اسرائیل همواره ارزش انسان را برتر از دارایی می‌دانست، زیرا تنها انسان در بین تمام مخلوقات خدا به شباهت او آفریده شده بود.

"ده فرمان" (که در خروج ۲۰ و تثنیه ۵ آمده است) مفاد اصلی عهد قوم اسرائیل با خدا را بیان می‌کند. دستورالعمل‌های متعاقب ده فرمان، کاربرد اصول بنیادین را تبیین می‌کنند که تمام قسمت‌های زندگی قوم اسرائیل را در حضور خدا در بر می‌گیرد (خروج ۲۰-۲۲). بدین‌ترتیب، ده فرمان بیانگر اصولی اساسی است که خدا قصد داشت به‌وسیلهٔ آن زندگی قومش را شکل دهد، تا زندگی آنها بازتاب شخصیت او باشد. قوم اسرائیل فقط زمانی می‌توانست کهانت ملوکانه و قوم مقدس باشد که از خدا به‌طور کامل اطاعت کند. تنها آن هنگام که کل زندگی آنها به‌وسیلهٔ شریعت خدا شکل گرفت می‌توانستند خواندگی‌شان را تحقق بخشند و برای دیگر قوم‌ها مایهٔ برکت باشند.

مطالب بسیاری در رابطه با ده فرمان نوشته شده است. اگرچه هر یک از این فرمان‌ها (به استثنای فرمان چهارم و پنجم) به‌شکل منفی (سلبی) بیان می‌شوند، اما تمام آنها مفاهیم مثبتی دارند. اولین فرمان نه تنها بدین معناست که باید از داخل کردنِ هرگونه خدایی در پرستش رسمی قوم اسرائیل جلوگیری شود، بلکه به‌طرز مثبتی قوم را هدایت می‌کند تا تنها خداوند [یهوه] را پرستش و خدمت کند. دومین فرمان برای زمان و مکانِ قوم اسرائیل یک استثناء محسوب می‌شد، یعنی منع قوم از ساختن تمثال خداوند یا هر خدای دیگری. در تمدن بین‌النهرین، تنها اسرائیلی‌ها

بودنـــد که هیچ تصویر واقعی‌ای از خدای‌شـــان نداشـــتند تا در مقابلش زانو بزنند. این فرمان باعث تعجب همســـایگان قوم اسرائیل شده بود و سؤالات بسیاری را دربارهٔ ماهیت خدای آنها برانگیخته بود. در آن زمان، نداشتن تمثال از خدا در معبد به این معنا بود که آنها اصلاً به هیچ خدایی باور ندارند، و منع پرســـتش تمثال امر بسیار مهمی بود. اسرائیلی‌ها باید درک می‌کردند که خدای‌شان خدایی معمولی نیست، بلکه یگانه خدایِ آسمان و زمین است. به همین شکل، اگرچه خدا خود را به قوم اسرائیل به‌عنوان یهوه آشـــکار نموده بود، اما استفاده از این نام برای انجام اعمال جادویی منع شـــده بود. ســـومین فرمان به قوم می‌آموزد که خداوند باید مکرم و محترم شـــمرده شـــود و قوم نباید از این نام به‌خاطر اهداف‌شان سوءاســـتفاده کنند. چهارمین فرمان دربارهٔ ارزش و ضرورت کار است: «شـــش روز کار کن» (خروج ۹:۲۰). اما همچنین کار را به‌شکلی خاص در بطن ارتباط قوم با خدا قرار می‌دهد، مبادا کار تبدیل به هدف شود.

فرمان پنجم تا دهم بر روابط میان قوم خدا دلالت دارد. نســـل جدید باید در چارچوب خانوادهٔ ســـالم برای زندگی در میان قوم خدا آموزش ببینند. فرمان پنجم بر اقتدار والدین و مســـئولیت آنها تأکید دارد. در پنج فرمان باقی مانده، خدا قتل، زنا، دزدی و شـــهادت دروغ و طمع ورزیدن در میان قوم برگزیدهٔ خود را منع می‌کند.

«رنه ژرار»[1] توجه ما را به خصوصیـــت فوق‌العادهٔ فرمان دهم جلب می‌کند که بر خلاف نُه فرمان دیگر، عملی را منع نمی‌کند، بلکه در برابر تمایلی منحرف می‌ایســـتد. دو فرمان اول و دهم بقیهٔ فرمان‌ها را محصور کرده‌انـــد، به‌طوری که عبور از این دو فرمان راه را برای شکســـتن دیگر فرمان‌ها باز می‌کند. «ژرار» چنین استدلال می‌کند که "اشتیاق به تقلید" – یعنی تمایل به داشـــتن آنچه دیگران دارند به قصد شـــبیه شدن به آنها – ریشهٔ خشـــونت در جامعه است، و در دنیای باســـتان ده فرمان به‌شکل بی‌نظیری این تمایل را محدود می‌سازد. بنی‌اسرائیل باید جامعه‌ای باشد

1. Rene' Girard

که در آن شالوم الاهی که منشأ صلح و سازش است، مشخصهٔ زندگی‌در خانواده و میان همسایگان باشد.

ده فرمان خبری خوش است. «پاتریک میلر»[1] آن را منشِ همسایگیِ نیکو می‌نامد. آن فرمان‌ها به قوم اسرائیل شیوهٔ زندگی خداپسندانه را می‌آموزند و به جهان نقشهٔ خدا از خلقت را نشان می‌دهند. از آنجا که خدا خالق جهان است، فرمان‌های او نیز با طریقی که جهان را ساخت همخوانی دارد. این امر در فرمان چهارم مشهود است که الگوی کار و استراحت انسان را با کار خدا و آرامی او پس از خلقت جهان مرتبط می‌سازد، یعنی اینکه: زندگی قوم خدا باید بازتابی از حیات خدا باشد. بدین‌ترتیب، این فرمان‌ها کلید زندگی کامل بشری است، و قطعاً به منظور ایجاد محدودیت‌های وحشتناک برای دشوار کردن زندگی داده نشده است. ما باید به خاطر داشته باشیم که ده فرمان ابتدا برای زندگی بنی‌اسرائیل در تمدن بین‌النهرین داده شد و تفسیر ما از آن باید در پرتو همان چارچوب قرار بگیرد. آنها عمیقاً به زندگی ما در حضور خدا مربوطند، اما لزوماً نمی‌توانیم آنها را همان‌گونه به‌کار بگیریم که اسرائیل در آن زمان به‌کار می‌گرفت. در آن چارچوب مجازات سختی برای شکستن فرمان‌ها وجود داشت. به‌طور مثال، هرکس که خدایی غیر را پرستش می‌کرد، کشته می‌شد؛ اگرچه از این موضوع درمی‌یابیم که در نظر خدا بت‌پرستی امری بسیار گران بود، اما در عین حال باید بدانیم که در چارچوب دورهٔ کثرت‌گرای کنونی، نمی‌توان این قانون را به همان شکل اجرا کرد. یک مثال دیگر اینکه امروزه مسیحیان، فرمان چهارم (نگهداری شبات) را متفاوت با آنچه در اصل گفته شده است رعایت می‌کنند.

در خروج ۲۲:۲۰-۲۳:۳۳ قوانین مشروحی برگرفته از فرمان‌های اصلی ذکر شده است. این قوانین شامل موضوعات گسترده‌ای همچون پرستش، بردگی، تجاوز، آدم‌ربایی، جرائم جنسی، فعالیت‌های اقتصادی،

---

1. Patrick Miller

مراسـم عبادی، مراقبت از حیوانات و موارد بسـیار دیگر می‌شود. تمام زندگی در حیطهٔ حاکمیتی است که خدا برای قومش در نظر گرفته است. گسـتردگی طیف این موارد در زندگی قوم بسیار شـگفت‌انگیز است. به‌طور مثال نگاه کنید به ۵:۲۳؛ اگر دیدی الاغ کسی که از تو نفرت دارد، زیر بار افتاده اسـت و قادر به بلند شدن نیست، نباید آن را نادیده بگیری و باید کمک کنی روی پایش بایسـتد. این بیانگر شـریعتی است که هم آسـایش حیوانات را در نظر دارد، و هم نشـان می‌دهد که چقدر آسان می‌توان با همسایهٔ خود وارد نزاع و دشـمنی شد. خدا واقعاً می‌خواهد قومش از هر نظر بی‌عیب باشند.

در خروج باب ۲۴ قوم اسـرائیل خود را مطیع شریعت ساخته، عهد خود را با انجام مراسمی باشکوه منعقد کرد. موسی همهٔ احکامی را که قوم پذیرفته بود با صدایی رسـا خواند و سپس آنها را نوشت. سپس مذبحی ساخت و دوازده ستون به نشانهٔ دوازده قبیلهٔ اسرائیل بر پا داشت. عهد با تمام قوم خدا بسته شده بود و مانند ستون‌ها امری دائمی بود. در نهایت، موسی نیمی از خون قربانی را بر مذبح و نیمی دیگر را بر قوم پاشید. این خون "خون عهد" نامیده شد (خروج ۸:۲۴)، و این درست همان عبارتی است که عیسی در "شـام آخر" از آن استفاده کرد. خون همچنین بیانگر جدیت رابطه بود؛ به‌نوعی راهی بود برای بیان این امر که: «باشـد که این اتفاق برای ما بیفتد، باشـد که خون ما ریخته شود اگر از نگهداشتن عهد قاصر آمدیم.» هنگامی که عهد خدا با اسـرائیل بسته شد، هفتاد شیخ به همراه موسـی، هارون، ناداب و ابیهو بالای کوه رفتند (۹:۲۴-۱۱). آنها در آنجا تجربهٔ خارق‌العاده‌ای داشتند، زیرا اجازه یافتند "خدای اسرائیل" را ببینند. این افتخار بیانگـر تأییدی فوق‌العاده در خصوص رابطهٔ آنها با خدا بود، که در خصوص عهد نقش محوری داشـت. درست مانند سایر قسمت‌های کتاب‌مقدس که در آن سخن از دیدن خداست (تئوفانی)[1] در اینجا نیز منظور این نیست که خود خدا دیده می‌شود، زیرا هیچ‌کس خدا

---

۱. ظهور صور الاهی در هیأت انسانی و قابل رؤیت. و.

را ندیده است (ن.ک. ۲۳:۳۳؛ یوحنا ۱۸:۱؛ اول یوحنا ۱۲:۴). بلکه این متن بیانگر عناصر خاصی است که رؤیایی از شخص خدا را احاطه کرده است؛ مثلاً در این مورد سنگفرش زیر پای او را می‌توان نام برد. ارتباط خدا و قومش که هستۀ اصلی عهد است، به‌زیبایی در خروج ۱۱:۲۴ به نمایش درآمده است؛ مشایخ خدا را دیدند و خوردند و نوشیدند. خدا به قومش وعده داده بود که با آنها ارتباط خواهد داشت و در اینجا شاهد هستیم که این وعده واقعاً در شرف تحقق یافتن است.

خدا میان قومش مسکن می‌گزیند

هر چند رؤیت خدا توسط مشایخ تجربه‌ای گذرا بود، اما قصد خدا این بود که در زندگی قوم اسرائیل حضور دائم داشته باشد. او موسی را آموزش داد تا مصالحی را که برای ساخت چادری خاص، یا همان "خیمۀ ملاقات"، نیاز بود از میان قوم اسرائیل جمع‌آوری کند. سپس دستورالعمل‌هایی به‌همراه جزئیات برای ساخت آن به او داد. در اینجا بود که زندگی مذهبی قوم اسرائیل شکل گرفت. کاهنان و لاویان مسئول مراسم قربانی‌ها و هدایای بنی‌اسرائیل بودند. اما نکتۀ اصلی دربارۀ خیمۀ ملاقات این است که پرستشگاهی سیار بود؛ حضور خودِ خدا میان قومی بود که با آنها عهد بسته بود: «آنگاه در میان بنی‌اسرائیل ساکن خواهم شد و خدای ایشان خواهم بود. و آنان خواهند دانست که من یهوه خدای ایشان هستم که ایشان را از سرزمین مصر بیرون آوردم تا در میان‌شان ساکن شوم. من یهوه خدای ایشان هستم» (۲۹:۴۵-۴۶).

نزدیک به یک‌سوم کتاب خروج دربارۀ جزئیات ساخت خیمۀ ملاقات است، و سپس این جزئیات مجدداً در حین ساخت، تکرار می‌شود. چنانکه «ترنس فرتیم»[1] می‌گوید: «سیزده باب دربارۀ خیمۀ ملاقات موضوعی بدون داستان و طولانی است که می‌تواند برای مطالعه خسته‌کننده باشد.» اما این جزئیات کامل و دقیق نکتۀ مهمی را بیان

1. Terence Fretheim

می‌کنند: چنین مسکنی را نمی‌توان ساده گرفت. این خود خداست که می‌آید تا میان قومش زندگی کند، و ارزش دارد که خواننده درنگ کند تا بتواند شکل و ماهیت مسکن رسمی خدا را خوب مشاهده نماید. دلیل دیگر برای این تأخیر ظاهری در داستان این است که موجودیت قوم اسرائیل در گرو پرستش خداست. خروج دوره‌ای از بردگی تا پرستش این قوم را ترسیم می‌کند، و خادمان این پادشاه بزرگ می‌خواهند از تمام جزئیات حضور او در میان خود آگاه باشند. سابقاً آنها مجبور به ساخت بنا برای فرعون در مصر بودند؛ اما اکنون با خشنودی مصالح را تقدیم می‌کردند و با مهارت خانهٔ خدا را در میان‌شان می‌ساختند.

دلیل دیگری که توضیحات خیمهٔ ملاقات در خروج دو بار ذکر شده این است که بین دو نوشته، عصیان قوم علیه خدا و خادم او موسی، ثبت شده است (باب ۳۲). وقوع این ارتداد فی‌نفسه تهدیدی برای عهد محسوب می‌شد. بنی‌اسرائیل در انتظار موسی بودند تا از کوهی که در آن با خدا صحبت کرده بود پایین بیاید. آنها ناشکیبا شدند و برای خود گوساله‌ای طلایی ساختند آن هم درست در زمانی که خدا داشت به موسی دستورالعمل ساخت مسکن خود را می‌داد. تصویر گوساله در تمدن بین‌النهرین بسیار رایج بود. گوسالهٔ طلایی تصویر کاملاً متفاوتی بود از خدا یا منادی او؛ اما به هر صورت اشتباه فاجعه‌آمیزی بود؛ درست مانند سرکشی آدم و حوا در پیدایش باب ۳. ساختن گوساله به دلایل بسیاری خلاف مکاشفه‌ای بود که خدا به هنگام بخشیدن دستورالعمل ساخت خیمه از خود بر موسی آشکار کرده بود: ۱) مردم در پی ساختن چیزی بودند که خدا قبلاً برای آنها مهیا کرده بود یا مهیا می‌کرد؛ ۲) ایدهٔ ساختن تمثال، تلاشی انسانی بود؛ ۳) مصالح آن از مردم مطالبه می‌شد (نه اینکه آزادانه تقدیم شود)، و خوانندگان را به یاد زندگی قدیم آنها در دوران بردگی مصر می‌انداخت؛ ۴) این یک کار سریع انسانی بود بدون آماده‌سازی دقیق و شایستهٔ قدوس اسرائیل؛ و ۵) خداوند نادیدنی که خدایی قدوس است تبدیل به شیئی دیدنی شده بود غیرناطق و منفعل! اتفاق جالب و طنزآمیز این بود که قوم، حضور آن قدوس را که با

ساختن گوساله امیدوار بودند بیشتر به آنها نزدیک شود، از دست دادند. بدین‌ترتیب، قوم اسرائیل اولین و دومین حکم شریعت خدا را شکست. تنها به‌خاطر درخواست موسی (به‌خاطر شهرت نام و عهد خود خدا) بود که خدا از آوردن بلا بر سر آنها منصرف شد. دومین دلیل برای بیان جزئیات خیمهٔ ملاقات (در ادامهٔ داستان گوساله طلایی)، اثبات تعهد خدا به عهد خود با قوم اسرائیل است.

کتاب خروج با روایت ورود خدا به خیمهٔ ملاقات و ساکن شدن در آن خاتمه می‌یابد (۴۰:۳۴-۳۸). حضور موقت خدا در بین قوم اسرائیل تبدیل به حضوری دائمی میان آنها شده بود؛ و خیمهٔ ملاقات با آنها به هرجا که می‌رفتند انتقال می‌یافت؛ خدا با این قوم سفر می‌کرد. اما خیمهٔ ملاقات بیش از اینها معنا داشت: نشانی بود از احیای کامل حضور خدا میان کل آفرینش او، درست مانند هدف اولیه‌ای که برای خلقت داشت:

در این مکان کوچک و خلوت میان آشفتگی های بیابان، خلقت تازه‌ای آغاز شد. درست در بطن بی‌نظمی، نظمی پدید آمد. خیمهٔ ملاقات نشان نظم جهانی مطابق خواست خدا بود که حکم آن در مقیاسی کوچک در قوم اسرائیل اجرا شد. کاهنان معبد مانند سایر عناصر خلقت، چون آفتاب، درختان و انسان، وظایف عبادی خود را انجام می‌دادند. قوم اسرائیل با دقت دور خیمهٔ ملاقات که در میان‌شان بود اردو زدند. آنها شروع دوباره‌ای را که خدا به خلقت بازگردانده بود، تجربه کردند؛ که در حقیقت قصد اولیهٔ خدا برای آنها بود. خیمه در واقع تحقق نظم و ترتیب خدا در تاریخ بود. هم خیمه و هم خلقت منعکس‌کنندهٔ جلال او در میان قومش بودند.

علاوه بر این، خیمهٔ ملاقات، دنیای کوچکی بود حاکی از اقدام عظیمی از جانب خدا. در این قوم و توسط این قوم خدا به حرکت آمده بود تا خلقت تازه‌ای برای همه به‌وجود آورد. حضور خدا در خیمهٔ ملاقات نشان‌دهندهٔ قصد خدا از حضور او در کل جهان است. جلالی که در اینجا آشکار است باید به کل دنیا سرایت یابد. درخشش صورت موسی که در

پی تجربهٔ جلال الاهی اتفاق افتاد ... باید تبدیل به شخصیت اسرائیل به‌عنوان یک کل شود، و این تلألؤ باید به دنیایی بزرگتر از کسانی که به‌خاطر سکونت خدا میان قوم اسرائیل تحت تأثیر قرار گرفته‌اند، برسد. آنها به‌عنوان کاهنان پادشاهیِ خدا، ... موظف بودند این جلال را به کل جهان برسانند.[1]

در انتهای داستان خروج، شاهد پیشرفت قابل‌توجهی در شکل‌گیری قوم خدا هستیم. آنها در عهدشان با خدا شکل گرفته‌اند و حال، هم شریعت و هم خیمهٔ ملاقات را دارند. زندگی آنها اکنون شکل اخلاقی و عبادی گرفته است. تنها چیزی که نیاز دارند، سرزمینی برای خودشان است.

البته زندگی کردن خدا در میان این قوم امری آسان و راحت نبود. این انسان‌های گنه‌کار چگونه می‌خواستند با این وجود قدوس و بی‌نظیر که میان‌شان مسکن گزیده بود روبه‌رو شوند؟ بعد از واقعهٔ گوسالهٔ طلایی، خدا خود را به موسی به‌عنوان خدای رحیم و فیاض، دیرخشم و آکنده از محبت و وفا، پایدار در محبت برای هزار پشت و آمرزندهٔ تقصیر و نافرمانی و گناه معرفی کرد (خروج ۳۴:۶-۷). همچنین فرمود که گناه را بی‌جزا نمی‌گذارد. گناه و تأثیرات آن تا نسل سوم و چهارم بازتاب می‌یابد.

لاویان: زندگی کردن با خدای قدوس

کتاب لاویان دقیقاً همین جا مناسبت می‌یابد. تمام کتاب دربارهٔ چگونگی نگه‌داشتن رابطهٔ درست با «پادشاه» است، کسی که حضور شاهانه‌اش در میان اردوگاه بنی‌اسرائیل است. هفت باب اول کتاب لاویان دربارهٔ قربانی‌ها و هدایای متفاوتی است که قوم اسرائیل می‌توانستند به خیمهٔ ملاقات بیاورند و اینکه این مراسم چگونه باید اجرا می‌شد. به‌طور مثال، کسی که سهواً گناه می‌کرد باید قربانی گناه را به خیمهٔ ملاقات می‌بُرد و آنجا قربانی تقدیم می‌کرد. با این عمل، کفاره‌ای به‌جای فرد خاطی پرداخت می‌شد و خدا گناه او را می‌بخشید (لاویان ۴:۲۷-۳۵).

1. Terence E. Fretheim, Exodus, Interpretation (Louisville: Westminster John Knox, 1991), 271-72.

آنهایی که می‌خواستند از خدا بابت چیزی تشکر کنند، می‌توانستند قربانی رفاقت تقدیم کنند (۱۱:۷). باب ۸ و ۹ کتاب لاویان شرح برگزیدگی قبیله‌ای توسط خدا است تا در خیمهٔ ملاقات خدمت کنند؛ و اینکه چگونه باید به وظایف‌شان بپردازند و کار را آغاز کنند. بدین‌ترتیب، خدا در میان قومش ساکن می‌شود و از سر لطفش امکاناتی فراهم می‌آورد تا رابطهٔ میان خود و قومش را حفظ کند.

خدا در خیمهٔ ملاقات حضور داشت و این باعث می‌شد پرستش میان قوم اسرائیل از جایگاه خاصی برخوردار شود. «خدا مکانی برگزید، زیرا وارد تاریخ قومی شده بود که مکان برای‌شان امری مهم بود.» خیمهٔ ملاقات به پرستش قوم اسرائیل نظم بخشید و در عین حال منظری ملموس از حضور الاهی را به آنها نشان داد. اما اینها هرگز بدان معنی نبود که حضور خدا دیگر در سایر جنبه‌های زندگی قوم اسرائیل جلوه نخواهد داشت. حضور گستردهٔ خدا موضوعی است که باب‌های بعدی تماماً به آن اختصاص دارد. در لاویان ۱۰:۱۰ خدا هارون را نسبت به وظایف کهانتی‌اش آگاه می‌سازد، که در رابطه با حیوانات، پرندگان، خوراک گوناگون و مسائل مختلف پزشکی، میان مقدس و غیرمقدس (معمول)، نجس و طاهر، تمایز قائل شود.

برای خوانندهٔ امروزی این غیرمعمول‌ترین روش برای نظم بخشیدن به زندگی انسان است، اما بهترین راه برای درک این نظم و مقررات، مطالعهٔ فرهنگ باستان است و اینکه چگونه زندگی آنها سازمان می‌یافت. آنچه امروزه برای ما مقوله‌ای تصادفی یا مقرراتی عجیب به‌نظر می‌آید، اهمیت نمادین بسیاری برای بنی‌اسرائیل داشت. به‌طور مثال، «گوردن ونهام» اشاره می‌کند که در میان گونه‌های مختلف پرندگان و حیوانات که به دو دستهٔ "نجس" و "طاهر" تقسیم شدند، تمام پرندگان و حیوانات طاهر قابل خوردن بودند ولی فقط برخی از آنها به‌عنوان قربانی استفاده می‌شدند:

طبقه‌بندی سه‌گانهٔ پرندگان و حیوانات، به طبقه‌بندی میان انسان‌ها مرتبط است. انسان‌ها به دو گروه عمده تقسیم شدند، قوم اسرائیل و

قوم‌های دیگر. در میان قوم اسرائیل تنها یک گروه (کاهنان) می‌توانستند به مذبح دسترسی داشته باشند و قربانی تقدیم کنند. این امر با قانون مربوط به مکان (حوزهٔ) مقدس همخوانی داشت. بیرون اردوگاه، مکانی برای قوم‌های دیگر و اسرائیلی‌های ناپاک وجود داشت. مردم عادی قوم اسرائیل در داخل اردوگاه زندگی می‌کردند، اما فقط کاهنان می‌توانستند به مذبح دسترسی داشته باشند و وارد خیمهٔ ملاقات شوند.

این تمایز به‌خاطر یادآوری موقعیت خاص بنی‌اسرائیل به‌عنوان قوم برگزیدهٔ خدا به‌کار گرفته شد. قوانینی که برای خوراک به قوم اسرائیل داده شد نه تنها تمایز این قوم را با دیگر اقوام به‌یاد آنها می‌آوَرد، بلکه آنها موظف بودند آنها را تماماً اجرا کنند ... قوانین خوراک، نمادی از این حقیقت بود که آنها قوم خدا بودند، و خوانده شده‌اند تا از زندگی لذت ببرند، در حالی که قوم‌های بت‌پرست به‌طور کلی با او و قومش مخالفت می‌کردند و لذا با مرگ روبه‌رو بودند.[1]

در حقیقت این نمادها با زندگی قوم اسرائیل آمیخته بود. قوم اسرائیل هر هفته روز شبات را نگاه می‌داشت تا به‌یاد داشته باشد که معنای زندگی حقیقتاً چیست. همچنین سال قوم اسرائیل با اعیاد مشخصی نشانه‌گذاری شده بود تا قوم در حضور خدا بایستد و عمل دست او را به‌یاد آورد و جشن بگیرد. یک نمونه از این اعیاد، عید پِسَخ است، که قوم اسرائیل به یاد رهایی‌شان از اسارت مصر توسط خدا، آن را جشن می‌گیرد. یکی دیگر از اعیاد بزرگ، عید هفته‌ها است که در پایان فصل درو محصول برگزار می‌شود و نام عهدجدیدی آن پنطیکاست است (واژه‌ای یونانی به معنای پنجاهمین روز)، و جشنی است که پنجاه روز بعد از تقدیم اولین بافهٔ محصول به خدا برگزار می‌شود. خدا تمام این مراسم را به‌عنوان نشانی از فیض و رحمتش به قوم اسرائیل بخشید، تا مجدداً زندگی آنها را در خود و هر آنچه برای آنها انجام داده بود، شکل دهد. (برای لیست اعیاد به لاویان باب ۲۳ رجوع کنید).

1. Gordon J. Wenham, "Clean and Unclean," in New Bible Dictionary, 210.

اعداد: سفر به‌سوی سرزمین موعود

در انتهای کتاب لاویان، قوم اسـرائیل همچنان در کوه سـینا به‌سر می‌برند. کتاب اعداد شرح داسـتان سفر آنها از کوه سینا به دشت موآب است، که درست بیرون سـرزمین وعده بود. پیش از عزیمت آنها، خدا فرمان داد تا تمام مردان اسـرائیلی را که بالاتر از بیست سال سن دارند و می‌توانند با سپاه اسرائیل به جنگ روند، از هر طایفه‌ای سرشماری کنند. گروه بردگانی که از مصر بیرون آمدند، اکنون قومی متحد و آمادهٔ تسخیر سـرزمین وعده بودند. تعداد کل شـمردگانِ مرد، ششصد هزار نفر بود، بنابراین تعداد کل اسرائیلی‌ها بالغ بر دو میلیون نفر می‌شد. خدا به ابراهیم وعده داده بود که از نسل او قومی عظیم پدید آورد، و اکنون اسرائیل تمام نشانه‌های ظهور یک قوم بزرگ را در خود داشت.

در ابتدا، آماده‌سـازی برای سـفر خوب پیش می‌رفت. ده باب اول کتاب اعداد بسـیار خوش‌بینانه به آماده‌سـازی نهایی می‌نگرد. این نگاه خوش‌بینانه در برکتی که خدا به هارون و پسرانش می‌دهد تا آنها نیز قوم اسرائیل را برکت دهند، به‌خوبی تصویر شده است:

> خداوند تو را برکت دهد، و محافظت کند؛
> خداوند روی خود را بر تو تابان سـازد و تو را فیض عنایت فرماید؛
> خداوند روی خود را بر تو برافرازد و تو را سلامتی بخشد.
> (۶:۲۴-۲۶)

در زبان عبری هر خط از این برکات، از خط قبلی طولانی‌تر است، و آخرین خط با کلمه سلامتی (شالوم) تمام می‌شود. تمام این آیات بسیار خوش‌بینانه و مثبت بود؛ مقصد سفر اسرائیل به‌عنوان یک قوم، سرزمین وعده بود، و خدا با آنها سفر می‌کرد تا مسیر را به آنها نشان دهد.

متأسـفانه، این خوش‌بینی باز هم بی‌نتیجه بود. سـفر در بیابان آسان نبـود، و به‌رغم حضور خدا در میان قوم، برخی از اسـرائیلی‌ها به‌خاطر سختی‌های تازه‌ای که با آن مواجه شده بودند شروع به شکوه و شکایت

کردند، تا اینکه خدا را به خشـــم آوردند (اعداد ۱۱). آتش خدا از خیمه شعله‌ور شد و قسمت‌هایی از اردوگاه را در کام کشید. بنی‌اسرائیل به‌سوی موسی فریاد دادرســـی برآوردند. تنها زمانی که موسی برای آنها شفاعت کرد و به نیابت از جانب آنها به‌سوی خدا استغاثه کرد، آتش خاموش شد. حتی بعد از چنین هشداری، باز قوم به شکوه و شکایت حتی دربارهٔ نوع خوراک و کمبود گوشـــت، ادامه داد! سپس مشکلی در رهبری به‌وجود آمد: مریم و هارون شروع به شـــکایت دربارهٔ رهبری موسی و به غیبت دربارهٔ ازدواج او کردند (باب ۱۲).

بیشترین بحران در داستانِ سفر در بیابان، واکنشی بود که بنی‌اسرائیل نسبت به گزارش مأموران تجسس که به سرزمین وعده رفته بودند، از خود نشان دادند (اعداد ۱۳-۱۴). مأموران گفتند که آنجا سرزمینی حاصلخیز اســـت و می‌تواند سرزمینی عالی برای قوم اســـرائیل باشد، اما مردمانش بسیار قوی هستند و شهرهایش حصارهای محکم دارند. گزارش قدرت دشـــمن، ترس در دل اســـرائیلیان افکند و باعث شـــد ایمان‌شان به خدا فروریزد. آنها ناامید و خشـــمگین شدند و شکایت برآوردند که خدا آنها را به اینجا آورده است تا کشته شوند. یک‌بار دیگر، شفاعت موسی باعث شـــد تا خدا آنها را نابود نکند. خدا دســـت نگه‌داشت اما سوگند یاد کرد که هیچ‌یک از این نسل بی‌ایمان وارد سرزمین وعده نخواهند شد. نتیجه این شد که علی‌رغم حرکت سریع به‌سوی سرزمین موعود، بنی‌اسرائیل در بیابان اطراف قادش چهل ســـال سرگردان شدند تا زمانی که نسل اول بی‌ایمان آنها درگذشت.

پس از این چهل ســـال طولانی و خســـته‌کننده، بنی‌اسرائیل به‌سوی دشت موآب که درست در شرق سرزمین وعده قرار داشت، هدایت شدند (اعداد ۲۲). در اینجا سرشماری دیگری انجام گرفت تا نسل جدید قوم اســـرائیل را بشمارند (باب ۲۶). منطقهٔ غربی رود اردن که فتح شده بود، میان برخی از طوایف اسرائیلی تقسیم شد (باب ۳۲). قوم اسرائیل اکنون آماده بود تا سرزمین وعده را که آن طرف اردن قرار داشت تصاحب کند.

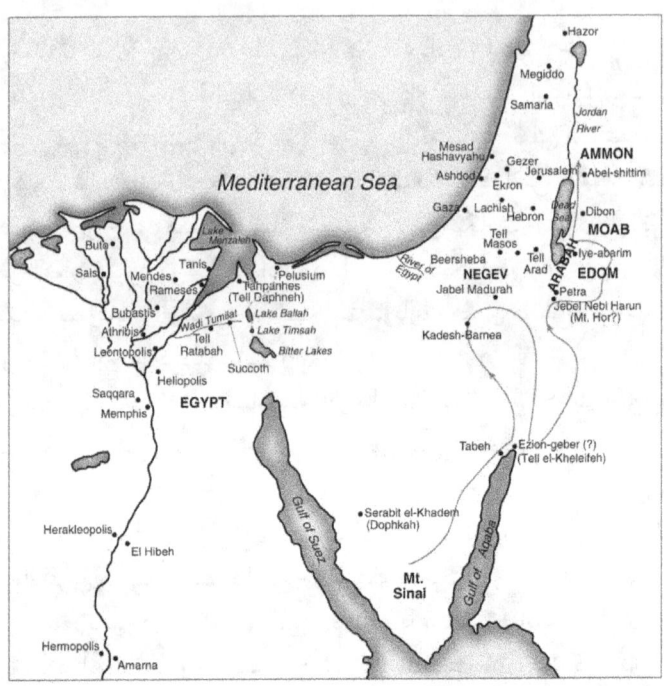

تصویر۹- سرگردانی در بیابان

تثنیه: در مرزهای سرزمین وعده

از قرار معلوم حتی برای نسل جدید قوم اسرائیل هم زندگی کردن طبق ضوابط عهد خدا امر آسانی نبود. سرزمین وعده، که در آن امکان آرامی و تحقق وعدهٔ خدا به ابراهیم وجود داشت، درست پیش رویشان بود. کتاب تثنیه شامل سخنان موسی است، هنگامی که بنی‌اسرائیل آمادهٔ ورود به سرزمین وعده می‌شد. خود موسی وارد سرزمین وعده نشد، اما در تثنیه خطابه‌های او ثبت شده تا قوم را برای زندگی جدیدشان آماده سازد.

در اینجا بنی‌اسرائیل خارج از سرزمین موعود منتظرند به آن وارد شوند. قدرت شگفت‌انگیز کتاب تثنیه در این انتظار دیده

> می‌شود، انتظاری که در آن امکان برخورداری از برکت الاهی وجود دارد. بنی‌اسرائیل در لحظهٔ "تصمیم‌گیری" قرار دارد ... بنا بر عهد آنها با یهوه، میان آغاز و پایان (سفر) آنها، اینک چالشی برای زندگی در سرزمین وعده در برابر آنها وجود دارد.[1]

در چنین زمینه‌ای است که موسی خطابه‌های خود را ایراد می‌کند. او بنی‌اسرائیل را جامعه‌ای می‌بیند که صرفاً تحت اقتدار خداوند گرد آمده است. آنها قومی هستند که توسط عهدی که خدا با آنها بسته است، به او پیوسته‌اند. این عهد اکنون مجدداً احیا شده است.

موسی در اولین خطابه‌اش (تثنیه ۱:۶-۴۰:۴)، تاریخ معاصر بنی‌اسرائیل را مرور می‌کند؛ چهل سال سرگردانی تا زمانی که سینا را ترک کردند؛ و این امر باعث شد تا نسل جدید بنی‌اسرائیل، درس‌های مهمی از تجربهٔ پدران‌شان بیاموزند. آیندهٔ نیکوی قوم در سرزمین موعود، به محبت و خدمت عمیق قلبی آنها به خدا بستگی داشت. موسی در خطابهٔ دوم خود (تثنیه ۴۴:۴-۱۹:۲۶) شریعت را که مرکز عهد بود با جزئیات بیان می‌کند و آن را به زندگی آیندهٔ قوم در سرزمین وعده تعمیم می‌دهد. موسی ده فرمان را به قوم اسرائیل یادآوری می‌کند و سپس پندی قدرتمند به آنها می‌دهد مبنی بر اینکه با اطاعت از این احکام و قرار دادن آنها در مرکز زندگی خود و فرزندان‌شان، خدا را محبت کنند:

> بشنو، ای اسرائیل: یهوه، خدای ما، خداوندِ یکتاست. یهوه خدای خود را با تمامی دل و با تمامی جان و با تمامی قوّت خود محبت کن. و این سخنان که من امروز تو را امر می‌فرمایم، بر دل تو باشد. آنها را به‌دقّت به فرزندانت بیاموز، و حین نشستن در خانه و رفتن به راه، و هنگام خوابیدن و

1. J. Gordon McConville, Deuteronomy, Apollos Old Testament Commentary (Leicester, UK: Apollos; Downers Grove, IL: InterVarsity, 2002), 36.

برخاستن، از آنها گفتگو کن. آنها را چون نشان بر دست خود ببند و چون علامت بر پیشانیت بگذار. آنها را بر چارچوب دَرِ خانهٔ خود و بر دروازه‌های خویش بنگار. (۹-۴:۶)

قصد خدا این بود که همهٔ قسمت‌های زندگی قوم اسرائیل را شکل دهد. فقط در آن حالت بود که قوم اسرائیل حقیقتاً می‌توانست برای قوم‌های جهان نور باشد. «هیچ‌یک از عرصه‌های زندگی از مالکیت و حاکمیت خدا مستثنی نیست.» مذهب صِرفاً امری خصوصی نیست: خداوند می‌خواهد شریعت او (تورات، "فرمان‌ها/ رهنمود") در تمام تجربیات قومش نفوذ کند. کلام او باید زندگی هر فرد از قوم را شکل می‌داد (و در ذهن و قلب آنها حضور می‌داشت، حتی در خواب و راه رفتن). کلام خدا هر روزه باید افکار و اعمال قوم خدا را شکل می‌داد و بر "پیشانی" و بر "دست" آنها نوشته می‌شد. تورات هم زندگی شخصی و هم زندگی جمعی را مخاطب قرار می‌دهد. آنها هنگامی که خانه را ترک می‌کردند، و نیز هنگام بازگشت به خانه، کلام خدا را که بر سر در خانه‌شان نوشته شده بود می‌دیدند.

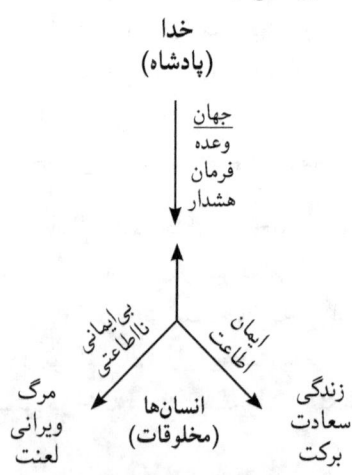

تصویر ۱۰- ساختار عهد

تمام جزئیاتی که در تثنیه برای شریعت ذکر شده، به این خاطر است که دریابیم این دید و رؤیا چگونه باید تحقق یابد. «در این عهد، مذهب و سیاست یکی است. قوم اسرائیل تعهد سیاسی خود را با وفادار ماندن به یهوه، تحقق می‌بخشد که البته این امر شامل ابعاد اجتماعی نیز می‌شود. این عهد نه تنها شامل الاهیاتی است که دربارهٔ سرزمین موعود همچون هدیهٔ خدا سخن می‌گوید، بلکه حاوی دید و رؤیایی نیز هست که در قالب احکام نشان می‌دهد چگونه این سرزمین باید نگهداری شود. احکام شریعت مفهوم حکومت یهوه بر امور خاص را تشریح می‌کند.»[1]

خوانندگان امروزی کتاب‌مقدس، فرمان‌های مبتنی بر بیرون راندن اقوام دیگر از سرزمین موعود را نمی‌توانند راحت بپذیرند (اعداد ۳۳:۵۰-۵۴؛ تثنیه ۷). البته کتاب‌مقدس در خصوص تسخیر سرزمین‌های دیگر اقوام به‌دست اسرائیل، که در آن بی‌عدالتیِ بالقوه‌ای مشهود است، حساسیت خاصی نشان می‌دهد. با توجه به پیدایش ۱۶:۱۵، خدا این سرزمین‌ها را از ساکنان اولیهٔ آن نمی‌گیرد تا زمانی که گناهان‌شان مشروعیت قانونی آنها را لغو کند. آنها سرزمین خود را از دست خواهند داد، و این تصمیم عادلانه است. در واقع، رفتار کنعانیان سبب وقوع چنین مجازاتی شده بود، و هنگامی که به‌دست بنی‌اسرائیل افتادند زمان مجازات فرا رسیده بود. قوم اسرائیل باید کاملاً خود را به خدا وقف می‌کرد، ولی حضور فرهنگ‌های مختلف با خدایان‌شان (بت‌هاشان) در جوار بنی‌اسرائیل، وسوسه‌ای دائمی برای بت‌پرستی بود، و هویت قوم اسرائیل را به‌عنوان قوم عهد خدا تضعیف می‌کرد. به این خاطر است که در تثنیه (چنانکه در ۵:۷ و اعداد ۵۲:۳۳ آمده) فرمان‌های مربوط به بیرون راندن ساکنین اولیهٔ سرزمین موعود، بخشی از اولین فرمان است: «تو را خدایی دیگر نباشد.»

بدین‌ترتیب موسی عهد و پیامدهای آن را برای کل زندگی قوم اسرائیل در سرزمین وعده یادآور شد. او دو راه را برای آینده پیش روی آنها قرار داد: لعنت یا برکت (تثنیه ۲۷-۲۸). اگر آنها به کلام خدا با ایمان

1. McConville, Deuteronomy, 34.

و اطاعت پاسخ دهند، حیات و رفاه و برکت را تجربه خواهند کرد. اما اگر با بی‌ایمانی و نااطاعتی واکنش نشان دهند، با مرگ و تباهی و لعنت روبه‌رو خواهند شد (۳۰:۱۱-۲۰). خواست موسی برای قوم، حیات و برکت به‌واسطهٔ اطاعت‌شان از خداوند بود، و به این‌خاطر عهد را با آنها تجدید کرد و یوشع را به‌عنوان جانشین خود برگزید. خدا به موسی اجازه داد سرزمین موعود را ببیند، اما اجازه نداد وارد آن شود. کتاب تثنیه با فوت موسی در مرز کنعان به پایان می‌رسد.

صحنهٔ دوم: سرزمینی برای قوم خدا

یوشع: سرزمین موعود، هدیهٔ خدا به قوم اسرائیل

کتاب یوشع، داستان فتح کنعان توسط بنی‌اسرائیل به رهبری یوشع است. داشتن موطن، قدمی بسیار بزرگ در داستان قومی بود که در مصر برده بودند. در این لحظه بود که اسرائیل حقیقتاً تبدیل به خلقتی تازه شد؛ برده تبدیل به وارث شد؛ کودکی درمانده تبدیل به وارثی بالغ شد. اغلب، فتوحات ثمرهٔ جنگند، اما این روایت تأکید دارد که اسرائیل برای رسیدن به موفقیت تماماً به خداوند وابسته بود. در حقیقت سرزمین هدیه‌ای بود از سوی خدا و تحقق وعده‌ای بود که به ابراهیم، اسحاق، یعقوب و موسی داده بود. خود خداوند به یوشع فرمود که قوم را مهیا سازد تا از رود اردن عبور کنند و وارد سرزمینی شوند که به آنها بخشیده بود (یوشع ۱:۲-۳). یوشع تشویق و ترغیب شده بود تا دلیر و قوی باشد، زیرا خداوند سرزمین موعود را به بنی‌اسرائیل خواهد بخشید تا وعده‌ای را که به نیاکان آنها داده بود، تحقق بخشد (۱:۶).

یوشع با فرستادن مأمورانی برای تجسس سرزمین کنعان، خود را برای فتح آماده کرد. در گزارش آنها پس از بازگشت‌شان، هیچ اثری از ترس و خودباختگی مانند گزارش مأمورانی که چهل سال پیش موسی به سرزمین کنعان فرستاده بود، دیده نمی‌شد (یوشع ۲؛ اعداد ۱۳). جاسوسان به خانهٔ راحاب فاحشه پناه بردند و او آنها را از دست پادشاه اریحا مخفی ساخت. راحاب به آنها گفت که چگونه آوازهٔ خداوند در

همه جای کنعان پیچیده و ترس بر اندام ساکنان آن انداخته است. آن مردان اسرائیلی به راحاب اطمینان دادند که او و خانواده‌اش هنگامی که بنی‌اسرائیل برای فتح سرزمین بیایند، در امان خواهند بود. در شرق رود اردن، اسرائیلی‌ها خبر خوشی از جاسوسان دریافت کردند. پس دلگرم شدند و برای فتح سرزمین جدیدشان بیرون رفتند. آنها توسط صندوق عهد، که آب را شکافته و باعث شده بود بتوانند از رود بگذرند، هدایت شدند. آنها دوازده سنگ از بستر رود برداشتند و آنها را به‌عنوان یادبود در مرز کنعان قرار دادند تا همواره به‌یاد داشته باشند که خداوند آنها را قادر ساخت از آن رود بگذرند و به سرزمین موعود برسند.

این پیروزی کار خداوند بود، چنانکه در غرب رود اردن نزدیک اریحا به یوشع نشان داده بود: فرشتهٔ خدا، شمشیر در دست، بر یوشع ظاهر شد. هنگامی که یوشع از او پرسید متعلق به کدام جبهه هستی، طرف ما هستی یا دشمن، او پاسخ داد: «هیچ‌کدام ... من سردار لشکر خداوندم که اکنون آمده‌ام» (۱۴:۵). فرشته همان کلماتی را که یادآور فرمان خدا به موسی در بوتهٔ مشتعل بود برای یوشع تکرار کرد: کفش‌هایت را درآور، زیرا بر زمین مقدس ایستاده‌ای! واضح است که در این لشکرکشی یوشع سردار سپاه نیست، بلکه خود خدا در رأس قرار دارد: تنها خداوند است که پیروزی را برای اسرائیلی‌ها به ارمغان خواهد آورد.

جزئیات فتح اریحا این امر را تأیید می‌کند. تحت فرمان خدا، قوم اسرائیل می‌بایست هفت روز همراه با صندوق عهد (به نشانهٔ حضور خدا)، به‌عنوان راهنمای‌شان، دور اریحا بگردند. در روز هفتم هنگامی که کرناها را نواختند و قوم فریادی بلند کشیدند، دیوارهای اریحا فروریخت. اسرائیلی‌ها در اطاعت از فرمان خدا، به شهر حمله کردند و هر موجود جانداری را کشتند (یوشع ۲۱:۶). آنها تنها راحاب و خانواده‌اش را زنده نگه داشتند.

درک برخی از ابعاد این "جنگ مقدس" برای ما دشوار است. آیا حقیقتاً لازم - و عادلانه - بود که تمام شهروندان و حیوانات اریحا کشته شوند؟ ما در ادامه به این مبحث خواهیم پرداخت، اما باید توجه داشته باشیم که فرمان خدا کاملاً برای بنی‌اسرائیل مشخص و واضح بود. آنها

باید این‌گونه می‌جنگیدند. در واقع، آنها در اولین تلاش برای تسخیر شهر عای (پس از فتح اریحا)، به‌طرز وحشتناکی شکست خوردند، تنها به‌خاطر یک نفر، عخان از طایفهٔ یهودا، که از خدا نااطاعتی کرده بود. او برخی از غنایم اریحا را نزد خود نگه داشته بود (یوشع ۷). این نااطاعتی بسیار جدی گرفته و عخان سنگسار شد. پس از این واقعه آنها توانستند بر عای پیروز شوند (باب ۸)، اما خدا به یوشع فرمود که این‌بار آنها اجازه دارند از حیوانات و غنایم برای خود بردارند. مشکل پیشین که گناه عخان مسبب آن بود، در واقع یادآور این حقیقت بود که آنها فقط به‌واسطهٔ اطاعت از خدا و رعایت عهد او می‌توانند موفق شوند.

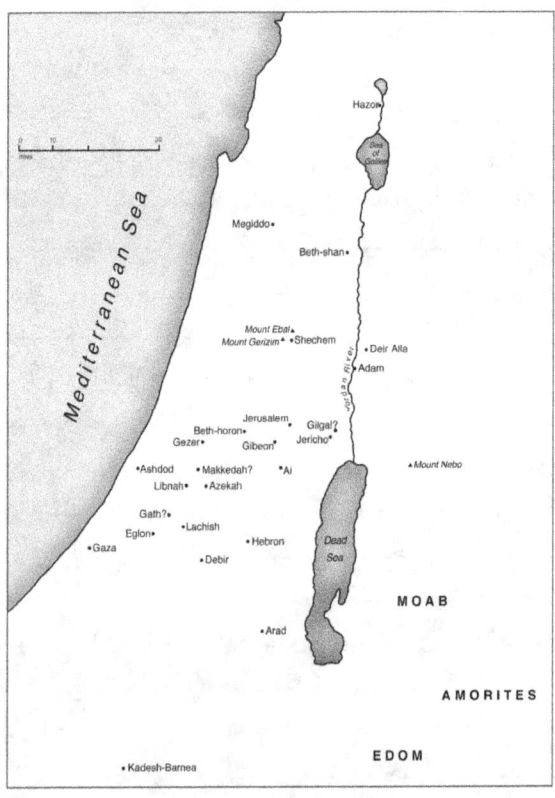

تصویر ۱۱ - فتح سرزمین کنعان

بعد از واقعهٔ عای، یوشـــع فرمان‌های موســـی را که در تثنیه ۲۷:۱-۸ نوشـــته شده اســـت با تجدیدعهد میان خدا و قوم اسرائیل در کوه عیبال تحقق بخشید (یوشـــع ۸:۳۰-۳۵). سپس قوم در دو طرف صندوق عهد ایســـتادند: نیمی از آنها در مقابل کوه جرزیم و نیمی دیگر در مقابل کوه عیبال. یوشـــع تمام کلمات شریعت را بر ســـنگ‌ها نوشت و آن را برای بنی‌اســـرائیل خواند تا از برکت و لعنتی که پیش روی آنهاست کاملاً آگاه شوند. خداوند این ســـرزمین را به بنی‌اسرائیلی بخشید تا در آن به‌عنوان قوم او زندگی کنند و برای قوم‌های دیگر نور باشـــند. اما (چنانکه آنها به بهای گزافی خواهند آموخت) خدا روش زندگی‌ای را که کاملاً بر خلاف شخصیتش باشد تحمل نخواهد کرد.

یوشع باب‌های ۹-۱۲ شـــرح داستان لشکرکشی‌هایی است که در آن یوشع و اسرائیلی‌ها مابقی ســـرزمین را هم فتح کردند. ساکنان جبعون به حیله با اسرائیلی‌ها پیمان بســـتند (باب ۹)، اما آنها تنها گروهی بودند که قوم اسرائیل با آنها پیمانی بست. رهبران و مردم دیگر اقوام کنعانی هنگامی که اسرائیل آنجا را فتح کرد کشته شدند. در انتهای این بخش از پیروزی، در یوشـــع ۱۱:۲۳ خلاصه‌ای از آنچه اتفاق افتاده بود می‌خوانیم: «بنابراین یوشَع تمامی آن سرزمین را بنا بر آنچه خداوند به موسی گفته بود، تسخیر کرد و آن را به اســـرائیل بر حسب ســـهم قبیله‌های‌شان به میراث بخشید. آنگاه زمین از جنگ بیاســـود.» یوشع ۱۳-۱۹ شـــرح می‌دهد که چگونه زمین به هر یک از قبیله‌های اسرائیل اختصاص داده شد. میراث هر قبیله توسط قرعه مشخص می‌شـــد (۱۴:۲-۳): نُه‌ونیم قبیله، غرب اردن را به میراث بردند، و دوونیم قبیله شرق رود اردن را به‌دست آوردند. شهرهای پناهگاه برای سرزمین موعود مشخص شدند (باب ۲۰) تا ملجائی باشند برای افرادی که ســـهواً کسی را کشته‌اند. شهرهایی به لاویان تعلق گرفت (باب ۲۱)، زیرا به‌خاطر نقش کهانتی‌شان نمی‌توانستند منطقه‌ای جداگانه برای خود داشته باشند. اما با احتســـاب دو طایفهٔ (اِفرایم و منسی) که از نسل یوسف هستند، باز دوازده قبیله سرزمین را به میراث بردند (۱۴:۴).

کتاب یوشع با استقرار قوم بنی‌اسرائیل در سرزمین وعده به پایان می‌رسد. این امر نشانهٔ بالاترین مرحله از تحقق وعده‌ای بود که خدا به ابراهیم بخشیده بود، اگرچه مسیر رسیدن به آن به هیچ روی آسان نبود. سرزمینی که به نسل ابراهیم وعده داده شده بود، اکنون در زندگی قوم اسرائیل واقعیت یافته بود. اکنون زمانی بود که قوم اسرائیل می‌بایست برای قوم‌های دیگر نور باشد. پاسخ خدا به عصیانی که در خلقت نیکوی او پدید آمده بود، انتخاب فردی به اسم ابراهیم بود و پس از آن احیای بخشی از زمین که نسل ابراهیم در آن قرار داشتند. وجود قوم اسرائیل در سرزمین موعود، نشان‌دهندهٔ قصد خدا برای کل خلقتش بود.

بار دیگر شاهد توجه خدا به تمامیت زندگی‌ای که آفریده بود هستیم. «والتر بروگمن» به‌درستی آن را چنین بیان می‌کند: «این توجه به وعدهٔ فیزیکی و مادی به مسیحیت به‌عنوان دینی ملموس (مادی‌باور)، اعتبار می‌بخشد. وقتی مسیحیت صِرفاً مذهبی روحانی شد و اهمیت جهان مادی را انکار کرد، دچار تنگناهای مارکسیستی شد.» این بخش خاص از زمینِ خدا، هدیه‌ای بود به بنی‌اسرائیل؛ یوشع آن را «سرزمین نیکو» توصیف می‌کند (۱۵:۲۳؛ تثنیه ۱۰:۶-۱۱).

این زمینی نیکو است که از کلامی نیکو حاصل شده

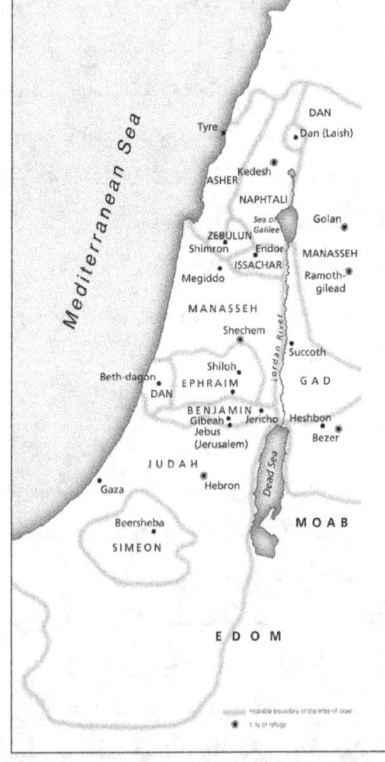

تصویر ۱۲ - تقسیم زمین میان دوازده قبیله

است ... زمین با کلامی که وعدهٔ آن را داد، همخوانی دارد. تمام انتظارات بیابان برآورده شـــده است: آب: نهرها، چشـــمه‌ها؛ خوراک: گندم، جو، انگور، درخت انجیر، انار، زیتون، عسل؛ فراوانی بدون هیچ کمبودی ... بدون کاســـتی ... معادن: آهن و مس ... چنین زمینـــی امکان زندگی با کمترین سختی و کمترین آســـیب را به‌وجود می‌آورد، چیزی که هم در بردگی و هم در غربت آرزومند آن بود.[1]

این زمین همچون عدن ثانی اســـت. و قوم اسرائیل، مانند آدم و حوا نمی‌توانست آزادانه طبق خواست خود از آن بهره‌برداری کند. بنی‌اسرائیل همواره با خداوند در زمین زندگی می‌کرد، و شریعت خدا شامل فرمان‌ها و رهنمودهای بسیاری برای حفاظت زمین بود. به‌طور خاص، قانون روز شبات تأکیدی اســـت بر این حقیقت که فقط خدا حافظ خلقت است و زندگی بیش از مصرف‌گراییِ صِرف است.

آیا قوم اســـرائیل از این چالش سربلند بیرون می‌آید؟ امکانات عالی و بزرگ در مقابل آنها قرار داده شـــده است. یوشع ادعا می‌کند این سرزمین مکانی برای آرامی قوم اســـرائیل خواهد بود؛ اما در عین حال مکانی برای آزمایش و وسوســـه نیز خواهد بـــود. تمام کنعانی‌هـــا از آن زمین بیرون رانده شـــدند. اما اسرائیلی‌ها نیز اغلب در مقابل خداوند طغیان و سرکشی می‌کردند. در زمان حیات یوشع قوم عهد را نگه می‌داشتند (یوشع ۳۱:۲۴)، اما آیندهٔ آنها در ســـرزمین، بسته به انتخابی بود که پس از مرگ یوشع برای زندگی خود داشتند. یوشـــع در خطابهٔ پایانیِ خود به رهبران قوم اسرائیل یادآور شد که این ســـرزمین هدیه‌ای از سوی خدا اســـت و آیندهٔ آنها به اطاعت و محبتی که نسبت به خدا خواهند داشت بستگی دارد. یوشع قبایل را در شکیم گرد آورد، در آنجا تاریخ قوم را بررسی کرد و تشویق‌شان کرد تصمیم بگیرند چه کســـی را می‌خواهند عبادت کنند، بت‌های اموریان یا خداوند را (۱۵:۲۴). اسرائیل پاسخ دادند که خود را وقف خدمت خداوند خواهند کرد، و یوشع عهد را با آنها تجدید کرد.

1. Walter Brueggemann, The Land: Place as Gift, Promise, and Challenge in Biblical Faith (Philadelphia: Fortress, 1977).

کتاب یوشـــع یکی از ضروری‌ترین بخش‌های داستان کتاب‌مقدس اســـت. بدون آن، قوم اســـرائیل هرگز به‌عنوان یک ملت در ســـرزمین وعده شـــکل نمی‌گرفت، و نقشۀ خدا برای آنها اجرا نمی‌شد. اما چنانکه پیش‌تر ذکر کردیم، کتاب یوشـــع برای خوانندۀ امروزی مشکلاتی ایجاد می‌کند. در حقیقت، نگاه ما به کتاب یوشع تأثیر بسیار مهمی بر چگونگی تعریف ما از کل داســـتان کتاب‌مقدس دارد. حتی آن‌دسته از مسیحیانی که کتاب‌مقدس را به‌عنوان داســـتان می‌خوانند، تصور می‌کنند که تعالیم عیسی بر ضد مفاهیم خاصی است که در کتاب یوشع در "جنگ مقدس" ذکر می‌شود. بسیاری از خوانندگان امروزی سخت می‌توانند سرنگونی و ویرانی کنعان را به این شـــکل بپذیرند، و آن را با اخلاقیات معاصر بسیار متفاوت می‌دانند. ممکن اســـت نتوانیم این مشکل را به‌کل حل کنیم، اما سرنخ‌های بسیاری در داستان کتاب‌مقدس وجود دارد که می‌توانند ما را در درک رهنمودهای خدا به قومش در زمان یوشع کمک کند.

«پاتریک میلر»[1] خاطرنشان می‌سازد که «می‌توان چنین استدلال کرد که از کتاب خروج تا کتاب پادشاهان، نخستین فرمان از ده فرمان همچون سنگی محک عمل می‌کند ... به‌طور خلاصه، گویا این کتاب‌ها در عهدعتیق داستان فرمان نخســـت را بیان می‌کنند.» میلر می‌گوید که سرنوشت ساکنان کنعان بسته به واکنش آنها به فرمان نخست بود. پاسخ راحاب فاحشه نمونه‌ای از احترام به این فرمان اســـت. او فهمیده بود که یهوه در حقیقت همان خدای آسمان و زمین است (یوشع ۱۱:۲)، و به همین‌خاطر او و خانواده‌اش نجات یافتند. میلر چنین اشاره می‌کند: «داستان فتح سرزمین وعده با گرویدن یک کنعانی به پرســـتش خدای حقیقی آغاز می‌شـــود. به سخن دیگر، گشایش سرزمین وعده در پی اطاعت از فرمان نخست اتفاق افتاد.»

بنابراین، خداوند صبورانه انتظار می‌کشد تا شرارت سرزمین کنعان به نقطه‌ای برسد که داوری خود را بر این قوم نازل سازد (پیدایش ۱۶:۱۵). در تثنیه ۲۰:۱۶–۱۸ فرمان نابودی ســـاکنان ســـرزمین به این خاطر داده

1. Patrick Miller

شــد تا نتوانند در آینده باعث تسلیم شــدن قوم اسرائیل به بت‌ها شوند. بالاتر از تمام اینها، قوم اســرائیل باید تنها توسط پرستش خدای حقیقی شناخته می‌شد (فرمان نخست). و اگر اسرائیلی‌ها میان کنعانی‌ها زندگی می‌کردند، این خطر وجود داشــت که وسوسه شــوند خدایان دیگر را بپرســتند. «بدین‌ترتیب، در چارچوب تمام مبارزاتی که علیه بت‌پرستی انجام شد، شاهد این دعوت هولناک هستیم که تمام قوم‌های بت‌پرست باید بیرون رانده شــوند. [کتاب یوشع] داســتان گروهی از مردم است که در تعداد، بســیار اندک؛ و به‌طرزی باورنکردنی در وفاداری روحانی ضعیـــف و بی‌ثبات بودند؛ اما با نیروهای قدرتمند، ســـتمگر و فریبنده و ظالم، مبارزه کردند.» پاسخ فرشتۀ خدا به یوشع در ۱۳:۵-۱۵، که می‌گوید **متعلق به هیچ طرفی نیســـت**، برای بنی‌اسرائیل‌باز یادآور این حقیقت بود که اطاعت، تنها کلید شکوفایی و ماندن در سرزمین وعده است. امروزه نمی‌توانیم بت‌پرستی وخطرات آن را تا بدین حد جدی بگیریم؛ اما کلید درک فرمان نابودی تمام ســکنۀ کنعان، در این حقیقت نهفته اســـت که بنی‌اســـرائیل باید به خاطر داشته باشــند که خدا قدوس است؛ همچنین بسیار مهم است که به خدا وفادار بمانند.

داوران: عدم موفقیت در نور بودن برای قوم‌های دیگر

بر خلاف موســی، یوشع برای خود جانشـــینی انتخاب نکرد. چنین انتظار می‌رفت که اســرائیلی‌ها تحت فرمانروایی خدا و با کمک مشایخی که موسی و یوشع برای این کار مســح کرده بودند، زندگی کنند. حکومت غیرمتمرکز شده بود، و اسرائیل تحت چنین نظام قبیله‌ای شکوفا نشد. کتاب داوران بیانگر اتفاقاتی است که پس از مرگ یوشع و معاصرانش رخ داد؛ که البته خبر خوبی نبود.

در ســال‌های اخیر، شکار روباه توسط «گروه سوارکاران کت قرمز»[1] و سگ‌های شکاری موضوع بســیار بحث‌برانگیزی برای مواضع موافق و مخالف در انگلستان شـــد. هنگامی که پارلمان انگلستان این بحث را

---

1. Red-coated Riders

مطرح کرد، موافقان و مخالفان در برابر پارلمان تظاهرات کردند. مخالفان شکار روباه تأثیرگذارترین، پرطنین‌ترین و تندترین شعار را سر دادند: «این عملی شیطانی است، شیطانی است!» چیزی شبیه این واقعه نیز در کتاب داوران اتفاق افتاد: زمان گذشت و مجدداً اسرائیلی‌ها آنچه را که در نظر خداوند ناپسند بود انجام دادند، به همین‌خاطر خداوند آنها را به دست دشمنانشان تسلیم کرد. اسرائیل که از جانب خدا انتخاب شده بود، ضعیف‌تر از آن بود که به دعوتش وفادار بماند. تضاد میان انتخاب و ضعف، تنش چشمگیری را در این روایت پیشرونده ایجاد کرده است. کتاب داوران شرح چرخهٔ سقوط به‌سمت عصیان و تباهی در تمام سطوح زندگی قوم بنی‌اسرائیل است.

کتاب داوران با ذکر این نکته آغاز می‌شود که بنی‌اسرائیل از بیرون راندن تمام کنعانیان از سرزمین قاصر آمدند (باب ۱). داوران ۲:۱-۵ صحنهٔ دادگاهی مبتنی بر عهد را تصویر می‌کند. خداوند قومش را به‌خاطر نجنگیدن علیه بت‌پرستی داوری می‌کند. حکم داوری چنین است: خدا باقی‌ماندهٔ قوم‌های بت‌پرست را بیرون نخواهد کرد، و خدایانشان دامی برای بنی‌اسرائیل خواهند بود. وسوسهٔ پرستش خدایان قدیم کنعان، همچنان به قوت پیشین در بنی‌اسرائیل پابرجا است. اسرائیلی‌ها دائماً تسلیم این وسوسه می‌شوند و "بَعل‌ها" را پرستش می‌کنند (۲:۱۱-۱۳). بَعل خدای حاصلخیزی بود و جمع آن (بعل‌ها) به معنی خدایان نبود، بلکه به معنی ظهور یک خدا در مکان‌های متعدد بود. اسرائیلی‌ها بر خلاف کنعانیان با کشاورزی آشنا نبودند. جاذبهٔ فریبندهٔ مذهب کنعانیان برای این تازه‌واردان همانا وعدهٔ حاصلخیزی و باروری زمین بود، و نوید موفقیت‌های اقتصادی را می‌داد. علاوه بر این، پرستش بعل ارضای فوری نیازهای جسمانی را نیز به آنها عرضه می‌کرد:

پرستش بعل نه تنها کسب و کاری پررونق، بلکه بسیار سرگرم‌کننده و لذت‌بخش نیز بود. آیین پرستش بعل بر پایهٔ الگوی جادوی الهام‌بخش[1] اداره می‌شد، بدین‌سان که

---

1. Sympathetic Magic

> برای تضمین باروری و حاصلخیزی برای قوم، حیوانات و محصولات، مردم می‌توانستند در معابد بعل با فاحشه‌های معبد -زن یا مرد - رابطهٔ جنسی داشته باشند، زیرا بعل می‌توانست از آنها الهام بگیرد و شبیه آن اشخاص رفتار کند، تا تضمینی باشد برای حاصلخیزی در تمام جنبه‌های زندگی.[1]

در اینجا منطق منحرفی در بت‌پرستی اسرائیلی‌ها وجود داشت، و خدا از آن خشنود نبود و باعث شد قومش را با غضب داوری کند.

داوری خدا در چرخه‌ای نشان داده شده است که زندگی قوم اسرائیل و کتاب داوران را توضیح می‌دهد: ۱) اسرائیلی‌ها با پرستش بعل و عشتاروت گناه می‌کنند. ۲) بدین‌وسیله عهد را می‌شکنند و خشم خداوند را برمی‌انگیزند. ۳) خداوند آنها را به دست دشمنانشان می‌سپرد. ۴) از فرط اندوهی که زیر ظلم و ستم دشمنان متحمل می‌شوند، به‌سوی خداوند فریاد برمی‌آوردند تا آنها را رهایی بخشد. و در آخر ۵) خداوند داوران را برمی‌انگیزد تا آنها را از ظلمی که به آنها روا می‌شود برهانند (۲:۱۱-۱۵). این الگو بارها تکرار می‌شود. همه چیز برای مدتی خوب پیش می‌رود، سپس به محض اینکه آن داور (حاکم) فوت می‌کرد، اسرائیلی‌ها تمام دستورها را فراموش می‌کردند و دوباره به بت‌پرستی روی می‌آوردند و کل داستان مدام تکرار می‌شد.

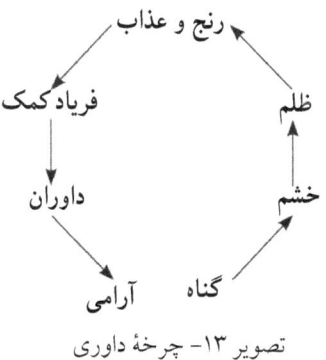

تصویر ۱۳- چرخهٔ داوری

1. J. Gordon Harris, Cheryl A. Brown, and Michael S. Moore, Joshua, Judges, Ruth, New International Biblical Commentary: Old Testament Series (Carlisle, UK: Paternoster, 2000), 157.

اولین داور عُتنِئیل برادر کوچکتر کالیب (دست راست یوشع) بود. به‌خاطر ارتداد قوم اسرائیل، خداوند آنها را به کوشان‌ رِشعتاییم، پادشاه آرام نهرین تسلیم کرد (۳:۷-۱۱). بنی‌اسرائیل هشت سال این پادشاه را بندگی کردند، سپس به‌سوی خداوند فریاد برآوردند و او عُتنِئیل را به‌عنوان رهاننده‌ای برانگیخت. روح خداوند بر عُتنِئیل آمد و او بنی‌اسرائیل را از چنگ پادشاه کوشان رهایی داد. پس از آن قوم اسرائیل چهل سال در آرامش بودند، «و یک بار دیگر ...»

چرخهٔ نااطاعتی در کل کتاب تکرار، و عمق گناه وخیم‌تر می‌شود تا جایی که الگوی چرخهٔ نااطاعتی-ظلم-توبه-رهایی منتج به هرج و مرج می‌گردد. داورانِ بعدی رو به فساد می‌نهند، و فساد و تجاوز و قتل بنی‌اسرائیل را فرامی‌گیرد (باب ۱۹). عاقبت، قوم توسط جنگ داخلی به دو قسمت تقسیم می‌شود. آخرین داور، شمشون تصویری بود از آنچه اسرائیل بدان تبدیل شده بود (باب‌های ۱۳-۱۶).

شمشون نذیره بود؛ یک اسرائیلی که نزد خدا «سوگند خورده بود» تا برخی کارها را (مانند شراب خوردن) برای مدت زمان مشخصی انجام ندهد. نذیره از سه چیز باید حذر می‌کرد: مراسم باروری (که سمبول آن محصولات انگور بود)، جادوگری و مراسم مرده‌پرستی. اینها عمده‌ترین اعمال مذهبی بودند که بنی‌اسرائیل وسوسه می‌شدند از قوم کنعان فرا بگیرند. از این‌رو جدایی نذیره، سمبولی بود برای کل بنی‌اسرائیل مبنی بر اینکه چگونه باید مقدس زندگی کنند و خود را با این اعمال بت‌پرستانه آلوده نسازند.

مردی چون شمشون که نذیره بود، می‌بایست از چنین جدایی و تقدسی برخوردار باشد (۱۳:۴-۷). شمشون دستاوردهای بسیاری برای خدا داشت. او اسرائیلی‌ها را با قدرتی خارق‌العاده از دست فلسطینیان رهایی بخشید، اما زندگی شخصیِ آشفته‌ای داشت. او با زنی فلسطینی ازدواج کرد، با زنی روسپی همبستر شد، و شدیداً جذب زنی فلسطینی به نام دلیله شد (باب ۱۶). از طریق دلیله فلسطینیان به راز قدرت شمشون پی بردند؛ قدرت او در موهایش بود! شمشون به دلیله چنین گفت: «تیغ

سـلمانی هرگز بر سر من نیامده اسـت ... زیرا از رحم مادرم برای خدا نذیره بوده‌ام. اگر موی سـرم تراشیده شود، نیرویم از من خواهد رفت و ناتوان و همچون دیگر مردان خواهم شـد» (۱۷:۱۶). هنگامی که او در خواب بود، دلیله موهای او را برید؛ وقتی از خواب بیدار شـد، قدرتش را از دسـت داده بود. فلسطینیان چشمانش را از حدقه درآوردند و او را به زندان انداختند.

اما خدا به شمشـون اجازه داد از فلسـطینیان انتقـام بگیرد. در یک عید خاص، سران فلسـطینی گرد هم آمده بودند تا پیروزی خدای خود داجون را بر بنی‌اسـرائیل (و بر خدای بنی‌اسرائیل) جشن بگیرند. برای سرگرمی‌شـان خواستند که شمشون را بیاورند. البته در این زمان موهای او رشـد کرده بود و قدرت خود را بازیافته بود. شمشون معبد را بر سر جمعیتی که در جشن حضور داشتند ویران کرد. داستان شمشون این‌گونه پایان می‌پذیرد: «پس شـمار کشتگانی که شمشـون در زمان مرگ خود کشت بیش از کشتگانی بود که در زمان حیات خود کشته بود» (۳۰:۱۶). این عجیب‌ترین جمله‌ای بود که می‌توان در یادبود کسی شنید، و زندگی پیچیدۀ شمشون سمبولی است از آنچه اسرائیل بدان تبدیل شده بود.

> آگاهی شمشون از جداشدگی برای خدا، و بی‌احترامی نسبت به آن؛ اشـتیاق شـدید به زنان بیگانه، خودرأیی و گسـتاخی او، همه و همه آینـه‌ای از رفتار قوم اسـرائیل بود. همچنین سرنوشت او ... شمشون مرد، اگرچه قوم اسرائیل چنین نشد، اما رهایی نیز نیافت ... سرنوشت غم‌انگیز شمشون این سؤال را پیش می‌آورد که یهوه تا چه حد باید قوم اسرائیل را در تنگنا قرار دهد تا سرانجام آنها نیز مانند شمشون جداشدگی خود را برای خدا بپذیرند.

ابتدا و انتهای کتاب داوران با جنگ همراه اسـت. در ابتدای داستان، قوم اسـرائیل درگیر جنگ مقدس با قوم‌های دیگرند، و در انتهای کتاب در جنگ با یکدیگر. در سراسر کتاب داوران می‌بینیم که بنی‌اسرائیل «هر

آنچه در نظرشـــان پسند می‌آمد» انجام می‌دادند (۶:۱۷؛ ۲۵:۲۱). در زمان آخرین داور قوم اسرائیل، شمشون، حتی رهبران قوم نیز از روی عادت از هیچ قدرتی، غیر از تمایلات فاسد خود اطاعت نمی‌کردند. در باب‌های پایانی کتاب داوران این جمله را می‌خوانیم: «در آن روزگار در اســرائیل پادشاهی نبود» (۱:۱۸؛ ۱:۱۹). کتاب داوران با این جمله پایان می‌پذیرد: «در آن روزگار در اســـرائیل پادشاهی نبود، و هر کس هر آنچه در نظرش پسند می‌آمد، می‌کرد» (۲۵:۲۱). بیشتر محققین بر این عقیده‌اند که تکرار این عبارت بیانگر نیاز قوم اسرائیل به داشتن پادشاه است، که البته می‌تواند درست باشـــد، اما از دیدگاه ما آنچه قوم اسرائیل حقیقتاً بدان نیاز داشت تسلیم کامل به یهوه به‌عنوان پادشـــاه حقیقی‌شان بود. «روبرت بولینگ» به‌درســـتی چنین بیان می‌کند: «قوم اسرائیل هستهٔ نیمهٔ زمینیِ (نیمهٔ دیگر آن آسمان است) پادشاهیِ یهوه است ... و ما باید داستان‌های داوران را نشـــأت‌گرفته از چالش‌های واقعی که قوم اسرائیل در دنیای باستان برای زنده ماندن در کنعان با آن روبه‌رو بود درک کنیم، چالش‌هایی برای زنده ماندن در پادشـــاهی حقیقی و تاریخی یهوه.»[1] افسوس که در پایان کتاب داوران، معیار عالیِ شریعت خدا، در اسرائیل به‌کلی فراموش شده بود.

سموئیل: تبدیل قوم اسرائیل به پادشاهی

نیاز به پادشاه

یکی از دلایلی که در کتاب داوران دربارهٔ ســـقوط ســـریع اسرائیل و به هرج و مرج کشیده شـــدن اوضاع مطرح می‌شود این است که «در آن روزگار در اسرائیل پادشـــاهی نبود، و هر کس هر آنچه در نظرش پسند می‌آمـــد، می‌کرد» (داوران ۲۵:۲۱). در اینجا ســـؤال بســـیار مهمی پیش می‌آید: قوم اسرائیل برای آنکه بتواند عملاً به‌عنوان قوم عهد خدا زندگی کند، به چه نوع رهبری نیاز داشـــت؟ آیا به پادشاه نیاز داشت؟ البته قوم اســـرائیل پادشاه داشت: پادشاه آنها خداوند بود، و پیش‌تر ذکر کردیم که

1. Robert G. Boling, Judges, Anchor Bible (New York: Doubleday, 1975), 24 & 29

در کتاب داوران به‌دفعات این واقعیت تکرار می‌شود که یهوه پادشاه قوم است. اما چگونه رهبری برای قوم اسرائیل مناسب است که بتواند تضمین کند اسرائیل همچنان در ایمان به خداوند وفادار می‌ماند؟

کتاب اول و دوم سموئیل با داستان زنی نازا و قومی نازا آغاز می‌شود. نام آن زن حنا بود. مانند قوم اسرائیل که در این زمان تحت ظلم دشمنان بود، حنا هم به‌سوی خدا فریاد برمی‌آورد که ننگ نازایی را از او بردارد (اول سموئیل ۱). قوم هم به این خاطر نازا بود که ثمری شایستهٔ اطاعت از عهد خدا نداشت. حتی آیین رسمی پرستش خدا در بنی‌اسرائیل منحرف شده بود و معنی تقدس خدا را از دست داده بود. پسران عیلی کاهن فقط در پی برآوردن هوس‌هاشان بودند و «برای خدا هیچ احترامی قائل نبودند» (۱۲:۲). جدیت ماجرا در اسمی که بر نوهٔ عیلی گذاشته شد به‌خوبی دیده می‌شود: «نام او را "ایخابود" گذاشت به معنی "جلال از اسرائیل رخت بسته است"» (۲۱:۴). هنگامی که فلسطینیان صندوق عهد را به اسارت بردند، جلال حقیقی این قوم، که همانا حضور خدا میان بنی‌اسرائیل بود، آنها را ترک کرد.

این صندوق، یا جعبهٔ چوبی بسیار زیبا، یک نسخه از "ده فرمان" را در خود داشت و سمبولی از حضور زندهٔ خدا میان قومش بود. بنی‌اسرائیل به‌تدریج آن را وسیله‌ای جادویی تصور کردند که قادر بود خدا را در میان تهدیدها و حملات دشمن، در جبههٔ خودشان نگه دارد! وقتی قوم اسرائیل در جنگ با فلسطینیان شکست خوردند، تصمیم گرفتند صندوق عهد را با خود به میدان جنگ ببرند تا تضمینی باشد برای پیروزی. اما به عوض پیروزی، اسرائیلی‌ها شکست خوردند، سی هزار نفر کشته شدند، و صندوق عهد توسط فلسطینیان به اسارت برده شد. در این جنگ، هر دو پسر عیلی کشته شدند. و هنگامی که این اخبار وحشتناک را به عیلی دادند، او نیز در جا مرد.

پادشاه مورد نظر خدا

بنی‌اسرائیل حقیقتاً نازا بود. اگرچه این قوم از سرزمین خود بیرون رانده نشدند، اما خداوند آنجا را ترک کرده، میان دشمنان اسرائیل ساکن

شده بود! یک‌بار دیگر، تنها امید قوم این بود که خدا زندگی تازه‌ای از بطن نازایی به آنها ببخشد، و نزد قومش برگردد. و او این‌گونه نزد اسرائیل بازگشت: حضور صندوق عهد میان فلسطینیان به‌قدری ویرانی به بار آورد که آنها با کمال میل راضی بودند بگذارند صندوق به قوم اسرائیل بازگردد (اول سموئیل ۵-۶). خدا همچنین دعای حنا را پاسخ گفت و نازایی را از او برداشت، و در همان زمان نیز قوم اسرائیل را از فقدانِ بلوغ روحانی رهانید. خدا به حنا پسری داد به نام سموئیل که آخرین و بهترین داور در اسرائیل بود. سموئیل هم مانند شمشون نذیره بود (۱۱:۱، ۲۴-۲۸). اما بر خلاف شمشون او نذیره‌ای واقعی بود. او رهبری روحانی بود که با شجاعت قوم اسرائیل را از دست دشمنانش رهانید و حکیمانه اختلافاتی را که بنی‌اسرائیل با یکدیگر داشتند حل و فصل کرد: «سموئیل در همهٔ ایام زندگی خود بر اسرائیل داوری می‌کرد. او همه ساله مسیر بِیت‌ئیل، جِلجال و مِصفَه را دور می‌زد و در تمامی این جاها بر اسرائیل داوری می‌کرد» (۱۵:۷-۱۶). سموئیل هم داور بود و هم کاهن، همچنین به‌خاطر کلام معتبرش (۱۹:۳-۲۰)، و صداقت در زندگی‌اش (۳:۱۲-۴)، به‌عنوان نبی مورد احترام بود.

سموئیل همچنین از برخی لحاظ به موسی شباهت داشت، زیرا او نیز توانست بنی‌اسرائیل را از بت‌پرستی به‌سمت پرستش خالصانهٔ خدا هدایت کند (باب ۱۲). اما در اصل بزرگترین وظیفهٔ او به‌عنوان مسح‌شدهٔ خدا این بود که برای اسرائیل پادشاه انتخاب کند. اگرچه دو پسر او یوئیل و اَبیّا در زمان سالخوردگی او به‌عنوان داوران انتخاب شدند، اما آنها بیشتر شبیه پسران عیلی بودند تا شبیه پدرشان سموئیل. بدین‌ترتیب سران قبایل نزد سموئیل رفتند و از او خواستند تا برایشان پادشاهی بگمارد «درست مانند همهٔ اقوام دیگر که پادشاه دارند» (۵:۸).

این چند کلمه باعث شد بحثی جدی میان سموئیل، خدا و سران اسرائیل پدید آید، زیرا این سؤال که چه کسی باید قوم را رهبری کند، برای هویت قوم اسرائیل نقش محوری داشت (باب ۸). قوم اسرائیل اگر بخواهند برای قوم‌های دیگر نور و برکت باشند، باید با آنها متفاوت

باشند. اما تقاضا برای داشتن پادشاه به این معنا بود که می‌خواستند شبیه قوم‌های دیگر باشند. سموئیل نزد خداوند شکایت کرد، و خداوند از او خواست تا بنی‌اسرائیل را از خطرات پادشاهی آگاه سازد (۸:۱۱-۱۸؛ نیز ن.ک. ۱۷:۱۴-۲۰). اما اسرائیلی‌ها شدیداً خواستار پادشاهی بودند که آنها را رهبری کند و برای‌شان پیروزی به ارمغان بیاورد. آنها دیگر هیچ اشتیاقی برای زندگی مطیعانه به‌عنوان قوم خدا از خود نشان نمی‌دادند. در نهایت خداوند به سموئیل فرمود که به خواستهٔ بنی‌اسرائیل گوش دهد و پادشاهی برای‌شان منصوب کند. اما خدا خود پادشاه را بر خواهد گزید؛ بنابراین دستورالعملی به سموئیل می‌دهد تا شائول را به‌عنوان پادشاه بر قوم اسرائیل مسح کند.

اگرچه جزئیات کامل ذکر نشده است، اما سموئیل برای اسرائیلی‌ها "قواعد پادشاهی" را توضیح می‌دهد، و آن را می‌نویسد و در صندوق عهد به حضور خدا می‌گذارد (اول سموئیل ۱۰:۲۵؛ ن.ک. تثنیه ۱۷:۱۸-۲۰). پیام‌های نبوتی سموئیل از جانب خدا به اسرائیلی‌ها، محکی است برای سنجش جاه‌طلبی‌های احتمالی نظام پادشاهی، تا بدین‌سان نظام پادشاهی (بنا به تقدیر) بتواند در هماهنگی با عهد الاهی سازگار بماند. نقش سموئیل در رابطه با پادشاهی رو به ظهور بنی‌اسرائیل، مشخصاً به‌گونه‌ای ترتیب داده شده است که به این نظام رسیدگی کند و تعادل را در آن برقرار سازد. در نتیجه نظام پادشاهی با تمام تمایلات جاه‌طلبانه‌اش، نباید عهد را در خطر بیندازد. چالش میان نبوت و پادشاهی، میان اهداف روحانی و اهداف سیاسی، تاریخ بعدی قوم اسرائیل تا اسارت را شکل می‌دهد.

جنبهٔ بسیار مهم سلطنت در قوم اسرائیل، ایجاد الاهیات مشخصی برای پادشاهی بود، مبادا اسرائیل ماهیت متمایز خود را از دست بدهد. در مورد شائول و جانشین او داوود، خداوند است که پادشاه را برمی‌گزیند و از سموئیل می‌خواهد تا او را مسح کند، سپس روح خود را بر او قرار می‌دهد. سپس پادشاه در برابر قوم اسرائیل معرفی می‌شود. بدین‌ترتیب، پادشاه انسانی به‌عنوان پادشاهی تحت فرمان پادشاه اعظم یعنی خداوند

منصوب می‌شـــود. هنگامی که سموئیل نبی، پادشاه قوم اسرائیل را مسح می‌کند؛ این پادشـــاه انسانی، مسیح (مسح‌شدهٔ/ ماشـــیح) خداوند لقب می‌گیرد (اول سموئیل ۲:۱۰؛ ۱:۱۰؛ ۱۳:۱۶).

بدین‌ســان، امید آمدن ماشیح پا می‌گیرد. چنانکه «دامبرل» به‌زیبایی بیان کرده است: «آخرت‌شناســی عهدعتیق، همواره پرتویی از تاریخ نجات در گذشته، برای شکل‌دهی به انتظارات در آینده ارائه می‌کند.»[1] به‌خاطر رابطهٔ موجود میان پادشاهان عهدعتیق و ماشیح موعود، این سؤال که تا چه اندازه نهاد سلطنتی در اسرائیل مثبت است، بسیار اهمیت دارد. برخی از متفکرین مانند «جان گلدنگی» کتاب ســموئیل را بیانگر نگرشــی منفی نســبت به پادشاهی می‌دانند: «داستان کتاب سموئیل به‌وضوح نشان می‌دهد که تجلیات نظام پادشاهی حتی در بهترین حالت نیز چندان مثبت به‌نظر نمی‌رسد، زیرا برخورد پویای الاهی با قوم اسرائیل از طریق انبیا نمایان می‌شود، نه نهادهای رسمی دولتی. در نهایت، تبعید قوم اسرائیل، داوری خدا علیه نظام پادشاهی بود، کــه عملکرد آن در این دوران مانند حکومت‌های اقوام دیگر بود.»[2] اما به نظر ما این دیدگاه ممکن اســت ساختار سالم (مثبت) پادشاهی را (که در تثنیه ۱۴:۱۷-۲۰ از آن به‌عنوان گزینهٔ معقول یاد می‌شود) با ساختاری ناسالم یا منحرف اشتباه بگیرد. یکی از اولین وعده‌های خدا به قوم اسرائیل این بود که آنها قومی عظیم خواهند شــد و البته داشتن رهبر سیاسی مقتدر یکی از بخش‌های مهم برای رسیدن به آن بود.

حکمرانی یاغیگرانهٔ شائول

قوم اســرائیل در ابتدای سلطنت شائول هنوز به داشتن پادشاه عادت نکرده بود، به همین خاطر اساســاً نقش شــائول بیشتر شبیه داوران بود. اما وقتی محاصرهٔ مردان یابیش را درهم‌شکســت و قــوم را نجات داد (اول ســموئیل ۱۱) آنها او را به‌عنوان پادشــاه پذیرفتند (۱۱:۱۴-۱۵).

---

1. William Dumbrell, The End of the Beginning: Revelation 21- 22 and the Old Testament (Homebush West, Australia: Lancer Books, 1985), 10.

2. John Goldingay, Theological Diversity and the Authority of the Old Testament (Grand Rapids: Eerdmans, 1987), 94. For a similar view see Richard Nelson, The Historical Books (Nashville: Abingdon, 1998), 126- 27.

تحت فرمانروایی شائول، قوم اسرائیل به موفقیت‌های نظامی چشمگیری علیه فلسطینیان دست یافت. اما علی‌رغم وعده‌های خام او، تقریباً از همان ابتدا نااطاعتی شائول از خدا سلطنتش را تحت‌الشعاع قرار داد. در ابتدای سلطنت شائول، وقتی برای حمله به فلسطینیان آماده می‌شدند، صبر شائول که در انتظار بود تا سموئیل بیاید و او را برکت دهد، سر آمد (باب ۱۳). پس او وظیفهٔ کهانتی سموئیل را بر عهده گرفت. وقتی سموئیل به آنجا رسید، او را سرزنش کرد و نبوت کرد که پادشاهی از او گرفته خواهد شد. در ادامه، شائول طبق فرمان خدا به عمالیقیان حمله کرد، اما بر خلاف فرمان صریح خدا، اردوگاه دشمن را غارت کرد و حیواناتش را نگه داشت تا به خدا قربانی بسیار تقدیم کند. یک‌بار دیگر سموئیل در مقابل شائول پادشاه ایستاد و به او یادآوری کرد که خدا از او اطاعت می‌خواهد نه قربانی: «زیرا تمرد همچون گناه غیب‌گویی است، و گردنکشی همچون شرارتِ بت‌پرستی. از آنجا که تو کلام خداوند را رد کردی، خداوند نیز تو را از پادشاهی رد کرده است» (۲۳:۱۵). در واقع شائول در تلاش برای به‌دست آوردن برکت خدا، آن را از دست داد.

آنگاه که شائول هنوز پادشاه بود، سموئیل به جستجوی پادشاه آینده پرداخت و داوود را که جوانی از بیت‌لحم بود، برای پادشاهی مسح کرد. از آن زمان به بعد، حسادت شائول بیشتر و بیشتر می‌شد، زیرا اعتبار داوود رو به فزونی بود، در حالی که اعتبار شائول رو به افول گذاشته بود. روح خدا بر داوود قرار گرفت اما شائول را ترک کرد (۱۶:۱۳-۱۴). داوود به‌عنوان نوازنده‌ای ماهر، آرامش را برای شائول در بحران‌های روانی‌اش فراهم می‌ساخت، اما بعدها داوود هدف خشم جنون‌آمیز و بدطینتی او قرار گرفت. موفقیت‌های جنگی داوود در برابر جلیات و فلسطینیان، توجه شائول را به او جلب کرد. پسر شائول، یوناتان دوست نزدیک داوود شده بود. داوود با دختر شائول، میکال ازدواج کرد. اما شهرت رو به رشد داوود به‌عنوان رهبری نظامی حسادت شائول را برانگیخت. شنیدن آواز زنان اسرائیل که می‌سراییدند: «شائول هزارانِ خود را کشته است، و داوود ده هزارانِ خود را» برای شائول بسیار سخت بود، به همین

خاطر سعی کرد او را بکشد (۱۸:۷-۱۱). داوود جوان مجبور به فرار شد و در بین قانون‌شکنان مأوا گرفت. با این‌حال، خدا داوود را برکت داد و او را با موفقیت‌های نظامی کامیاب ساخت. اگرچه در طول این دوران داوود فرصت‌های بسیاری برای کشتن شائول داشت، اما از اینکه دست خود را بر «مسح‌شدهٔ خداوند بلند کند» اجتناب می‌ورزید (۶:۲۴).

سلطنت چهل سالهٔ شائول پس از بارها اقدام ناموفق برای کشتن جانشین خود (داوود) به پایان رسید. شائول از سکوت خدا مستأصل شده بود، به همین خاطر از جادوگری خواست تا آنها را در جنگ با فلسطینیان راهنمایی کند (باب ۲۸). در نهایت، هنگامی که شائول دید لشکرش از فلسطینیان شکست خوردند، خود را کشت (باب ۳۱).

این اتفاقات برای سلطنت در قوم اسرائیل شروع مبارکی نبود. تاریخ تیره و تار شائول به این نکته اشاره دارد که بنیاد سلطنت انسانی چقدر برای بنی‌اسرائیل خطرناک است. به عقیدهٔ «ریچارد نلسون»[1] «مسائل بسیاری دربارهٔ رابطهٔ خدا با شائول غیر قابل درک است، و انگیزهٔ خدا نیز تا حد زیادی از خواننده پنهان است، چنانکه از خود شائول پنهان بود.» اما یک چیز واضح است: خدا نایب‌السلطنه‌ای می‌خواهد که سلطنتش را بر قوم اسرائیل تسهیل کند و توسعه بخشد، پادشاهی که بنی‌اسرائیل را قادر سازد تا متناسب با خواندگی‌شان نسبت به عهد، با خدا زندگی کنند. به همین خاطر بود که خدا باید با ناطاعتی اولین پادشاه انسانیِ قوم اسرائیل تا این حد قاطعانه رفتار می‌کرد.

داستان مرگ شائول که در اول سموئیل آمده، مجدداً در ابتدای بخش روایتی اول تواریخ (باب ۱۰) نیز تکرار شده است. در واقع داستان صعود و سقوط پادشاهی در سه کتاب عهدعتیق که هر کدام دو قسمت دارند (سموئیل، پادشاهان، تواریخ) آمده است.

از داستان مرگ شائول به بعد، کتاب تواریخ مانند کتاب‌های سموئیل و پادشاهان یک موضوع را بیان می‌کند. به‌طور کلی این امر که کتاب‌های

1. Richard Nelson

سموئیل و پادشاهان، یک روایت مستقل و در عین حال پیش‌رونده هستند، کاملاً پذیرفته شده است؛ و دیگر اینکه هرچند کتاب تواریخ از آنها مجزا است، اما موضوعات یکسانی را پوشش می‌دهند. با این‌حال، در این نقطه از داستان عهدعتیق، با دو دیدگاه دربارهٔ این دوران از تاریخ روبه‌رو می‌شویم. این امر عجیبی در کتاب‌مقدس نیست زیرا ما در اناجیل چهار شرح از زندگی و اعمال مسیح داریم و نباید آن را امری نگران‌کننده بدانیم. تمام داستان‌های تاریخی، گزینشی هستند و به قصد راوی وابسته‌اند. برای مثال، اول پادشاهان، نگاهی به گذشته و صعود و سقوط حکومت‌ها می‌اندازد، و سعی دارد توضیح دهد چرا اسرائیلی‌ها به اسارت بابل رفتند. کتب تواریخ احتمالاً صد سال پس از پادشاهان نوشته شد، حدوداً در زمان ساخت دومین هیکل. تمرکز تاریخی این داستان بر اولین هیکل و پرستش خدا در روزهای نخست آن است. کتاب تواریخ با فرمان کوروش مبنی بر اینکه «بروید و معبد دوم را بسازید» پایان می‌پذیرد (و از این لحاظ بیشتر به آینده نظر داشت تا پادشاهان). تواریخ همچنین به گذشته بازمی‌گردد، و در نُه باب از طریق نسب‌نامه‌ها بیان می‌کند که بنی‌اسرائیل از نسل آدم است و بدین‌ترتیب جزئی از نقشهٔ خدا برای کل خلقت اوست. در کتاب‌مقدس عبری، تواریخ آخرین کتاب است. ممکن است علت شروع کتاب تواریخ با داستان آدم به این خاطر باشد که اولین کتاب در کتاب‌مقدس را به‌یاد خواننده بیاورد: «به‌زعم نویسندهٔ تواریخ، نقشه‌های خدا برای خلقت توسط قوم اسرائیل در عهدعتیق تحقق می‌یابد.»[1]

حکمرانی وفادارانهٔ داوود

پس از مرگ شائول و یوناتان، میان تبار شائول و داوود جنگ درگرفت، اما شمار طرفداران داوود رو به افزایش بود. یهودا (بخش جنوبی اسرائیل) ابتدا داوود را به‌عنوان پادشاه برگزید (دوم سموئیل ۲:۱-۷)، سپس تمام قوم اسرائیل با این انتخاب موافقت کردند (۵:۱-۴). داوود از

1. William Dumbrell, The Faith of Israel: A Theological Survey of the Old Testament (Grand Rapids: Eerdmans, 1998), 275.

پیروزی‌هایی که در مقابل فلسطینیان به‌دست می‌آورد بسیار خشنود بود و بدین وسیله فرمانروایی خود را تحکیم می‌بخشید. او صندوق عهد خدا را به اورشلیم، که هم شهر داوود بود و هم مکان دائمی برای سکونت خدا میان قومش، بازگرداند. داوود قصر خود را در اورشلیم ساخت و همچنین خواست برای خدا نیز خانه‌ای بسازد. اما ناتان نبی به او گفت که نباید این کار را خودش انجام دهد، بلکه پسر و جانشین او این کار را خواهد کرد. خداوند داوود را به‌عنوان پادشاه تأیید کرد و وعدهٔ سلطنت موروثی بر قوم اسرائیل را به داوود و وارثان او داد.

خدا در عهدی که با داوود بست، چنین وعده داد: ۱) نامی عظیم به داوود خواهد داد ۲) برای قوم خود اسرائیل، مکانی فراهم ساخته، آنها را در آنجا غرس خواهد نمود تا امنیت داشته باشند ۳) آنان را از دست دشمنان‌شان آسودگی خواهد بخشید ۴) سلطنت داوود را موروثی خواهد ساخت ۵) پسر داوود قادر خواهد بود برای خدا "خانه‌ای" دائمی بسازد (دوم سموئیل ۷). سه مورد اول عهد داوودی تعمداً ما را به‌یاد عهد ابراهیمی می‌اندازد. داوود با شکرگزاری و پرستش، وعده‌های خدا را پذیرفت و آنها را به‌وضوح مرتبط با وعده‌هایی می‌دید که خدا به ابراهیم داده بود (۷:۱۸-۲۹). عنصر تازه در عهد خدا با داوود، سلطنتی بود که با عهد کوه سینا پیوند خورده بود. قوم اسرائیل اکنون به‌طور رسمی یک پادشاهی بود؛ و به همین‌خاطر می‌توانست خواندگی خود را برای نور بودن میان دیگر قوم‌ها تحقق بخشد. پادشاه انسانی اسرائیل، قوم را رهبری خواهد کرد تا ملتی مقدس و کهانتی ملوکانه باشد. او این را با از بین بردن بت‌پرستی در آن سرزمین و بخشیدن آرامی و شالوم و سلامتی به انجام خواهد رساند.

در ابتدای سلطنت داوود، اسرائیل در آرامی و صلح بود. داوود به‌طرز شگفت‌انگیزی در امور نظامی موفق بود و امنیت را به مرزهای قوم اسرائیل آورده بود. او «بدین‌سان با اجرای عدل و انصاف نسبت به همهٔ قوم خود، بر تمامی اسرائیل سلطنت می‌کرد.» (۸:۱۵). او در پیروزی خود نیز سخاوتمند بود. او خاندان شائول را تجسس کرد اما نه برای اینکه آنها را بکشد (چنانکه برخی می‌پنداشتند). بلکه هنگامی که پسر لَنگ یوناتان، مفیبوشت را دید،

تمام مایملک جدش شائول را به او داد و او را در خانوادهٔ خود پذیرفت و به این شکل بر او رحمت بسیار کرد.

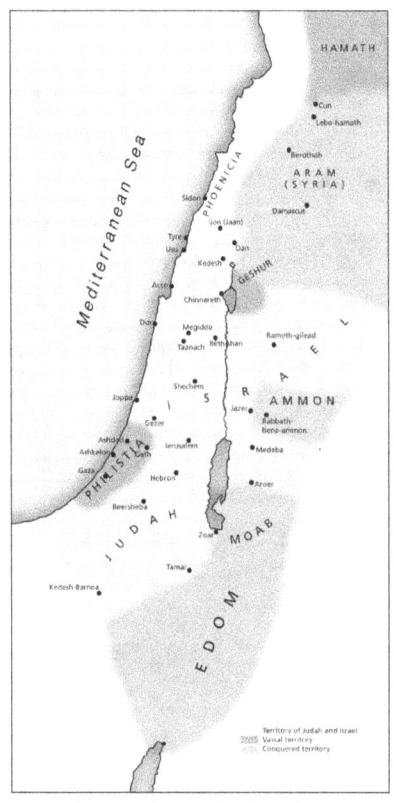

با این‌حال، داوود معیار تمام‌عیار بی‌گناهی نبود، و مابقی کتاب دوم سموئیل ثبت فهرستی از گناهان و قضاوت‌های خطاست. داوود مرتکب زنا با بتشبع شد، و سپس نقشهٔ قتل شوهرش را کشید. اما ناتان نبی از این قضایا مطلع شد و گناه داوود را با تعریف حکایتی به وی نشان داد (باب‌های ۱۱-۱۲). او دربارهٔ ثروتمندی که گوسفند بسیار داشت، و فقیری که فقط برهٔ ماده‌ای کوچک، مثل حیوانی خانگی داشت، سخن گفت. وقتی برای مرد ثروتمند مهمان رسید، او برهٔ آن فقیر را گرفت و سر برید (به‌جای اینکه یکی از گوسفندان خود را سر بُرَد). این حکایت که از طمع و بی‌عدالتی سخن می‌گفت، داوود پادشاه را به‌شدت خشمگین کرد و مجازات سنگینی برای آن مرد ثروتمند خواستار شد. به‌یکباره ناتان رو به‌سوی پادشاه کرد و گفت که خود داوود همان شخص ثروتمندِ حکایت است. او متکبرانه و حریصانه همسر مردی را از او گرفته بود. این داستان داوود را نسبت به گناهش مجاب ساخت. او در حضور خدا به‌خاطر گناهش گریست، توبه کرد و بخشیده شد (مزمور ۵۱). اما عمل او نتیجهٔ غم‌انگیزی به همراه داشت. کودکی که در نتیجهٔ زنای داوود با بتشبع به دنیا آمد، مرد. تجاوز،

تصویر ۱۴ – امپراتوری داوود و سلیمان

قتل و عصیان در خاندان داوود سربرآوَرد. در نهایت، داوری خدا بر داوود با مرگ ابشالوم، پسر محبوبش که قصد داشت تخت سلطنت را تصاحب کند، به اوج رسید.

کتاب دوم سموئیل با پاسخ مثبت خدا به تقاضای داوود، مبنی بر خاتمهٔ قحطی به پایان می‌رسد. این امر نشان‌دهندهٔ آشتی میان پادشاه و خداوند بود. در حقیقت، در کل کتاب‌مقدس از داوود پادشاه به‌طرز مثبتی یاد می‌شود. در ارزیابی‌های کوتاهی که در اول و دوم پادشاهان دربارهٔ پادشاهان پس از سلیمان آمده، داوود پادشاه همچون معیاری است که سلطنت حاکمان دیگر همواره با او محک می‌خورد. برای مثال، دربارهٔ پادشاه اَبیّام می‌گوید: «در همهٔ گناهانی که پدرش پیش از او کرده بود سلوک می‌نمود، و دلش همچون دل پدرش داوود با یهوه خدایش کامل نبود.» (اول پادشاهان ۳:۱۵). قصد اولیهٔ نویسنده این بود که نشان دهد هر پادشاه تا چه میزان به خداوند وابسته است و به دیگر دستاوردهای پادشاهان مانند عمارت‌هایی که می‌ساختند، علاقه‌ای نشان نمی‌دهد. اگرچه از طریق منابع غیرکتاب‌مقدسی می‌توان فهمید که پادشاه عُمری دستاوردهای بزرگی در معماری و بنای مملکت داشته است ، اما در کتاب پادشاهان (در چند آیهٔ کوتاه) از او به‌عنوان پادشاهی که خشم خدا را برانگیخت یاد می‌شود. در نقطهٔ مقابل، داوود به‌عنوان فردی کاملاً وقف‌شده به تصویر کشیده شده است. در سراسر کتب عهدعتیق نام او عمیقاً با مزامیر که بسیاری از آنها را نوشته، پیوند خورده است. این مزامیر بیانگر روحانیت عمیقی است که در این مرد، و این پادشاه، با شخصیت بسیار پیچیده‌اش، دیده می‌شود.

چنانکه دیدیم، برای قوم اسرائیل سلطنت به هیچ روی تجربهٔ آسانی نبود. به نظر می‌آمد هر قدم آن مملو از سختی و مشکلات است. این امر حتی دربارهٔ پیروزی‌های داوود پادشاه نیز صادق بود. خدا وعده داده بود نسل داوود را تا ابد استوار سازد، اما این در جلوگیری از تنش‌هایی که بر سر قدرت میان وارثانش اتفاق افتاد، چندان مؤثر نبود. پس از اینکه ابشالوم، پسر داوود، لشکری فراهم و تاج و تخت را تصاحب کرد، داوود

را مجبور به فرار کرد (دوم سموئیل ۱۵)، اما در اثر جنگی که رخ داد، خود ابشالوم کشته شد. به درخواست بتشبع، داوود در نهایت پذیرفت که پسرش سلیمان به‌عنوان جانشین بر تخت سلطنت بنشیند و در نتیجه این چنین سلسلهٔ خود را پایه‌گذاری کرد.

پادشاهان: شکست عهد
آغاز سلطنت حکیمانهٔ سلیمان

اگر داوود به‌عنوان بهترین نمونهٔ اعتماد به خدا و روحانیت عمیق شناخته می‌شود، شهرت سلیمان به‌خاطر حکمتش است. هنگامی که او در جبعون هزار قربانی به خدا تقدیم کرد، خدا از این شاهزادهٔ جوان پرسید که چه می‌خواهد. سلیمان که خود را برای پادشاهی کافی نمی‌دید، درخواست کرد: «پس به خدمتگزار خویش دلی فهیم عطا کن تا بر قوم تو حکم براند، و نیک را از بد تمییز دهد» (اول پادشاهان ۹:۳). خدا از این درخواست خشنود شد، و به سلیمان حکمت بخشید، همچنین به او ثروت و احترام نیز وعده داد. حکمت سلیمان افسانه‌ای شد. مشهورترین نمونهٔ آن را می‌توان در داستانی مشاهده کرد که سلیمان در آن مشکل حقوقی دو زن فاحشه و کودک زنده‌ای را که هر دو ادعای مادری او را داشتند رفع کرد (اول پادشاهان ۱۶:۳-۲۸). سلیمان دستور داد کودک را دو نیم کرده، بین دو زن تقسیم کنند. این "قضاوت" باعث شد مادر واقعی کودک فریاد برآورد و بخواهد که کودک زنده بماند و به جای آنکه دو نیمه گردد، به زن دیگر داده شود. بدین‌ترتیب، سلیمان مادر واقعی را شناخت و کودک را به او سپرد. او در گفتن مَثَل‌ها نیز بسیار حکیم بود و دانش بسیاری نسبت به درختان، حیوانات، خزندگان و ماهیان داشت (۲۹:۴-۳۴). او همچنین ساختاری پیشرفته برای دولت قوم اسرائیل ایجاد کرد (۱:۴-۱۹).

در عهدعتیق، کتاب‌های متعدد حکمتی وجود دارد: امثال، جامعه و ایوب. هر دو کتاب امثال و جامعه منصوب به سلیمان است، و بسیاری از جملاتی که در امثال آمده از او نشأت گرفته است. منصوب کردن این نوع نوشته‌ها به سلیمان، به‌خاطر نوع تفکری است که او به‌ویژه در فرهنگ و

زندگی مذهبی قوم اسرائیل وارد کرد. در این کتاب‌ها، "حکمت" به معنای زندگی مثمرثمر، و آشکار ساختنِ جلال خدا در این دنیای نیکو، اما سقوط‌کرده است. حکمت با "ترس خدا" آغاز می‌شود که شامل احترامی قلبی برای خدا به‌عنوان خالق و رهاننده است (امثال ۷:۱). این دقیقاً مطابق نگرش سلیمان است؛ آنگاه که خدا خواستِ دلش را به او بخشید. سلیمان خود را فردی لغزش‌پذیر، مخلوقی محدود و کاملاً وابسته به خدا می‌دید. خدا این فروتنی را با بخشیدن حکمتی عظیم پاسخ داد.

"ترس خدا" همچنین نقطهٔ آغاز سفری است برای کشف هر آنچه در سراسر آفرینش وجود دارد. طبق پیش‌فرض الاهیاتیِ حکمت، خداوند خالق است و اساس تمام آفرینش از اوست. خادم حکیم خداوند، شکوه کل خلقت را با تمام تنوع آن مهم قلمداد می‌کند، و این دقیقاً همان کاری است که سلیمان می‌کرد. مطالعهٔ طبیعت گیاهان، خزندگان، حیوانات و ماهیان، و چگونگی استفاده از زبان در امثال که بتوان بصیرت را بدان موجز و نغز بیان کرد، از جمله شیوه‌هایی بود که حکمت سلیمان خود را با آن عیان ساخت. در کتاب امثال هیچ عرصه‌ای از زندگی وجود ندارد که حکمت بر آن تأمل نکرده باشد، مانند زندگی خانوادگی، تمایلات جنسی، سیاست، اقتصاد، تجارت و قانون. در واقع، امثال با تصویر قدرتمندی از تجسم حکمت در "همسری شایسته" به پایان می‌رسد که خداترسی را از طریق اعمال گوناگون نشان می‌دهد.

ساخت معبد در صهیون به فرمان سلیمان

بزرگترین دستاورد سلیمان ساخت معبد خدا بود. او بهترین مصالح را به‌کار گرفت و از پرداخت هیچ هزینه‌ای برای تأمین مواد مورد نیاز در ساخت معبد اورشلیم کوتاهی نکرد. دیوارهای معبد با کنده‌کاری از کروبیان، درختان نخل و گل‌های شکفته پوشیده بود، که تعمداً یادآور تصویری از عدن در درون معبد بود. «یهوه در معبدی واقع در صهیون که به‌عنوان مرکز جهان شناخته می‌شد حضور پیدا کرد. آداب و رسوم دوران خروج به این کوه مقدس انتقال داده شد تا بعد از آن نماینده‌ای

برای کل بنی‌اسرائیل باشد. صهیون اکنون مرکز عالم است، جایی که آسمان و زمین به هم متصل می‌شوند.»[1] صندوق به معبد آورده شد تا نشان‌دهندهٔ پایان سفر قوم اسرائیل بیرون از اسارت مصر باشد. خداوند و اسرائیل اکنون در سرزمین وعده آرامی یافتند. هنگامی که صندوق در معبد قرار گرفت، ابر جلال خدا معبد را پر ساخت، زیرا خداوند در اورشلیم حضور داشت (اول پادشاهان ۱۱:۸). اکنون خداوند مکانی روی زمین در میان این قوم داشت.

در مراسم عظیمی که برای وقف خانهٔ خدا بر پا شد، سلیمان به‌وضوح بنای معبد را تحقق وعدهٔ دیرینی می‌دانست که خدا به قوم اسرائیل داده بود. پیش از این، خداوند در مکان مشخصی از اسرائیل مسکن نگزیده بود، اما اکنون اورشلیم را به‌عنوان شهر و مسکن خود برگزید (۸:۱۹-۲۱؛ ن.ک. تثنیه ۵:۱۲). برخی بر این عقیده‌اند که اشاره به "نام" خدا بیشتر بر حضوری نمادین دلالت دارد تا حضور واقعی، زیرا خداوند، خدای فراباشنده است و نمی‌تواند به مکانی محدود شود. در دعای وقف خانهٔ خدا، سلیمان از این حقیقت آگاه بود که رفیع‌ترین آسمان‌ها، گنجایش حضور خدا را ندارد، چه رسد به مکانی ساختهٔ دست انسان. با این‌حال، هنگامی که ابر جلال، محراب درونی معبد را پر ساخت، نشان داد که خدای جلال و فراباشنده حقیقتاً در میان قومش حضور دارد. سلیمان نزد خدا درخواست می‌کند تا اجازه دهد معبد جایی باشد که بنی‌اسرائیل بتوانند در آن دعا کنند و خدا صدای‌شان را بشنود. این دعا ثابت می‌کند که "حضور خدا" در این مکان، بیشتر نشان رابطهٔ نزدیک او با قوم است تا نزدیکیِ فیزیکیِ صرف.

به این ترتیب دورهٔ سلیمان یکی از بزرگترین دوره‌ها در جهت تحقق وعده‌ها بود. اکنون قوم اسرائیل ملت بزرگی است و موطنش را چنانکه وعده داده شده بود تصاحب کرده است، و خداوند در میان‌شان آرامی یافته است. آنها از لحاظ مذهبی و سیاسی به‌شکل ملتی یکپارچه درآمده

1. Dumbrell, End of the Beginning, 52- 53.

بودند، و به همین خاطر سلیمان شکرگزار بود: «متبارک باد خداوند که قوم خود اسرائیل را بر طبق هرآنچه وعده داده بود، آسودگی بخشیده است. حتی یک کلمه از تمامی وعده‌های نیکو که او به‌واسطهٔ خدمتگزار خود موسی داده بود، بر زمین نیفتاده است» (اول پادشاهان ۸:۵۶). اورشلیم به‌عنوان پایتخت اسرائیل، که معبد و همچنین قصر پادشاه در آنجا قرار داشت، انتخاب شد. این امور نشان از فصل تازه‌ای در داستان اسرائیل بود.

اورشلیم (که به صهیون نیز معروف است) تصویر انبیا و رهبران را، از دورهٔ سلیمان به بعد، بسیار عالی جلوه می‌دهد. شهری که معبد خدا در آن قرار دارد در اغلب اشعار اسرائیل مورد ستایش است:

خداوند، بزرگ است و بسیار درخورِ ستایش؛
در شهر خدای ما، در کوه مقدس خویش.
کوه صهیون، زیبا در بلندایش،
شادمانی تمامی جهان است.
همچون بلندترین ارتفاعات صفون است،
آن شهر پادشاهِ بزرگ!
خدا در دژهای آن است،
او خود را چون قلعهٔ بلند شناسانیده ...
خداوند در صهیون بزرگ است،
و بر تمامی قوم‌ها متعال. (مزمور ۴۸:۱-۳؛ ۹۹:۲)

اکنون اورشلیم مرکزی برای پرستش رسمی قوم اسرائیل بود، و بنی‌اسرائیل به‌طور مرتب به زیارت آن می‌رفتند، زیارت‌هایی که الهام‌بخش مزامیر صعود بود (مزامیر ۱۲۰-۱۳۴). چنانکه این اشعار را می‌خوانیم باید تصور کنیم که زایران به اورشلیم، مکان سکونت خدا، نزدیک می‌شدند و یک‌صدا می‌خواندند: «چشمان خود را به‌سوی کوه‌ها برمی‌افرازم؛ یاریِ من از کجا می‌رسد؟ یاری من از سوی خداوند است که آسمان و زمین را آفرید» (۱۲۱:۱-۲). زایران در حالی که به اورشلیم

نزدیک می‌شدند، چشمان خود را به‌سوی تپهٔ اورشلیم و منشأ یاری خود برمی‌افراشتند. این زایران به‌خوبی می‌دانستند که خداوندی که "مکان مشخصی" در شهر آنها دارد و یاور همیشگی آنها است، همچنین خالق کل دنیا است. از این‌رو او قادر است و می‌خواهد که به آنها یاری برساند. این زیارتِ واجب، وقفه‌ای در زندگی روزانهٔ بنی‌اسرائیل ایجاد می‌کرد تا آنها مجدداً در مرکز داستانی که بخشی از آن بودند قرار گیرند، و هنگامی که به روستاهای خود بازمی‌گردند به‌عنوان قوم خدا، نسبت به یهوه وفادارانه زندگی کنند.

انبیا برای رساندن پیام خود به قوم اسرائیل، بارها از تصویر صهیون استفاده می‌کردند. متأسفانه، چنانکه خواهیم دید، دلیل این امر آن بود که اوضاع در اورشلیم در زمان انبیا بسامان نبود. اما در روز بزرگ وقف خانهٔ خدا در زمان سلیمان، چنین به‌نظر می‌رسید که گویی عدن احیا شده است. شالوم و برکت عظیم روبه‌روی قوم اسرائیل قرار گرفته بود. نظام سلطنتی به‌وجود آمده بود تا صلح و کامیابی را در مقیاسی که سموئیل و دیگر منتقدان نظام پادشاهی هرگز متصور نبودند، به ارمغان آورد. شاید اکنون قوم اسرائیل می‌توانست قوم‌های دیگر را به‌سوی خدا هدایت کند.

تقسیم پادشاهی به دو قسمت

متأسفانه، بذر درگیری‌های داخلی و ارتدادی که در زمان سلیمان پاشیده شد، محصولات مرگباری را به‌بار آورد. افسوس که سلیمان از پرستش خدا در "مکان‌های بلند" که بعل نیز در آنجا پرستیده می‌شد، جلوگیری نکرد، به‌رغم خطری که آمیزش پرستش خدا با پرستش بعل ایجاد می‌کرد. او همچنین، فرمان کار اجباری صادر کرد تا بتواند به نقشه‌های جاه‌طلبانهٔ خود تحقق بخشد. سوم اینکه او زنان اجنبی بسیاری گرفت. این تصمیمات باعث شد تا پادشاهی نسبت به بت‌پرستی آسیب‌پذیر شود، و همچنان که سلیمان کهولت می‌یافت، بت‌پرستی اسرائیل را آلوده ساخت. کار اجباری نیز سبب شد مردم از او بیزار شوند؛ و در زمان مرگ سلیمان خشم قوم شدت یافت. از همه مهم‌تر

اینکه خود خداوند از بت‌پرستی سلیمان که صریحاً شکستن عهد بود به خشم آمد (اول پادشاهان ۱۱:۳۳). از این‌رو خداوند به سلیمان فرمود که وارثانش را از اکثر مُلک اسرائیل محروم خواهد ساخت، و تنها یک قبیله به جانشینی او فرمان خواهند راند (۱۱:۱۳، ۳۶).

طبق کلام خدا، پس از مرگ سلیمان، قوم اسرائیل به دو بخش پادشاهی شمالی (اسرائیل) تحت حاکمیت یربعام، و پادشاهی جنوبی (یهودا) تحت فرمانروایی رحبعام تقسیم شد. شورش قبایل شمالی علیه جانشین سلیمان، پاسخی روشن به سیاست کار اجباری او بود. وقتی رحبعام درخواست قبایل شمالی را مبنی بر سبک کردن یوغ کار اجباریِ سلیمان نپذیرفت، پادشاهی از هم گسیخت. عواقب سیاسی این تفرقه و جدایی بسیار عظیم بود (باب ۱۲). قوم اسرائیل علیه خود تقسیم شده بود، و هر دو پادشاهی به‌شدت در مقابل دشمنان‌شان آسیب‌پذیر بودند. خیلی سریع هر دو پادشاهی تبدیل به دشمنان یکدیگر شدند. پادشاهی شمالی چگونه می‌توانست بعد از جدایی، همچنان نسبت به خداوندی که در بخش جنوبی در اورشلیم "زندگی" می‌کرد، وفادار باقی بماند؟ یربعام (پادشاه

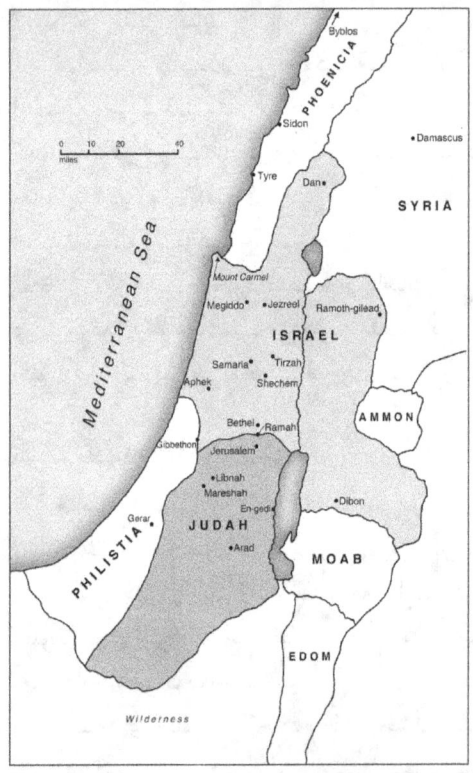

تصویر ۱۵– حکومت تقسیم شده

شمالی) بر سر دوراهی دشواری گرفتار شـــده بود: اگر اجازه می‌داد قومش برای پرستش خدا به قلمرو جنوبی بروند، امکان داشت کنترل امور قلمروش از دســـتش خارج شود. در عوض، یربعام بت‌پرستی را رواج داد. متأسفانه او همان گناهی را که قوم در ســـینا مرتکب شده بودند تکرار کرد (خروج ۳۲): او دو گوســـالهٔ طلائی ســـاخت و یکی را در معبد دان و دیگری را در معبد بیت‌ئیل قرار داد (اول پادشاهان ۱۲:۲۶-۳۳). این آغازی شوم برای پادشاهی شمالی بود و عواقب ارتداد آنها در تاریخ مکتوب است. خدا از طریق اَخیّای نبی، اعلان کرد که یربعام را به‌خاطر ترویج بت‌پرســـتی در پادشاهی شمالی، رد کرده است (باب ۱۴).

رویارویی ایلیا و الیشع با اسرائیل خیانتکار

در این نقطه از داستان قوم اسرائیل، انبیا نقش بسیار مهم و روزافزونی در داســـتان کتاب‌مقدس پیدا می‌کنند. در سراســـر داستان قوم اسرائیل، کلام خدا که از طریق موســـی، ســـموئیل یا هر نبی دیگری بیان می‌شد، نقش کلیدی داشـــت. همان‌طور که نقش پادشاهی در اسرائیل مستحکم می‌شـــد، نقش انبیا نسبت به دیگر نقش‌های عمومی پررنگ‌تر می‌گشت. تمام کتاب‌های نبوتی عهدعتیق مربوط به دوران پادشـــاهی و یا دورانی است که پادشـــاهی منحل شـــده بود. بدین‌ترتیب نقش انبیا در اسرائیل به‌عنوان وزنه‌ای برای برقراری تعادل در نقش قدرتمند پادشـــاهی ظهور کرد. هیچ سلســـلهٔ نبوتی وجود نداشـــت، بلکه خدا هر یک از آنها را به منظور رســـاندن پیام خود به قوم اسرائیل، و به‌طور خاص، به رهبران در موقعیت‌های خـــاص تاریخی این ملت، برمی‌گزید. حکومت اســـرائیل تئوکراسی (حکومت خدا) و کلام خدا بالاترین مرجع اقتدار بود نه کلام پادشـــاه. با این‌حال، ما اغلب شـــاهد رویارویی دردناک و سخت برخی انبیا با پادشاهان معاصرشان هستیم. برای مثال، وقتی پسر یربعام مریض شـــد، او زن خود را نزد اَخیا فرستاد تا از او مشورت بگیرد. آنگاه این نبی خبر ناگواری به همسر یربعام داد مبنی بر اینکه به محض رسیدن به شهر پسرش خواهد مرد. اما آنچه بر ســـر خاندان یربعام خواهد آمد وخیم‌تر

از مرگ این پسر است. و خداوند «اسرائیل را خواهد زد، همچون نی‌ای که در آب می‌لرزد. او اسرائیل را از این سرزمین نیکو که به پدرانشان بخشید، ریشه‌کن خواهد کرد و ایشان را در آن سوی نهر پراکنده خواهد ساخت، زیرا با ساختن اَشیرَه‌ها خشم خداوند را برانگیخته‌اند» (۱۵:۱۴).

اما خداوند صبور و دیرخشم است، و به همین خاطر سریعاً پادشاهی شمالی را به تبعید نفرستاد. متأسفانه پادشاهانی که پس از یربعام بر تخت نشستند همان رویهٔ گناه‌آلود او را در پیش گرفتند. مسائل قوم اسرائیل با روی کار آمدن اَخاب به‌عنوان پادشاه به بدترین حد رسید. اَخاب با ایزابل ازدواج کرد و او که اسرائیلی نبود پرستش بعل را با خود وارد ازدواج و پادشاهی شمالی کرد. پادشاه و ملکه با هم پرستش بعل را در اسرائیل رواج دادند. سرکشی و عناد آنها در مقابل خدا بسیار گستاخانه بود.

در بطن این ارتداد، ایلیای نبی به صحنه می‌آید تا در نام خداوند مقابل اَخاب بایستد. در واقع اساس درگیری ایلیا و اَخاب، درگیری بنیادینی میان بعل و خداوند است: اینکه پادشاهی شمالی کدام‌یک را متابعت خواهد کرد؟ در اینجا مقابله‌ای علنی میان بعل و خداوند، بالای کوه کرمل اتفاق افتاد. ایلیا به قوم نزدیک شد و گفت تا به کِی میان بعل و خداوند می‌لنگند: «اگر یهوه خداست، او را پیروی کنید، و اگر بَعَل خداست، از پی او بروید» (۲۱:۱۸). قوم ساکت بودند و ایلیا دو گاو نر قربانی کرد و اعلام کرد که خدای حقیقی آتش از آسمان خواهد فرستاد و یکی از قربانی‌ها را خواهد پذیرفت. انبیای بعل تمام روز به‌سوی خدای‌شان فریاد کردند، اما هیچ پاسخی نشنیدند. ایلیا با تمسخر به آنها گفت که شاید بعل صدای‌شان را نمی‌شنود زیرا در خواب است! سپس ایلیا مذبحی با دوازده سنگ (به نشانهٔ دوازده قبیلهٔ اسرائیل) ساخت. هیزم و گاو نر قربانی را بر مذبح گذاشت و تمام آن را با آب تر ساخت. هنگام تقدیم قربانی شبانگاه، ایلیا نزد «خداوند، خدای ابراهیم، اسحاق و اسرائیل» دعا کرد، و خداوند آتش فرستاد و قربانی و مذبح را فروبلعید. قوم به‌روی درافتادند و فریاد زدند، «یهوه، او خداست» (۳۹:۱۸).

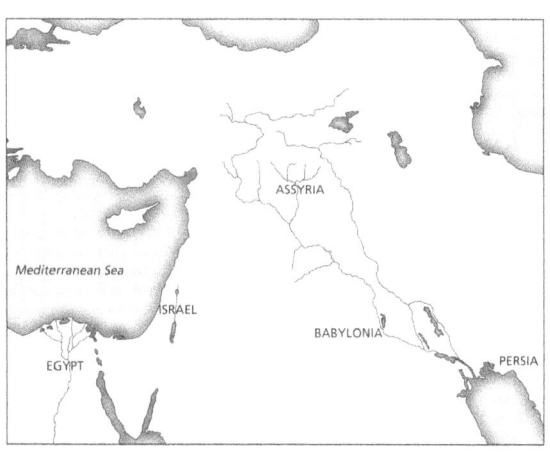

تصویر ۱۶- امپراتوری‌های جهان

ما باید مأموریت ایلیا و شاگرد او الیشع را که بعــد از او می‌آید، در چارچوب این رویارویی سرنوشت‌ساز میان بعل و خداوند درک کنیم. از طریق ایلیا و الیشع خدا بر خشکسالی (۴۱:۱۸-۴۶)، گرسنگی (۸:۱۷-۱۶)، تشــنگی (دوم پادشاهان ۱۹:۲-۲۲)، قرض و بدهکاری (۱:۴-۷)، نازایی (۱۱:۴-۱۷)، بیمــاری (۱:۵-۱۹)، و مــرگ (اول پادشاهان ۱۷:۱۷-۲۴؛ دوم پادشاهان ۱۸:۴-۳۷) فائق آمد. پرستندگان بعل بر این باور بودند که این عرصه‌ها تحت کنترل بعل هستند. آنچه ایلیا و الیشع نشان دادند این بود که خداوند، خدای این قوم و خدای تمام ابعاد زندگی آنها و کل آفرینش است.

برکت خدا به‌واسطۀ انبیا، به قوم اسرائیل محدود نمی‌شد. هنگامی که نعمان سردار لشکر اَرام (سوریه) از جذام رنج می‌برد، با ناامیدی نزد الیشع آمد تا شــفا یابد، و خدا دعای او را پاسخ داد (دوم پادشاهان ۵). نعمــان به اندازۀ دو بار قاطر از خاک اورشــلیم را با خــود برد تا بتواند "خداوند" این سرزمین را در کشور خود، اَرام پرستش کند. در اینجا شاهد نمونه‌ای عالی از برکت بودن قوم اسرائیل برای ملت‌های دیگر هستیم. اما متأسفانه خود بنی‌اسرائیل به شباهت ملل بت‌پرست همجوارش درآمد، زیرا قوم از اینکه تنها خداوند را خدمت کنند سر باز زدند.

سقوط تدریجی قوم اسرائیل به‌سوی فلاکت و تبعید

در بخش عمده‌ای از کتاب دوم پادشاهان، تاریخ پادشاهی شمالی و جنوبی به موازات یکدیگر بیان می‌شود. خواننده با داستان‌هایی مشابه از اصلاحات و نتایج آن روبه‌رو می‌شود. در پادشاهی شمال، خدا ییهو را فراخواند و توسط الیشع مسح کرد و فرمان مشخصی بدو داد تا خاندان آخاب را از بین ببرد (باب ۹). هرچند او اطاعت کرد اما همچنان پرستش گوسالهٔ طلایی و سنت‌های یربعام را نگه داشت. قوم اسرائیل بدین‌ترتیب به‌سمت تباهی پیش می‌رفت. آشور بزرگترین امپراتور خاورمیانهٔ آن زمان، بر پادشاهی شمالی سایه افکنده بود. در زمان حکومت هوشع پادشاه اسرائیل، پادشاه آشور به پادشاهی شمالی یورش برد، و به مدت سه سال سامره را محاصره کرد و بعد از آن بنی‌اسرائیل را در سال ۷۲۲ قبل از میلاد به آشور تبعید کرد (باب ۱۷). این نشانی از پایان کار پادشاهی اسرائیل بود.

در دوم پادشاهان راوی در این نقطه مکث می‌کند تا تأملی عمیق بر این امر داشته باشد که چرا چنین مسائلی برای اسرائیل اتفاق افتاد. تبعید سؤال بنیادینی در ذهن اسرائیلیان وفادار ایجاد کرد. آیا این سرزمین هدیه‌ای نبود که خود خداوند به آنها بخشیده بود؟ پس چگونه اجازه داد تا قومش را از این سرزمین بیرون کنند؟ وعده‌های خدا کجا هستند؟ اکنون چه بر سر یهودا پادشاه جنوبی خواهد آمد؟ آیا حقیقتاً خدا وعده‌هایش را به ابراهیم، موسی و داوود ترک کرده است؟

پاسخ به این سؤالات را می‌توان در دوم پادشاهان ۷:۱۷-۲۳ یافت. راوی به‌وضوح بیان می‌کند که خداوند پادشاه شمالی را به‌خاطر نااطاعتی نسبت به عهد از این طریق مجازات کرد. با اینکه خدا مرتباً قوم را از عواقب بت‌پرستی آگاه می‌ساخت (از طریق انبیا)، آنها به گناه و عصیان خود ادامه می‌دادند. از این‌رو «خداوند ... ایشان را از حضور خود راند» (۱۸:۱۷). آنها به‌خاطر قدرت آشور به تبعید نرفتند، بلکه به این خاطر که خدا دیگر نمی‌توانست آنها را تحمل کند. برای تأمل بیشتر در این مورد، راوی به یربعام، اولین پادشاه شمالی بازمی‌گردد، و توضیح می‌دهد

چگونه الگوی ارتداد و عصیانی که یربعام بنا نهاد، باعث شد حکومت شمالی از ابتدا تا به انتها دچار بلایای مختلف شود.

راوی بیان می‌کند که متأسفانه یهودا، پادشاهی جنوبی، نیز از این قاعده مستثنی نبود (۱۹:۱۷). پادشاهی جنوبی تمایل داشت قبیلهٔ نمونه‌ای برای پادشاهی شمالی باشد. یهودا تسخیرناشده باقی ماند و بی‌شک نظام پادشاهی جنوبی بسیار بهتر از آنچه در شمال بود عمل می‌کرد. در همان سال ۷۲۲ قبل از میلاد، در یهودا دو پادشاه برجسته به نام‌های حزقیا و یوشیا به سلطنت رسیدند که به‌دنبال خشنودی خداوند بودند. اما آیا اکنون که از نسل داوود در یهودا فرمان می‌راندند، امیدی برای جنوب وجود داشت؟ سلطنت حزقیا همزمان با سلطنت هوشع در شمال بود. اما هنگامی که پادشاه آشور حزقیا را تهدید کرد، او (بر خلاف هوشع) دست دعا به‌سوی خداوند برآوَرد. به یاری خدا و وساطت اشعیای نبی، حزقیا استوار ایستاد و معجزه‌وار از دست آشور رهایی یافت (دوم پادشاهان ۱۸–۱۹؛ ن.ک. اشعیا ۶:۸–۱۰).

اما نشانه‌هایی از مشکلات جدی حتی در سلطنت حزقیا نیز ظهور کرد. در حالی که سلطنت آشور رو به افول می‌گذاشت، بابل تبدیل به قدرتی بین‌المللی شده بود. هنگامی که حزقیا از روی نادانی تمام خزاین خود را به بابلیان نشان داد، باعث شد اشعیای نبی، داوری خدا را بر او اعلام کند: پادشاه جنوبی نیز به اسارت برده می‌شود و بابل آنجا را فتح خواهد کرد (دوم پادشاهان ۱۲:۲۰–۱۹).

بسیاری از نبوت‌ها که در اشعیا ۱–۳۹ آمده است، تاریخچه‌ای از دوران تاریکی بود که خود در آن می‌زیست، و یهودا در مجموع، قوم گناهکاری بود که به‌سوی داوری می‌رفت. پادشاه منسی (جانشین حزقیا) بت‌پرستی و پرستش تمام لشکریان آسمان را رواج داد و به‌خاطر تمام بی‌عدالتی‌هایی که در پادشاهی خود کرده بود، شهرت داشت. باری، نابودی یهودا اجتناب‌ناپذیر بود.

اما نوهٔ منسی، یوشیا به‌یکباره –وقتی فقط هشت ساله بود – پادشاه شد! یوشیای جوان، هنگامی که سخنان کتاب شریعت را که تازه در

معبد یافت شـــده بود شـــنید، عمیقاً تحت تأثیر قرار گرفت. آنگاه مردم یهودا را به توبهٔ جمعی هدایت کرد و عهد خدا را با آنها تازه ســـاخت و اصلاحات بنیادینی در پرستش خدا ایجاد کرد. خداوند از یوشیا به‌خاطر چنین احترامی و فرمان‌هایی که در پادشـــاهی خود برقرار کرد، خشنود بود. اما برای یهودا، حتی زندگی نمونهٔ یوشیا هم خیلی کوچک بود و هم خیلی دیر شـــده بود. از کتاب ارمیای نبی متوجه می‌شویم که اصلاحات تعیین‌شده توسط یوشیا در همه جای پادشاهی جنوبی پذیرفته نشده بود. قوم همچنان تمایل داشـــتند در ارتداد خود باقی بمانند. ســـایهٔ بابل مدام بر ســـر یهودا قدرتمندتر می‌شد. در دورهٔ پادشاهی صدقیا، بابل پادشاهی جنوبی را شکســـت داد و معبد و قصر پادشاه را به آتش کشید. اورشلیم ســـقوط کرد و بیشتر مردم یهودا در ســـال ۶/ ۵۸۷ قبل از میلاد مسیح به اسارت بابل در آمدند (دوم پادشاهان ۲۵).

همان‌طور که داســـتان کتاب‌مقـــدس را دربارهٔ قوم اســـرائیل دنبال می‌کنیم، ممکن اســـت احســـاس کنیم که اینجا "پایان" کار است (ن.ک. حزقیال ۷:۱-۲). برای بنی‌اســـرائیل رفتن به تبعید و بردگیِ بابل، قطعاً به منزلهٔ پایان کار بود. وعدهٔ عظیمی که خدا به ابراهیم داد، عهدی که در کوه سینا با بنی‌اسرائیل بست و وعده‌ای که به خاندان داوود داد، مبنی بر اینکه تا ابد استوار خواهد بود، چه بر سرشان آمد؟ خانهٔ خود خدا خراب شده بود! خدا کجا بود هنگامی که بابلیان بر اســـرائیل فائق آمدند؟ آیا اهدافی که خدا برای قومش داشـــت نابوُد شـــد؟ و بدتر از آن، آیا نقشه‌های خدا مبنی بر نجات خلقت توسط قوم اسرائیل از بین رفت؟

تنها امید قوم اسرائیل برای پاسخ به چنین سؤالات گیج‌کننده‌ای خودِ خداوند بود. به همین خاطر، صدای انبیا در داستان کتاب‌مقدس از اهمیت فوق‌العاده‌ای برخوردار اســـت و به درک ما از دگرگونی سرنوشت قوم اســـرائیل کمک می‌کند. بنی‌اسرائیل در نتیجهٔ نااطاعتی شکست خوردند و ســـقوط کردند؛ اما یهوه هنوز خدا است، و اهداف او پا برجا است. در قرونی که منتهی به بیرون راندن قوم اســـرائیل از ســـرزمین موعود شد، تاریخ آنها با صدای انبیای خدا قطع و مدام تفســـیر می‌شد. و این صداها

با تبعید خاموش نشد. خداوند به هیچ روی محدود به سرزمین نبود. اگرچه او از سر لطف در آنجا میان قومش زندگی می کرد، اما پایان کار آنها به‌عنوان یک ملت به منزلهٔ پایان کار خدا نبود.

کتاب‌های اول و دوم پادشاهان با شرح امیدوارکننده‌ای به پایان می رسند: یهویاکین، پادشاه یهودا از زندان آزاد و با پادشاه بابل همسفره می شود (دوم پادشاهان ۲۵:۲۷-۳۰). پس آیا امکان دارد داستان قوم اسرائیل تمام نشده باشد؟ اما امید واقعی قوم برای آینده در کتب تاریخی آنها نیامده است، بلکه در نوشته‌های انبیاثبت شده است.

صدای انبیا

تا به اینجا نگاه مختصری به خدمات ایلیا و الیشع در قرن نهم قبل از میلاد مسیح داشته‌ایم. همچنین هوشع (در قرن هشتم قبل از میلاد) برای پادشاهی شمالی به طرق مختلف و قدرتمندی نبوت کرد. او قوم اسرائیل را به زنی فاحشه تشبیه می کند که شوهرش هنوز نمی‌تواند از او دست بکشد. او تقلای بسیار می کند و مشتاق است که زن نزدش برگردد و همسر خوبی برایش باشد. هوشع قباحت عمل زنا را به‌طور استعاری برای نشان دادن آنچه قوم اسرائیل علیه خدا انجام داده بود به‌کار می گیرد. نام‌هایی که هوشع برای فرزندانش انتخاب می کند بیانگر تیره‌روزی قوم اسرائیل بود: یِزرِعیل (خدا می کارد)، لوروحامه (بر او رحم نشده)، لوعمی (قوم من نیستند). خدا است که قوم بی‌وفای خود را مجازات می کند. اسامی فرزندان نبی بیانگر توبیخ تکان‌دهنده‌ای بود که انتظار قوم اسرائیل را می کشید.

عاموس نیز یکی دیگر از انبیای قرن هشتم و نهم قبل از میلاد مسیح بود. او چوپانی بود که توسط خدا فرا خوانده شد تا برای هر دو پادشاهی شمالی و جنوبی نبوت کند. سخنان عاموس بسیار خلاقانه و پیام او ویرانگر بود. او خدا را همچون شیری تصویر می کند که مترصد حمله به طعمه است (عاموس ۱:۲). او در وعظی فوق‌العاده (۱:۳-۱۶:۲)، تک‌تک همسایگان قوم اسرائیل را محکوم می کند. می‌توان به راحتی صدای

"آمین!" بلند اسرائیل را به محکومیتی که قرار است بر دمشق، غزه، صور، اَدوم، بنی عمون، موآب نازل شود، شنید. سپس ورق برمی‌گردد: عاموس به‌سمت یهودا و اسرائیل روی می‌کند و آنها را به‌خاطر نپذیرفتن فرمان‌های خدا و روی آوردن به بت‌پرستی و بی‌عدالتی محکوم می‌کند. آنها نیز از داوری سختی رنج خواهند برد ("آمین گفتن‌ها" احتمالاً اینجا متوقف می‌شود!).

ارمیا و حزقیال هنگامی در یهودا نبوت می‌کردند که از سرزمین وعده بیرون رانده شده بودند. ارمیا خدمتش را در زمان یوشیای پادشاه آغاز کرد تا مردم یهودا را نسبت به اعتمادی که صرفاً به حضور نمادین خدا داشتند، درست مانند آنچه در معبد اتفاق می‌افتاد، آگاه سازد. خداوند به ارمیا فرمان داد تا بر مدخل دروازه‌های معبد بایستد و آنها را نسبت به دید اشتباهی که نسبت به مناسک مذهبی داشتند آگاه سازد.

> خداوند لشکرها، خدای اسرائیل، چنین می‌فرماید: طریق‌ها و اعمال‌تان را اصلاح کنید و من شما را در این مکان ساکن خواهم کرد. به این سخنان فریبنده اعتماد مکنید که «این است معبد خداوند! معبد خداوند! معبد خداوند»! زیرا اگر به‌راستی طریق‌ها و اعمال‌تان را اصلاح کنید و با یکدیگر به انصاف رفتار نمایید، اگر بر غریبان و یتیمان و بیوه‌زنان ستم نکنید و خون بی‌گناهان را در این مکان نریزید و خدایانِ غیر را به زیان خویش پیروی نکنید، آنگاه شما را در این مکان، در سرزمینی که تا ابد به پدران‌تان بخشیدم، ساکن خواهم کرد. اما شما به سخنان فریبنده که سودی ندارد، اعتماد می‌کنید! (ارمیا ۷:۳–۸).

چنین وعظی محبوبیت نداشت. ارمیا حتی زمانی که پیغام خود را به پادشاهی جنوبی می‌داد از این‌گونه مخالفت‌های جدی رنج می‌برد. بازتاب این رنجش و کشمکش در دعاهای ارمیا کاملاً نمایان است. به‌طور مثال در ارمیا ۱۲، نبی فریاد خود را به‌سوی خدا بلند کرده، می‌پرسد

که چرا شـریران کامیاب می‌شـوند و خیانت‌پیشگان در آسایش زندگی می‌کنند. خدا در پاسخ چنین می‌گوید: «اگر وقتی با پیادگان دویدی تو را خسـته کردند، پس چگونه با اسبان برابری توانی کرد؟» (آیه ۵). هرچند ارمیا به‌خاطر ناعدالتی و دردی که متحمل می‌شد فریاد برآورده بود، اما به عوض بهبود، باید منتظر وخامت اوضاع می‌بود! در باب ۱۵، ارمیا شرح می‌دهد که چگونه کلام خدا را با شـادی و لذت "خورد"، اما اکنون درد او را پایانی نیسـت و جراحت او مهلک و بی‌علاج است (۱۵:۱۶، ۱۸). به‌طور قطع این امر به هیچ روی برای نبی خدا آسان نبود.

پیام تمام این انبیا چنین بود که علی‌رغم توبهٔ قوم خدا، و بازگشـت آنها به‌سـوی او، و اطاعت کردن از خدا، داوری خدا نازل خواهد شـد. بدین‌ترتیب، انبیا شـروع به صحبت دربارهٔ روز خداوند کردند. آن روز دیگر برای آنها به این معنا نبود که دشـمنان قوم اسرائیل برکت خواهند یافت یا داوری خواهند شـد، بلکه روزی بود که خود قوم اسـرائیل در آن داوری می‌شـد. چنانکه دیدیم، آن "روز" فرا رسـیده بود، ابتدا برای پادشاهی شمالی (در ۷۲۲ قبل از میلاد مسیح)، و سپس (در ۶/ ۵۸۷ قبل از میلاد) برای پادشاهی جنوبی.

حزقیال در میان تبعیدیان بابل خدمت می‌کرد. او شـرح می‌دهد که چگونه جلال خدا اورشـلیم را ترک کرده (بـاب ۱۰)، و آنچه را که در دوران تبعید روی داده اسـت برای قوم اسرائیل تفسیر می‌کند. برای قوم اسـرائیل رانده شـدن از سـرزمین فاجعه بود، اما انبیایی چون حزقیال می‌گویند تبعید پایان ماجرا نیسـت. هدف خداونـد به قوت خود باقی است، و وعدهٔ خود را به ابراهیم، موسی و داوود تحقق خواهد بخشید.

انبیـا همـواره داوری را با بیـان امید و آینده برای قـوم خدا اعلام می‌کردند. لذا ارمیا وعده می‌دهد که قوم از تبعید بر خواهند گشت و بار دیگر سـرزمین وعده را تصاحب خواهند کرد. او به دنبال زمانی بود که خداوند به آن اشاره کرده بود:

من با خاندان اسرائیل و خاندان یهودا
عهدی تازه خواهم بست ...

شریعت خود را در باطن ایشان خواهم نهاد
و بر دل‌شان خواهم نگاشت،
و من خدای ایشان خواهم بود
و ایشان قوم من خواهند بود ...
همه از خُرد و بزرگ مرا خواهند شناخت. (ارمیا ۳۱:۳۱، ۳۳-۳۴)

مصیبت تبعید در بابل

سرزمین موعود و معبد برای اسرائیلیان به‌عنوان یک ملت و همچنین هویت آنها به‌عنوان قومی که مورد لطف خدا بودند، بسیار اهمیت داشت، و به این خاطر تبعید تجربهٔ مصیبت‌باری برای بنی‌اسرائیل محسوب می‌شد. ابزار تبعید، دولت‌های قدرتمند آن دوران بودند: ابتدا آشور، سپس بابل. بعد از سقوط آشور (در ۶۱۲ قبل از میلاد)، بابل قدرت بین‌النهرین را به‌دست آورد. نبوکدنصر پادشاه بابل (۶۰۵-۵۶۲)، مصریان را در کِرکِمیش (در سال ۶۰۵) شکست داد. او و جانشینش تا زمان حملهٔ کوروش پادشاه پارس به بابل، قدرت را حفظ کردند (در ۵۳۹). پس از جنگ کِرکمیش، یهودا پادشاه جنوبی، مطیع بابل شد، اما چند سال بعد، یهویاقیم پادشاه علیه سران بابلی طغیان کرد (دوم پادشاهان ۲۴). سپس نبوکدنصر اورشلیم را محاصره کرد و یهویاکین جانشین یهویاقیم را به‌عنوان زندانی به بابل برد. ده سال بعد، صِدِقیا (پادشاه دست‌نشاندهٔ نبوکدنصر در یهودا) نیز علیه بابل طغیان کرد. بار دیگر نبوکدنصر به اورشلیم بازگشت اما این بار لشکر او شهر و معبد را ویران کردند و بیشتر اهالی اسرائیل را به بابل بردند (۶/ ۵۸۷ قبل از میلاد؛ دوم پادشاهان ۲۵). بدین‌ترتیب، خدا از امپراتوری‌های ملحد آشور و بابل به‌عنوان ابزاری برای داوری قوم اسرائیل استفاده کرد.

البته نباید چنین تصور کنیم که خداوند قومش را سریعاً از سرزمین اسرائیل بیرون راند. خدا در سراسر عهدعتیق در رابطه با این داوری چنان تصویر شده است که گویی آرام و غمگین پیش می‌رود. هوشع قویاً بیان می‌کند که بیرون راندن قوم تا چه حد مایهٔ رنج خدا شد. درد خدا در

زمانی که از طریق نبی فریاد می‌زند آشکار است: «ای اِفرایِم، چگونه تو را ترک کنم؟ ای اسرائیل، چگونه تو را تسلیم نمایم؟»(هوشع ۸:۱۱). انبیای عهدعتیق شاهدانی عالی بر صبر خدا نسبت به قومش و تلاش مکرر او به قصد دعوت قوم برای وفادار ماندن نسبت به عهد بودند.

حبقوق برای پادشاهی جنوبی، زمانی که نفوذ بابل بر زندگی آنها سایه افکنده بود، نبوت‌می‌کرد. وقتی حبقوق نبی می‌پرسد که چگونه خدا می‌تواند بایستد و اجازه دهد ناعدالتی و ستم در یهودا اتفاق بیفتد، عجیب‌ترین پاسخ را دریافت می‌کند: خدا از بابلی‌ها استفاده می‌کند تا قوم اسرائیل را تنبیه کند! در بقیهٔ نبوت‌ها، حبقوق با خدا کلنجار می‌رود و می‌کوشد با آنچه خدا قرار است انجام دهد کنار بیاید. در نهایت، اگرچه راه‌های خدا همچنان برای او رازآلود باقی می‌ماند، اما نبی به مقام اعتماد می‌رسد:

این را شنیدم و احشایم بلرزید،
و از صدایش لبانم بجنبید.
پوسیدگی به استخوان‌هایم داخل شد،
و در جای خود لرزیدم.
اما به‌آرامی انتظار روزی را خواهم کشید
که تنگی بر قومی که بر ما حمله می‌آورند، عارض شود.
اگرچه درخت انجیر شکوفه نیاورَد،
و میوه در موها یافت نشود،
محصول زیتون از میان برود،
و مزرعه‌ها آذوقه ندهد،
گله از آغل منقطع شود،
و رمه‌ای در طویله‌ها نباشد،
لیکن من در خداوند شادمان خواهم بود
و در خدای نجات خویش وجد خواهم کرد.
(حبقوق ۳:۱۶-۱۸)

می‌توان فاجعهٔ تبعید بنی‌اسـرائیل را در مزامیـری که در این دوران نوشته شده‌اند و نیز در کتاب مراثی ارمیا به‌وضوح مشاهده کرد. سرایندهٔ مزمور ۸۰ برای اورشلیم به‌سوی خدا فریاد برمی‌آورد: «پس چرا دیوارهای آن را فرو یختـی/ تا هر رهگذری انگورهایـش را برچیند؟/ گرازهای جنگل ویرانـش می‌کنند/ و جانوران صحرا در آن به چَرا مشـغولند!» (مزمور ۱۲:۸۰-۱۳). کتاب مراثی ارمیا مجموعه سـوگواری‌هایی است کـه با نظمی مشـخص ناله‌های عمیق قوم اسـیر را زمانی که مجبور به ترک موطن‌شـان شـدند بیان می‌کند. همان‌گونه که کتاب ایوب از رنج شخصی سـخن می‌گوید، کتاب مراثی ارمیا با مقولهٔ رنج کل قوم دست و پنجـه نرم می‌کند. ایوب بی‌گناه اما اسـرائیل گناهکار بود. مراثی ارمیا ذکر رنج و مصیبت قوم اسرائیل اسـت، و اذعان می‌کند خدا در داوری خود عادل است و از او می‌خواهد تا احیا و آینده‌ای را که برای قوم خود اسرائیل در نظر داشته به آنها ببخشد. مسائل سوزناک و جانگدازی در این اشـعار وجود دارد: «راه‌های صَهیون ماتم گرفته‌اند/ و کسی به اعیادش نمی‌آید/ دروازه‌هایش جملگی ویران اسـت/ و کاهنانش آه می‌کشند/ دوشیزگانش داغدارند/ و خودش تلخکام است» (مراثی ارمیا ۴:۱).

بر خلاف ظاهر، گویا این نوشته‌ها برای اسرائیلی‌های در تبعید بارقه‌ای از امید بود. مراثی ارمیا به سـوگواری‌های آنها شکل می‌داد، و تمرکزشان را بر خداوند قرار می‌داد که می‌توانسـت امکان تبدیل و احیا را برای‌شان فراهم سازد. ادبیاتی این گونه برای حیات قوم اسرائیل ضروری بود. بدون شنیدن صدای خدا از طریق انبیا، بنی‌اسرائیل نمی‌توانستند بر این باور که خدا آنها را قوم خود خوانده باقی بمانند. معبد واقعاً ویران شـده بود. اما اسـرائیل در تبعید آموخت که خدا به‌مراتب بیشتر و بسیار بزرگتر از معبد و ملت اسـت. او حقیقتاً خداوند ملت‌ها و خداوند تمام آفرینش اسـت. اگرچه قوم او در اسارت بابل رنج می‌برند، اما خدا شکست نخورده است.

اگرچه برخی از اسـرا امیدوار بودند سـریع از بابل به سرزمین خود بازگردند، اما انبیا باید این امید را از بین می‌بردند. زمانی که اسـرائیل (در سال ۶/ ۵۸۷ قبل از میلاد) سـقوط کرد، انبیایی چون ارمیا و حزقیال بر

تسلی دادن بنی‌اسرائیل تمرکز داشتند. ارمیا معتقد بود که امکان بازگشت سریع وجود ندارد. او اسرا را ترغیب می‌کرد تا «جویای سعادت شهری باشید که [خدا] شما را بدان‌جا به تبعید فرستاده‌است.» (ارمیا ۷:۲۹). قوم خدا پیش از آن به‌عنوان اقلیتی میان ملل دیگر زندگی کرده بودند، و اکنون نیز باید چنین می‌کردند.

ما اطلاعات وسیعی در مورد زندگی بنی‌اسرائیل در زمان تبعید نداریم. به‌طور قطع شرایط آنها در بابل رضایت‌بخش نبود، اما در آن زمان فاتحانی بدتر از بابلی‌ها نیز بودند. بنی‌اسرائیل در امپراتوری بابل دستِ‌کم توانستند اجتماع خودشان را حفظ کنند و برخی از تمایزات فرهنگی و مذهبی خود را نگه دارند. با این اوصاف، دو روایت عهدعتیق در کتاب‌های دانیال و استر، به تعارضات ناشی از وفاداری و تعهد می‌پردازند که می‌توانست برای اسرائیلی‌های وقف شده در دوران تبعید مشکل‌ساز شود.

کتاب دانیال شرح تجربهٔ دانیال و سه جوان اسرائیلی است که پانزده سال قبل از تبعید گروهی از مردم به بابل در سال ۶/ ۵۸۷ قبل از میلاد، به آنجا برده شدند. داستان دانیال شرح فوق‌العاده‌ای است از اینکه چگونه مردی اسرائیلی در تبعید علی‌رغم نپذیرفتن آنچه با ایمانش در تضاد بود، توانست به منصب بالای حکومتی برسد (دانیال ما را به‌یاد یوسف در مصر می‌اندازد). چهار جوان علی‌رغم وجود غذاهای شاهانه، حاضر نشدند نسبت به قوانینی که دربارهٔ خوراک داشتند سازش کنند، با این حال توانستند در دربار عزت یابند (دانیال ۱:۵-۱۶). سه دوست دانیال، در مقابل تمثالی که نبوکدنصر ساخته بود سجده نکردند (باب ۳). مجازات آنها این بود که در کورهٔ آتش انداخته شوند، اما آنها زنده بیرون آمدند و پس از آن در دولت بابل ترفیع یافتند. دانیال نیز در مقابل بت‌پرستی ایستاد. او به‌سوی تمثال نبوکدنصر دعا نمی‌کرد، و او نیز از مجازات خود که در چاه شیران افکنده شد، جان به در برد (باب ۶). دانیال با کمک خدا، (بر خلاف حکیمان بابلی) توانست خواب‌های نبوکدنصر را تعبیر کند (باب‌های ۲ و ۴).

نیمهٔ دوم کتاب دانیال شامل رؤیاهای سمبولیکِ اوست، بصیرتی در خصوص چگونگی پیشرفت تاریخ. امپراتوری‌ها یکی پس از دیگری ظهور و سقوط خواهند کرد، اما صعود و نزول آنها تحت حاکمیت خدا اتفاق می‌افتد (۴۴:۲؛ ۳:۴، ۳۴؛ ۲۶:۶). در حقیقت، پیام اصلی دانیال این است که خدا حاکم مطلق است و خدمتگزارانش را که او را در رأس زندگی‌شان قرار می‌دهند، سرافراز می‌کند. در رؤیایی که در ۱:۷-۱۴ آمده است، «کسی مانند پسر انسان» (آیه ۱۳) نزد قدیم‌الایام می‌رسد و حکومت و پادشاهی بر ملت‌ها به او داده می‌شود. در اناجیل عیسی خود را "پسر انسان" معرفی می‌کند. ادعای او تلویحاً به این حقیقت اشاره دارد که حکومت و پادشاهی در رؤیای نبوتی دانیال به او وعده داده شده است.

عزرا و نحمیا: بازگشت قوم اسرائیل به موطن

در سال ۵۳۹ قبل از میلاد، کوروش پادشاه پارس، بابل را شکست داد و به اسرائیلی‌ها اجازه داد در صورت تمایل به موطن‌شان بازگردند. بسیاری بازگشتند، اما نه همه. کتاب استر مربوط به زمان حکومت آخرین پادشاه پارس خشایارشا (۴۸۶-۴۶۵ قبل از میلاد) و نیز دربرگیرندهٔ داستان شگفت‌انگیزی از اسرائیلی‌هایی است که در تبعید زندگی می‌کردند.

استر، دوشیزهٔ اسرائیلی، به‌جای وشتی، ملکهٔ خشایارشای پادشاه انتخاب شد. در همین زمان یکی از صاحب‌منصبان به نام هامان به مقام بالای حکومتی گمارده شد. تمام خدمتگزاران شاه در مقابل او زانو می‌زدند و او را احترام می‌کردند، اما مُردخای پسرعمو (و پدرخواندهٔ) استر، احتمالاً به دلیل آنکه آن کار شبیه بت‌پرستی بود از انجام آن سر باز زد. هامان خشمگین شد و از خشایارشا اجازه گرفت تا تمام اسرائیلی‌هایی را که در امپراتوری او زندگی می‌کردند بکشد. مُردخای خبر این تهدید را به گوش استر رساند و چنین گفت: «کسی چه داند، شاید برای چنین زمانی به سلطنت رسیده‌ای؟» (استر ۱۴:۴). استر برای نجات یهودیان،

خشایارشا را از توطئهٔ هامان مطلع ساخت و هامان به دار آویخته شد. مُردخای همچون یوسف و دانیال در امور مملکتی به مقام بالایی منصوب شد. نکتهٔ جالب توجه این کتاب آن است که گرچه استر قوم را به روزه دعوت می کند، که به احتمال قوی شامل دعا نزد خدا هم بوده است، اما نام خدا در این کتاب ذکر نشده است (۱۶:۴). اما داستان بیانگر مفهوم عمیق مشیت الاهی در تجربهٔ بنی اسرائیل است که همچنان در تبعیدند. آنها به مناسبت این رهایی عید پوریم را جشن گرفتند (۹:۱۸-۳۲).

کتاب تواریخ درست با همان جمله‌ای خاتمه می یابد که کتاب عزرا شروع می شود: کوروش پادشاه پارس، چنین می فرماید که معبد باید مجدداً در اورشلیم ساخته شود (۵۳۸ قبل از میلاد). این نشان از امیدی عظیم بود، به همین خاطر خداوند در دل کوروش گذاشت تا این را انجام دهد (عزرا ۱:۱ ؛ ن.ک. اشعیا ۴۴:۲۸-۴۵:۱، ۱۳). کوروش هر اسرائیلی تبعیدی را که مشتاق بود برای بنای معبد اورشلیم بازگردد، آزاد کرد. عزرا باب ۲ فهرستی از تبعیدیانِ بازگشته ارائه می دهد: بسیاری تصمیم گرفتند بازگردند، اما نه همه. ما فقط می توانیم احساس آنها را در حین بازگشت به موطن، آن‌هم پنجاه سال پس از ویرانی معبد، تصور کنیم. ابتدا آنها در شهرهای‌شان ساکن شدند؛ سپس در اورشلیم گرد آمدند تا تحت رهبری یشوع و زروبابل شروع به ساخت مذبح خدای اسرائیل کنند. این عملی شجاعانه بود، زیرا قوم‌های دیگر در زمان تبعید بنی اسرائیل آنجا ساکن شده بودند، و بنی اسرائیل نمی دانستند آنها چه واکنشی نشان خواهند داد.

به محض بنای مذبح، بنی اسرائیل به‌عنوان یادبودی از دوران چادرنشینی در بیابان، هنگام عزیمت از مصر به سرزمین وعده، عید خیمه‌ها را بر پا داشتند. اکنون برای این قوم که یک‌بار دیگر در این سرزمین جمع شده بودند، برپا کردن این عید بزرگ حرکتی عظیم برای جامعهٔ کوچک اسرائیلی محسوب می‌شد. مذبح و پرستش خدا، سمبول‌های قدرتمندی از حضور خدا میان قومش در سرزمین وعده هستند. اگرچه معبد هنوز ساخته نشده است، اما پرستش بنی اسرائیل امید فراوانی برای آنها فراهم می ساخت. یک‌بار دیگر آنها آیین‌های پرستش

را برقرار ســاختند، و به کار تجدید بنای معبد ادامه دادند. پروژهٔ تجدید بنای معبد اورشلیم با مخالفت‌های داخلی و حتی بیرونی روبه‌رو بود، اما در نهایت سازندگان غالب آمدند. به‌واسطهٔ نبوت‌های تشویق‌آمیز حَجّی و زکریای نبی (عزرا ۶:۱۴)، بیست سال پس از بازگشت از اسارت بابل، ســازندگان شجاع اســرائیلی،کار معبد را به پایان رساندند و آن را وقف خداوند کردند (۵۱۶ قبل از میلاد).

خواننده‌ای که داستان قوم اسرائیل را تا اینجا دنبال کرده، ممکن است بپرســد که آیا بنی‌اســرائیل این‌بار بهتر از دفعات پیشین خدا را خدمت خواهــد کرد؟ مابقی کتاب‌های عزرا و نحمیا دربارهٔ این دو رهبر اســت (و نام این کتاب‌ها نیز از آنها گرفته شده است) که در سال‌های پایانی به اورشــلیم آمدند و نقش اساسی در هدایت صحیح تبعیدیان بازگشته ایفا کردند. عزرا کاهن و کاتب بود و حدوداً شصت سال پس از وقف معبد به اورشلیم بازگشت. در این زمان اسرائیلی‌ها ازدواج با دیگر اقوام بیگانه را مجاز می‌شمردند و به این طریق مجدداً درها به روی بت‌پرستی به‌واسطهٔ تلفیق آیین‌ها گشــوده شده بود. عزرا به این گناهان اعتراف کرد، و فیض خدا را که سبب شــد آنها به سرزمین خویش بازگردند به‌یاد قوم آورد و چنین ازدواج‌هایی را منحل کرد.

نحمیا ســاقی دربار اردشیر شاه در بابل بود. هنگامی که خبر ویرانی دیوار اورشــلیم را شنید، درخواست کرد و اجازه یافت به اورشلیم برود (حدود ســال ۴/ ۴۴۵ قبــل از میلاد). با وجود مخالفت شــدید، نحمیا رهبریِ ساخت مجدد دیوار شــهر را برعهده گرفت (نحمیا ۱–۷). عزرا بنی‌اسرائیل را گرد آورد و کتاب شریعت موسی را برای آنها قرائت کرد، و لاویان نیز بنی‌اسرائیل را در باب شریعت هدایت کردند (باب ۸). مردم با شنیدن شریعت برای گناهان‌شــان عمیقاً گریستند. سپس در حالی که قوم رابطهٔ خود را با خدا، از زمان آفرینش به‌واسطهٔ دعوت ابراهیم تا زمان حاضر مرور می‌کرد، لاویان آنها را به دعای دســته‌جمعی هدایت کردند. آنها به‌شدت نزد خدا دعا کرده، عهد خدا را با قوم اسرائیل تجدید کردند (۹:۱۰–۳۸:۳۹).

در پایان عهدعتیق، آیندهٔ قوم اسرائیل همچنان نامشخص باقی ماند. با وجود اینکه قوم اسرائیل به سرزمین موعود بازگشته بود و حتی معبد نیز دوباره بنا شده بود، موجودیت آنها به‌عنوان یک ملت بسیار تضعیف شده بود: معبد دیگر جلال پیشین خود را نداشت (ن.ک. حجی ۳:۲). اگر توجه ما تنها به موقعیت سیاسی قوم اسرائیل در این نقطه از تاریخ باشد، ممکن است نسبت به آیندهٔ آن شک کنیم. اما انبیا به ما تضمین محکمی نسبت به آیندهٔ این قوم و پیروزی نقشه‌های خدا برای آن می‌دهند. بیشترین وعظ انبیا مستقیماً به موقعیت معاصر اسرائیل باستان مربوط می‌شد. اما انبیا – در دوران پیش از تبعید، حال و بعد از تبعید – به آینده نیز می‌نگریستند و دربارهٔ وقایع آن سخن می‌گفتند. بدین منظور آنها از تصاویر خاصی در تاریخ قوم اسرائیل، همچون صحبت دربارهٔ آیندهٔ "پسر داوود"، "کوه صهیون"، قوم اسرائیل به‌عنوان خادم خداوند، و معبد استفاده می‌کردند. انبیا برای بنی‌اسرائیل تصویری از آنچه خواهد آمد ترسیم می‌کردند.

پیام انبیا تا حد زیادی حاوی این حقیقت بود که خدا قومش را به‌خاطر نافرمانی دائمی داوری خواهد کرد. آوازه و جلال خدا میان دیگر ملت‌ها به‌خاطر زندگی قوم اسرائیل در معرض خطر بود و خدا نمی‌توانست عصیان قوم اسرائیل را برای همیشه تحمل کند. چنین مشاهده‌ای به‌طور طبیعی سؤالاتی دربارهٔ نقشهٔ خدا برای آینده، قوم اسرائیل و حتی کل آفرینش ایجاد می‌کند. حتی هنگامی که انبیا داوری را بر زمان حال بنی‌اسرائیل اعلام می‌کنند، همچنان به آینده نیز می‌نگرند و آن را بیان می‌کنند، زیرا خدا سلطنت می‌کند و نقشه‌های او باید به انجام رسد. ارمیا دربارهٔ "عهد تازه" (باب ۳۱)، و حزقیال دربارهٔ "معبد تازه" سخن می‌گوید (باب ۴۰-۴۵). نبوت‌های اشعیا (۶:۴۹؛ ۵۲:۵۳-۱۲:۱۳) دربارهٔ ظهور خادم رنج‌دیده است که حقیقتاً برای ملت‌ها نور است. تمام این تصاویر در کنار هم چشم‌اندازی ایجاد می‌کنند به این منظور که خدا قاطعانه عمل خواهد کرد تا اهدافش را برای خلقت به انجام رساند و قومش را حقیقتاً تبدیل به قوم **خود** سازد. ماشیح، آن

مسح‌شده خواهد آمد و قوم اسرائیل واقعاً تبدیل خواهد شد، و در نهایت قلوب قوم به‌سمت خدا باز خواهد گشت (همان‌طور که در میکاه ۵ آمده است). این زمانی خواهد بود که ملت‌ها و کسانی که با خداوند مخالفت کردند، داوری خواهند شد. اگرچه، این زمان همچنین زمان نجات برای ملت‌ها نیز خواهد بود:

> انبیا از ذکر این امور خسته نمی‌شدند. آنها به شکل مداوم درست در وسط پیغام‌های نبوتی‌شان مبنی بر اعلان داوری بر ضد بابل، آشور و مصر، یکباره از شادیِ نجاتی که خواهد آمد سخن می‌گفتند. آنها همواره به این حقیقت شهادت می‌دادند که بعد از داوری‌های آتشبارِ ماشیح بر قوم اسرائیل و بر دیگر ملت‌ها، اسرائیل جدید و جلال‌یافته به نقطهٔ تجمعی تبدیل خواهد شد که تمام مردم جهان دور آن گرد خواهند آمد.[۱]

خدا وعدهٔ خود را فراموش نکرده است. خدا قوم اسرائیل را احیا خواهد کرد و تمام ملت‌ها را چنانکه به ابراهیم وعده داده بود به‌سوی خود خواهد آورد. در این روند تمام خلقت احیا خواهد شد و پادشاهی خدا بر کل هستی بنا خواهد گردید. عهدعتیق با این امید پایان می‌پذیرد.

1. J. Herman Bavinck, An Introduction to the Science of Missions (Phillipsburg, NJ: P& R, 1979), 21.

فاصلۀ میان دو پرده

داستان پادشاهی، در انتظار پایان

دورۀ زمانیِ بین‌العهدین

همان‌طور که داستان عهدعتیق به پایان نزدیک می‌شد، قوم بنی‌اسرائیل در سرزمینی نسبتاً آرام تحت فرمانروایی پارسیان که به اسرائیل اجازۀ بازگشت به موطن داده بودند، زندگی می‌کردند. اما داستان عهدجدید در زمینۀ بسیار متفاوتی آغاز می‌شود. امپراتوری پارس مدت‌ها پیش فرو پاشیده بود، و اکنون قوم اسرائیل زیر حاکمیت بی‌رحم امپراتوری روم رنج می‌برد. در واقع بخش کوچکی از اسرائیلی‌ها در فلسطین زندگی می‌کردند، و اکثریت آنها در امپراتوری روم پراکنده و حتی از مرزها گذشته بودند، جایی که کاملاً در سلطۀ حاکمان بت‌پرست قرار داشت. در میان یهودیان فلسطین و نواحی دیگر همواره این اشتیاق شدید وجود داشت که خدا وارد عمل شود و آزادی را برای قومش به ارمغان آورد. خشم ملت اسیر به جوش آمده بود و آنها در آرزوی روزی بودند که بتوانند از زیر یوغ ظلم و ستم بیرون آیند و رومیان را برای همیشه از سرزمین وعده بیرون برانند. حال در سفرمان طی داستان کتاب‌مقدس، باید مکث کنیم و نگاهی به دوران بین‌العهدین بیندازیم، یعنی: چهارصد سال تاریخ قوم اسرائیل از زمان ملاکی تا متی.

قوم یهود در این دوران مجبور بود ایمانش را نسبت به وعده‌های خدا، مبنی بر برکت بودن، با تجربۀ تلخ و مهیبی تطبیق دهد که در نتیجۀ زندگی زیر سلطۀ بی‌حد حاکمان بت‌پرست به‌دست آورده بود.

اجتماع یهود در فلسطین و بیرون از فلسطین

وقتی فاتحان پارسی به یهودیان اجازه دادند از تبعید در بابل به سرزمین‌شان بازگردند، در واقع فقط اقلیتی از آنها بازگشتند. آنهایی که به فلسطین بازگشتند، اجتماع یهودیِ پررونقی ایجاد کردند، و این همان اجتماعی است که ما اغلب در انجیل دربارهٔ آن می‌خوانیم. اما اکثر قوم یهود بیرون از سرزمین وعده باقی ماندند. در قرن اول بعد از میلاد مسیح، اجتماعات یهودی تقریباً در تمام شهرهای متمدن دنیا وجود داشتند. این یهودیانِ خارج از فلسطین که میان ملت‌ها می‌زیستند، به «پراکندگان»[1] معروف بودند. این یهودیان پراکنده همچنان بر این عقیده بودند که قوم اسرائیل به‌عنوان یک کل در تبعید است، و به همین خاطر نسبت به حفظ هویتِ متمایز و مبتنی بر عهد خود و مقتضیات مذهبی آن، غیور بودند. تورات به‌طور مشخص یادآور اصول و بنیاد برای زندگی آنها بود. برخی از جوامع یهودیِ بیرون از فلسطین، در وفاداری به تورات و ایستادگی در برابر فرهنگ بت‌پرست معاصر، موفق‌تر بودند. اما هرگز امید یهودیان پراکنده به خدا و حس هویت آنها نسبت به قوم خدا بودن از بین نرفت.

یهودیان، چه در فلسطین و چه بیرون از فلسطین، در تلاش برای نگه داشتن تمایزات فرهنگی و مذهبی خود، کنیسه‌هایی برای پرستش در روز شبات، دعا و مطالعهٔ کلام خدا ساختند. چنین نهادی برای جامعهٔ یهود که بین بیگانگان زندگی می‌کرد، مرکزی برای تحصیل، امور قضایی و اجتماعی، اقتصادی و سیاسی فراهم ساخت. در روز شبات، یهودیان در کنیسه‌ها برای دعا و پرستش و شنیدن تفسیر کلام خدا دور هم جمع می‌شدند، اما برای اغلب آنها کنیسه هرگز نتوانست جای معبد را بگیرد. یهودیان هرجا که بودند به معبد احترام می‌گذاشتند و چشم انتظار جلال و شکوه آن در آینده بودند. آنها به معبد مالیات می‌پرداختند و در اعیاد مهم غالباً به زیارت اورشلیم می‌رفتند. همان‌طور که به داستان اسرائیل در زمان دو عهد نگاه می‌کنیم، باید به خاطر داشته باشیم که اجتماع یهودی

---

۱. Diaspora برگرفته از یونانی، معادلِ "میان/ سراسر" و "بذری" که دهقان در مزرعه می‌افشاند. و.

قابل توجهی خارج از فلسطین زندگی می‌کردند که همچنان در این‌گونه مراسم شرکت می‌جستند.

ایمان اسرائیل

پنج اعتقاد بنیادین که محصول سفر دوهزار سالهٔ قوم اسرائیل با خدا از زمان ابراهیم بود، زندگی یهودیان را در زمان بین‌العهدین شــکل داد. اولین اعتقاد، یکتاپرســتی بود: قوم اســرائیل به خدای واحد و خالق کل هســتی و حاکم بر تاریخ باور داشــت. دومین باور، برگزیدگی بود: خدا قوم اســرائیل را برای هدفی خاص برگزیــد. از طریق این ملت، نه هیچ ملت دیگری، خدا خلقتش را از شریر که آن را از زمان گناه آدم مخدوش و عقیم کرده اســت، رهایی خواهد بخشید. در عهدی که خدا با ابراهیم بست، نه تنها وعده داد که نسل ابراهیم را کثیر خواهد کرد، بلکه همچنین یادآور شــد که از طریق این قوم، در نهایت تمــام قوم‌ها برکت خدا را دریافت خواهند کرد. سومین باور، توجه به شریعت (تورات) بود: خدا به قوم اسرائیل شریعت را داد تا شیوهٔ زندگی آنها را به‌عنوان قوم مقدس خود هدایت کند، و وعده داد اگر قوم اســرائیل نسبت به شریعت وفادار باشــند، برکت خواهند یافت. چهارمین اعتقاد دربارهٔ سرزمینی است که خدا قومش را از طریق موســی و یوشع به آنجا برد، و معبد در آن ساخته شد. برای قوم اسرائیل، سرزمین وعده بیش از زمین معمولی، حتی بیش از خانه‌ای کــه در آن زندگی می‌کردند و باغی که به آنها خوراک می‌داد، معنا داشت. این سرزمین مقدس بود زیرا خدا در میان قوم اسرائیل ساکن شــده بود (زکریا ۱۲:۲). در هیچ جای دیگر این قوم نمی‌توانستند چنین رابطهٔ عمیقی با خدا داشــته باشــند. خود خدا این خانه را برای قومش انتخاب کرد و به‌طور خاص معبد اورشــلیم را به‌عنوان مکان ملاقات با آنها برگزید. این امر، عاملی تعیین‌کننده در محوریت زندگی آنها بود.

بدین‌ترتیب، یهودیان باور داشــتند که توســط تنهــا خدای حقیقی برگزیده شــدند تا او را خدمت کنند و در معبد اورشلیم، او را بپرستند و همان‌طور که تحت فرمــان او زندگی می‌کنند، برکاتش را دریافت کنند.

آنها به‌عنـــوان کهانتی ملوکانه، باید ملت‌های اطراف‌شـــان را نیز در این برکات ســـهیم می‌کردند. آنها می‌دانستند این دقیقاً همان چیزی است که خـــدا از قومش انتظار دارد. اما گناه، که به منزلهٔ بی‌وفایی آنها نســـبت به خداست، آنها را از دریافت آنچه خدا وعده داده بود دور نگه داشت. قوم اسرائیل طی نســـل‌های متمادی از روش زندگی ملل بت‌پرست مجاور پیروی کرده بود، و به همین خاطر بت‌پرستی جای پرستش خدا را گرفته بـــود. اما انبیا علی‌رغم بی‌وفایی قوم اســـرائیل، باز هم وعده می‌دهند که خدا نسبت به عهدی که با قوم خود بسته بود وفادار باقی خواهد ماند. او آنچه را باید توسط این ملت انجام دهد، تحقق خواهد بخشید. اگرچه قوم اســـرائیل به‌خاطر گناهش داوری و مجازات خواهد شد، اما خدا جلالی را که همیشـــه برای آن در نظر داشته است به او باز خواهد گرداند و کار رهایی‌بخـــش خود را کامل خواهد کرد. بدین‌ترتیب امید قوم اســـرائیل برای عمل رهایی‌بخش خدا در آینـــده، پنجمین اعتقادی بود که زندگی آنها را به‌عنوان یک ملت در دورهٔ بین‌العهدین هدایت می‌کرد.

تنش رو به رشد: از پارس تا روم

این باورها شدیداً توسط تجربیاتی که قوم اسرائیل طی چهارصد سال مابین دو عهد داشـــت، زیر سؤال قرار گرفت. اگرچه گروهی از یهودیان به سرزمینی که خدا به آنها وعده داده بود بازگشته بودند، اما آنان و حتی آنهایی که قبلاً در فلســـطین زندگی می‌کردند، همچنان تحت فرمانروایی قدرت‌هـــای خارجی یکی پس از دیگری قرار گرفته بودند، چنانکه گویا اسارت آنها هرگز پایان نپذیرفته اســـت. اجنبی‌ها زندگی سیاسی آنها را رقـــم می‌زدند و حتی بدتر از آن، به آنها فشـــار می‌آوردنـــد تا خود را با فرهنگ بت‌پرســـتی تطبیق دهند. اینها تهدیدی بود علیه حیات و هدف قومی که توسط خدا برگزیده شـــده بودند تا به‌وسیلهٔ آن جهان را برکت دهد. قوم اســـرائیل طی این قرونِ ســـختی و انتظار، این سؤال برای‌شان ایجاد شده بود که چرا خدا به میان نمی‌آید تا آنها را برهاند، و از نام خود میان بت‌پرســـتان دفاع کند؟ آنها تحت فرمانروایی دولت‌های استعمارگر

خارجی، یکی پس از دیگری، باید مدام این سؤال را در ذهن می‌داشتند که چه بر سر وعده‌های انبیا آمده است؟

زندگی در امپراتوری پارس

وقتی کوروش، پادشاه پارس در حدود قرن ششم قبل از میلاد مسیح بر مسند پادشاهی نشست و به یهودیان اجازه داد به سرزمین خود بازگردند، وجد و شادی عظیمی میان آنها برپا شد. به‌طور قطع، این رهایی از سوی خدا بود! یقیناً این تحقق وعده‌های کلام خداست که در تثنیه ۳۰:۵-۹ آمده است.

> و یهوه خدای‌تان شما را به سرزمینی که پدران‌تان به ملکیت یافتند باز خواهد گردانید، و مالک آن خواهید شد. و او شما را کامیاب‌تر و پرشمارتر از پدران‌تان خواهد ساخت. یهوه خدای‌تان دل شما و دل فرزندان شما را ختنه خواهد کرد تا او را با تمامی دل و جان خود دوست داشته، زنده بمانید. یهوه خدای‌تان همهٔ این لعنت‌ها را بر دشمنان و خصمان شما که شما را آزار رسانیدند، نازل خواهد کرد. و دیگر بار، از صدای خداوند اطاعت خواهید کرد و همهٔ فرمان‌های او را که من امروز به شما امر می‌فرمایم، به‌جا خواهید آورد. آنگاه یهوه خدای‌تان شما را در همهٔ دسترنج‌تان و میوهٔ بطن‌تان و ثمرهٔ چارپایان‌تان و محصول زمین‌تان وفور نعمت خواهد بخشید. زیرا خداوند دیگر بار از کامیاب ساختن شما خشنود خواهد شد، چنانکه در خصوص پدران‌تان خشنود بود.

این اولین وعدهٔ برکت تورات برای قوم اسرائیل در دورهٔ پس از اسارت بابل بود که مدام توسط انبیای دوران اسارت مانند اشعیا، ارمیا، حزقیال تکرار شده بود. اما این وجد و شادی خیلی زود جایش را به سرگشتگی و ناامیدی داد. تجربهٔ بازگشت از اسارت به هیچ عنوان شبیه چیزی نبود که انتظار داشتند. تصور آنها از این واقعه، چیزی کمتر از یک انقلابی کیهانی از کار خدا در این ملت و توسط این قوم برگزیده نبود.

اولاً تمام اسرائیلی‌ها به سرزمین بازنگشتند: بسیاری در بابل و مصر باقی ماندند. درست است که معبد بازسازی شده بود، اما معبد تازه در مقابل عظمت و شکوه معبد سلیمان، که ویران شد، محقر بود (حجی ۳:۲). اگرچه قوم اسرائیل یک‌بار دیگر توانستند در سرزمین فلسطین که خدا به ابراهیم داده بود ساکن شوند، اما اکنون تنها به فکر خشنود نگه داشتن حکام خارجی، و در نتیجه بت‌هاشان بودند.

رؤیای زندگی در سرزمینی که متعلق به آنها، و دور از حاکمان خارجی بود باعث شد بسیاری از اسرائیلیان مجدداً به وعده‌های برکتی که در کلام آمده بود و در این سال‌ها بدان چسبیده بودند، نگاهی بیندازند. و آنچه در این میان یافتند، غیرت تازه‌ای برای خواندن تورات در آنها ایجاد کرد:

> آنگاه یهوه خدای‌تان شما را در همهٔ دسترنج‌تان و میوهٔ بطن‌تان و ثمرهٔ چارپایان‌تان و محصول زمین‌تان وفور نعمت خواهد بخشید. زیرا خداوند دیگر بار از کامیاب ساختن شما خشنود خواهد شد، چنانکه در خصوص پدران‌تان خشنود بود، بدین شرط که صدای یهوه خدای خود را اطاعت کرده، فرمان‌ها و فرایض او را که در این کتاب شریعت نوشته شده است نگاه دارید، و با تمامی دل و جان نزد یهوه خدای خویش بازگردید. زیرا این فرمان که من امروز به شما امر می‌فرمایم، برای شما مشکل نیست و نه دور از دسترس شماست ... زیرا امروز به شما فرمان می‌دهم که یهوه خدای خود را دوست بدارید و در راه‌های او گام بردارید و فرمان‌ها و فرایض و قوانین او را نگاه دارید، تا زنده بمانید و بر شمارتان افزوده گشته، یهوه خدای‌تان شما را در سرزمینی که برای تصرفش بدان داخل می‌شوید، برکت دهد. (تثنیه ۹:۳۰-۱۱، ۱۶)

چنین به نظر می‌رسد که این پاسخی بود به ناامیدی آنها. اگرچه قوم عملاً به سرزمین‌شان بازگشته بودند، اما همچنان از لحاظ سیاسی و مذهبی مانند دوران تبعید بودند، زیرا هنوز خدا داوری خود را بر این قوم که عهد

خدا را نگه نداشــته بودند، تمام نکرده بود. به این ترتیب، آنها فقط زمانی می‌توانســتند منتظر رهایی کامل و نهایی باشند که به اندازهٔ کافی نسبت به تورات وفادار باشــند، و عملاً گام برداشتن در مسیر خدا و اطاعت از فرمان‌ها، قوانین و احکام او را آغاز کنند. در نتیجه یک سنت تعلیم شفاهی به‌وجود آمد، که از طریق آن معلمین می‌کوشیدند کاربردی نوین از قوانین دیرینهٔ تورات در پرتو شــرایط کنونی ارائه دهند. همچنین کنیسه‌هایی بنا کردند تا بتوانند در آنجا شریعت خدا را به مردم عادی آموزش دهند.

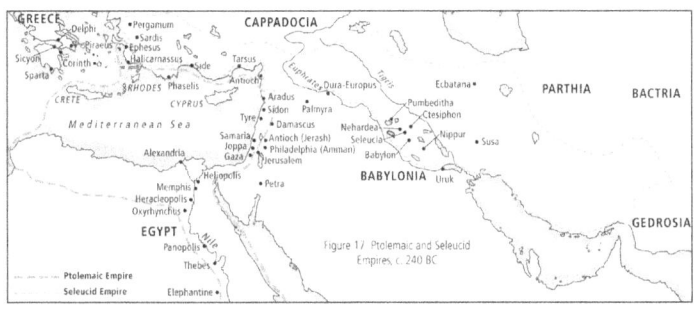

تصویر ۱۷- امپراتوری بطلمیوسی و سلوکی ۲۴۰ قبل از میلاد

امپراتوری یونان تحت فرمانروایی اسکندر کبیر

وقتی لشــکریان اسکندر در سال ۳۳۱ قبل از میلاد بر پارس‌ها پیروز شــدند، کنترل فلسطین و امور دولتی قوم اسرائیل به دست یونانیان افتاد. اما جدی‌ترین تهدید برای ادامهٔ حیات اسرائیل نه سیاسی و مذهبی بلکه فرهنگی بود. اســکندر قصد داشــت امپراتوری جدید خود را با تحمیل کردن فرهنگ هلنیســتی (کلمه‌ای برگرفته از نام هلّــن، رئیس قبیله‌ای افسانه‌ای در «تِسالی» واقع در یونان باستان، و بدین‌سان "یونانی") تحکیم بخشد، که شامل زبان یونانی نیز می‌شد.

درســت اســت که اســکندر، یهودیان را مجبور نکرد تا از فرهنگ هلنیســتی متابعت کنند، اما تفکرات و رســوم یونانــی فرهنگ یهود را تحت‌الشــعاع قرار داد. زبان فراگیر یونانی به قدری تأثیر گذاشته بود که معلمین تورات متون کلام مقدس‌شان را به یونانی ترجمه (سپتواجنت)

کردند. تمام اینها شروع به تضعیف فرهنگ و یکپارچگی مذهب یهود به‌عنوان قوم منحصربه‌فرد خدا کرد. این قوم چگونه می‌توانست نسبت به آنچه آنها را متمایز می‌کرد وفادار بماند، در حالی که حاکمان اجنبی همهٔ باورهاشان را زیر سؤال می‌بردند؟ این فشار برای پیروی از فرهنگ بت‌پرست هلنیستی با گذشت زمان به‌تدریج بیشتر می‌شد.

امپراتوری یونان بعد از اسکندر

هنگامی که اسکندر در سن سی‌وسه سالگی مرد (۳۲۳ قبل از میلاد)، هیچ وارثی از خود به‌جا نگذاشته بود، به همین دلیل بر سر امپراتوری عظیم او میان سردارانش نزاع درگرفت. سلسلهٔ بطلمیوس در مصر و سلسلهٔ سلوکی در سوریه، تحت امپراتوری سابق اسکندر، در بخش‌های مربوط به خود حکومت می‌کردند و با یکدیگر برای به‌دست آوردن کل منطقهٔ فلسطین می‌جنگیدند. قوم اسرائیل بین این دو رقیب سرسخت قرار گرفته بود و ابتدا زیر سلطهٔ حاکمان بطلمیوسی (۳۱۱-۱۹۸ قبل از میلاد) و سپس سلوکی‌ها (۱۹۸-۱۶۴ قبل از میلاد) قرار گرفت. چندی بعد، تنش بین ایمان اسرائیل به وعدهٔ خدا و تجربهٔ آنها از زندگی میان فرهنگ بیگانه تبدیل به بحرانی طاقت‌فرسا شد. این امر به‌طور خاص در زمان حکومت «آنتیوخوس چهارم (آنتیوخوس اپیفانِس)» پادشاه سلوکی اتفاق افتاد، کسی که به‌عنوان ″تجلی [خدایان]″ پرستش می‌شد، اما مرگش با ″تجلی قدرت خدا″ اتفاق افتاد. (دوم مکابیان ۸:۹).

آنتیوخوس چهارم با دو تهدید بزرگ علیه امپراتوری‌اش روبه‌رو شد، یک تهدید خارجی و دیگری داخلی: (۱) روم، که هم‌اکنون قدرتی جهانی محسوب می‌شد، پول فراوانی از آنتیوخوس به‌عنوان ″خراج″ می‌گرفت؛ رشوه‌ای که رومیان را از حمله به سرزمین‌های تحت فرمان یونانیان دور نگه می‌داشت. (۲) تنوع قومی در امپراتوری یونان تهدیدی بود که آن را از درون ویران می‌کرد؛ جنگ میان قبایل مختلف و احزاب ملی. پاسخ آنتیوخوس به این تهدیدها چنین بود: (۱) تاخت و تاز به دولت‌های مستعمره (همچون اسرائیل) و غارت آنها برای پرداخت بدهی‌هایش

و (۲) اجبار مردم (باز همچون اسرائیلیان) به پذیرفتن کامل فرهنگ هلنیستی. او می‌خواست کل امپراتوری را همسان سازد و بدین‌ترتیب (امیدوار بود) به جنگ داخلی در درون امپراتوری خاتمه بخشد.

هر دو سیاست، یعنی غارت و هلنیستی کردن مردم، توسط بسیاری از اسرائیلیان به‌عنوان حملهٔ مستقیم به زندگی این ملت به‌عنوان قوم عهدبسته با خدا دیده می‌شد. آنتیوخوس حتی جرأت کرد معبد خدا در اورشلیم را غارت کرده، هر چیز با ارزش را از بین ببرد:

> آنتیوخوس با گستاخی به معبد درآمد و قربانگاه زرین و شمعدان چند شاخه را با تمامی اسباب‌های آن و میز هدایا و پیاله‌های شراب و جام‌ها و مجمرهای زرین و پرده و تاج‌ها و آرایه‌های زرین‌نمای معبد را برداشت و تمامی روکاری نمای معبد را برکند. سیم و زر و اثاث گران‌بها را تصاحب کرد و گنجینه‌های نهانی را که یافت به یغما برد (اول مکابیان ۱:۲۱- ۲۳).

برای یونانیِ عملگرایی چون او، به‌طور قطع هیچ چیز در اسرائیل مقدس نبود. آنتیوخوس در تلاش ظالمانه برای هلنیستی کردن یهود، قوانین سختی علیه اعمال مذهبیِ متمایزکنندهٔ قوم اسرائیل به‌عنوان قوم خدا، برقرار ساخت. او ختنه، نگه داشتن شبات و قربانی‌های معبد را ممنوع کرد و نامطیعان را به‌طرز ظالمانه‌ای می‌کشت. به دستور او نسخه‌های تورات سوزانده شدند. یهودیان می‌بایست قربانی‌های نجس به بت‌ها تقدیم می‌کردند. در نهایت، در ۲۵ دسامبر سال ۱۶۷ قبل از میلاد، آنتیوخوس عمداً برای بی‌حرمت ساختن معبد، قربانگاهی برای زئوس خدای بزرگ یونان، در آنجا قرار داد تا آنجا را نجس سازد، و یک خوک که ناپاک‌ترین حیوان در شریعت یهود بود، بر مذبح قربانی کرد. خشم و اندوه یهودیان نسبت به این عمل از زبان دانیال (در دانیال ۱۱:۳۱) به‌عنوان "مکروه ویرانی"، "مکروهی که نجس می‌سازد" یا "علت ویرانی است" بیان شده است.

آنتیوخوس برای ایمان راسخ یهودیان به خدا و ارتباط‌شان با او ارزشی قائل نبود. قوم اسرائیل بر این باور بودند که خداوند در جهت اثبات نام خود

وارد عمل خواهد شد و بر معبد، سرزمین و قوم مجدداً فرمانروایی خواهد کــرد. همچنین بر این باور بودند که آنها باید انتقام خدا را از بت‌پرستان بگیرند. از این‌رو، یهودیان بر ضد اربابان سلوکی خود به پا خاستند.

انقلاب مکابیان (۱۶۷ قبل از میلاد) و سلسلهٔ حشمونیان (تا سال ۶۳ ق. م.)

این سلسله توسط کاهنی پیر به نام متاتیاس بن‌یوحانان، کسی که باید قربانی نجس به حضور یکی از بت‌ها می‌آورد، آغاز شد. متاتیاس از انجام این عمل سر باز زد. او در عوض، یهودی سازشگری را که قربانی نجس تقدیم کرد و ســرباز یونانی را که مســئول اطمینان یافتن از انجام فرمان حکومتی بود، کشت. پس از این سرپیچی شجاعانه و خطرناک، متاتیاس به همراه پنج پسرش به بیابان گریخت و در آنجا گروهی انقلابی را سامان داد. پس از مرگ این کاهن پیر در سال بعد، سومین پسرش یهودا، رهبری ایــن گروه پارتیزانی را بر عهده گرفت. یهـودا ملقب به مکابی "چکش" بود زیرا مانند چکش بر ســر دشمنان فرود می‌آمد و به همین خاطر افراد شورشی را که به او وفادار بودند مکابیان نامیدند.

اگرچه تعداد مکابیان به‌طرز ناامیدکننده‌ای از ارتش سلوکی کمتر بود، اما توانستند پیروزی‌های چشمگیری به‌دست آوردند. در بیست‌وپنج دسامبر سال ۱۶۴ قبل از میلاد، سه سال پس از اهانت آنتیوخوس به معبد، یهودا مکابی[1] به اورشــلیم تاخت و با فریاد "هوشیانا" و شاخه‌های نخل استقبال‌کنندگان روبه‌رو شــد. او معبد را پاک ســاخت، و آنجا را از تصاویر خدایان یونانی، مذبح بیگانه و هرگونه مظاهر نفرت‌انگیز بت‌پرســتی زدود، و یک بار دیگر کل معبد را وقف خداوند کرد. عیدی تازه به نام حانوکا بر پا شــد تا یادآور رهایی یهودیان از دســت اربابان بت‌پرست باشد (اول مکابیان ۴:۴۱-۶۱). البته رهایی یهودیان بیســت سال بعد، یعنی زمانی که حکومت سلوکیان بر اســرائیل به‌طور کامل از بین رفت حاصل شد (۱۴۲ قبل از میلاد). این امر

---

۱. یهودا مکابی به‌خاطر قطعات موسیقی همراه با آوازی که «هندل» برای او ساخت، به شکل لاتین نامش یهودا مکابیوس هم شناخته می‌شود.

آغازگر دوره‌ای از استقلال و خودمختاری یهود در زمان جانشینی شمعون (حشمونیان) برادر بزرگ یهودا مکابی بود که هشت سال سلطنت کرد.

برای درک جامع داستان قوم اسرائیل آگاهی از این وقایع - ظلم سلوکی‌ها به فرمانروایی آنتیوخوس بر قوم یهود و متعاقب آن انقلاب مکابیان علیه فرمانروایان بت‌پرست - ضروری است. این وقایع درست همانند واقعهٔ خروج، تبدیل به لحظات سرنوشت‌سازی در تاریخ یهود شدند: خدا وارد عمل شد تا قومش را رهایی بخشد، معبد را احیا کند و شریعت خود را محقق سازد. وقتی خدا یک‌بار قوم خود را با این عمل چشمگیر رهایی ملاقات می‌کند، یقیناً باز هم چنین خواهد کرد. به‌طور قطع، زمان ظلم و ستم بر یهودیان توسط حاکمان بت‌پرست به اتمام رسیده بود، و خدا پادشاهی خود را در اسرائیل همان‌طور که توسط انبیا از مدت‌ها پیش وعده داده بود بر پا خواهد کرد.

اما این امر هنوز اتفاق نیفتاده بود. با اینکه رهبران انقلابی، متاتیاس بن‌یوحانان و پسر مشهورش یهودا مکابی تسلیم فرمانروایی خدا و شریعت خدا برای یهود بودند، اما پادشاهان حشمونی برای حفظ قدرت سیاسی که به آنها رسیده بود، شدیداً با تأثیرات بت‌پرستی و فرهنگ هلنیستی سازش کردند.

اسرائیل در چنگال روم

از آن هنگام که سلوکوس اول و بطلمیوس اول، دویست سال قبل (در ۳۲۳ قبل از میلاد، هنگامی که اسکندر کبیر مرد) بر بخش‌هایی از امپراتوری یونان سلطنت می‌کردند، روم در ثروت و قدرت پیوسته رشد می‌کرد. در سال‌های اولیهٔ قرن نخست پیش از میلاد، روم تبدیل به نیروی نظامی حاکم و قدرتی سیاسی در آن قسمت از جهان شده بود. در سال ۶۳ قبل از میلاد پمپهٔ کبیر در رأس ارتش خود، به‌سمت اورشلیم حمله کرد تا اسرائیل را به امپراتوری ملحق سازد، و این آغازی بود برای حضور روم در آنجا به مدت پانصد سال. روم تصمیم گرفت به‌صورت غیرمستقیم با همدستی (سازشکاری) پادشاهان و فرمانداران دست نشانده بر اسرائیل

حکومت کند، افرادی مانند هیرودیس کبیر و جانشینانش به‌عنوان آخرین پادشاهان حشمونی، و والیان و حاکمانی دست‌نشانده از جمله پنتیوس پیلاتوس. همچنین حکومت روم (نه یهودیان!) کاهن اعظم را بدان جایگاه بسیار مهم در معبد منصوب می‌کرد.

اکنون خشم و ناامیدی اسرائیلیان نسبت به حاکمان بت‌پرست، بر روم متمرکز شده بود، قدرتی عظیم و بسیار بی‌رحم‌تر از حاکمان پیشین. کسانی که تورات را برای بصیرت یافتن مطالعه می‌کردند، روم را با رؤیای دانیال نبی دربارهٔ آخرین و بدترین وحش از چهار وحشی که از دریا برآمدند یکی می‌دانستند: «پس از آن، در رؤیاهای شب، نگریستم و اینک وحش چهارم را دیدم که هولناک و رُعب‌انگیز و بسیار نیرومند بود و دندان‌های بزرگِ آهنین داشت. او می‌بلعید و خُرد می‌کرد و باقیمانده را لگدمال می‌نمود. این وحش با همهٔ وحش‌های پیشین متفاوت بود» (دانیـال ۷:۷). این حقیقتاً بـا آنچه امپراتـوری روم در پیش گرفته بود همخوانی داشت. رومیان توسط زور، ایجاد ترس و ارعاب و تهدید، پایمال کردنِ حساسیت‌های فرهنگیِ تابعان، گرفتن مالیات‌های فقرآفرین، اِعمال فرهنگ جدید هلنیستی به یهودیان سرسخت، و مجازات سخت مخالفان، سلطنت می‌کردند.

تحت فرمان چنین رژیم ظالمی، نفرت نژادی نسبت به غیریهودیان در اسرائیل شدت گرفت. این حس شامل تنفر نسبت به یهودیانی که با روم همکاری می‌کردند، مانند بسیاری از کاهنان و خراج‌گیران، و همچنین پادشاه دست‌نشاندهٔ روم، هیرودیس و تمام هوادارانش می‌شد. اشتیاق شدید مردم برای بازگشت خدا به‌سوی آنها و حکومت بر جهان از اورشلیم، قوی‌تر می‌شد. اشتیاق برای پادشاهی جدیدی که باید توسط خدا رهبری می‌شد، گاه منجر به شورش‌های محلی علیه غاصبان منفور رومی می‌گشت. این اعمال سریعاً و به‌شدت سرکوب، و به مصلوب کردن شورشیان ختم می‌شـد، و منظرهٔ هولناکی ایجاد می‌کرد تا نشـان دهـد مخالفت با روم چه عواقبی در پی خواهد داشت. با این‌حال، اسـرائیل به‌عنوان حوزه‌ای ستیزه‌جو و سرسخت به مدت یک قرن پیش از تولد مسیح و یک قرن پس

از آن جزو امپراتوری روم باقی ماند. در این دورهٔ زمانی، ده تا دوازده جنبش انقلابی به سرکردگیِ شخصیتی ماشیح‌گونه یا شبه‌ماشیح برپا شد.

از این‌رو، اســرائیلی که عیسی بدان پا گذاشــت، ملتی بود که بیم و امید در آن شــدت داشت و حتی تب‌دار بود. قوم اسرائیل که از استیلای فرمانروایان بت‌پرست به ستوه آمده بودند، سرشار از اشتیاق برای آمدن پادشاهی خدا، آماده بودند برای برقراری آن دست به هر عملی بزنند.

امید اسرائیل برای پادشاهی

قوم اســرائیل تاریخ را به‌صورت دو دورهٔ زمانی کاملاً متمایز می‌دید: عصــر حاضر و عصر آینده. در عصر حاضر که با عصیان آدم علیه قوانین خدا آغاز شــد، تمام خلقت به گناه آلوده شد. از این‌رو، بدیهی است که شریر در سراسر دنیا در عصر حاضر حتی میان قوم خدا یعنی بنی‌اسرائیل، که خوانده شــده بود تا راه‌حلی برای مشکل شریر فراهم آورد، همچنان حضور دارد. اما در عصر آینده خدا وارد عمل می‌شود تا خلقتش را پاک و احیا ســازد. این احیا ابتدا باید از بنی‌اسرائیل آغاز می‌شد که بسیاری از آنها همچنان در تبعید میان بت‌پرستان زندگی می‌کردند و/ یا به‌خاطر گناه با خدا بیگانه بودند. به همین خاطر خدا پیش از این رهایی، باید مســئلهٔ گناه بنی‌اســرائیل را حل می‌کرد. بسیاری از یهودیان بر این باور بودند که تاریکی شب تبعید غلیظ‌تر می‌شود تا آنکه خدا داوری نهایی را بر قومش بیاورد. این داوری مانند تاریک‌ترین ســاعت شــب قبل از طلوع آفتاب اســت و یا درد زایمان پیش از تولد. ســپس روز احیا از جانب خدا سر خواهد رسید، جهانی تازه متولد خواهد شد، بنی‌اسرائیل بخشیده و منزه خواهد شد و خلقت تازه خواهد گشت.

توسط این ملت، که به‌تازگی برای این وظیفه مهیا شدند، خدا برکت رهایی و احیا را حتی به ملل اطراف‌شــان گســترش می‌دهد. سپس این رهایی ادامه می‌یابد تا جایی که خدا کل آفرینش حتی مخلوقات غیربشری را فرامی‌خواند. تمام اینها در روزهــای پایانی تاریخ اتفاق خواهد افتاد: روح خــدا بر قومش قرار خواهد گرفت تا تمام این امور واقع شــود، و

عصر حاضر شریر به پایان برسد. خود خدا تمام امور را به‌درستی تنظیم خواهد کرد. او با اقتدار عمل خواهد کرد تا کل خلقت و کل بشریت را احیا سازد تا مجدداً تحت فرمانروایی او زندگی کنند. او خلقتش را از تباهیِ گناه، شیطان، درد و مرگ نجات خواهد داد.

این تقسیم‌بندی تاریخ به دو بخش، ریشه در نوشته‌های انبیای عهدعتیق دارد. توسط انبیا، قوم اسرائیل می‌دانستند که خدا هدف از خلقت جهان و وعده‌هایی را که به خادمینش داده بود فراموش نخواهد کرد. در روزهای پایانی تاریخ، خدا زمین را ملاقات خواهد کرد تا حاکمیت خود را بر جهان احیا سازد. او نجات کامل از شریر را به ارمغان خواهد آورد که به‌واسطهٔ آن شناخت خدا، عدالت و آرامی و صلح زمین را خواهد پوشانید.

با توجه به سخنان انبیا این نجات از قوم اسرائیل شروع می‌شود و سپس تمام ملت‌ها در اسرائیل دور هم جمع خواهند شد. ابتدا قوم اسرائیل باید گرد هم بیایند، خالص شوند و توسط روح‌القدس قدرت یابند و سپس ملت‌ها می‌توانند وارد اجتماع عهد شوند (حزقیال ۳۶). طی قرن‌ها پیش از آمدن عیسی، گردهمایی قوم اسرائیل باورهای آن قوم را شکل می‌داد. جمع شدن قوم اسرائیل عمیقاً با آمدن پادشاهی گره خورده بود و «چنان مشهود که این امید حتی بدون نبوت‌های عهدعتیق نیز به قوت خود باقی می‌ماند.»[۱] قوم اسرائیل باید گردهم می‌آمد تا میراثش را از پادشاهی آینده دریافت کند (حکمت سلیمان ۳۶:۱۱).

در میان یهودیان افرادی بر این باور بودند که غیریهودیان نیز در چنین زمانی، در نهایت خدای اسرائیل را به‌عنوان پادشاه خود خواهند شناخت و زیر فرمانروایی او با شادمانی زندگی خواهند کرد (اشعیا ۶:۴۹). با این‌حال، بسیاری نیز مضمون نبوتی متفاوتی در کلام خدا می‌دیدند. آنها به این باور رسیده بودند که برای قوم اسرائیل مقدر شده تا بر آنانی که سابقاً بر یهودیان سروری می‌کردند، حکومت کند: قوم اسرائیل بر

1. Schürer, History of the Jewish People, 2:530.

غیریهودیان پیروز خواهد شـــد و آنها را مطیع خواهد ساخت، و آنها نیز مشـــتاقانه قوم اسرائیل را خدمت خواهند کرد یا توسط داوری خدا نابود خواهند شد (۶۰:۱۲، ۱۴). احســـاس حقارت قوم اسرائیل طی سال‌ها، نفرتی علیه ظالمان بت‌پرست به‌وجود آورده و باعث شده بود پیام غالب ایـــن قوم این نباشـــد که ملت‌ها باید در صهیون جمع شـــوند تا راه خدا را فرابگیرند (۲:۳). در عوض، بنی‌اســـرائیل منتظر بودند تا ملت‌ها مانند کوزهٔ کوزه‌گر خرد شـــوند (مزمور ۲:۹). در آن روز، کسانی که همچنان از درک فرمان‌های خدا سر باز می‌زنند، با خشم مهیب او مواجه خواهند شـــد. خدا از ستمگرانی که قوم اسرائیل را از خدمت مبتنی بر عهدشان با خدا دور نگه داشـــته بودند، انتقام خواهد گرفت و آنها را از بین خواهد برد. و بدین‌ترتیب قوم خود را نجات خواهد داد.

این گردهمایی قوم اسرائیل و نتایج عظیم عمل نجات‌بخش، در ماشیح (واژه‌ای عبری به معنی "مسح شده" که معادلش در یونانی "کریستُس" یا مسیح است) تکمیل خواهد شـــد. عامل الاهیِ رهایی‌بخش باید پادشاه مسح‌شـــده‌ای باشد که پادشاهی احیاشدهٔ خدا با او آغاز می‌شود. احتمالاً این منجی، از نسل ســـلطنتی خود داوود خواهد بود و با رهبری قومش علیـــه رومی‌ها در میدان جنگ، ملت را آزاد خواهد ســـاخت. احتمالاً او کاهنی است که ابتدا قوم اسرائیل را برای پرستشی حقیقی مهیا می‌سازد. برخی نیز بر این باور بودند که کار رهایی‌بخش خدا با بیش از یک ماشیح تکمیل خواهد شد. دربارهٔ انتظارات قوم اســـرائیل هنگام ظهور پیام‌آور الاهی و رهایی‌بخش، نظرات متضاد بسیاری وجود داشت، اما تقریباً هیچ نظری دربارهٔ ماشـــیح رنجبر وجود نداشت (اشعیا ۵۳:۲؛ مقایسه کنید با لوقا ۲۴:۲۵).

بهترین تصویری که می‌توان از انتظار یهود ارائه داد، تصویر پادشاهی خدا است. قوم اســـرائیل به روزی می‌نگریست که هیچ پادشاهی غیر از خدا نخواهد نداشـــت. ســـرزمین وعده، که توسط بت‌پرستان لگدمال و آلوده شـــده بود، پاک خواهد شد تا مجدداً قوم اسرائیل بتواند با خداوند مشارکت داشته باشد. او به معبدی که ترکش کرده بود، بر خواهد گشت

و یک بار دیگر در آن مسکن خواهد گزید (ملاکی ۱:۳). قوم از بند ستمگران بت‌پرست آزاد خواهند شد، درست همان‌طور که از اسارت مصر و بابل رها شدند. حکومت قیصر روم و پادشاهان و کاهنان دست‌نشاندۀ او محو خواهند شد و پادشاهی خدا تمام امور را بر قرار خواهد کرد. پادشاهی آینده به معنی آزادی از فرهنگ‌بیگانۀ تحمیلی و تأیید وضعیت قوم اسرائیل به‌عنوان قوم برگزیدۀ خدا بود. این امر می‌تواند به معنی اصلاح قوم در اطاعت و وفاداری نسبت به خدا باشد، هنگامی که روح خود را بر آنها قرار خواهد داد و دل‌هاشان را "ختنه" خواهد کرد (تثنیه ۶:۳۰) تا بتوانند از تورات پیروی کنند. نسل‌های پیشین یهودیان که در سال‌های طولانی تبعید و اسارت قوم اسرائیل همچنان به خدا وفادار مانده بودند از مرگ برخواهند خاست - تا به همراه بقیۀ زنده جمع شوند - و پادشاهی خدا را تجربه کنند (دانیال ۲:۱۲). تا رسیدن آن روز، مؤمنین در اسرائیل امیدوارانه زندگی می‌کردند: دعا می‌کردند، کلام خدا را می‌خواندند، اعیاد را برای زنده نگه داشتن امیدشان جشن می‌گرفتند، به تورات وفادار می‌ماندند، و همواره آمادۀ رزم بودند. تقریباً همه در این امور توافق داشتند. اما بر سر اینکه خدا چگونه، و در چه زمانی، و از طریق چه کسی این امور را انجام خواهد داد، و اینکه تا آن روز چگونه باید زندگی کنند، تفاوت‌های بسیاری میان یهودیان وجود داشت.

برداشت‌های متفاوت از امید اسرائیل

فریسیان

آخرین پادشاهان حشمونی به‌واسطۀ سازش با فرهنگ هلنیستی، تا حد زیادی به روح اصلی شورش مکابیان خیانت کرده بودند. برای بسیاری از مردم در اسرائیل، چنین سازشی در رهبران یهودی خود، حس عمیق تنفر نسبت به تمام قوم‌ها را تشدید کرده بود. اگرچه مکابیان توانسته بودند حاکمان یونانی سابق خود را از فلسطین بیرون کنند، اما یونانی‌ها توانسته بودند فرهنگ منحرف و مضر بت‌پرستانه را از خود به‌جا بگذارند. چنین فرهنگی مردم و رهبرانشان را نسبت به ارتداد

وسوســـه می‌کرد. چنین چیزهایی نباید در اســـرائیل وجود می‌داشت! امید تازه‌ای به‌وجود آمده بود مبنـــی بر این که امکان دارد انقلابی که در روزهای متاتیاس پیر و پســـرش یهودا اتفاق افتاده بود دوباره آغاز شود و تمام بقایای تفکرات و اعمال بت‌پرســـتی نهایتاً از اســـرائیل به همراه باقی قوم‌های غیریهودی برداشـــته شود. در این دوران یک گروه یهودی ملی‌گرا، فریســـیان، به‌تدریج شهرت یافتند. فریسیان در کنیسه‌ها به‌عنوان معلمین شـــریعت و سنن شفاهی که از قرار ریشهٔ آن به موسی برمی‌گردد شناخته می‌شـــدند. دو نیاز ضروری الهام‌بخش آنها بود: ۱) تغییر انقلابی در ملت، تا قوم اسرائیل به صورت کامل از تفکرات و اعمال بت‌پرستان جدا شود؛ ۲) اطاعت محض از تورات در میان افراد وفادار به خدا.

برای فریســـیان، جدایی و اطاعت، دو سوی یک حقیقت کامل بود. بنابراین، آنها بر جنبه‌هایی از شریعت تورات تأکید می‌کردند که قوم یهود را منحصربه‌فرد نشان می‌داد. ختنه، احکام مربوط به خوراک، نگه داشتن شبات، تمام این نشـــانه‌های تازه، به‌عنوان علامتی از محدوده و حریمی بود که یهودیان باایمان را از بت‌پرستان بی‌ایمان جدا می‌ساخت. بسیاری در میان فریسیان حاضر بودند برای رسیدن به این انقلاب الاهی دست به فعالیت‌های سیاسی و حتی خشونت بزنند. فریسیان موفق بودند زیرا به یکی از عمیق‌ترین اشتیاق‌های مردم اسرائیل جان بخشیدند، یعنی اشتیاق برای آزادی و وفاداری به تورات، و امید برای احیای پادشـــاهی، که خدا در آن بر قوم خود سلطنت کند.

اسن‌ها

این گروه نیز در زمان شـــورش مکابیان به‌پا خاســـتند و باور داشتند که باید همسانی و ســـازش با فرهنگ هلنیستی را که بلای جان اسرائیل شـــده بود، از میان بردارند. هرچند آنها از اینکه مانند فریسیان تحت نظام حاکم کار کنند، راضی نبودند. اســـن‌ها مســـیر انزوا را انتخاب کردند. از آنجا که اسن‌ها باور داشتند فساد هلنیستی عمیقاً در اسرائیل ریشه کرده، و حتی وارد معبد و امور کهانتی شـــده بود (که اعضای آن توسط رومیان

مسح می‌شدند)، به تمام این مسائل پشت کردند. آنها باور داشتند که تنها آنها اســرائیل حقیقی، وارثان وعده‌های کلام خدا و پیش‌قراولان ارتش رهایی‌بخش خدا هســتند. گروهی که خود را جــدا کرده بودند، جامعهٔ دیگری در قمران، بیرون اورشــلیم، تشــکیل دادند، و در آنجا به مطالعهٔ کلام، دعا و اجرای کامل دستورهای تورات می‌پرداختند.

اسن‌ها را نیز باید در چارچوب امید خود برای رهایی و پادشاهی آینده درک کرد. آنها بر این عقیده بودند که وفاداری‌شان به تورات باعث خواهد شد خدا بازگردد و خوشبختی را به اسرائیل بازگرداند. اسن‌ها در انقلاب وارد نشــدند زیرا باور داشتند خدا در زمان مقرر خود باز خواهد گشت، ماشــیح کاهن و پادشاه را خواهد فرستاد تا آنها را در جنگ با غیریهودیان و یهودیان ســازش‌کار -فرزندان تاریکی - رهبری کند. آنها باور داشتند آن زمان بســیار نزدیک اســت. آنها آماده بودند در زمان مقرر به پاخیزند و دشمنان بت‌پرســت خدا را قتل‌عام کنند. اما تا فرارسیدن آن زمان، آنها مسیر سکوت، انزوا، طهارت آیینی و دعا را انتخاب کردند.

صدوقیان و کاهنان

آنها معلمان رسمی شریعت و نمایندهٔ شناخته‌شدهٔ خط اصلی مذهب یهود بودند. آنها به همراه فریسیان، اعضای شورای حاکم، یعنی سنهدرین را تشکیل می‌دادند. از آنجایی که کاهنان و صدوقیان برای حفظ موقعیت و نفوذشــان در جامعه نیازمند حمایت رومیان بودند، نمی‌توانستند مانند فریسیان و اسن‌ها روحیهٔ انقلابی داشته باشند. آنها برخلاف اکثر یهودیان، اشتیاقی برای تغییر نداشــتند (مقایسه کنید با یوحنا ۱۱:۴۸). قدرت آنها متکی به همکاری بــا رومیان بود، و دقیقاً به همین دلیل حفظ شــرایط موجود برای‌شان حیاتی بود.

غیوران

ایــن گروه آخر را نمی‌توان به آســانی توضیح داد. آنها نه ســازمانی رســمی بلکه گروه نوپای فرهنگی، و نمایندهٔ بخشــی از مردم بودند که

تأکیدات متفاوتی داشتند و حتی شامل بسیاری از فریسیان می‌شدند که برای اسرئیل غیرت داشتند و آمادهٔ شرکت در انقلابی خشونت‌آمیز بودند. غیوران از متاتیاس کاهن، بنیانگذار انقلاب مکابیان الهام می‌گرفتند. او «در غیرت شریعت می‌سوخت» و مردم را با این فرمان که «هر که برای شریعت غیرت دارد و حامی عهد است با من بیاید» بسیج می‌کرد (اول مکابیان ۲:۲۶-۲۷؛ NRSV، تأکید با حروف ایتالیک در متن اصلی نیست؛ اعداد ۲۵:۶-۱۵). غیوران طبق این سنت پیش می‌رفتند: آنها به تورات وفادار بودند، به‌شدت علیه سازش با فرهنگ هلنیستی مقاومت می‌کردند، برای رسیدن به مقاصد خود به خشونت متوسل می‌شدند، و در صورت نیاز حاضر بودند به این خاطر شهید شوند.

در زمان عیسی گروهای بسیاری از غیوران در اسرائیل وجود داشت، که مشتاق بودند وارد انقلاب مسلحانه شوند تا آزادی را برای قوم‌شان به ارمغان بیاورند و معبد را از نجاسات بت‌پرستی پاک سازند. اعضای یکی از همین گروه‌ها سیکاری یا "مردان خنجر" نامیده می‌شدند زیرا همواره خنجری زیر لباس خود پنهان داشتند تا بتوانند رهبران یهودی سازشگر را بکشند. اکثر این گروه‌های انقلابی توسط فردی که ادعا می‌کرد ماشیح است رهبری و هدایت می‌شدند. رهبران رومی ناگزیر بودند چنین گروه‌هایی را سرکوب، و "ماشیحان" را مصلوب و طرفداران آنان را وحشیانه‌مجازات کنند. این سرنوشت یهودای جلیلی و گروهش در سال ۶ بعد از میلاد مسیح و دیگرانی بود که در آن دوران به پا خاستند. (لوقا ۲:۱۳-۱؛ اعمال ۵:۳۶-۳۷). یکی از شاگردان خود مسیح در انجیل به‌عنوان شمعون غیور معرفی شده است (لوقا ۶:۱۵).

مردم عادی

بیشتر یهودیان در این دوران عضو گروه خاصی نبودند. حدود نیم میلیون نفر در اسرائیل زندگی می‌کردند، و احتمالاً سه میلیون (یهودی) در سراسر امپراتوری روم پراکنده بودند. بیشتر آنها منتظر روزی بودند که خدا بازگردد و قوم خود را از دست رهبران ستمگر بت‌پرست رهایی بخشد.

سپس آنها آزاد خواهند بود تا از تورات اطاعت کنند و خدا را در معبد پاک و سرزمین پاک پرستش کنند. ماشیح موعود، قلب اشتیاق آنها بود: تا آمدن او، آنها باید وفادار باقی می‌ماندند تا خدا آمدن آن روز را تسریع کند. آنها باید تورات را در کنیسه فرامی‌گرفتند و تا جایی که می‌توانستند از آن اطاعت می‌کردند. باید اعیاد را در شهرهای‌شان و برخی مواقع در اورشلیم جشن می‌گرفتند. باید دعا می‌کردند، احکام خوراک و شبات را نگه می‌داشتند، و فرزندان پسر را ختنه می‌کردند. و باید امیدوارانه انتظار می‌کشیدند.

در چارچوب چنین انتظار پرشوری، مردی جوان از ناصره، پسر مردی نجار، اعلام کرد که پادشاهی خدا به اسرائیل آمده و اکنون در او عیان شده است.

پردۀ چهارم

آمدن پادشاه

تکمیل رهایی

ما نمی‌توانیم معنای داستان عیسی را، بدون آنکه آن را حقیقتاً نقطۀ اوج داستان کتاب‌مقدس و تاریخچۀ عمل خدا در تاریخ بشر ببینیم، درک کنیم. وقتی خلقت نیکوی خدا توسط عصیان بشر مخدوش شد، خدا بلافاصله طرح نجات را آغاز کرد. خدا خالق تمام جهان است و به همین‌خاطر حق دارد آن را متعلق به خود بداند. اکنون آن را رهایی خواهد بخشید و برای خود باز خواهد خرید، تا تبدیل به چیزی شود که از ابتدا برای آن آفریده شده بود. عهدعتیق بیانگر عمل خدا میان قوم اسرائیل است و آنها را برای رسیدن به این هدف آماده می‌سازد؛ اعمال آغازین رهایی‌بخش و احیاکنندۀ او، و وعده‌های مکرر، مبنی بر اینکه روزی آنچه را که در این قوم کوچک آغاز کرده است، در کل آفرینش تکمیل خواهد کرد. در نقشۀ خدا، در نهایت آسمان و زمین تازه و احیا می‌شوند. در عیسای مسیح، این تازگی و احیا به‌صورت نهایی به‌عنوان پادشاهی خدا نمایان می‌شود.

عیسی در زندگی خود به ما نشان می‌دهد که نجات چگونه است: قدرت خدا برای شفا و نو شدن، به‌تمامی در گفتار و اعمال او زنده و نمایان بود. عیسی با مرگش، این نجات را تکمیل ساخت: او بر صلیب، با قدرت شیطان جنگید و با گرفتن تمام گناه جهان بر خود، آن را در هم شکست. او در قیامش دری به‌سوی خلقت تازه باز کرد و آن در را باز نگه داشته است و از ما دعوت می‌کند تا به او بپیوندیم. انجیل

(که در انگلیسی از واژهٔ قدیمی "حکایتِ خوش" آمده)[1] به معنی "خبر خوش" است، و این بهترین خبری است که می‌تواند وجود داشته باشد: در عیسی، پادشاهی خدا آمده است!

خبر خوش ابتدا پس از قیام عیسی از مردگان و نزول روح‌القدس در پنطیکاست بر پیروانش به‌صورت شفاهی پخش شد. پیروان عیسی (کلیسای اولیه) داستان‌های بسیاری دربارهٔ زندگی، مرگ و قیام عیسی به همسایه‌ها و کسانی که در سفر ملاقات می‌کردند، می‌گفتند و این چنین خبر خوش را منتقل می‌ساختند. بسیاری از این داستان‌ها خیلی زود به‌صورت مکتوب درآمدند و روایت‌های کامل‌تری از زندگی عیسی جمع‌آوری شد. چهار نویسنده این چالش را پذیرفتند و اناجیل متی، مرقس، لوقا و یوحنا را به نگارش درآوردند. ما این کتاب‌ها را انجیل می‌نامیم زیرا هدف اولیهٔ آنها رساندن خبر خوش دربارهٔ عیسی بود: در او، بالاخره روز تازهٔ خدا طلوع کرد.

اناجیل مانند زندگی‌نامه‌های امروزی نیستند؛ قصد آنها شرح تاریخی دقیق تمام وقایع زندگی عیسی نیست. با این‌حال، هر کدام از نویسندگان اناجیل نور این خبر خوش را بر شرایط تاریخی خاصی می‌تاباند، و برخی وقایع را که شاهدان عینی گفتار و اعمال عیسی بازگو کرده‌اند، برمی‌گزینند. هر نویسنده، آن وقایع را به مقتضای زمان خود تفسیر می‌کرد، و وقایع را به‌گونه‌ای نظم می‌داد که موضوع مشخصی را انتقال دهد. بدین‌ترتیب، اناجیل به مقتضای شرایط و اهداف مختلف، به‌گونه‌ای متفاوت نوشته شده‌اند. یقیناً روح‌القدس این نویسندگان را هدایت کرد تا متنی قابل اعتماد و شهادتی درست از کار خدا در عیسی عرضه کنند. با این‌حال، در نوشته‌های آنها می‌توان هم روند معمولی تاریخ‌نگاری و هم توجه و تأکید شخصی و خاص نویسنده‌ها را دید.

از آنجا که در اناجیل مطالب و وقایع به ترتیب زمانی نوشته نشده، بلکه به شکل موضوعی و بر اساس رویدادهای مجزا ثبت شده‌اند، و نیز هر

---

۱. در زبان انگلیسی قدیمی: Gōdspel یا "Good Tale"

انجیل با دیگر اناجیل به طرق گوناگون متفاوت است، نمی‌توان به‌راحتی داستان عیسی را روایت کرد. با این‌حال ساختار اولیهٔ آن مشخص است. عیسی پس از سال‌ها زندگی در ناصره (که دربارهٔ آن کمی توضیح دادیم)، در ناحیهٔ جلیل خدمتی سیار آغاز کرد. او در گفتار و کردار خود، آمدن پادشاهی خدا را عیان می‌ساخت. گردهمایی قوم اسرائیل آغاز شده بود. همان‌طور که مردم بیشتری برای شنیدن سخنان این نبی انقلابی به ناصره می‌آمدند، چنین به نظر می‌رسید که خدمت گردهم‌آورندهٔ او با موفقیت چشمگیری روبه‌رو شده است: تعداد پیروان او رو به افزایش بود. اما او همچنین شدیداً نظر رهبران یهودی را (البته به‌شکلی خصومت‌آمیز) به خود جلب کرده بود. او مصمم بود به اورشلیم برود، که هم مرکزی برای ملت محسوب می‌شد و هم برای شدیدترین مخالفت‌ها با آنچه می‌گفت و می‌کرد. عیسی در اورشلیم دستگیر و محاکمه شد، و با اینکه قاضی او را بی‌گناه خواند، مصلوب شد. سپس او از مرگ قیام کرد. مرگ و قیام مسیح نقطهٔ اوج خدمت اوست، و نشان داد که اگرچه تمام قدرت‌های شیطانی قصد داشتند او را نابود کنند و اهداف او را شکست دهند، در عوض، او آنها را شکست داد: پیروزی عیسی بر گناه و مرگ، فرارسیدن پادشاهی خدا را آغاز کرد.

مابقی پردهٔ چهارم به شرح این داستان عیسی خواهد پرداخت. معمولاً فرض بر این است که مرقس اولین انجیل مکتوب است. از این‌رو برای بیان خبر خوش، ما از اصول اولیهٔ این انجیل، همراه با ارجاعات متناسب در دیگر اناجیل استفاده خواهیم کرد.

عیسی پادشاهی خدا را از طریق زندگی خود عیان می‌سازد

انتظار یهودیان از پادشاهی خدا

تمام خدمت عیسی حول محور پادشاهی خدا می‌چرخد. او این حقیقت را در اولین سخنان خود در مرقس بیان کرد: «زمان به کمال رسیده ... پادشاهی خدا نزدیک شده است. توبه کنید و به این خبر خوش ایمان آورید!» (۱۵:۱). سپس عیسی فراتر نیز می‌رود: او نه تنها

ادعا می‌کند که پادشاهی خدا در نهایت به اورشلیم آمده است بلکه همچنین مدعی می‌شود که در او جامهٔ عمل پوشیده است (لوقا ۱۸:۴، ۲۱). او، عیسی ناصری، توسط پدر تنها به یک دلیل فرستاده شد: تا خبر خوش پادشاهی خدا را به همه اعلان کند (۴۳:۴).

باعث تعجب است که دوهزار سال پس از چنین اعلان شگفت‌انگیزی، بسیاری از مسیحیان که صادقانه قصد دارند او را پیروی کنند، از پادشاهی خدا که قلب خدمت عیسی بود اطلاعات اندکی دارند. زندگی در فرهنگ دموکراسی غرب باعث شده است تا مفهوم پادشاهی با تجربیات روزانهٔ ما امری ناسازگار و بیگانه باشد. اما برای درک این اعلان شگفت‌انگیز، که عیسی آن‌را برای توضیح هدف زندگی‌اش بیان کرد، باید حداقل خود را جای یهودیان قرن اول بگذاریم که شنوندگان این سخنان بودند، و در تجربیات آنها سهیم شویم. تنها آن زمان است که می‌توانیم درک کنیم چطور فکر می‌کردند و چه احساسی داشتند، و هنگامی که ناگهان عیسی فرارسیدن پادشاهی خدا را اعلان کرد، چه اشتیاقی در آنها به‌وجود آمد.

عیسی برای توضیح و شرح عبارت پادشاهی خدا از هیچ تلاشی بازنمی‌ایستد. تمام مخاطبین او تقریباً با این ادبیات آشنایی داشتند. به هر روی، انتظار گسترده‌ای میان یهودیان قرن اول در فلسطین و پراکندگان وجود داشت مبنی بر اینکه خدا کاری انجام خواهد داد - سریع، ناگهان، در محبت و خشم و قدرتی عظیم - تا خلقت را احیا سازد و سلطنت خود را بر تمام جهان برقرار کند. اما تا زمان عملکرد خدا افراد چگونه باید منتظر آن روز باشند؟ چگونه آمدن پادشاهی خدا تسریع می‌شود و رومیان منفور چه زمانی بیرون رانده می‌شوند؟ انتظار خدا از قومش چیست؟

در فصل پیشین به بررسی چهار پاسخ بسیار شناخته شده به این سؤالات پرداختیم: غیوران از انقلاب حمایت می‌کردند، صدوقیان مروج سازش با حاکمان رومی بودند، فریسیان جدایی فرهنگی و مذهبی دقیق را آموزش می‌دادند، و اسن‌ها طرفدار انزوای کامل بودند. چهار رویکرد متفاوت، اما در عین حال مشترک در انزجار نسبت به غیریهودیان؛ تنفری دیرینه و یا حداقل احتیاط نسبت به تمام کسانی که خارج از عهد خدا

بودند. سپس عیسی پا به عرصه می‌گذارد، کسی که از رفتن به هریک از ایـن راه‌ها امتناع کرد. راه او عمیقاً متفـاوت بود: راه او محبت و رنج دیدن بود، «محبت به دشـمن به عوض نابودی؛ بخشش بی‌قید و شرط به عوض انتقام؛ آمادگی برای رنج کشیدن به‌جای استفاده از زور؛ برکت برای صلح‌کنندگان به عوض سرود نفرت و انتقام.»

عیسی آمادهٔ خدمت پادشاهی می‌شود: سال‌های اولیهٔ او، تعمید و وسوسه

هر یک از نویســندگان اناجیل قصد دارند داستان‌هایی را که دربارهٔ زندگی عیسی بیان می‌کنند، به‌عنوان بخشی از داستانی بسیار بزرگ‌تر به خواننده ارائه دهند. به همین‌خاطر، مرقس داسـتان عیسی را با خدمت یحیای تعمیددهنده آغـاز می‌کند، تا نبوت‌های عهدعتیق را دربارهٔ او که پیشـاپیش خواهد آمد تا راه ماشیح را هموار ســازد، به ما یادآور شود. انجیل متی کمی به عقب‌تر نگاه می‌کند، به اینکه ریشهٔ خدمت عیسی در تاریخ قوم اسرائیل از ابراهیم آغاز شده است. برای متی عیسی وارد تاریخ شد تا داسـتان قوم اسرائیل را تکمیل سازد. لوقا حتی عقب می‌رود تا به آدم می‌رسد، تا نشــان دهد خبر خوش دربارهٔ عیسی برای تمام بشریت اهمیت دارد. و یوحنا ما را به زمان پیش از آفرینش می‌برد: عیسـی کلام ازلی و خلق‌ناشده است که از ابتدا با خدا بوده است.

تولد عیسـی تجسم خدا در تاریخ بشر اسـت. تولد او معجزه‌وار بود: او نه به‌واسـطهٔ پدر زمینی (قانونی) خود (یوسف)، بلکه به‌واسطهٔ قدرت روح‌القدس در رحم مریم باکره مولود شد (متی ۱:۱۸-۲۳؛ لوقا ۱:۲۶-۳۵). عیسی از نسل داوود به‌دنیا آمد و حتی مکان تولد آنها یکی بود: بیت‌لحم.

اعلام تولد عیسی به شـبانان مطرود، بیانیهٔ خدمت مسیحایی او بود: او آمده است تا بر قلمروی جهانی و ابدی حکم براند. فرشتهٔ خدا اعلام کرد: «برای شــما خبر خوشِ شــادی عظیمی آورده‌ام! این خبر خوش برای تمام مردم جهان است! امروز پادشاهِ منجی متولد شد. او خداوند و ماشیح موعود است» (لوقا ۲:۱۰-۱۱ ترجمهٔ آزاد). در تصور یهودیان، این اعلام یادآور میکاه ۵:۱-۶ اسـت، که در آن گفته شده ماشیح در بیت‌لحم

مولود خواهد شـد. این حاکم، پادشاهی خواهد بود که قومش را از ظلم امپراتوری‌های بیگانه رهایی خواهد بخشید و صلح را برای آنها به ارمغان خواهد آورد. یهودیان این اعلام را به‌عنوان خبری خوش می‌شنیدند، زیرا رهانندهٔ موعود آمده بود. تعجبی ندارد که لشکریان آسمان (نه گروه کر!) بلافاصله به فرشتهٔ خدا پیوستند و سرود پیروزی سر دادند: «جلال بر خدا در عرش برین، و صلح و سلامت بر مردمانی که بر زمین مورد لطف اویند» (لوقا ۱۴:۲). صلحی که در نتیجهٔ رهایی از ظلم بیگانگان در میکاه وعده داده شده بود، اکنون اتفاق افتاده بود.

اما این اعلام چیزی بسیار متفاوت در ذهن رومیان برمی‌انگیخت. زبان منادی، زبان خاص مذهب امپراتوری روم بود (در ستایش امپراتور روم) که کل امپراتوری را با هم متحد می‌ساخت. در مدارک رومی متعلق به این دوران، تولد آگوستوس قیصر (مقایسه کنید با لوقا ۱:۲!) به‌عنوان خبر خوش برای تمام مردم ذکر شده است. امپراتوران رومی به‌عنوان "نجات‌دهنده" و "خداوند" خطاب شده‌اند؛ کسانی که آورندهٔ صلح بودند.[۱] به همین‌خاطر، برای امپراتوری روم، عیسی کودکی خطرناک بود که برای به چالش کشیدن اقتدار امپراتوری، و در حقیقت برای اقتدار کل پادشاهی‌های جهان متولد شده بود. او صلحی را که انبیا نبوت کرده بودند به ارمغان خواهد آورد، صلحی کامل که بسیار فراتر از آن چیزی بود که آگوستوس قیصر بنا کرده بود. این خبر نه تنها برای یهودیان، بلکه برای غیریهودیان نیز خبر خوشی بود.

عیسی، کودک یهودی، وقتی هشت‌روزه بود ختنه شد، نمادی برای ورود به جامعهٔ مبتنی بر عهد خدا. سی‌وسه روز بعد در زمان تقدیم او در معبد و در ایام تطهیر، حنا و شمعون - بخشی از بقیهٔ وفادار قوم اسرائیل که امیدوارانه انتظار می‌کشیدند - شهادت دادند که این نوزاد تحقق نبوت‌های اشعیا دربارهٔ امید نجات برای یهود و امت‌ها است (لوقا ۲۹:۲-

---

۱. Pax Romana صلح و آرامشی که امپراتوری روم در سرزمین‌های اطراف مدیترانه و تحت حاکمیت روم به‌وجود آورد. م.

۳۲، ۳۸). عیسی در ناصره به همراه برادران و خواهرانش، و به‌عنوان پسر و شاگرد شخصی نجار بزرگ شد. اطلاعات کمی از سال‌های بین تولد او و آغاز خدمت علنی‌اش به پادشاهی خدا وجود دارد، جز آنکه آگاهی او از پسر خدا بودن و دعوت مسیحایی‌اش رشد خود را آغاز کرده بود. هنگامی که او دوازده سال داشت، والدینش ناخواسته او را در اورشلیم پس از جشن سالیانهٔ پِسَخ جا گذاشتند. سپس او را در معبد یافتند. وقتی مادرش او را به‌آرامی توبیخ کرد، او پاسخ داد: «مگر نمی‌دانستید که می‌باید در خانهٔ پدرم باشم؟» (لوقا ۲:۴۹).

خدمت علنی عیسی در ارتباط با پسرخاله‌اش یحیای تعمیددهنده آغاز شد (مرقس ۱:۱–۸)، کسی که در فلسطین به‌عنوان نبی ظهور کرد و پیامی از سوی خدا داشت: پادشاهی خدا نزدیک است. خدا وارد عمل شده است تا به‌سوی قومش بازگردد و درست مانند آنچه انبیای عهدعتیق وعده داده بودند بر آنها حکمرانی کند. پادشاهی خدا توسط او که خواهد آمد و نجات و داوری را به همراه دارد، آغاز خواهد شد. یحیی چنین می‌گفت که پادشاهی خدا بسیار نزدیک است، و غربال جداسازی گندم (نیکوکاران، خوبان، صالحان) از کاه (بدکاران، بدان، طالحان) هم‌اکنون در دست ماشیح قرار دارد (لوقا ۳:۹، ۱۷). کار یحیی (چنانکه اشعیا وعده داده بود) مهیا کردن راه برای آمدن پادشاهی خدا و آماده کردن قوم برای پذیرفتن آن بود (اشعیا ۴۰:۳–۵، مقایسه کنید با ملاکی ۳:۱؛ ۴:۵–۶).

پیام یحیای تعمیددهنده این بود که قوم خدا باید توبه کنند – از گناه به‌سوی خدا بازگردند، و در جستجوی نجاتی باشند که وعده داده شده بود – و در آب تعمید یابند. مکان این واقعه بسیار مهم بود، زیرا برای یهودیان مکان جغرافیایی معنای سمبولیک بسیار داشت. یحیی در رود اردن تعمید می‌داد، زیرا درست همین جا بود که بیش از هزار سال پیش، بنی‌اسرائیل وارد سرزمین وعده شد تا برای دیگر قوم‌ها نور باشد. بازگشت یحیی به این مکان بیانگر شروعی تازه برای قوم اسرائیل، و فراخوان تازه‌ای از سوی خدا برای انجام وظیفهٔ اصلی است (که مدت‌ها مغفول مانده بود). تعمید، سمبولی زنده از این شروع تازه، و نشان‌دهندهٔ

پاکــی از گناه بود. قوم خدا یک‌بار دیگــر به‌صورت نمادین از رود اردن گذشت تا پاک و مقدس و آماده برای انجام وظایف خود، یعنی نور بودن برای دیگر قوم‌ها، وارد سرزمین وعده شود.

روزی در میــان خیــل عظیمی که بــرای گرفتن تعمیــد نزد یحیی می‌رفتند، عیسی هم آمد (مرقس ۱:‏۹-۱۱). اگرچه او (برخلاف دیگران) از گناه مبرا بود، خود را با قوم یکی دانســت، و این مسئولیت را پذیرفت تا راهی باشد که خدا از طریق آن قوم‌ها را نجات می‌بخشد (متی ۳:‏۱۴-۱۵). وقتی عیسی در آب تعمید گرفت، روح‌القدس به‌شکلی آشکار بر او قرار گرفت تا او را برای وظایفش تجهیز کند. خودِ خدای پدر، خواندگی عیســی را تأیید کرد: «تو پسر محبوب من هستی.» این کلمات پدر، تأیید می‌کرد که عیســی پادشاه مسح‌شدهٔ قوم اســرائیل است، و آمده است تا آغازگر پادشاهی خدا باشد. روح‌القدس او را قوت بخشیده است تا کار نجات‌بخش خدا را انجام دهد.

پیش از آغاز این امر، روح‌القدس عیســی را به بیابان هدایت کرد تا با شــیطان روبه‌رو شــود (متی ۴:‏۱-۱۱؛ مرقس ۱:‏۱۲-۱۳). این داستان نبردی روحانی است، نه داستان فردی که در جستجوی تقدس شخصی اســت. وقتی داستان را می‌خوانیم، باید تفاوت دیدگاه اسرائیلی‌های قرن اول دربارهٔ چگونگی آمدن پادشــاهی خدا را به‌یاد داشته باشیم. در این وسوسه‌ها «شیطان سعی داشت عیسی را مجبور کند تا قدرت مسیحایی خود را در مســیری به‌کار گیرد که با تعهدات او مطابقتی نداشت.»[1] این مهمترین نکته دربارهٔ این وسوسه‌ها است.

شیطان ســه راه متفاوت به عیسی نشان می‌دهد که احتمال داشت او به‌عنوان ماشیح انتخاب کند: ما می‌توانیم به آنها چنین اشاره کنیم: ۱) شیوهٔ توده‌گرایی، ۲) شیوهٔ کارهای اعجاب‌انگیز، ۳) شیوهٔ خشونت انقلابی. با شــیوهٔ اول، تبدیل سنگ‌ها به نان، عیسی می‌توانست از قدرت مسیحایی خود اســتفاده کند تا تبدیل به ماشیحی عوام‌پســند شود. او می‌توانست

1. Ridderbos, Coming of the Kingdom, 157.

خواست مردم را برآورده سـازد، نیازهای ضروری همچون خوراک، و خودش در جلوی آنها به‌عنوان رهبر انقلاب مردمی قرار گیرد. مردم یقیناً می‌خواستند که چنین شخص مهیاکننده‌ای پادشاه‌شان شود. از سوی دیگر، عیسی می‌توانست فردی باشد که کارهای اعجاب‌انگیز انجام می‌دهد، خودش را از دیوار معبد پایین بیندازد و خدا را مجبور سازد تا از طریق شگفت‌انگیزی او را نجات بخشد. مردم کاملاً مجاب می‌شدند و عیسی را در هرچه می‌گفت و می‌کرد متحیرانه پیروی می‌کردند. و یا عیسی می‌توانست در قالب یک غیور، با استفاده از خشونت و ارعاب از طریق میانبری نظامی برای رسیدن به تاج و تخت، تبدیل به رهبری سیاسی شود. اما برای انجام این کار باید با شیطان توافق می‌کرد، برنامه‌های او را برای رسیدن به قدرت می‌پذیرفت، و در مقابلش زانو می‌زد.

عیسی می‌دید که این شیوه‌ها در واقع با شیطان آغاز می‌شوند، و حاضر نبود خدمت خود را با انتظارات رایج در خصوص ماشیح خدا یکی سازد. در عوض، او مسیر سخت را برای ورود به پادشاهی برگزید: مسیر خدمت فروتنانه، محبتی ایثارگرانه، و در نهایت، رنج صلیب. راه عیسی راه صلیب است. عیسی خدمت خود را که توسط پدر به او داده شده بود، با قدرت و هدایت روح‌القدس، و عزم راسخ در مسیر خواندگی خود به‌عنوان ماشیح، آغاز کرد.

عیسی خدمت پادشاهی را در جلیل آغاز می‌کند

خدمت عیسی فروتنانه آغاز شد. او اغلب از مکانی به مکان دیگر در شمال فلسطین در جلیل، در نزدیکی شهر کفرناحوم می‌رفت. او با اعمال و گفتارش پادشاهی خدا را بشارت می‌داد تا گوسفندان پراکندهٔ قوم اسرائیل را گرد هم آوَرد. تعالیم عیسی و اعمال او با اقتداری همراه بود که باعث شد بسیار سریع خیل عظیمی از مردم او را در سفرهایش همراهی کنند. اما آنچه او می‌گفت مورد پسند همهٔ کسانی که نزدش می‌آمدند قرار نمی‌گرفت. در بین رهبران یهود علیه او مخالفت وجود داشت؛ حتی برخی از پیروانش او را ترک کردند (یوحنا ۶:۶۶).

عیسی فرارسیدن پادشاهی خدا را اعلام می‌کند

اگرچه یحیای تعمیددهنده بر داوری خـدا علیه گناه، و نیاز مردم به توبه برای آمدن پادشاهی خدا تأکید می‌کرد، عیسی خبر خوشی را اعلام کرد: پادشاهی خدا نزدیک شده است (مرقس ۱۴:۱-۱۵). معـادل یونانیِ "خبر خـوش" (evangelion، که واژهٔ "انجیل" از آن اخذ شـده) واژه‌ای است که در آن فرهنگ معمولاً به اعلامی گفته می‌شد که شادی عظیمی به همراه داشت. می‌توانست خبر عروسـی باشد، یا تولد

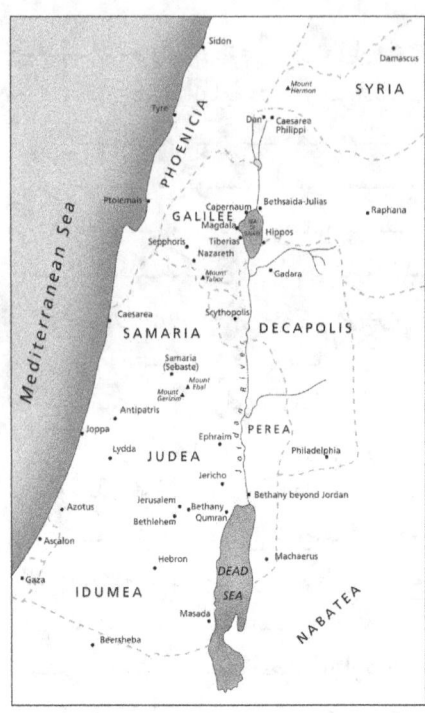

تصویر ۱۸- فلسطین در زمان عیسی

یک پسـر، پیـروزی نظامی، و یا بر تخت نشسـتن امپراتور و اعلان دورهٔ تازه‌ای از صلح. عیسـی اعلام می‌کند که قدرت خدا برای نجات خلقت نزدیک اسـت. خدا با محبت و قدرت وارد تاریخ بشر شده است تا کل جهان را آزادی، شفا و تازگی بخشد. این بیانیه‌ای پنهان و دور از چشم در بخش مذهبی مجلهٔ «تایم»[1] و یا «مکلین»[2] نبود؛ بلکه مطلب روی جلد بود! خدا بار دیگر پادشاه می‌شود!

تصویری در کتاب اشـعیا (۷:۵۲-۱۲) وجود دارد که برای یهودیانِ مسـتأصل قرن اول فلسطین چنان ارزشمند بود که سریعاً آن را تشخیص می‌دادند. اشـعیای نبی (حدود ششصد سال پیش از دوران عیسی) برای

---

1. Time; 2. Maclean

قومش که در تبعیدی سخت گرفتار بودند، و در بابلِ بت‌پرست اسیر بودند، نبوت کرده بود. او روزی را توصیف کرده بود که قوم اسرائیل بار دیگر آزاد خواهد شد و هزاران‌هزار از سرزمین ظلم و ستم به سرزمین محبوب خود فلسطین و شهر مقدس اورشلیم بازخواهند گشت. تمام باقی‌ماندگان در شهر پس از تبعید، اکنون نوک پا ایستاده بودند، و از دیوارهای اورشلیم و برج‌ها نگاه می‌کردند. آنها در جستجوی منادی‌ای بودند که پیش جمعیت می‌دود تا خبری را که مدت‌ها در انتظارش بودند اعلام کند، یعنی پایان یافتن تبعید و آغاز سلطنت احیاشدهٔ خدا. قوم این منادی را از دوردست‌ها، و حین گذشتن از کوه‌هایی که محافظ شهر بود می‌دیدند. و حتی خیلی زود صدای او را می‌شنیدند، ابتدا قدری نامفهوم، و به‌تدریج واضح‌تر و رساتر که فریاد می‌زد: «خدا پادشاه است! او نجات و صلح آورده است. او به صهیون بازگشته است تا بر کل جهان حکومت کند!» آنگاه، آنان که بر دیوارهای شهر و برج‌ها می‌نگریستند به صدای بلند منادی را فرامی‌خواندند، یکدیگر و بازگشتگان تبعید را صدا می‌زدند، می‌گریستند و فریاد شادی و پیروزی سر می‌دادند که: «خدا به صهیون بازگشته! خداوند پادشاه ما نجات و صلح را به ارمغان آورده است!»

و اکنون، صدها سال پس از پایان تبعید بابل، کلمات مکتوب در طومار قدیمی نبی، دوباره در گوش یهودیان صدا می‌کند، زیرا منادیِ نبوت اشعیا آمده است. اگرچه کلمات او با آنچه در طومار آمده بود شباهت داشت، اما مانند مردی که داستانی قدیمی را به خاطر می‌آوَرَد صحبت نمی‌کرد. نام او عیسی بود، و او با صدای خود، شجاعانه و با اقتدار اعلام کرد: «خدا بازگشته است تا سلطنت کند.»

اعلان عیسی مبنی بر بازگشت خدا برای سلطنت، درست در بطن امپراتوری روم اتفاق افتاد. نوشته‌ای بسیار متفاوت، اهمیت ویژه‌ای به سخنان او بخشید. در نامه‌ای که در تاریخ ۹ قبل از میلاد در بسیاری از شهرهای آسیای صغیر به منظور جشن گرفتن تولد آگوستوس قیصر منتشر و فرستاده شد، از همین زبان استفاده شده بود. این نامه بیانگر خبر خوش برای جهان بود و تولد آگوستوس قیصر، پسر خدا را اعلام

می‌کرد. حکومت قیصر باید به ایجاد نظمی نوین و جهانی از عدالت و صلح برای تمام انسان‌ها می‌پرداخت. البته این نامه تنها مناسبتی نبود که از این زبان برای حکومت قیصر در آن استفاده شده است. در واقع، اصطلاح خبر خوش «متعلق به فهرستی از واژگان مذهب امپراتوری بود، و برای مواردی چون تولد امپراتور، سن او، رسیدن به تاج و تخت، و بازیابی سلامت او به‌کار می‌رفت.» اکنون زبان اشعیا معنای تازه‌ای یافته بود. عیسی در برابر قیصر، خود را تنها حاکم حقیقی جهان معرفی می‌کرد.

بنابراین، عیسی با علم به نبوت‌های اشعیا، تحقق خبر خوش اشعیا را به یهودیان اعلام کرد. همچنین با استفاده از زبان مذهب امپراتوری، به دنیای روم اعلام کرد که خبر خوش برای جهان آغاز شده است اما نه توسط آگوستوس قیصر بلکه توسط عیسی، ماشیح یهودی، پسر حقیقی خدا.

برخی پیام‌ها فقط برای اطلاع یافتن دریافت می‌شوند. برخی دیگر، مانند «ساختمان آتش گرفته است»، نیازمند واکنشی سریع از شنونده است - هر واکنش دیگری نابجاست. هیچ‌کس نمی‌تواند با شنیدن این خبر که خدا در نهایت وارد عمل شده تا بر خلقت خود سلطنت کند، بی‌توجه باشد. این پیغامی است که باید همگان بشنوند و نیازمند پاسخ و واکنش است. عیسی نخست کسانی را که به پیام او گوش می‌دهند فراخوانده، می‌گوید «توبه کنید و ایمان آورید» سپس (به‌سادگی) می‌گوید «از پی من آیید» (مرقس ۱:‏۱۵-۱۷).

دعوت عیسی به توبه و ایمان را می‌توان چنین بیان کرد: «از دیدگاه اشتباه خود نسبت به جهان بازگردید، حقیقت و حضور آمدنِ پادشاهی خدا را در من بپذیرید. ممکن است نتوانید ورود قدرت پادشاهیِ شفابخش خدا به تاریخ راببینید، اما می‌توانید باور کنید که در من قدرت رهایی‌بخش خدا اکنون حضور دارد. راه‌های گذشتهٔ زندگی‌تان را ترک کنید، و برای راهی تازه به من اعتماد کنید.» سپس عیسی افرادی را که توبه کرده و ایمان آوردند فرامی‌خواند تا از او پیروی کنند. به همین شکل در دوران عیسی، شاگردی که قصد داشت از استاد شریعت پیروی کند، تمام برنامه‌های زندگی‌اش را رها می‌کرد تا با او زندگی کند، تورات را

بیاموزد و تمام راه‌های اســـتاد را فرابگیرد. عیسی با انتخاب این کلمات، دعوتی می‌کند که برای شـــنوندگان یهودی آشنا بود: «بیایید. با من باشید. از من بیاموزید. راه‌های قدیمی زندگی خود را ترک کنید. اعمال مرا انجام دهید و مانند من زندگی کنید.» اگرچه این کلمات به‌نوعی برای شنوندگان یهودی قرن اول تقریباً آشنا بود اما عجیب هم به‌نظر می‌رسید. زیرا عیسی بیش از اســـتاد بود: او خداوند و مسیح بود. زندگی اشخاصی که تصمیم گرفتند به او گوش دهند و از او پیروی کنند بر محور تورات قرار نداشت، بلکه بر شخص عیســـی قرار گرفته بود. شاگردان او باید کاملاً سرسپرده و تقدیم او باشـــند. «از پی من آیید»؛ به‌ســـختی بتوان تصویری یافت که بتواند تعهد کامل و وفاداری قطعی مد نظر عیسی را بیان کند: وفاداری به پادشاهی خدا در وفاداری به عیسی نمایان می‌شود.

شمعون و آندریاس و از پی آنها یعقوب و یوحنا، اولین افرادی بودند که به دعوت شـــگفت‌انگیز عیسی پاسخ دادند. با این تعداد اندک، جامعهٔ پادشاهی الاهی شکل‌گرفتن آغاز کرد (مرقس ۱:‏۱۶-۲۰).

عیسی پادشاهی خدا را در معجزات خود آشکار می‌سازد

سخنان عیســـی خیلی زود توســـط برخی اعمال شـــگفت‌انگیز که نشـــان‌دهندهٔ قدرت نجات‌بخش خدا در او بود اعتبار یافت. مردم شاهد معجزات شـــفا، اخراج ارواح، فرمانبرداری طبیعت از خواســـت عیسی و زنده ســـاختن مردگان بودنـــد (مرقـــس ۱:‏۲۱-۳۴، ۴۰-۴۵). اگرچه جادوگران و جن‌گیران در زمان عیســـی وجود داشتند، اما دامنه و قدرت اعمال او نشـــان از امری تازه و قدرتی جدید داشت که در تاریخ فوران کرده بود. هنگامی که شـــاگردان یحیای تعمیددهنده نزد عیسی رفتند تا ببینند آیا او حقیقتاً ماشیح است، عیسی با ملایمت به آنها پاسخ داد. او به کارهایی که انجام داده بود اشاره کرد: «بروید و آنچه دیده و شنیده‌اید به یحیی بازگویید، که کوران بینا می‌شوند، لنگان راه می‌روند، جذامیان پاک می‌گردند، کران شنوا می‌شوند، مردگان زنده می‌گردند و به فقیران بشارت داده می‌شود» (لوقا ۷:‏۲۲). اینها شواهد روشنی بود مبنی بر اینکه قدرت

شفابخش پادشـاهی خدا بر زمین آمده است، و نقش عیسی را به‌عنوان پادشاه مسح‌شدهٔ خدا تأیید می‌کند. جای تعجب نیست که اولین معجزه‌ای که در مرقس ثبت شده، اخراج روح شریر است (مرقس ۱:۲۱–۲۸)، زیرا عیسی آمده بود تا اعمال ابلیس را باطل سازد (اول یوحنا ۳:۸).

تمام «اعمال قدرتمند» (معجزات) عیسـی (مرقس ۶:۲، ۵) در واقع شاهدی بر قدرت آزادی‌بخش خدا اسـت که از طریق او عمل می‌کند. هنگامی که عیسی اشخاص نابینا (لوقا ۱۸:۳۵-۴۳)، لنگ (مرقس ۲:۱–۱۲)، کر و لال (۷:۳۱-۳۶)، و جذامی (بیماری پوستی؛ لوقا ۱۷:۱۱–۱۹) را شفا می‌بخشید، مردم قدرت شـفابخش و احیاکنندهٔ خدا را می‌دیدند که وارد تاریخ بشر شده بود تا سلطهٔ بیماری و درد را پایان بخشد. وقتی عیسی دریا را آرام کرد (مرقس ۴:۳۵-۴۱)، گرسنگان را خوراک بخشید (۸:۱-۱۰) و بـرای ماهیگیـران مضطرب صیدی فوق‌العـاده مهیا کرد (لوقا ۵:۱-۱۱)، قدرت خدا را برای احیای خلقتِ زیر لعنت نشـان داد. وقتی عیسـی ایلعازر (یوحنا ۱۱)، پسر بیوه‌زن (لوقا ۷:۱۱–۱۷) و دختر یایروس (مرقس ۵:۲۱-۴۳) را از مـرگ برخیزانید، مردم قدرت خدا را می‌دیدند که حتی بر مرگ نیز پیروز شده است. عیسی نه تنها قدرت خدا برای آزادی بشر از تباهی شیطان، رنج و مرگ را نمایان می‌ساخت، بلکه نشـان می‌داد که خدا در حال شـفا دادنِ کل خلقت است. این معجزات همچون پنجره‌ای به‌سوی رسـیدن به خلقتی تازه بود، جایی که شیطان و فرشـتگان سـقوط‌کرده در آن راه ندارند. جایی که بیماری و درد در آن وجود ندارد، مرگ برای همیشـه از میـان رفته، و خلقت به زیبایی و هماهنگی اصلی خود بازگشـته اسـت. هیچ‌اثری از گناه یا عواقب آن، نمی‌تواند خلقت تازهٔ خدا را خراب و بی‌حرمت کند.

منشأ قدرت عیسی، روح‌القدس و دعا است

عیسـی روز طاقت فرسایی را پشت سر گذاشـته بود. او در آن روز بیماران بسیاری را شـفا داده بود و ارواح پلید را بیرون رانده بود. بامداد صبح روز بعد، مکانی خلـوت را پیدا می‌کند تا دعا کند (مرقس ۱:۳۵).

لوقا به ما می‌گوید که عیسی اغلب برای دعا به جاهای دورافتاده می‌رفت، و در برخی مواقع تمام شب دعا می‌کرد (لوقا ۱۶:۵؛ ۱۲:۶). این گزارش در مورد دعاها ما را به قلب خدمت عیسی و راز قدرت او هدایت می‌کند: رابطه‌ای به‌شدت صمیمی با خدا، همچون رابطهٔ پسری با پدرش، و کار روح‌القدس در عیسی و توسط او.

عیسی خدمتش را با رابطهٔ صمیمی با خدا، و خطاب کردن او به‌عنوان اَبـا "پدر" انجام می‌دهـد (مرقس ۳۶:۱۴؛ یوحنـا ۱:۱۷-۳). "اَبا" واژه‌ای آرامی، و اصطلاحی اسـت خانوادگی برای نشان دادن صمیمتی خاص که میان اعضای نزدیک و صمیمی خانواده وجود دارد. "پدر" یکی از عناوین بسیاری بود که اسرائیلی‌ها با آن خدا را می‌شناختند، و برای یهودیان خطاب کردن او با چنین لفظ صمیمانه‌ای، بسیار غیرمتعارف بود. احترام عمیقی که نسـبت به خدا قائل بودند به آنها اجازه نمی‌داد با خداوند، خالق آسمان و زمین، خدای لشکرهای آسمان، پادشاه الاهی قوم اسرائیل چنین خودمانی باشند. بنابراین، بسیار شـگفت‌انگیز است که وقتی عیسی خدا را خطاب می‌کند، چنین واژهٔ صمیمانه‌ای که بین پدری گرامی و پسر محبوبش به‌کار می‌رفت، تبدیل به لفظی دائمی برای خطاب کردن او می‌شود.

پدر با عملِ قدرتمند روح خود پاسـخ پسر محبوبش را می‌دهد. در حقیقت، پادشـاهی خدا هنگامی می‌آید که روح‌القدس برای پاسـخ به دعاها وارد عمل می‌شود. در خدمت عیسی، دعا «وسیله‌ای است که افراد را در معرض قدرت و نفوذ روح‌القدس قرار می‌دهد.»[1] روح در عیسـی و توسـط او از همان بدو زندگی‌اش در حال عمل کردن بود. او در رحم مریم باکره توسـط قدرت روح شکل گرفت. در تعمید عیسی، روح بر او قرار گرفت، و پس از آن او در کنیسـه‌ای در ناصره اعلام کرد که روح بر او قرار گرفته اسـت تا او را برای خدمتش قوت بخشد (لوقا ۱۸:۴-۱۹). عیسـی خدماتش را با قدرت روح‌القدس انجام می‌داد (اعمال ۳۸:۱۰). او با سوءظن فریسـیان که می‌گفتند قدرتی که در او کار می‌کند احتمالاً

---

1. G. W. H. Lampe, "The Holy Spirit in the Writings of St. Luke," in Studies in the Gospels: Essays in Memory of R. H. Lightfoot, ed. D. E. Nineham (Oxford: Blackwell, 1955), 170.

از شیطان است، مقابله کرد: «امّا اگر من به‌واسطهٔ روح خدا دیوها را بیرون می‌کنم، یقین بدانید که پادشاهی خدا بر شما وارد آمده است.» (متی ۱۲:۲۸). هرجا روح خدا کار می‌کند، آنجا پادشاهی خدا آمده است. جیمز دان[1] توضیح قابل توجهی در این باره می‌دهد: «موضوع این نیست که هر جا عیسی هست پادشاهی خدا آنجا است، بلکه هر جا روح خدا هست، خدا پادشاه آنجا است.» در دعا بود که عیسی با پدر صمیمیت داشت، و باعث می‌شد قدرت روح برای شفا و احیا جاری شود.

عیسی مخالفت‌ها را علیه خدمت پادشاهی خود برمی‌انگیزد

وقتی عیسی به کفرناحوم بازگشت، در میان انبوه کسانی که برای شنیدن سخنانش جمع شده بودند، تعدادی از رهبران یهود، فریسیان و علمای دین بودند که از شهرهای دوری چون اورشلیم آمده بودند تا حقانیتِ این جنبش جدید "پادشاهی" را بیازمایند (مرقس ۲:۱-۱۲؛ لوقا ۵:۱۷-۲۶). آنچه این اشخاص دیدند و شنیدند، شدیداً آنها را آزرد. مرقس در چند بخش پیوسته، تنش فزایندهٔ میان عیسی و این رهبران شکاک را دربارهٔ بسیاری از آداب سنتیِ یهود بیان می‌کند. عیسی در هر رویارویی، با ارائهٔ دیدگاه و برداشتی نوین و متفاوت از پادشاهی خدا، در مقایسه با حافظان فرهنگ و مذهب یهود، جوّ موجود را به چالش می‌کشید. روایت او با آنچه که قبلاً شنیده بودند هیچ شباهتی نداشت.

داستان عیسی بیان می‌کند که آمدن پادشاهی خدا از طریقی است که فریسیان نمی‌توانند آن را درک کنند. آنها به دنبال پادشاهی بودند که قوم اسرائیل را یکباره و به زور از قید و بند روم بت‌پرست آزاد سازد. آنها نگهبانان جدایی‌طلب و خودگماردهٔ هویت یهودی بودند، و باور داشتند این هویت، توسط مردمی که تحت تأثیر دمسازی با فرهنگ بت‌پرست قرار گرفته‌اند، مورد حمله و تهدید است. رعایت دقیق احکام مربوط به خوراک، دادن ده‌یک، نگه داشتن روز شبات، انتخاب همسفرگان

1. James Dunn

"مقبول" برای صرف غذا؛ همه و همه بخشی از استراتژی فریسیان برای پاک نگه داشتن خودشان بود. آنها حد و مرز سختی بین یهودیان خالص و بت‌پرستان و رومیان منفور قائل بودند و حتی میان یهودی خالص و متدین و یهودی ملوث به سازشکاری فرهنگی و مذهبی، و کسی که از معیارهای تقدس فریسی قاصر آمده بود، تفاوت قائل می‌شدند. عیسی شجاعانه دیدگاه سخت فریسیان را دربارهٔ شبات و احکام خوراک به چالش کشید. او تعمداً با افرادی می‌خورد و می‌نوشید که توسط فریسیان پذیرفته نبودند. اما مهم است که بدانیم چالش عیسی امری ساده دربارهٔ طرد نمادهای فرهنگی یهود نبود. آنچه او رد کرد، ضدارزش‌هایی بود که از این نمادها افاده می‌شد، یعنی: جدایی، تنفر، و عطشِ انتقام. این موارد جایی در دعوت خدا از قوم اسرائیل نداشت، دعوتی مبتنی بر محبت کردن به همسایه تا راهی باشد برای رساندن برکت خدا به دیگر قوم‌ها، و نوری باشد برای تمام جهان. عیسی بین خواندگی خدمت قوم اسرائیل و کورذهنی فریسیان نسبت به هویت و وظیفهٔ این قوم، تقابلی ایجاد می‌کند. امتناع عیسی از رعایت قوانین سران مذهبی یهود و دیدن مسائل به روش آنها، خشم‌شان را برافروخت زیرا روایت او از فراخواندگی قوم اسرائیل نشان می‌داد که داستان سران مذهبی دروغی بیش نبود.

مرقس طی روایاتی، تعارض و مخالفت نسبت به خدمت عیسی را که میان رهبران یهود و شنوندگان‌شان رو به افزایش بود، نشان می‌دهد (مرقس ۲:۱-۳:۶؛ مقایسه کنید با لوقا ۵:۱۷-۶:۱۱). عیسی گناه فردی مفلوج را می‌بخشد و سپس او را شفا می‌دهد تا اقتدار خود را ثابت کند (مرقس ۲:۱-۱۲). آنچه فریسیان را خشمگین ساخت این نبود که عیسی آن مرد را بخشید، بلکه او این کار را «خارج از ساختارهای رسمی، برای افراد نامناسب، و در اقتدار خودش» انجام می‌داد. از دید آنها، معبد اورشلیم که توسط خدا بنیان گذاشته شده، تنها جایی است که فرد می‌تواند در آن مورد بخشش قرار گیرد. با این حال، عیسی از اقتدار خود برای بخشیدن این هدیهٔ آسمانی استفاده می‌کرد، و بدین‌ترتیب سلسله‌مراتب معبد را نادیده می‌گرفت. به‌زعم رایت، مانند این است که

کسی به اقتدار خودش گواهینامهٔ رانندگی صادر کند. بنابراین، از آنجا که (از دیدگاه فریسیان) عطای بخشش عیسی با بخشش خدا رقابت می‌کرد، کفر به خدا محسوب می‌شد.

همچنین فریسیان از اینکه عیسی با "افراد نامناسب" ارتباط داشت، دلخور بودند. آنها شکوه می‌کردند که «چرا با خراج‌گیرها و گناهکاران غذا می‌خورد؟» (مرقس ۱۶:۲). از زمان مکابیان (وقتی که بسیاری از یهودیان شدیداً با بت‌پرستی مصالحه کردند)، فریسیان تمام افرادی را که برای حاکمیت خدا در اسرائیل غیور بودند، ترغیب می‌کردند تا تقدس خود را در خانه با رعایت احکام تقدس، چنانکه دربارهٔ خوراک تقدیمی به معبد مقرر بود، به‌جا آورند. بدین‌ترتیب، تمام مسائل مربوط به خوراک - نه فقط اینکه شخص چه می‌خورد، بلکه نحوهٔ تهیهٔ خوراک، آداب تطهیر پیش از خوردن، و معاشرت مجاز بر سر سفره - برای فریسیان نشان‌دهندهٔ تقدس شخصی بود. این آداب مذهبی می‌بایست فاصلهٔ میان یهودیان "مقدس" و بیگانگان "غیرمقدس" را حفظ می‌کردند (چه یهودی چه غیریهودی؛ مقایسه کنید با مرقس ۷:۲-۴). عیسی این سنن جدایی‌طلب را به چالش می‌کشد، و با معاشرت با مردمی که فریسیان تحقیرشان می‌کردند، و پذیرفتن کسانی که آنها ناپاک می‌شمردندشان، فریسیان را رسوا می‌سازد.

روزه نیز موضوع بحث‌برانگیزی بین عیسی و فریسیان بود (مرقس ۱۸:۲-۲۲)، زیرا فریسیان طبق این آیین در زمان‌های معین از خوردن خوراک‌های مشخصی امتناع می‌کردند، در حالی که پیروان عیسی چنین نمی‌کردند. برای فریسیان، روزه بر شرایط کنونی قوم اسرائیل دلالت داشت: قوم خدا در تبعید تحت داوری خدا بودند، و منتظر بودند که ماشیح خدا برای نجات آنها از دست ظالمان بیاید و پادشاهی خود را به همراه بیاورد. عیسی توضیح داد که او و شاگردانش روزه نمی‌گیرند، زیرا پادشاهی خدا هم‌اکنون آمده است. در غیبت داماد پرهیز از ضیافت پسندیده است؛ اما هنگامی که او حضور دارد، روزه گرفتن اشتباه است.

دو درگیریِ پایانی در خصوص روز "شبات" بود، یعنی نماد محوری در درک فریسیان از آمدنِ پادشاهی خدا (مرقس ۲:۲۳-۶:۳). برای آنها نگه‌داشتن شبات بخش مهمی از اطاعت از تورات محسوب می‌شد. شبات قوم اسرائیل را از همسایگان بت‌پرست متمایز و آمادهٔ بازگشت خدا می‌ساخت. فریسیان با دقت این مرد را که ادعا می‌کرد پادشاهی خدا آمده است زیر نظر داشتند تا ببینند که آیا حداقل احکام شبات آنها را تأیید خواهد کرد یا نه. اما مجدداً پاسخ او ناامیدکننده بود: زیرا او درک جدایی‌طلبانهٔ آنها را دربارهٔ شبات به چالش کشید.

درمیان مردم عادی، عیسی (حداقل برای مدتی) بسیار محبوب بود. سخنان و اعمال او توجه مردم جلیل را جلب کرد، و خیلی سریع جمعیت عظیمی او را پیروی کردند (مرقس ۱:۳۳؛ ۲:۱۲؛ ۳:۷). لیکن درک آنها از خدمت عیسی در مجموع، سطحی بود. وقتی هدف خدمت عیسی بیشتر آشکار شد، حمایت‌های مردمی رو به کاهش گذاشت (یوحنا ۶:۶۰-۶۹).

عیسی جامعهٔ پادشاهی خدا را شکل می‌دهد

آمدن پادشاهی خدا به معنی شکل‌گیری یک جامعه بود. انجیل متی، برای یهودیان نوشته شده، و به‌طور خاص بر این امر تأکید دارد که تلاش اولیهٔ عیسی تأسیس جامعه‌ای است که ابتدا در قوم اسرائیل شکل می‌گیرد. برای یهودیان، آمدن پادشاهی خدا و جمع شدن قوم اسرائیل ارتباط بسیار نزدیکی داشت. عیسی همان شبانِ نبوت‌های عهدعتیق است که گوسفندان پراکندهٔ قوم اسرائیل را دور هم جمع می‌کند. وقتی زن کنعانی (شخصی غیریهودی) نزد عیسی رفت تا دخترش را از ارواح پلید آزاد سازد، عیسی به آن زن چنین پاسخ داد: «من تنها برای گوسفندان گم‌گشتهٔ بنی‌اسرائیل فرستاده شده‌ام» (متی ۱۵:۲۴). پس از سماجت و چالشِ نغز آن زن، عیسی ارواح پلید را بیرون کرد (۱۵:۲۵-۲۸). عیسی به شاگردانی که برای پیوستن به خدمت او در روزهای نخست جمع شده بودند، چنین گفت: «نزد غیریهودیان مروید و به هیچ‌یک از شهرهای سامِریان داخل مشوید، بلکه نزد گوسفندانِ گمشدهٔ قوم اسرائیل بروید.»

(۱۰:۵-۶). در ابتدا درک منظور عیسی، مخصوصاً برای امت‌ها، دشوار بود. اما وقتی بیانات او را در چارچوب امید نبوتی قوم اسرائیل در قرن اول می‌شنیدند، برای‌شان واضح‌تر می‌شد.

بنی‌اسرائیل انتخاب شدند تا قومی باشند که تحت فرمانروایی خدا زندگی می‌کنند، اما آنها در عمل کردن طبق دعوت خود ناموفق بودند، و خدا آنها را در داوری خود پراکنده ساخت. انبیا وعده داده بودند که روزی بنی‌اسرائیل احیا خواهد شد، و قوم پراکندهٔ او بار دیگر در زیر سلطنت خدا گرد هم خواهند آمد. حزقیال هنگامی که قوم توسط خدا داوری شده بودند و در تبعید بودند با آنها سخن می‌گفت، و وعده داده بود که در زمان‌های آخر خدا بار دیگر قومش را جمع خواهد کرد و زندگی تازه‌ای به آنها خواهد بخشید (حزقیال ۳۷؛ ۳۹:۲۳-۲۹). خدا خادم خود داوود را به‌عنوان شبان برمی‌گزیند تا گلهٔ خود بنی‌اسرائیل را که میان ملت‌ها به‌خاطر داوری خدا پراکنده شده بودند، دور هم جمع کند (۳۶:۲۳-۲۴). بنابراین، وقتی عیسی گفت که «برای گوسفندان گمشدهٔ قوم اسرائیل» فرستاده شده است، این را در ذهن داشت، یعنی اینکه: گردآوریِ پایانیِ قوم اسرائیل آغاز شده است. در عیسی ما شاهد کار خدا برای «احیا و حتی بازسازی قومش هستیم، تا نقشهٔ نهایی و تغییرناپذیر او برای داشتن قومی مقدس در میان دیگر ملت‌ها انجام گیرد.»

با توجه به نبوت‌ها، این نجات در زمان‌های آخر تنها شامل قوم اسرائیل نمی‌شود، اگرچه با این قوم برگزیده آغاز می‌گردد. بنا بر ادبیات نبوتی، ابتدا باید قوم اسرائیل احیا شود، و سپس قوم‌های دیگر به آنها بپیوندند، تا در این نجات سهیم شوند. به گفتهٔ حزقیال وقتی قوم اسرائیل در سرزمین جمع شوند: «بسیاری از ملت‌ها ... خواهند دانست که من یهوه خدا هستم ...» (۳۹:۲۷-۲۸؛ مقایسه کنید با ۲۸:۳۷). اشعیا از دو تصویر ماندگار برای توضیح همین واقعه استفاده می‌کند. در اولین تصویر، تمام قوم به اسرائیل می‌آیند تا در جشنی عظیم شرکت کنند (اشعیا ۲۵:۶-۹؛ ۵۵:۱،۲). در تصویر دوم، قوم اسرائیل تبدیل به چراغی برای گمشدگان می‌شود تا تمام ملت‌های جهان به سمت آن کشیده شوند. اما این نور تنها زمانی

درخشان می‌شود که بنی‌اسرائیل حقیقتاً تبدیل به قوم خدا شود (۲:۲-۵؛ ۶۰:۲-۳). برای اشعیا، این امر که قوم اسرائیل دوران تیره‌بختی طولانی را تحت حاکمیت ملت‌های دیگر تجربه می‌کرد، قسمتی از نقشهٔ خدا بود. قوم برگزیدهٔ خدا باید به اسارت می‌رفت، زیرا دعوت خود را مبنی بر اینکه «نوری برای دیگر ملت‌ها باشد» عملی نساخته بود (۴۲:۶؛ ۴۹:۶).

اکنون عیسی طلوع چنین روزی را اعلام می‌کند، آغاز احیای قوم اسرائیل که نهایتاً باعث خواهد شد تمام ملت‌ها به‌سوی خدا هدایت شوند. این امید نبوتی در پَس کلماتی که به شاگردان تازهٔ خود می‌گوید نهفته بود: «شما نور جهانید. شهری را که بر فراز کوهی بنا شده، نتوان پنهان کرد. هیچ‌کس چراغ را نمی‌افروزد تا آن را زیر کاسه‌ای بنهد، بلکه آن را بر چراغدان می‌گذارد تا نورش بر همهٔ آنان که در خانه‌اند، بتابد. پس بگذارید نور شما بر مردم بتابد تا کارهای نیک‌تان را ببینند و پدر شما را که در آسمان است، بستایند.» (متی ۵:۱۴-۱۶). این جامعهٔ نوپای پادشاهی الاهی، متشکل از شاگردانی که عیسی با آنان سخن می‌گفت، آغازگر اسرائیلی احیا شده بود. نبوت اشعیا تحقق یافته بود: قوم اسرائیل احیا شده بود!

این جامعه، در حالی که عیسی خبر خوش پادشاهی خدا را اعلام می‌کرد، شکل گرفت. او مردم را فرامی‌خواند تا توبه کنند و ایمان آورند (مرقس ۱:۱۴-۱۵). برخی افراد (همچون مریم، مرتا و ایلعازر) که دعوت عیسی را می‌شنیدند، خوانده شده بودند که حتی در خانه و روستا نیز به او وفادار باشند، و زندگی‌شان را بر پایهٔ پادشاهی خدا اداره کنند. این گروه از پیروان عیسی، به‌خاطر «پذیرفتن اصول او برای تبدیل شدن به اسرائیل حقیقی، ... میان جوامع محلی خود متمایزند.» گروهی دیگر نیز خوانده شده‌اند تا همه چیز را رها کنند و تمام وقت با عیسی در سفر باشند.

عیسی از گروه دوم، دوازده نفر را برگزید که زندگی‌شان را با او سپری کنند، و او آنها را به‌عنوان رسول منصوب کرد (در یونانی: «کسی که فرستاده می‌شود»؛ مرقس ۳:۱۳-۱۹؛ لوقا ۶:۱۲-۱۶). عدد دوازده اهمیت سمبولیک داشت زیرا بیانگر دوازده قبیلهٔ بنی‌اسرائیل بود و این آغاز احیای این قوم بود (لوقا ۲۲:۳۰؛ مکاشفه ۲۱:۱۲-۱۴). عیسی در

زمان خود تنها یهودی‌ای نبود که گروهی متشکل از دوازده نفر به معنای احیای قبایل اسرائیل تشکیل داد. به‌طور مثال، مشابه همین اتفاق در قمران، جایی که عدد دوازده بیانگر هستهٔ اصلی اسرائیل احیاشده در روزهای آخر بود، اتفاق افتاد. به این ترتیب، انتخاب دوازده نفر توسط عیسی "عملی سمبولیک و نبوتی" بود که به‌وسیلهٔ آن گردهمایی دوازده قبیلهٔ اسرائیل را در زمان‌های آخر برای اعلام کار نجات‌بخش پادشاهی خدا به تصویر می‌کشید.

این دوازده نفر برای هدفی دوگانه تعیین شدند: ۱) «تا همراه او [عیسی] باشند»، و ۲) «آنها را برای موعظه بفرستد و از این اقتدار برخوردار باشند که دیوها را بیرون برانند» (مرقس ۳:۱۴-۱۵). "همراه" عیسی بودن به معنی قرار دادن او در مرکز زندگی، نگاه کردن به او و درک طریق او برای زندگی، گوش دادن به او و بنا کردن زندگی در پادشاهی خدا بود. همچنین به این معنی بود که رابطهٔ صمیمی عیسی با پدر را بیاموزند و از زندگی او که توسط روح قوت یافته است، سرمشق بگیرند. آنها خبر خوشی را که او با کلامش اعلام می‌کرد می‌شنیدند و شاهد بودند که آن را با اعمالش ثابت می‌کند. آنها دعاها، رنج و پذیرش طردشدگان را در زندگی او دیدند. آنها دیدند که زندگی او بر پایهٔ محبت (یوحنا ۱۵:۹-۱۳)، اطاعت (۱۷:۴)، شادی (۱۵:۱۱)، صلح (۱۴:۲۷)، عدالت (لوقا ۴:۱۸)، شفقت (متی ۹:۳۶)، وقار و فروتنی (۱۱:۲۹)، و دلسوزی عمیق نسبت به نیازمندان (مرقس ۲:۱۵-۱۷) بود. این چنین بود که آنها آموختند اینها را در طریق زندگی خود نیز به کار گیرند.

عیسی گناهکاران و مطرودین را می‌پذیرد

عیسی در اجتماع پادشاهی الاهی خود، فقیران، بیماران و گمشدگانی را که در قوم اسرائیل به حاشیه رانده شده بودند می‌پذیرفت. او فریسیان و رهبران یهود را به‌طور کامل رد نکرد (آنها در صورت تمایل پذیرفته می‌شدند)، او کسی بود که غالباً به‌عنوان «دوست خراجگیران و گناهکاران» شناخته می‌شد (متی ۱۱:۱۹؛ مقایسه کنید با لوقا ۷:۳۶؛

۱:۱۴-۲۴). عیسی با تشبیه کردن خود به طبیب (کسی که در صدد درمان بیماران است، نه تندرستان)، توضیح می‌دهد چرا خدمتش اساساً برای گناهکاران است نه برای "عادلان" (مرقس ۱۷:۲). او آمده است «تا گمشده را بجوید و نجات بخشد» (لوقا ۱۰:۱۹؛ مقایسه کنید با لوقا ۱۵). در مَثَل ضیافت بزرگ، میزبان به خادم خود فرمان می‌دهد فقیران، معلولان، کوران و لنگان را بیاورد (لوقا ۲۱:۱۴). کسانی که جامعهٔ یهود از ارتباط با آنها اجتناب می‌کرد، از سوی عیسی پذیرشی گرم برای ورود به پادشاهی خدا دریافت می‌کردند.

اگرچه این بُعد از خدمت عیسی در انجیل مرقس نمایان است، لوقا به‌شکل دیگری بر آن تأکید می‌کند. چهار گروه مشخص وجود دارد که لوقا توجه خاصِ عیسی را به آنها نشان می‌دهد: ۱) گناهکاران، ۲) خراجگیران، ۳) فاحشه‌ها، ۴) فقرا و بیماران. منظور لوقا از "گناهکاران"، اشاره به «افرادی است با مشاغل منفور، یا مردمی که روش زندگی غیراخلاقی، مانند زنا، فحشا، قتل، دزدی و فریبکاری در پیش گرفته‌اند.» وقتی چنین کلمه‌ای از زبان فریسیان گفته می‌شد، احتمالاً همراه با نوعی جناح‌بندی ابراز می‌شد. "گناهکاران" می‌توانست به معنای کسانی باشد که از برنامه‌های فریسیان پیروی نمی‌کردند. پذیرش خراجگیران از سوی مسیح به همین میزان امری اهانت‌آمیز بود. جامعهٔ یهود خراجگیران را طرد می‌کرد زیرا بسیاری از آنها شهروندان را فریب می‌دادند و مالیات بیشتری از آنها می‌گرفتند. حتی اگر فریب نمی‌دادند و اخاذی نمی‌کردند، باز از دید قوم خود خائن محسوب می‌شدند، زیرا برای رومیان منفور مالیات جمع می‌کردند. عیسی همچنین فاحشه‌ها و زنانی را که مورد سوءظن بودند می‌پذیرفت و هنگامی که به یکی از همین زنان اجازه داد پاهایش را با عطر مسح کند، باعث لغزش (رسوایی) فریسیان شد (لوقا ۳۶:۷-۵۰). او به رهبران قوم یهود چنین گفت: «آمین، به شما می‌گویم، خَراجگیران و فاحشه‌ها پیش از شما به پادشاهی خدا راه می‌یابند» (متی ۳۱:۲۱). عیسی همچنین فاحشه‌ها را در مشارکت بر سر سفره پذیرفت.

عیسی همچنین فقرا، گدایان، بیماران، و افرادی را که از لحاظ جسمی ناتوان بودند در پادشـاهی الاهی پذیرفت. در افکار یهودیان آن دوران، فقر و بیماری اغلب به معنی داوری خدا علیه گناه شـخص بود. عیسی با عصبانیت این "حکمت" سنتی را محکوم کرد. یک‌بار شاگردان دربارهٔ کوری مادرزاد از او پرسـیدند: «استاد، گناه از کیست که این مرد کور به دنیا آمده است؟ از خودش یا از والدینش؟ عیسی پاسخ داد: نه از خودش، و نه از والدینش.» عیسی به شاگردان گفت که مصیبت آن مرد را به‌عنوان داوری خدا علیه گناه نبینند، بلکه فرصتی ببینند که کار خدا «در آن نمایان شده» است (یوحنا ۹:۱-۳؛ مقایسه کنید با لوقا ۱۳:۱-۵).

تعالیم عیسی آشکار ساخت که طردشدگانِ جامعهٔ یهود در پادشاهی خدا پذیرفته شده‌اند. او در دو اقدام مختلف، این نکته را مؤکداً به تصویر کشید. عیسـی به‌عنوان نشانه‌های آمدن پادشـاهی خدا، از مشارکت با مطرودین بر سـفرهٔ غذا لذت می‌برد و آنها را شـفا می‌بخشید. «عیسی مشـارکت بر سر سفره را به‌عنوان خط‌مشـی اصلی در اعلام و تعریف مجدد خود از سلطنتِ عن‌قریب خدا برگزید.»[1] مسئلهٔ خوراک در دوران عیسـی امری عادی نبود، بلکه «آیین بسیار پیچیده‌ای بود که ارزش‌های اجتماعی، حد و مرزها، وضعیت و سلسله‌مراتب در آن تحکیم می‌شد.»[2] خوراک سمبول استقبال گرم از سوی گروه اجتماعیِ خاص بود. فریسیان باور داشتند که انواع "گناهکاران"، بیماران و فقرا باید از مشارکت حذف شوند، زیرا زیر داوری خدا قرار دارند (مقایسه کنید با یوحنا ۹:۲). آداب خوراکِ عیسـی، پادشاهی خدا را در تقابل با شیوه‌های اجتماعی رومیان و جامعهٔ یهود به تصویر می‌کشـید، یعنی: سلسله‌مراتب اجتماعی، حد و مرزهای جداکننده (مذهبی، اجتماعی و اقتصادی) ومحرومیت. عیسـی جامعه‌ای را شـکل داد کـه الگوهای متفاوت اجتماعی داشـت. به این ترتیب، اعمال عیسـی برای فریسیان بی‌حرمت ساختن آنچه آنها خوب و نیکو می‌دانسـتند قلمداد می‌شد. عیسی در همسفره شدن با این مردم،

1. S. S. Bartchy, "Table Fellowship," in Dictionary of Jesus and the Gospels, 797.

2. Ibid., 796.

دیدگاه مثبتی دربارهٔ پادشـاهی خدا ایجاد می‌کند: گناهـکاران، خراجگیران، فاحشـه‌ها، فقرا و بیماران، هرچنـد از دید برخی مذهبیون مطرود شـمرده می‌شدند، از ضیافت پادشاهی ماشیح محروم نمی‌شوند. عیسی آنها را می‌پذیرد و به‌صورت نمادین از آنها دعوت می‌کند هر روزه بر سر سفرهٔ او بنشینند.

معجزات شفای عیسی نیز بیانگر این حقیقتند که او چگونه افرادی را که از دیدگاه جامعهٔ یهود مطرود بودند در پادشاهی خدا می‌پذیرد. متون نوشته شده توسط اسن‌ها در دوران عیسی نشان می‌دهد که این یهودیان سرسخت بسـیاری را از پادشاهی خدا محروم می‌سـاختند: «نه کوران، نه لنگان، نه کران، نـه لال‌ها، نه جذامی‌ها، نـه افرادی که از لحاظ جسـمی ناتوانند، هیچ‌یک نباید در جماعت پذیرفته شـوند.»[1] فریسیان همچون اسن‌ها، باور داشـتند که اسرائیلِ حقیقی خدا هستند، و فهرست افراد محروم از دید آنها نیز مشابه بود. وقتی عیسی کوران، کران، جذامی‌ها و لنگان را لمس می‌کرد، نه تنها جسم آنها را شفا می‌بخشید و آنها را از ظلم رهایی می‌داد، بلکه آنها را به عضویت دائم در پادشاهی خدا احیا و ابقا می‌کرد.

عیسی جامعهٔ پادشاهی خود را تعلیم می‌دهد

بخش اعظم متن اناجیل، شـامل تعالیم عیسی اسـت به جامعه‌ای که از او پیروی می‌کردند، و در آن توضیح می‌دهد که شهروند بودن در پادشاهی‌ای که او بنیان می‌نهد چه ویژگی‌هایی دارد. موعظهٔ بالای کوه به احتمال قوی واضح‌ترین نمونه از دستورالعمل‌های عیسی به شاگردانش دربارهٔ داشتن زندگی متمایز در پادشاهی خدا است (متی ۵-۷؛ مقایسه کنید با لوقا ۶:۱۷-۴۹).

موعظهٔ بالای کوه تعلیمی قدرتمند و متفاوت در چارچوب فرهنگیِ زمان عیسـی بود. «اسـرائیل (حقیقی) بودن، برای قوم اسرائیل چالشی بود»؛[2] یعنی قوم خدا که فراخوانده شـده بود تا نوری باشد برای قوم‌ها. عیسی در "خوشا به‌حال‌ها" (متی ۵:۳-۱۲)، همان اشتیاق قوم اسرائیل را

---

1. Rule of the Congregation (1QSa) II, 3–10, as cited in N. T. Wright, Jesus: The New Way; Leader's Guide and Program Script (Worcester, PA: Christian History Institute, 1998), 19. Cf. Lev. 21:16–23 (rules for Levites); Deut. 23:1–8; 2 Sam. 5:6–8; Neh. 13:1 versus Matt. 21:14.

2. Lohfink, Jesus and Community, 12–14.

برای آمدن پادشـــاهی خدا ابراز می‌کند، همچنین برای برکات آن، یعنی تســـلی، وراثت زمین، عدالت و پارســـایی. با این‌حال، او این اشتیاق را توسط پیش‌شرط‌هایی از نو تفسیر می‌کند: فقر در روح، پاکدلی، مصالحه، و رنج شـــکیبایانه. تمام این قابلیت‌ها بر خلاف ملی‌گرایی و نظامی‌گریِ بت‌پرستانهٔ آن دوران بود. «این اصول از شنوندگان می‌خواست که وظیفهٔ حقیقـــی خود را به‌عنوان قوم آخرالزمانی یهـــوه بازنگری کنند، و این را توسط پیروی از رویه‌ای که عیســـی به آنها نشان می‌دهد انجام دهند، نه پیروی از شیوه‌های به‌اصطلاح رهبران آن دوران.»[1]

عیســـی وظیفهٔ پیروانش را به آنها یادآور می‌شـــود، یعنی شهری قابل رؤیت بـــر کوه‌ها و نوری برای تمـــام قوم‌ها. او به تصاویر ســـنتی یهود به‌عنوان نور و نمک اســـتناد می‌کند و صراحتاً به امیـــد نبوتیِ گرد آمدنِ قوم‌ها در کوه صهیون اشـــاره می‌کند (متـــی ۵:۱۳-۱۶). تمام اینها تحقق کامل چیزی بود که شـــریعت و انبیا همواره بدان اشـــاره داشتند؛ رهبران مذهبی آن دوران داستان عهدعتیق را اشتباه درک کرده بودند (متی ۵:۱۷-۲۰). خواست حقیقیِ خدا برای قومش اسرائیل در شریعت، در پنج بیانیهٔ متضاد دیده می‌شود -«شنیده‌اید که به پیشینیان گفته شده ... امّا من به شما می‌گویم» - عیســـی این را در خصوص قتل، زنا، سوگند، انتقام، و مقابله با دشـــمنان می‌گوید (متی ۵:۲۱-۴۸). پیروان عیسی نمی‌بایست در مسیر تنفر، انتقام و خشـــونت که بیانگر عملکرد معاصران‌شان در اسرائیل بود قدم می‌گذاشتند، بلکه باید مسیر محبت و رحمت را در پیش می‌گرفتند.

در باب بعدی متی، عیسی به مقایسهٔ زندگی پیروان خود با اطرافیان‌شان در خصـــوص موضوعات صدقه، دعـــا و روزه ادامه می‌دهد (متی ۶:۱-۱۸). خدا پدر است (متی ۶:۴، ۶، ۸، ۹، ۱۴، ۱۸) و این الگویی است برای شکل بخشیدن به شخصیت روحانی انسان در کمک به نیازمندان، دعا و روزه. ویژگیِ حیات پیروان عیســـی محبت و اشتیاق برای پادشاهی خدا است، نه سازشکاری با مادیات و نگرانی‌ها (متی ۶:۱۹-۳۴).

1. Ibid., 288–89.

پیروان عیسی نمی‌بایست مانند همعصران خود قضاوت و محکوم می‌کردند (متی ۷:۱-۶) اما در عوض باید به‌سوی پدر دعا می‌کردند که از نیازهاشان باخبر بود (۷:۷-۱۲). اما این راه زندگی، سخت و باریک است، و روندگانش اندکند (۷:۱۳-۱۴). همچنین، معلمین دروغین بسیاری خواهند آمد که اجتماع نوپای عیسی را گمراه سازند (۷:۱۵-۲۰). عیسی با دو هشدار جدی خاتمه می‌دهد: ۱) نه هر که او را «سرورم، سرورم» خطاب کند به پادشاهی آسمان راه یابد، بلکه تنها آن کس که خدا را بشناسد و ارادهٔ او را به‌جا آوَرَد (۷:۲۱-۲۳)، و ۲) طریقی که عیسی برای زندگی معرفی می‌کند تنها راه برای پرهیز از مصیبتِ داوری است؛ تنها این راه است که زیربنایی تزلزل‌ناپذیر دارد و در برابر آزمایش الاهی تاب خواهد آوَرد (۷:۲۴-۲۸).

عیسی مشخصاً بر ضد بت‌های یهود سخن می‌گفت و نشان می‌داد زندگی در محبتِ حقیقی نسبت به خدا و دیگران چگونه است. اجتماع عیسی می‌بایست تجسم محبتی رنجبر می‌بود، علیه نفرت و انتقام شایع در قرن اول، و این محبت حتی باید شامل دشمنان‌شان نیز می‌شد. «شنیده‌اید که گفته شده، "همسایه‌ات را محبت نما و با دشمنت دشمنی کن." امّا من به شما می‌گویم دشمنان خود را محبت نمایید و برای آنان که به شما آزار می‌رسانند، دعای خیر کنید، تا پدر خود را که در آسمان است، فرزندان باشید.» (متی ۵:۴۳-۴۵). «دشمنان خود را محبت نمایید و به آنان که از شما نفرت دارند، نیکی کنید. برای هر که نفرین‌تان کند برکت بطلبید، و هر کس را که آزارتان دهد دعای خیر کنید. اگر کسی بر یک گونهٔ تو سیلی زند، گونهٔ دیگر را نیز به او پیشکش کن. اگر کسی ردایت را از تو بستاند، پیراهنت را نیز از او دریغ مدار» (لوقا ۶:۲۷-۲۹). جامعهٔ او تنها از این طریق بود که می‌توانست مجدداً وظیفهٔ اصلی خود یعنی نور بودن برای تمام قوم‌ها را انجام دهد.

عیسی پادشاهی خدا را با مَثَل‌ها توضیح می‌دهد

تعالیم عیسی اغلب با مَثَل‌ها بیان می‌شد. یکی از مشکلات عیسی این بود که پادشاهی‌ای که او بیان می‌کرد و متبلور می‌ساخت، به هیچ عنوان

شبیه چیزی نبود که یهودیان انتظار داشتند. خود عیسی نیز به نبوت‌های عهدعتیق، چنانکه مردم دربارهٔ ماشیح می‌پنداشتند، شباهت نداشت. دنیا نیز به‌نظر نمی‌رسید توسط آنچه این نبی جلیلی می‌گفت و انجام می‌داد تغییر چندانی کرده باشد. گویی انتظار یهودیان باز محکوم به ناامیدی بود. برای کسی که در اسرائیل قرن اول زندگی می‌کرد و ادعاهای عیسی را جدی می‌گرفت، سردرگمی و اغتشاش حاکم بود.

ما گوشه‌ای از این سردرگمی را در یحیای تعمیددهنده، وقتی در زندان هیرودیس بود می‌بینیم. یحیی موعظه کرده بود که پادشاهی خدا نزدیک است، و داوری نهایی در حال نزول است. یحیی می‌گفت: «هم‌اکنون تیشه بر ریشهٔ درختان نهاده شده است. هر درختی که میوهٔ خوب ندهد، بریده و در آتش افکنده خواهد شد» (لوقا ۹:۳). یحیی شدیداً منتظر بود تا این پیام نبوتی انجام شود. او صراحتاً عیسی را کسی می‌دانست که توسط خدا فرستاده شده است تا این داوری را به انجام برساند (یوحنا ۲۹:۱-۳۴). سپس عیسی آمدن پادشاهی خدا را اعلان کرد، و ظاهراً هیچ چیز خاصی اتفاق نیفتاد. یحیی انتظار داشت ماشیح فرمانروایان ظالم را به زیر بکشد و محبوسان پارسا را آزاد سازد (اشعیا ۲۳:۴۰؛ ۱:۶۱). اما یحیی همچنان در زندان به‌سر می‌برد و هیرودیس به سلطنت ظالمانه و زندگی غیراخلاقی خود ادامه می‌دهد. سربازان بت‌پرست رومی به کوچه‌های مقدس اورشلیم هجوم آورده بودند. روم بت‌پرست بر جهان با بی‌رحمی، ظلم، بی‌عدالتی و ناپارسایی حکومت می‌کرد. آیا انبیا وعده نداده بودند که پادشاهی خدا با عدالت، صلح، و شناخت خدا همراه است؟ یحیی ترسیده بود که شاید همه چیز را اشتباه فهمیده باشد. او شاگردانش را فراخواند و آنها را با سؤالی نزد عیسی فرستاد: «آیا تو همانی که می‌بایست بیاید، یا منتظر دیگری باشیم؟» (لوقا ۱۹:۷). پاسخ عیسی با اشاره به معجزاتش و اعلام خبر خوش او برای فقیران، نشانه‌ای بود مبنی بر اینکه قدرت رهایی‌بخش خدا نازل شده است. سپس شاگردان یحیی را با یک وعده راهی می‌کند: «خوشا به‌حال کسی که به سبب من نلغزد» (۲۳:۷). جای شک نیست که یحیی باور خود را مبنی بر اینکه عیسی همان ماشیح

اســـت حفظ کرد، اما احتمالاً تا پیش از آن که سرش به درخواست مادر ســـالومه بریده شود، همچنان دربارهٔ پادشاهی خدا و نقش خود در اعلام آمدن آن سردرگم بود (متی ۱۴:۱-۱۲؛ مرقس ۶:۱۶-۲۹).

این درست مانند سردرگمی‌هایی است که عیسی در مَثَل‌ها بدان اشاره می‌کند. شـــاگردان او متوجه نمی‌شـــدند چگونه وعده‌های انبیا در عیسی تحقق خواهد یافت. آنچه اتفاق می‌افتاد، یقیناً شـــبیه چیزی نبود که انتظار داشتند. در سراسر اناجیل مشخص است که شاگردان آن را "درک" نکرده بودند. مَثَل‌های عیســـی به این خاطر گفته می‌شد تا "راز" این پادشاهی را که کاملاً از طریقی غیرمنتظره در میان‌شـــان ظاهر شده است توضیح دهند (متی ۱۳:۱۱). مَثَل‌ها به کسانی که سخنان عیسی را از روی ایمان پذیرفته بودند کمک می‌کرد طبیعت پادشـــاهی‌ای را که در عیسی ظهور کرده بود، درک کنند. از سوی دیگر مَثَل‌ها حقیقت را از کسانی که ایمان نمی‌آوردند می‌پوشاند (۱۳:۱۲-۱۷؛ مقایسه کنید با اشعیا ۶:۹-۱۰؛ اعمال ۲۸:۲۶-۲۷).

مرقس باب ۴ و متی باب ۱۳ گزیدهٔ مهمی از این داســـتان‌ها را ارائه می‌دهند. آنها با این عبارت معرفی می‌شـــوند: در مرقس «پادشاهی خدا مانند ...» در متی «پادشاهی آسمان مانند ...» (معانی هر دو یکسان است؛ اما متی برای یهودیانی می‌نویســـد که در استفاده از نام یهوه بسیار محتاط بودند، و او را به‌واســـطهٔ نام مکان سلطنتش به‌شکلی غیرمستقیم، خطاب می‌کردند). در این سری مَثَل‌ها ما از راز پادشاهی خدا آگاهی می‌یابیم.

۱. پادشـــاهی خدا در کاملیت خود به‌یکباره نمی‌آید. با وجود اینکه یهودیان انتظار داشتند پادشـــاهی خدا در کاملیت خود سریعاً، یا حداقل پس از ظهور ماشـــیح خیلی زود فرابرسد، چنین نشد. گاه وقتی عیسی از پادشـــاهی صحبت می‌کرد، به‌گونه‌ای سخن می‌گفت که گویی هم‌اکنون وجود دارد؛ و باری دیگر دربارهٔ آمدن آن در آینده سخن می‌راند. بسیاری از مَثَل‌های او به توضیح این تضاد ظاهری کمک می‌کرد. طبق مَثَل برزگر و علف‌های ســـمّی، در زمان حال، پادشاهی خدا به‌واسطهٔ "کاشتن بذر" انجیل آمده اســـت. در آینده علف‌های ســـمّی از گندم جدا خواهند شد (متـــی ۱۳:۲۴-۳۰، ۳۶-۴۳). مَثَل دانهٔ خـــردل و خمیرمایه می‌گوید که

گرچه پادشـــاهی خدا در زمان حال کوچک است و بی‌اهمیت می‌نماید، اما در آینده عظیـــم خواهد بود و نمی‌تـــوان آن را رد کرد (۱۳:‏۳۱-۳۲؛ مرقس ۴:‏۳۰-۳۲). مَثَل تور ماهیگیری یاد می‌دهد که در زمان حال تمام انواع ماهیان در پادشـــاهی خدا جمع شـــده‌اند، اما در آینده جداسـازی عظیمی اتفاق خواهد افتاد (متی ۱۳:‏۴۷-۵۰).

بنابراین، پادشـــاهی‌ای که عیســـی توضیح می‌دهد، هم در زمان حال اســـت هم در آینده: اکنون در اینجا آغاز شده، اما هنوز کامل نشده است. پس چگونه چیزی مهم همچون پادشـــاهی خـــدا می‌تواند ظاهراً این دو کیفیت متضاد را داشـــته باشد؟ چگونه می‌تواند در تنش میان "هم‌اکنون" "اما نه هنوز" دوام بیاورد؟

عیســـی در مَثَل‌ها به شاگردان ســـردرگم خود راه‌حل مناسبی برای درک این کیفیت‌های پادشـــاهی خدا، یعنی "هم‌اکنون" "اما نه هنوز" ارائه می‌دهد. یهودیان انتظار داشتند با آمدن پادشاهی خدا عصر حاضر شریر سریعاً از میان برود. مَثَل علف‌های سمّی به آنها آموخت که قدرت شیطان در کنار قدرت شفابخش تازه‌ای که توسط مسیح به این جهان آمده است، ادامه خواهد یافت. عصر آینده با عصر گذشته همپوشانی دارد؛ و قدرت هر دو عصر همزمان وجود دارد.

۲. در زمان حال، پادشـــاهی خدا با قدرتـــی مقاومت‌ناپذیر نمی‌آید. یهودیان انتظار داشتند با آمدن پادشاهی خدا، هیچ دشمنی یارای مقاومت نداشته باشـــد. آنها رؤیای نبوکدنصر را به‌یاد می‌آوردند که در آن سنگی کنده شـــد اما نه به نیروی دست انســـان (که بیانگر پادشاهی خدا بود) و به تمثال بزرگ اصابت کرد (که بیانگر پادشـــاهی زمینی بابل، ماد، پارس، یونان و نهایتاً روم بود) و آن را درهم‌شکســـت (دانیال ۲). دانیال چنین گفت: «در روزهای آن پادشـــاهان، خدای آسمان‌ها ســـلطنتی را برقرار خواهد کرد که هرگز از بین نخواهد رفت ... همهٔ ســـلطنت‌ها را در هم خواهد کوبید و نابود خواهد کرد، و خود تا به ابد اســـتوار خواهد ماند» (۲:‏۴۴). یقیناً خدا تمام دشـــمنان خود را از میان خواهد برد. چه کســـی یارای مقاومت در برابر قدرت خدا را دارد؟

اما عیســـی گفت: «گوش فرا دهید! روزی برزگری برای بذرافشانی بیرون رفت» (مرقـــس ۳:۴). و چه تصویر متفاوتـــی در مَثَل بزرگر دیده می‌شود (۴:۱–۲۰؛ متی ۱۳:۱–۲۳). ماشیح نه به‌عنوان فاتحی نظامی، بلکه به‌عنوان کشاورزی فروتن می‌آید. پادشاهی خدا نه با قدرتی مقاومت‌ناپذیر و نظامی، بلکه از طریق پیام فروتنانهٔ پادشاهی می‌آید. بذرهایی که در میان راه، سنگلاخ و خارها افتادند ثمری نیاوردند. به کلامی دیگر، شنوندگان می‌توانســـتند دعوت پادشاهی را نپذیرند و پرواضح است که به این‌خاطر هیچ آزار و اذیتی متحمل نمی‌شـــدند. مســـلماً هیچ ســـنگی از آسمان بر کسانی که مسیح را نپذیرفتند نیفتاد. پادشاهی خدا در قالبی فروتنانه نهان اســـت و راه خود را در جهان از طریق ضعفی آشکار بازمی‌کند. عیسی در خدمت خود پیام پادشاهی خدا – انجیل – را به‌واسطهٔ کلامش بیان کرد، از طریق اعمالش آن را نشـــان داد، و در زندگی خود آن را تبلور بخشید. انجیل دانه‌ای اســـت که داده می‌شود تا ثمر پادشـــاهی را در زمینِ قلب پذیرا و باایمان تولید کند. بعدها پولـــس از انجیل به‌عنوان "قدرت خدا" صحبت می‌کند (رومیان ۱:۱۶)، اما این قدرت، مقاومت‌کنندگان را با زور پایمال نمی‌کند و از ریشه برنمی‌کند. مَثَل علف‌های سمّی آشکار می‌سازد که او چگونه عمـــل می‌کند (متی ۱۳:۲۴–۳۰، ۳۶–۴۳). عیســـی فرمود: «پادشاهی آسمان همانند مردی است که در مزرعهٔ خود بذرِ خوب پاشید. امّا هنگامی که مردمان در خواب بودند، دشـــمن وی آمد و در میان گندم، علفِ هرز کاشـــت و رفت.» (آیات ۲۴–۲۵). گندم و علف ســـمّی با هم رشد می‌کنند. هنگامی که کارگران خواستند علف‌ها را از ریشه در بیاورند، مالک مزرعه آنها را منع کرد، و توضیح داد در روز برداشت محصول، گندم را از علف‌های ســـمّی جدا خواهد کرد. برخی افراد کلام را می‌پذیرند، و قدرت خدا برای آنها ثمر پادشـــاهی خدا را به ارمغان می‌آورد – اما برخی دیگر پیغام را رد می‌کنند و به نظر می‌رسد که هیچ آسیبی نمی‌بینند.

۳. داوری نهایی پادشـــاهی خدا برای آینده نگه داشـــته شده است. شنوندگان عیســـی انتظار داشـــتند داوری خدا بر بی‌خدایان سریعاً فرو بیاید. انبیا از روزی ســـخن گفته بودند که خدا به‌واسطهٔ داوری غضبناک

دشمنانش پادشـاهی خود را خواهد آورد (اشـعیا ۶۳:۱-۶). رهایی و خشم، دو روی یک واقعیت بودند: خدا خلقت خود را به‌واسطهٔ داوری دشمنانش که آن را ویران کرده بودند نجات می‌بخشد (۶۱:۲؛ ۶۳:۴). اما مَثَل علف‌های سمّی (متی ۱۳:۲۴-۳۰، ۳۶-۴۳) به یهودیان نشان می‌دهد آن داوری‌ای که منتظرش هسـتند یکباره اتفاق نمی‌افتد. کارگران مزرعه می‌خواهند علف‌ها را سـریع از ریشـه درآورند (۱۳:۲۸)، اما صاحب مزرعه به کارگرانش دسـتور می‌دهد بگذارند گندم و علف‌های سمّی با هم رشـد کنند. در پایان عصر، داوری اتفاق خواهد افتاد؛ اما تا آن زمان قدرت پادشاهی خدا و قدرت شیطان باید ادامه یابند.

بسیاری از دیگر مَثَل‌ها نیز به همین شکل داوری را به تعویق می‌اندازند: ماهیان خوب از بد (۱۳:۴۷-۵۰) و گوسـفندان از بزها جدا می‌شـوند (۲۵:۳۱-۴۶)؛ مـردی که به خادمانش پول سـپرده بود و برای تسـویه حسـاب بازمی‌گردد (۲۵:۱۴-۳۰)؛ پنج باکره‌ای که برای چراغدان‌های خود روغن نگه داشـته بودند و برای بازگشت داماد آماده بودند (۲۵:۱-۱۳)؛ دو مردی که پول ارباب خود را حکیمانه سـرمایه‌گذاری کردند و به همین‌خاطر تشویق شدند، و فرد سوم که پول ارباب را در خاک پنهان سـاخته بود و «خادم بدکاره و تنبل» خطـاب و به تاریکی بیرون افکنده شـد (۲۵:۱۴-۳۰). پیروان حقیقی عیسـی افرادی بودند که زندگی‌شان همچون او بود: گرسنگان را خوراک می‌دادند، عریان‌ها را می‌پوشاندند، تشنگان را آب می‌نوشاندند و به دیدار زندانیان می‌رفتند. این افراد وفادار به پادشـاهی پدر دعوت می‌شـوند. اما گروه دیگر که زندگی‌شان هیچ نشـانی از حیات عیسـی را به همراه ندارد، بیرون افکنده می‌شوند و در نهایت مجازات ابدی در انتظارشـان است (۲۵:۳۱-۴۶). وقتی عیسی از آمدن نهایی پادشاهی در مَثَل‌هایش صحبت می‌کند، بر آمادگی و وفاداری در زمان حال تأکید می‌ورزد. انسان باید به پیام پادشاهی خدا پاسخ دهد و زندگی‌ای را در پیش گیرد که تا روز آخر عیسی در مرکز آن قرار دارد.

با این اوصاف، تجلی کامل پادشاهی خدا در آینده آشکار خواهد شد. شـروعی چنین کوچک و محقرانه، پایانی باشـکوه خواهد داشت. دانهٔ

خردلی کوچک می‌تواند درختی عظیم به‌وجود آورد (متی ۱۳:۳۱-۳۲) و مقداری خمیرمایه کل خمیر را ور می‌آورد (۱۳:۳۳). شروعی چنین کوچک، محقر و نادیدنی روزی تبدیل به پادشاهی باشکوهی خواهد شد که تمام زمین را در بر خواهد گرفت.

۴. مکاشفهٔ کامل پادشاهی خدا به تعویق افتاد، تا به بسیاری این فرصت داده شود که در عصر حاضر وارد آن شوند. اگر آمدنِ پادشاهی خدا در عیسی آغاز شده است، چرا خدا کار خود را به کمال نمی‌رساند؟ چرا برای داوری نهایی تأخیر می‌کند؟ چرا جلال و قدرت پادشاهی خود را پنهان می‌کند؟ وقتی پاسخ این سؤالات را پیدا کنیم، آن موقع می‌توانیم جایگاه و خواندگی خود را در داستان کتاب‌مقدس، بین آغاز پادشاهی خدا توسط عیسی و مکاشفهٔ نهایی آن درک کنیم.

مَثَل‌های مختلف تصاویر متفاوتی ارائه می‌دهند: زمانی هست که بذر کلام کاشته می‌شود (متی ۱۳:۱-۳۰)؛ زمانی اعلام آن خبر، تأثیر مشهودی دارد (۱۳:۳۱-۳۵)؛ و زمانی نیز برای جستجو و نجات گمشدگان هست (لوقا ۱۵). یکی از مَثَل‌های لوقا به‌طور خاص پاسخ واضحی می‌دهد (۱۴:۱۵-۲۴). ضیافت آمادهٔ برگزاری است: میز چیده شده بود و با انواع خوراک‌ها و نوشیدنی‌ها پر شده بود. اما میزبان مکثی می‌کند؛ میهمانان هنوز باید مدتی منتظر بمانند. شادی ضیافت متوقف شده بود، اما میزبان دلیل بسیار خوبی برای این تأخیر داشت. همه - و مخصوصاً فقرا، گمشدگان، فراموش‌شدگان - دعوت و برای شرکت در ضیافت پادشاهی خدا پذیرفته شده بودند. «این بشارت پادشاهی در سرتاسر جهان اعلام خواهد شد تا شهادتی برای همهٔ قوم‌ها باشد. آنگاه پایان فرا خواهد رسید» (متی ۲۴:۱۴). وقتی فریسیان از اینکه عیسی پذیرای چنین افرادی است شکایت کردند، او در پاسخ سه مَثَل برای آنها زد: گوسفند گمشده (لوقا ۱۵:۳-۷)، سکهٔ گمشده (۱۵:۸-۱۰)، و پسر گمشده (۱۵:۱۱-۳۲). وقتی پسر گمشده (کسی که مدتی از خانه و خانوادهٔ خود دور شده بود) توبه کرد و به خانه بازگشت، پدرش با شادی و لطف او را پذیرفت.

عیسی مَثَل‌های بسیاری زد - حداقل چهل مَثَل - و ما فقط به نمونه‌هایی از آنها نگاه کردیم. در همین چند مَثَل که گفته شد، موضوع اصلی تعالیم عیسی مشخص است: مَثَل‌ها در مقابل درک نادرستِ شنوندگان عیسی، آشکار می‌سازند که پادشاهی خدا حقیقتاً چگونه است.

عیسی مردم را برای مشارکت در خدمت پادشاهی‌اش دعوت می‌کند

عیسی خیلی زود شاگردانش را فرستاد تا همان خدمتی را دنبال کنند که خود او در آن دخیل بود. برای اجتماع شاگردان، مشارکت با عیسی به این معنی بود که نقشی فعال در خدمات او داشته باشند. این امر در انجیل مرقس وقتی عیسی به شمعون و آندریاس گفت: «از پی من بیایید ... و من شما را صیاد مردم خواهم ساخت» (مرقس ۱۷:۱)، و وقتی که دوازده رسول را انتخاب می‌کرد: «تا همراه وی باشند و آنها را برای موعظه بفرستد، و از این اقتدار برخوردار باشند که دیوها را بیرون رانند» (۳:۱۵-۱۴) دیده می‌شود.

عیسی دوازده شاگردش را فرستاد تا آمدن پادشاهی خدا را موعظه کنند و حضور قدرتمند آن را در اعمال‌شان نشان دهند (متی ۱۰؛ لوقا ۹:۱-۶). بعدها عیسی هفتاد و دو نفر[1] را به همین منظور فرستاد (لوقا ۱۰:۱-۲۴).

تعداد شاگردانی که توسط عیسی فرستاده شدند مهم است: عیسی ابتدا دوازده نفر و سپس هفتاد و دو نفر را فرستاد. این اعداد سمبولیک بودند. عدد دوازده بیانگر قبیله‌های اسرائیل بود، و فرستادن دوازده نفر به‌صورت سمبولیک به این معنا بود که پیام پادشاهی خدا برای تمام قوم اسرائیل است. به همین شکل، هنگامی که عیسی هفتاد و دو نفر را می‌فرستد، به‌صورت سمبولیک به قوم‌های غیریهود اشاره دارد. با توجه به‌طرز فکر معلمین شریعت یهود، بر مبنای فهرست قوم‌ها که در پیدایش ۱۰ آمده، هفتاد و دو ملت بیانگر کل جهان است. این پیام ابتدا برای یهود

۱. در ترجمهٔ یونانی عهدعتیق، سپتواجنت، هفتاد و دو آمده. به‌هرحال، این اشاره‌ای است سمبولیک. و.

بود، که باید گرد هم می‌آمدند و احیا می‌شـــدند تـــا تمام قوم‌ها را پذیرا باشند.

عیسی استعارهٔ بسیار شناخته‌شدهٔ محصول را به‌کار می‌برد: «محصول فراوان اســـت، امّا کارگر اندک. پس، از مالکِ محصول بخواهید کارگران برای دروِ محصول خود بفرســـتد» (لوقا ۱۰:۲). در ادامهٔ تصاویری که از گردآمدن داده شده است – مردم بر سر میز ضیافت و گوسفندان در میان گله – تصویر گردآوریِ محصول در روز درو نیز به وارد شدن قوم خدا به پادشاهی او اشاره دارد که در روزهای آخر اتفاق خواهد افتاد.

ابـــزاری که برای جمع‌آوری محصول به شـــاگردان داده شـــده بود، مانند همان ابزاری بود که عیســـی در اختیار داشـــت: کلام و اعمال. آنها باید «پادشـــاهی خدا را اعلان می‌کردند» (لوقا ۹:۱-۲) و «بیماران را شفا می‌دادند، مردگان را زنده می‌کردند، جذامی‌ها را پاک می‌ساختند و دیوها را بیرون می‌کردند» (متی ۱۰:۸). پادشـــاهی خدا با خشـــونت و قدرت نظامی نمی‌آید (چنانکه بســـیاری از یهودیان انتظار داشتند) بلکه با کلام می‌آید و با اعمال تصدیق می‌شود.

سفر عیسی خارج از جلیل

اولین بخش خدمت عیســـی در منطقهٔ جلیـــل در اطراف کفرناحوم انجام گرفت. اما اکنون، پس از حدود دو سال، کج‌فهمی نسبت به خدمت او و خصومت رو به رشـــد علیه او باعث شد عیسی به مکانی دورتر سفر کند. بیشـــترین توجه او به تعلیم دادنِ شاگردانش معطوف بود. در حین این ســـفر خارج از جلیل، دو رویداد محوری اتفاق افتاد: پطرس اعتراف کرد که عیسی همان ماشیح است، و عیسی جلال الاهی خود را در واقعهٔ تبدیل هیأت به نزدیکترین شاگردان خود آشکار ساخت.

عیسی موقتاً در قلمرو غیریهودیان اقامت می‌گزیند

اگرچه خدمت عیســـی در جلیل با ابهام نســـبی آغاز شد، اما خیلی زود قدرت و اقتدارش پیروان بســـیاری را به‌سوی او جذب کرد. رهبران

یهود با عیسی به این خاطر مقابله می‌کردند که جنبش "پادشاهی" او با انتظارات‌شان مطابقت نداشت. هیرودیس نیز عیسی را تهدید قلمداد می‌کرد. عیسی در برابر جماعت به دو مشکل برخورد. برخی که از نداشتن رهبر به‌ستوه آمده بودند، می‌خواستند عیسی را به‌عنوان ماشیح سیاسی برگزینند. دیگران (که هرچه زمان بیشتر می‌گذشت، تعدادشان بیشتر می‌شد) ناامید و سرخورده شدند و به مخالفان عیسی پیوستند. ترکیب مخالفت‌ها و عدم درک آنها باعث شد تا عیسی به مناطق غیریهودیان در شمال جلیل برود، جایی که خدمت او ادامه یافت. اما توجه عیسی شدیداً معطوف آموزش دادن به شاگردان نزدیکش بود؛ او آنها را تعلیم می‌داد و نیازهای‌شان را برآورده می‌کرد تا کار او را ادامه دهند.

مرقس در روایت عزیمت عیسی از جلیل، بخشی از مباحثهٔ عیسی و فریسیان را بر سر موضوع خوراک‌های پاک و نجس نیز مطرح می‌کند. مخصوصاً از زمان پایان دوران تبعید قوم اسرائیل در بابل، این تمایزات بخشی از احکام غذایی شده بود، و بسیار اهمیت داشت زیرا نشان‌دهندهٔ این امر بود که چه کسی یهودی دین‌دار است و چه کسی نیست. جداشدگی برای فریسیان مهمترین اصل بود. اما عیسی تعمداً در مقابل اصول جدایی‌طلبانه و انقلابی آنها ایستاد. فریسیان باور داشتند که سرزمینی که توسط غیریهودیان اشغال شده، ناپاک است. فریسیان تعلیم می‌دادند که یهودیان، برای پارسا شمرده شدن، پس از عبور از سرزمین غیریهودیان باید آیین تطهیر را انجام دهند (یوحنا ۵۵:۱۱؛ مقایسه کنید با لوقا ۵:۹). اما عیسی به مخالفت با سنن شفاهی که پیرامون شریعت تورات رشد کرده بود برخاست و این احکام پاکی و طهارت را در چارچوب و معنای واقعی‌شان مجدداً تعریف کرد. به این ترتیب، این بحث در انجیل مرقس در رابطه با پاکی و ناپاکی راهی را برای داستان عزیمت عیسی به‌سوی سرزمین ناپاک غیریهودیان مهیا ساخت؛ جایی که او دیوها را بیرون ساخت، نابینایان و افراد کر و لال را شفا بخشید، و به چهار هزار نفر خوراک داد (مرقس ۲۴:۷-۲۷:۹).

عیسی کیست؟

از خدمت عیسی به پادشاهی خدا چندی گذشته و در میان مردم نظرات گوناگونی دربارهٔ او پدید آمده بود. سؤال بسیار مهم این بود که، عیسی کیست؟ لوقا در داستان‌های بسیاری این سؤال را به‌وضوح مطرح می‌کند. پس از آنکه عیسی توفان را آرام می‌کند، شاگردان از یکدیگر با ترس و تعجب می‌پرسند: «این کیست؟ او حتی به باد و آب هم فرمان می‌دهد و از او فرمان می‌برند» (لوقا ۲۵:۸، تأکید با حروف ایتالیک از نویسنده است). وقتی هیرودیس، قاتل یحیی، دربارهٔ اغتشاشی که به‌خاطر خدمت شفای عیسی اتفاق افتاده بود شنید، پرسید: «این ... کیست که این چیزها را درباره‌اش می‌شنوم؟» (۹:۹، تأکید با حروف ایتالیک از نویسنده است). در توقفی که عیسی در سفر به قیصریهٔ فیلیپی داشت، شاگردان را با این سؤال روبه‌رو ساخت که: «به گفتهٔ مردم من که هستم؟» (مرقس ۲۷:۸). آنها پاسخ دادند: «بعضی می‌گویند یحیای تعمیددهنده هستی، عده‌ای می‌گویند ایلیایی و عده‌ای دیگر نیز می‌گویند یکی از پیامبران هستی» (آیهٔ ۲۸). سپس عیسی این سؤال را شخصی می‌سازد: «شما چه می‌گویید؟» ... «به نظر شما من که هستم؟» (آیهٔ ۲۹). پطرس از طرف همهٔ آنها پاسخ داد: «تو مسیح [کریستوس][1] هستی» (آیهٔ ۲۹). این امر - یعنی تشخیص هویت عیسی - قلب موضوع بود. اعتراف پطرس، نقطهٔ عطفی در انجیل است که ما باید به آن دقت کنیم.

واژهٔ یونانی کریستوس (کرایست در انگلیسی)[2] ترجمهٔ عبریِ کلمهٔ "ماشیح"، یعنی "مسح‌شده" است. در دوران عهدعتیق، افراد خاصی با روغن مسح می‌شدند تا وظیفهٔ خاصی را بر عهده بگیرند؛ مثلاً به‌عنوان کاهن (هارون)، پادشاه (داوود)، یا نبی (الیشع). مسح کردن نشان می‌داد این شخص توسط خدا به‌طور خاص انتخاب و آماده شده است تا وظیفه‌ای را که بدان منصوب شده، انجام دهد. در دوران بین‌العهدین، واژهٔ ماشیح یا مسیح به‌شکل نبوتی برای کسی استفاده می‌شد که توسط

1. Christos; 2. Christ

خدا انتخاب شده بود تا حاکمیت او را احیا سازد و پادشاهی‌اش را آغاز کند. این لقب اغلب فحوای سیاسی و نظامی نیز داشت. عیسی اعتراف پطرس را می‌پذیرد: عیسی واقعاً ماشیح است. اما درک رایج در خصوص اینکه آن "مسح‌شده" کیست، و خدا او را برای چه کاری می‌خواند، کافی نبود. به همین خاطر بود که عیسی شاگردان را منع کرد که به کسی دربارهٔ اینکه او کیست چیزی نگویند (مرقس ۸:۳۰). انتظارات مردم باید با حقیقت عیسی سازگار می‌شد. به این ترتیب، اگرچه بیشتر یهودیان انتظار داشتند ماشیح، فرستادهٔ خدا باشد که پادشاهی او را آغاز می‌کند، اما دربارهٔ اینکه ماشیح باید رنج و حقارت صلیب را تحمل کند، هیچ آگاهی‌ای نداشتند (مقایسه کنید با ۸:۳۱). آنها توقع داشتند آن مردی که قرار است بیاید، از نسل سلطنتی داوود باشد (مقایسه کنید با ۱۲:۳۵-۳۷). اما عیسی بیش از اینها بود: او خدای فراباشنده، جلال‌یافته و پسر خدا بود. عیسی تمام این انتظارات را نقش بر آب کرد. او برگزیدهٔ خدا بود، و مسح شده بود تا آغازگر پادشاهی خدا باشد - اما او همچنین قربانی مصلوب و پسر الوهی نیز بود.

البته پطرس و دیگر شاگردان، همچنان این مسئله را درک نکرده بودند، و این عدم درک در آیات بعدی به‌وضوح دیده می‌شود. وقتی عیسی به آنها گفت که به‌زودی بر صلیب خواهد رفت، پطرس شروع به مخالفت کرد و به او گفت حتماً اشتباه می‌کند؛ ماشیح نمی‌تواند به چنین روش شرم‌آوری کشته شود (۸:۳۲). عیسی پطرس را ساکت کرد، او را شدیداً توبیخ کرد، زیرا او و دیگر شاگردان هنوز متوجه حقیقت نشده و لزوم صلیب را درک نکرده بودند: عیسی باید می‌مرد (۸:۳۳). زمانی طول کشید تا شاگردان اهمیت کامل اعتراف پطرس را تشخیص دهند. تنها زمانی که جلال رستاخیز عیسی را تجربه کنند، خواهند فهمید که ماشیح بودن برای عیسی به چه معنا است.

متی به روایت مرقس از اعتراف پطرس مبنی بر اینکه «تو مسیح هستی»، عبارت مهمی می‌افزاید: «پسر خدای زنده» (متی ۱۶:۱۶). در پس این کلمات، سنتی غنی و عهدعتیقی وجود دارد. تمام قوم اسرائیل،

و مخصوصاً پادشاهان اسرائیل (به‌عنوان نمایندگان قوم در حضور خدا)، به‌عنوان پسران خدا تعیین شده بودند (خروج ۲۲:۴-۲۳). این عنوان بیانگر رابطه‌ای خاص با خدا و وظیفهٔ خاصی است که در اطاعت خدا کامل می‌شود. یهودیانِ دوران عیسی به‌دنبال ماشیحی بودند که در واقع به‌عنوان "پسر خدا" مانند پادشاهان عهدعتیق باشد (دوم سموئیل ۱۴:۷؛ مزمور ۲). عیسی به‌عنوان کسی که دقیقاً چنین رابطهٔ خاصی با خدا داشت و وظیفهٔ الاهیِ بر پا کردن حاکمیت خدا را بر عهده داشت به میان آنها آمد. با این‌حال، عیسی بسیار بیشتر و مهمتر از تمام اینها بود. صمیمیت او با پدر و وظیفهٔ مسیحایی او خاص و منحصربه‌فرد بود. او حقیقتاً "پسر خدا" بود به معنایی که هرگز به هیچ‌کس به غیر از او نتوانسته و نمی‌تواند اطلاق شود. او همان کسی است که نبوت‌های عهدعتیق دربارهٔ آمدنش سخن گفته بودند. به این ترتیب، اگرچه عیسی طبق سنت "پسر خدا" بود، اما به معنای منحصربه‌فرد دیگری نیز بود، زیرا او "*تنها و یگانه* پسر" خدا بود (یوحنا ۱۶:۳ تأکید با حروف ایتالیک از نویسنده است).

آیات بعد در مرقس، عنوان مهم دیگری را معرفی می‌کنند که تأکیدی است بر اعتراف پطرس. عیسی به شاگردانش تعلیم می‌دهد که «پسر انسان» باید زحمت ببیند، بمیرد، و قیام کند. اما پسر انسان چه کسی است؟ این عنوان از کتاب دانیال (۱۳:۷-۱۴) گرفته شده است. این متن در دوران عیسی به این خاطر بسیار محبوب بود که آینده‌ای درخشان را پس از دوران طولانی ظلم و ستم به قوم اسرائیل وعده می‌داد. در رؤیای دانیال، چهار وحش (بیانگر چهار امپراتوری پیاپی) از دریا برآمدند. اما در میان این حاکمان بت‌پرست، «تخت‌ها بر قرار شد» و خدا «آن قدیم‌الایام» جلوس فرمود (آیهٔ ۹). چهارمین وحش کشته شد. سپس، کسی «شبیه پسر انسان» (آیهٔ ۱۳) نزد قدیم‌الایام رسید و به حضور او وارد شد. به این "پسر انسان"، اقتدار، جلال و قدرت داده شد، تا تمام خلایق و ملل او را پرستش کنند. حکومت و پادشاهی او تا ابد برقرار خواهد بود. در زمان عیسی، بسیاری از یهودیان به‌دنبال شخصیتی "مانند پسر انسان" در کتاب دانیال بودند که رؤیای نبوتی ماشیح اسرائیل را - در جلال و

اقتدار و قدرت - تحقق بخشد و از قوم اسرائیل با پیروزی بر دولت‌های بت‌پرست حمایت کند، و در تخت خدا سهیم باشد و تا ابد حکومت کند. عیسی ادعا می‌کرد همین "پسر انسان" است.

هویت عیسی در واقعه‌ای که حدود یک هفته بعد از اعتراف پطرس رخ داد، وقتی او پطرس، یعقوب و یوحنا را به کوه بلندی برده بود (احتمالاً کوه حرمون، نزدیک قیصریهٔ فیلیپی) تأیید شد. در آنجا سیمای عیسی همان‌طور که این مردان او را تماشا می‌کردند دگرگون شد (مرقس ۹:۲-۸؛ لوقا ۹:۲۸-۳۶). چهره و لباس او به‌شکلی آسمانی درخشان بود: صورتش چون خورشید می‌درخشید، و جامه‌اش خیره‌کننده بود. برای لحظه‌ای، شاگردان جلال و عظمتِ بی‌پردهٔ پسر انسان-پسر خدا را دیدند (مقایسه کنید با دوم پطرس ۱:۱۶-۱۸). موسی و ایلیا (انبیای مقتدر عهدعتیق میان یهودیان، و نمایندهٔ شریعت و نبوت) ظاهر شدند و در کنار عیسی ایستادند. خود خدا در ابری ظاهر شد، و با شاگردانی که سخت ترسیده بودند سخن گفت: «این است پسر محبوب من، به او گوش فرا دهید!» (مرقس ۹:۷). هنگامی که شاگردان دوباره نگاه کردند، تنها عیسی آنجا ایستاده بود. اما هیچ تأییدی عظیم‌تر از این را نمی‌توان برای هویت او متصور شد. در دگرگونی سیمای پرجلال او و تأیید خود خدا بر مقام پسرش - حتی بسیار بالاتر از موسی و ایلیا - عیسی بر شاگردان خود به‌عنوان برگزیدهٔ خدا آشکار شد (لوقا ۹:۳۵). برای شاگردان که به‌خاطر رفتار تحقیرآمیز مردم، و مخصوصاً به‌خاطر سخنان عجیب عیسی دربارهٔ مصلوب‌شدنش ترسان بودند، راه مشخص بود: آنها باید به عیسی گوش می‌دادند.

عیسی به اورشلیم می‌رود

دیدارهای کوتاه عیسی از سرزمین غیریهودیان در اعتراف پطرس و تبدیل هیأت به اوج می‌رسد. پطرس و دیگر شاگردان هنوز به‌طور کامل متوجه نشده بودند که عیسی باید بر صلیب برود. با این اوصاف، عیسی به همراه آنها برای مقابلهٔ نهاییِ پادشاهیِ خدا با نیروهای تاریکی، که در پس مخالفت‌های یهودیان با این پادشاهی نهفته بود، به‌سوی اورشلیم

می‌رود. در تعلیم عیسی به شاگردان اینک دو موضوع در رأس قرار داشت: ۱) لزوم رنج و زحمت و ۲) بهای شاگردی.

راه صلیب

عیسی در آغاز آخرین سفرش به‌سوی اورشلیم، به شاگردانش توضیح داد که باید رنج ببیند و طرد شود، به او خیانت شود و کشته شود (لوقا ۹:‏۲۲، ۴۴). اما شاگردان همچنان منظور او را درک نمی‌کردند (۴۵:۹). او توضیح داد که باید "تعمیدی" دیگر بگیرد و تا کامل شدن آن تحت فشار است (۱۲:‏۴۹-۵۰). عیسی در پاسخ به تهدید هیرودیس مبنی بر کشتن او، چنین گفت: «بروید و به آن روباه بگویید، امروز و فردا دیوها را بیرون می‌کنم و مردم را شفا می‌دهم، و در روز سوّم کار خویش را به کمال خواهم رسانید ...، زیرا ممکن نیست نبی بیرون از اورشلیم کشته شود!» (۱۳:‏۳۲-۳۳). عیسی در طول این سفر توضیح می‌دهد که آمدن پادشاهی خدا به آنچه او در پیش رو دارد مربوط است: «امّا نخست می‌باید رنج بسیار کشد و از سوی این نسل طرد شود ... او را به اقوام بیگانه خواهند سپرد. آنها او را استهزا و توهین خواهند کرد و آب دهان بر او انداخته، تازیانه‌اش خواهند زد و خواهند کشت. امّا در روز سوّم بر خواهد خاست» (۱۷:‏۲۵؛ ۱۸:‏۳۲-۳۳). اما شاگردان هنوز متوجه نمی‌شدند. معنای سخنان سادهٔ عیسی پنهان بود؛ آنها نمی‌دانستند عیسی دربارهٔ چه چیزی صحبت می‌کند (۳۴:۱۸).

اورشلیم باید صحنه‌ای برای آخرین مبارزه میان پادشاهی خدا و نیروهای تاریکی می‌بود. بسیاری در اسرائیل منتظر مبارزهٔ نظامی میان ارتش خدا متشکل از یهودیان متدین علیه قوم‌های بت‌پرست و مخالف با ارادهٔ خدا بودند. اما این مبارزه‌ای نبود که عیسی خود را برای آن آماده ساخته بود. در عوض، او تمام نیروهای جهان تاریکی را بر خود گرفت، و آن را از هر قدرتی تهی ساخت. برای عیسی، پیروزی در مبارزه به معنای کشتن دشمن نبود، بلکه در این بود که اجازه دهد تا کشته شود و زندگی‌اش را بر صلیب تسلیم کند.

شاگردی در مسیر صلیب

شاگردان هنوز خدمت محبت و رنج عیسی را درک نکرده بودند. آنها نیز مانند بسیاری از معاصران‌شان می‌خواستند داوری مهیب خدا را ببینند که بر منکران پادشاهیِ خدا فرود می‌آید. حتی آن هنگام، پس از آن‌همه مشارکت با عیسی، هنوز درک نمی‌کردند. زمان کوتاه است؛ و آنها نیاز فوری به «تعلیم شدید شاگردی داشتند.»[1] شاگردان باید حقیقتاً معنی پیروی از عیسی را فرامی‌گرفتند، سپس می‌توانستند پس از رفتنش، آنچه را که آغاز کرده بود، ادامه دهند.

این دستورالعمل شاگردی شدیداً به موضوع آخرین سفر عیسی مرتبط بود: عیسی شاگردی را به‌عنوان "راهی" که باید پیروی کرد، و سفری که باید پیمود، تعریف می‌کند. شاگردان اینک در راه اورشلیم بودند، و همزمان در حال فراگرفتن *راه شاگردی* بودند.[2] لیکن هر راهی، همچون مقصدش، رنج محبت و طردشدگی به همراه دارد.

> از آنجا که این سفر با یادآوری وقایعی که در اورشلیم در انتظار عیسی است، قطع می‌شود، خودِ سفر نیز در فضای مه‌آلود رنج صلیب قرار می‌گیرد. بدین‌سان، درک بهای شاگردی و یا خصومتی که عیسی دید، بدون درک ارتباط آنها با اهمیتِ جایگاهی که سفر به سوی صلیب بدان‌ها می‌بخشد، بسیار دشوار است. بدین‌سان، این سفر ... بُعدی تعلیمی دارد، زیرا پیروان عیسی را ترغیب می‌کند تا ارتباط بین طردشدگی و خدمت الاهی را درک کنند.[3]

خود این آخرین سفر، به‌تنهایی به شاگردان آموخت که پیروی از عیسی به معنی راه رفتن در مسیر صلیب است.

---

1. Joel B. Green, The Gospel of Luke, New International Commentary on the New Testament (Grand Rapids: Eerdmans, 1997), 397.

2. Ibid., 398. The church is referred to as "the Way" in Acts 9:2; 19:9, 23; 22:4; 24:14, 22.

3. Ibid., 396.

عیسی با شاگردان مردد و متزلزل بسیار صریح صحبت می‌کند. راه شاگردی بها دارد. این راه مستلزم تعهد، سرسپردگی و وفاداری کامل نسبت به عیسی و پادشاهی خدا است (لوقا ۹:۵۷-۶۲). عیسی فرمود: «اگر کسی بخواهد مرا پیروی کند، باید خود را انکار کرده، هر روز صلیب خویش برگیرد و از پی من بیاید» (۹:۲۳؛ مقایسه کنید با ۱۴:۲۷). تصمیم به پیروی کردن، نتایج مهمی به همراه دارد: «زیرا هر که بخواهد جان خود را نجات دهد، آن را از دست خواهد داد؛ امّا هر که به‌خاطر من جانش را از دست بدهد، آن را نجات خواهد داد» (۹:۲۴).

تعلیم شاگردی در مسیر اورشلیم ادامه داشت. پیروی از عیسی به معنی شریک شدن در خدمت او بود (لوقا ۱۰:۱-۲۴). شاگردان مانند کارگران مزرعه‌ای بودند که فرستاده شدند تا در جمع‌آوری محصول به عیسی کمک کنند. خدمت آنها، مانند خدمت عیسی این بود که نیروهای تاریکی را با قدرت کلام و اعمال‌شان بیرون کنند: «بیماران را شفا دهید ... و به آنها بگویید، پادشاهی خدا به شما نزدیک شده است» (۱۰:۹). شاگردان او همچنین باید خدا را با تمام وجودشان دوست بدارند و همسایهٔ خود را همچون نَفْس خویش محبت کنند (۱۰:۲۵-۳۷). در رابطه با تنفر شایع میان یهودیان نسبت به یهودیان سازشگر، سامریان و قوم‌های دیگر، عیسی داستان مردی (یهودی) را روایت می‌کند که در مسیر اورشلیم به اریحا توسط راهزنان مصدوم، عریان، و نیمه‌جان رها شده بود تا بمیرد. رهبران قوم یهود - که در داستان عیسی کاهن و لاوی خوانده می‌شوند - به آن مرد نیازمند کمک نکردند. اما مردی سامری که مورد تنفر یهودیان بود، دلش به حال او سوخت و او را کمک کرد. سپس یهودیِ "پارسا" متوجه می‌شود که سامری "بی‌خدا" همسایهٔ او است، کسی که خدا فرمان داده بود او را محبت کند. عیسی این داستان را در پاسخ به سؤال یکی از فقیهان مطرح کرد که پرسید: «چه کنم تا وارث حیات جاویدان شوم؟» (لوقا ۱۰:۲۵)، و پاسخ چنین بود: «عیسی را در پرتو تفسیر جدید و بنیادینِ اطاعت از تورات پیروی کن؛ دوست داشتن خدای عهد بسته با اسرائیل [یعنی] دوست داشتن او به‌عنوان خالق همه، و پذیرفتن

افرادی که خارج از مرزهای قوم برگزیدهٔ خدا [هستند] به‌عنوان همسایهٔ خود.»

عیسی خدمت پادشاهی را در اورشلیم به پایان می‌رساند

سرانجام عیسی به اورشلیم می‌رسد، جایی که روزهای پایانی او مملو از آزار و اذیت فزایندهٔ رهبران یهود، و تعالیم او دربارهٔ داوری است. در اینجا عیسی سه اقدام قابل توجه می‌کند تا به‌صورت سمبولیک ماهیت آمدن پادشاهی خدا را به تصویر بکشد؛ درست مانند انبیای عهدعتیق که پیام خدا را به‌شکل عملی نمادین و نمایشی به تصویر می‌کشیدند. ارمیا (۱۹:۱-۱۵) کوزه را در هم می‌شکند تا نشان دهد خدا نیز قوم اسرائیل را چنین در هم خواهد شکست. اشعیا (۲۰:۱-۴) عریان در اورشلیم می‌گردد تا حقارت آیندهٔ مصر و کوش را که توسط آشور اتفاق می‌افتاد، نشان دهد. به همین‌ترتیب، آخرین اقدامات عیسی نیز نبوتی بود، و آنچه را که قرار بود اتفاق بیفتد به تصویر می‌کشید. اما اعمال او بیش از اینها معنی داشت، زیرا او بیش از نبی بود: او همچنین به‌عنوان ماشیح عمل می‌کرد.

عیسی بر کره الاغی وارد اورشلیم می‌شود

بر پا کردن جشنی پر هیاهو برای ورود پادشاه به شهر، رویدادی شناخته‌شده برای آن روزگار بود. ورود عیسی به اورشلیم بر کرهٔ الاغ، رساتر از هر صدایی اعلام می‌کرد «خدا به اورشلیم بازگشته است تا پادشاه اسرائیل و قوم‌ها شود. عیسی بر تخت داوود جلوس خواهد کرد.» این رویداد در تمام اناجیل دیده می‌شود (متی ۲۱:۱-۱۱؛ مرقس ۱۱:۱-۱۱؛ لوقا ۱۹:۲۸-۴۰؛ یوحنا ۱۲:۱۲-۱۹) و همواره در پرتو نور زکریا ۹:۱-۱۳ تفسیر می‌شود، که به ما در درک معنای آن کمک می‌کند. در زکریا، پادشاه اسرائیل پس از پیروزی نظامی به اورشلیم بازمی‌گردد. چنانکه قبلاً دیدیم، یهودا مکابی (حدود یک‌ونیم قرن پیش از دوران عیسی، پس از پیروزی بر لشکر سلوکیان) با استقبال شادمانهٔ مردم وارد اورشلیم شده بود. او به‌عنوان اولین اقدام، معبد اورشلیم را از تمام بت‌هایی که توسط پادشاه

یونانی آنتیوخوس اپیفانس چهارم در آن گذاشته شده بود پاک ساخت. اما انتظار قوم اسرائیل از پادشـــاهی جهان‌شمول، در یهودا مکابی نیز محقق نشـــد. یهودیان به این خاطر منتظر پادشاه دیگری بودند که دنباله‌رو یهودا مکابی باشـــد و حقیقتاً نبوت‌های زکریا را تحقق بخشـــد، و آن پادشاهیِ جهانی را که به داوود و دیگر انبیا وعده داده شده بود بنیان نهد. همچنین "پادشـــاهان" دیگری آمده، با پیروی از یهودا، ادعای تاج و تخت اسرائیل را کرده بودند. اما هیچ‌یک از آنها پادشاهی خدا را برقرار نکرده بودند.

در پرتو این پیش‌زمینه، ادعای عیسی مبنی بر سلطنت داوود نمی‌توانست از این واضح‌تر باشد. او به همین شکل وارد اورشلیم شد، به‌عنوان ماشیحی که ادعای تخت سلطنت اسرائیل را دارد، و برای برقراری سلطنتی که یهودا مکابی نتوانست برقرار سازد آمده است. جماعت بسیاری در اورشلیم این را متوجه شـــدند و رسیدن عیسی را با فریادهای شادمانی استقبال کردند و با ستودنش خوش‌آمد گفتند (از مزمور ۱۱۸): «مبارک است پادشاهی که به نام خداوند می‌آید» (لوقا ۳۸:۱۹). «مبارک است پادشاهی پدر ما داوود که فرامی‌رسد» (مرقس ۱۰:۱۱). اما نه جماعت و نه شاگردان (یوحنا ۱۶:۱۲) هنوز درک نکرده بودند که عیســـی چگونه پادشـــاهی است. انجیل متی، برای یهودیانی نوشته شـــده است که در انتظار ماشیحی نظامی بودند، و به همین‌خاطر بر این امر تأکید دارد که عیسی به‌عنوان پادشاهی آرام و فروتن وارد شد. او از زکریا نقل‌قول می‌کند: «هان، پادشاهت نزد تو می‌آید، فروتن و سوار بر الاغ» (متی ۵:۲۱؛ مقایســـه کنید با زکریا ۹:۹). حیوانی که برای ورودش انتخاب شـــده بود، موجودی آرام و زیر بار بود، به عوض اســـب ســـلطنتی که برای فتوحات نظامی مناسب اســـت، زیرا عیسی برای صلح آمده بود. مردم اورشـــلیم «آمدن خـــدا را ... درک نکردند» (لوقا ۴۴:۱۹) زیرا ماهیت پادشـــاهی او را درست درک نکرده بودند، که «بر پایهٔ خدمت و فروتنی اســـت، نه فتوحات سیاســـی.»[1] ظرف چند روز، همان جماعت درخواست می‌کنند تا عیسی بر صلیب میخکوب شود.

---

1. L. A. Losie, "Triumphal Entry," in Dictionary of Jesus and the Gospels, 859.

عیسی داوری را بر معبد اعلام می‌کند

عیســی در دومین عمل مسیحایی خود در اورشلیم، با اعلام داوری به ســراغ معبد می‌رود (مرقس ۱۱:۱۲-۱۷). از آنجا که در بین‌النهرین رابطهٔ نزدیکی میان مذهب و سیاست وجود داشت، ورود مظفرانهٔ پادشاه، اغلب با برخی اقدامات مشــخص در معبد همراه بود. در داســتان اناجیل، معبد اورشلیم مهمترین نماد یهودیت بود، جایی که خدا در میان قومش مسکن گزیده است. در معبد، نظام قربانی‌ها به اسرائیلیان گناهکار اجازه می‌داد تا شکافی را که توسط گناه در رابطه با عهد ایجاد شده بود، مرمت کنند. بالاتر از این، معبد از اهمیتی مذهبی، سیاســی، اقتصادی، و اجتماعی برخوردار بود؛ فراتر از همه، مرکزی برای امید یهود به آمدن پادشــاهی خدا بود. قوم اسرائیل باور داشت درست همان‌طور که یهودا مکابی یک بار معبد را پاک ساخت، خدا روزی به آن بازخواهد گشت تا تخت خود را برقرار سازد، و از این مکان بر کل قلمرو پادشاهی خود سلطنت کند (ملاکی ۱:۳). وقتی خــدا به معبد خود بازگردد، با داوری مهیب خواهد آمد (۳:۳، ۵). با توجه به انتظار یهودیان، این داوری مستقیماً علیه قوم‌های بت‌پرست و یهودیانی که با آداب بت‌پرســتی سازش کرده بودند انجام می‌شد. خدا «فرمانروایان ناعادل را نابود خواهد ساخت» و «اورشلیم را از غیریهودیان پاک خواهد ساخت / کســانی که آن را لگدمال کرده‌اند ... تمام وجود آنها را به میلهٔ آهنین در هم خواهد شکســت؛ / و ملل نامشــروع را به کلمهٔ دهان خود نابود خواهد کرد» (مزامیر سلیمان (سودوگرافای عهدعتیق) ۱۷:۲۱، ۲۴).

جماعت اورشــلیم منتظر بودند تا عیســی این انتظارات را برآورده سازد. اما عیســی از اینکه قوم اســرائیل آمدن خدا را اشتباه درک کرده بود گریست، زیرا به معنی داوری بود، نه بر غیریهودیان بلکه بر اسرائیل بی‌ثمر (لوقا ۱۹:۴۱-۴۴). عیسی در سراسر خدمتش خطر داوری خدا را علیه قوم بی‌وفایش اعلام کرد؛ و اکنون، طی اقامتش در اورشلیم، تعالیم او شدیداً متمرکز بر این موضوع است (متی ۲۱:۲۸-۲۵:۴۶؛ مرقس ۱۲-۱۳). وقتی عیســی برای داوری علیه معبد آمــد، به‌صورت نمادین تمام هشدارهایی را که پیش‌تر به آنها داده بود، عملی ساخت.

اقدام علیه معبد با نفرین درخت انجیر توسط عیسی که میوه نیاورده بود به تصویر کشیده شده اســـت (مرقس ۱۱:۱۲-۱۴، ۲۰-۲۱)، اقدامی مسیحایی و نبوتی که داوری را بر قومی بی‌ثمر به‌صورت سمبولیک نشان داد. در چنین مکانی که نماد اصلی این ملت اســـت، عیسی فروشندگان حیوانات (برای قربانی) را بیرون کرد و میز صرافان را واژگون ســـاخت. عیســـی موقتاً این بساط را در معبد برانداخت، که به احتمال زیاد نشان از پایان نهایی معبد بود.

کلمات عیسی رفتارش را تفسیر می‌کرد: معبد باید خانهٔ دعا برای همهٔ قوم‌ها باشـــد (مرقس ۱۱:۱۷)، جایی که تمام مردم خواهند آمد تا خدای اسرائیل را بشناسند (اشـــعیا ۵۶:۷-۸). خدا قوم اسرائیل را برگزید تا در میان‌شان ساکن شود و سپس تمام قوم‌ها بتوانند با خدا وارد عهد شوند. اما معبدی که عیسی اکنون وارد آن شده بود در مسیر متفاوتی عمل می‌کرد، از اهداف جدایی‌طلبانه حمایت می‌کرد، و قوم اسرائیل را از همسایگانش جدا کرده بود. علاوه بر اینها، روح حاکم بر معبد، روح خشونت و تباهی بود: آنجا به «مخفیگاه انقلابیون» تبدیل شـــده بود (مرقس ۱۱:۱۷ ترجمهٔ نویســنده). قوم اسرائیل به جای اطاعت از دعوتش مبنی بر نور بودن برای جهان، برگزیدگی خود را تبدیل به مزیتی جدایی‌طلبانه کرده بود. داوری بر این معبد باید اتفاق می‌افتاد تا "معبد" جدید، که همانا حیات رستاخیز عیســـی در قوم احیا شدهٔ خدا بود (مقایســـه کنید با یوحنا ۲:۲۱)، بتواند تبدیل به نوری برای قوم‌هایی شود که خدا انتظار داشت.

وقتی پاک‌ســـازی معبد توســـط عیســـی را در این متن می خوانیم، برای‌مان آشکار می‌شـــود که چرا رهبران یهود به‌دنبال راهی برای کشتن او می‌گشـــتند. او نه تنها امید و آرمان گران‌بهای آنها را به چالش کشیده بود، بلکه ویرانی مهمترین و ارزشـــمندترین نماد مذهبی آنها را نیز اعلام می‌کرد. او همچنین تمام اینها را در نام خداوند، خدای آنها انجام می‌داد! او به‌گونه‌ای رفتار می‌کرد که گویی ماشـــیح برگزیدهٔ خدا اســـت. اگرچه فریســـیان، صدوقیان و دیگر رقبا در ســـرزمین اسرائیل، در هیچ موردی توافق نداشـــتند، اما بر سر این موضوع که عیســـی تمام زندگی آنها را با

ادعاهایش در مورد آمدن پادشاهی خدا به خطر انداخته است، توافق داشتند. این مرد باید از میان برداشته شود!

عیسی مرگ خود را به‌صورت نمادین به تصویر می‌کشد

پس از ورود به اورشلیم و پاکسازی معبد، عیسی مابقی هفته را در مباحثاتی داغ با رهبران یهود گذراند. از آنجا که هفتهٔ عید پِسَخ بود، عیسی شاگردان خود را جمع کرد تا شام عید پِسَخ را با هم جشن بگیرند (متی ۲۶:۱۷-۳۰؛ مرقس ۱۴:۱۲-۲۶؛ لوقا ۲۲:۷-۲۳). این سومین نماد، آخرین و مهمترین اقدامی بود که عیسی در اورشلیم انجام داد: بر سر این سفره بود که او واقعهٔ نهاییِ خدمت پادشاهی خود را به تصویر کشید.

در شب عید پِسَخ، عیسی از شاگردانش می‌خواهد شام را مهیا کنند. این مراسم شام، جشنی بود به نشان رهایی قوم اسرائیل از مصر در دوران موسی (خروج ۱۲)، هرچند برای یهودیان قرن اول، این مراسم نمادی از خروج نوین نیز بود که با آمدن پادشاهی خدا اتفاق خواهد افتاد. یهودیان قرن اول با نگاه کردن به پیروزی‌های گذشتهٔ خدا بر مصریان، امیدوار بودند با برگزاری این ضیافت، خدا کار مشابهی در زمان آنها انجام دهد. او قوم خود را از دستان مصریان رهایی بخشیده بود: پس یقیناً امروز نیز آنها را از دست حاکمان ظالم رومی رهایی خواهد بخشید. آمدن پادشاهی خدا، عهدی تازه، بخشش گناهان و بازگشت از تبعید، تمام اینها امید قوم اسرائیل را برای آنچه از خدا انتظار داشتند در اوج لحظه‌ای خاص از تاریخ ملی‌شان انجام دهد، بیان می‌کند. و این شام پِسَخ که در اناجیل ثبت شده، در انتظار آن لحظه است. اما عیسی به این شام معنی تازه‌ای می‌بخشد. او در تمام گفتار و کردارش به شاگردان می‌گوید که پادشاهی موعود خدا، هم‌اکنون در حال نزول کردن بر آنها است. لحظهٔ اوج داستان قوم اسرائیل، مرگ خود اوست: «این شام، که بر عمل عیسی با نان و پیاله تمرکز داشت، داستانِ پِسَخ و داستان خود عیسی را بیان کرد، و در نهایت، این دو داستان را با هم آمیخت.»[1]

1. Wright, Jesus and the Victory of God, 559.

در سنت عید پِسَخ، سرِ (پدر) خانه رویدادهای خروج را می‌خواند و معنی آن را برای زمان حاضر بیان می‌کرد. به همین ترتیب، عیسی در کلماتی ساده (و در عین حال شگفت‌انگیز) معنی تازهٔ نان و شراب را توضیح داد. او نان را برداشت، و گفت: «این بدن من است» (مرقس ۲۲:۱۴). عیسی در شرف مرگ بود، و این مرگ به منزلهٔ حیات برای قومش بود. چنانکه نان پِسَخ همواره یادآور رهایی قوم اسرائیل از مصر بود، مرگ عیسی نیز به معنی رهایی نهایی قوم خواهد بود. پیاله نیز معنای تازه‌ای به خود گرفت: «این خون من است برای عهد جدید» (۲۴:۱۴). عیسی در مرگ خود عهدی تازه، بخشش گناهان و پادشاهی خدا را برای قوم اسرائیل، که مشتاق این موهبات است، خواهد آورد. موسی بر قوم اسرائیل خون پاشید و عهد سینا را با این کلمات تأیید کرد: «این خون عهد است» (خروج ۸:۲۴). هزار سال پس از موسی، زکریا نبوت کرد که از طریق پیروزی ماشیح، خدا قوم اسرائیل را از اسارت رها خواهد ساخت و عهد خود را با این ملت دوباره تجدید خواهد کرد: «و در خصوص تو نیز، به سبب خون عهدم با تو/ اسیرانت را از چاه بی‌آب رها خواهم کرد» (زکریا ۱۱:۹). توسط "خون عهد" اسارت پایان خواهد پذیرفت و پادشاهی خدا خواهد آمد. عیسی این خون عهد را با خون خود یکی می‌خواند، که خیلی زود بر صلیب ریخته خواهد شد. از طریق مرگ او، پادشاهی خدا خواهد آمد.

عیسی دستگیر و محاکمه می‌شود

از همان روزهای آغازین، خدمت عیسی در جلیل توجه بسیاری را به خود جلب کرده بود، و دشمنان عیسی توطئهٔ نابودی او را چیدند (مرقس ۶:۳). خصومت آنها وقتی به اوج رسید که عیسی رفتار خشونت‌آمیزی در معبد از خود نشان داد و باعث شد آنها در جستجوی راهی برای دستگیری و کشتنش باشند (مرقس ۲:۱۴). یکی از شاگردان عیسی، یهودا اسخریوطی، غیرمنتظره وارد صحنه می‌شود و (برای خشنود ساختن سران قوم یهود) به آنها وعدهٔ کمک می‌دهد: او جای

عیســـی را به آنها نشان می‌دهد تا بدون ترس از جمعیت بتوانند سریع او را دستگیر کنند. سنهدرین (شـــورای حکومتی یهودیان اورشلیم) گروه بزرگی را برای دستگیری او می‌فرستد.

در این اثنا، عیســـی و شـــاگردانش برای شام پِسَـخ به محلی به نام جتســـیمانی رفتند. عیسی که می‌دانست مبارزهٔ نهایی برای پادشاهی خدا در راه اســـت، و می‌دانست این برای شخص او چه معنایی دارد، به‌سوی پدر چنین دعا کرد: «این جام را از من دور کن، اما نه به خواست من بلکه به ارادهٔ تو» (۳۶:۱۴). و پس از این دعا، شاگردان خواب‌آلود خود را بیدار کرد تا با جماعت خشمگینِ رهبران یهود (به رهبری یهودا)، و نگهبانان معبد و ســـربازان رومی روبه‌رو شـــود (نگاه کنید به یوحنا ۳:۱۸). یهودا با بوسه‌ای به عیسی ســـلام کرد تا آنها بتوانند در تاریکی او را تشخیص دهند. یکی از شاگردانِ عیسی ســـریعاً شمشیر خود را برکشید؛ زیرا آنها هنوز درک نکرده بودند که پادشاهی عیسی با صلح می‌آید نه با خشونت (مرقس ۴۷:۱۴). وقتی عیسی دستگیر شد همه به جز یکی از شاگردان او را تـــرک کردند و از ترس جان گریختند (۱۴:۵۰–۵۲). اما پطرس از دور سربازان و زندانی‌شان را دنبال می‌کرد تا ببیند چه اتفاقی می‌افتد.

بســـیار دیر وقت بود. به همین‌خاطر، از زندانی در برابر رهبران یهود بازجوییِ کوتاهی شد. اولین نفر حنّا (کاهن اعظم سابق) بود، کسی که با ســـؤالاتش سعی داشت عیسی را مجبور به گفتن چیزی کند تا او را متهم سازد. اما وقتی حنّا موفق نشد، عیسی را نزد قیافا (کاهن اعظم) فرستاد، کسی که به رهبران یهود اجازه داد از زندانی بازجویی کنند. افراد بسیاری از شـــاهدان دروغین نزد قیافا آمدند، و عیسی را به مسائل مختلفی متهم کردنـــد، اما گفته‌های آنها ضد و نقیض بود (مقایســـه کنید با تثنیه ۶:۱۷؛ ۵:۱۹). کاهن اعظم سرانجام با عصبانیت پرسید: «آیا تو مسیح، پسر خدای متبارک هستی؟» عیسی پاسخ داد: «هستم» (مرقس ۱۴:۶۱–۶۲). اعضای دادگاه ســـریعاً توافق کردند که این ادعا کفر و لایق مجازات مرگ است (۱۴:۶۳–۶۴). بازجوییِ نیمه‌شـــب با کلمات تمسخرآمیز نظاره‌کنندگان به پایان می‌رســـد. نگهبانان نیز گه‌گاه زندانـــی را کتک می‌زنند (۶۵:۱۴؛

لوقا ۲۲:۶۳-۶۵). با طلوع آفتاب و تشکیل جلسهٔ رسمیِ سنهدرین، اتهام کفرگویی تأیید می‌شود (لوقا ۲۲:۶۶-۷۱). در حین محاکمه، از پطرس دربارهٔ رابطه‌اش با عیسی سؤال می‌کنند، اما او سه مرتبه انکار می‌کند که عیسی را می‌شناسد.

از آنجا که رهبران یهود قدرت نداشتند کسی را به مرگ محکوم کنند (یوحنا ۱۸:۳۱)، عیسی را نزد پیلاتس فرستادند (فرماندار منصوب روم) تا او را محکوم کند. اعضای شورای سنهدرین به‌خوبی می‌دانستند که طبق قوانین روم کفرگویی جرم سنگینی محسوب نمی‌شد. به همین‌خاطر، عیسی را به خیانت و فتنه متهم کردند، و ادعا کردند که با مخالفت با پرداخت مالیات به قیصر، و ادعای پادشاهی، مایهٔ فروپاشی اسرائیل خواهد شد (لوقا ۲۳:۲). پیلاتس با شنیدن این آخرین اتهام کنجکاوانه از عیسی پرسید: «آیا تو پادشاه یهود هستی؟» (۲۳:۳). پیلاتس طی گفتگو با عیسی دچار تردید بود. او متوجه شده بود که اتهامات رهبران یهود علیه عیسی قانع‌کننده نبود، ولی موقعیت خودش به‌عنوان فرماندار فلسطین در خطر بود. او به‌خاطر دلایل سیاسی نمی‌توانست یهودیان را ناراحت کند. اگرچه هیچ دلیل قانونی‌ای برای محکوم کردن عیسی به مرگ پیدا نمی‌کرد، از سوی دیگر رهبران یهود را می‌دید که آزادی عیسی را نمی‌پذیرفتند. پیلاتس سعی کرد مشکل را از سر خود باز کند، به همین‌خاطر ابتدا عیسی را نزد هیرودیس فرستاد، و سپس به یهودیان پیشنهاد کرد یک زندانی یهودی را عفو کند. او گفت که می‌تواند عیسی یا فرد دیگری را که در زندان در انتظار مرگ است (مردی شورشی به نام باراباس) آزاد سازد. اما جماعت یک‌صدا فریاد زدند: «مصلوبش کن!» و اینچنین، تلاش پیلاتس را بی‌ثمر ساختند. پیلاتس سپس فرمان داد عیسی را تازیانه بزنند، به این امید که این کار برای جماعت کافی باشد و سپس بتواند زندانی را آزاد کند. سربازان رومی عیسی را تمسخر می‌کردند و به‌طرز وحشیانه‌ای شلاقش می‌زدند، و با مشت و لگد او را می‌کوفتند. هنگامی که او را نزد پیلاتس بازفرستادند، باز هم سعی کرد او را آزاد سازد اما عملی نشد. جماعت فریاد می‌زدند: «مصلوبش کن!

مصلوبش کن!» سرانجام، پیلاتس علی‌رغم میلش موافقت کرد. عیسی به مرگ محکوم شد تا بر صلیبی رومی میخکوب شود و آنجا بماند تا بمیرد.

عیسی با مرگ خود پیروزی پادشاهی خدا را تضمین می‌کند

در این رویداد بی‌رحمانه، ما شاهد عظیم‌ترین عمل خدا هستیم. کتاب‌مقدس داستان کار عظیم خدا را در تاریخ بشر برای احیای خلقتش، بیان می‌کند. نویسندگان مزامیر همواره قوم خدا را دعوت می‌کردند تا خدا را به این‌خاطر بپرستند: «ای تمامی زمین، خدا را بانگ شادی دهید! جلال نام او را بسرایید؛ / و ستایشی پرجلال نثار او کنید! خدا را بگویید: "چه مَهیب است کارهای تو"» (مزمور ۶۶:۱-۳). اما وقتی داستان کار خدا را در تاریخ دنبال می‌کنیم و به مرگ و قیام عیسی می‌رسیم، با شگفت‌انگیزترین عمل خدا در میان تمام اعمال رهایی‌بخش او مواجه می‌شویم. بر صلیب بود که خدا بر گناه و عصیان بشر ضربهٔ مهلکی وارد آورد و نجات را برای جهان خود فراهم کرد. البته مصلوب شدن را به‌سختی می‌توان ظفری برای خدا دید، مخصوصاً در چارچوب فرهنگی قرن اول روم!

عیسی بر صلیب جان می‌دهد

رومی‌ها فرد مجرم را مجبور می‌کردند تیرک افقی و سنگین صلیب را تا جایی که قرار است مصلوب شود، حمل کند. اما عیسی به‌خاطر بی‌خوابی شب، تمسخرهای ظالمانه و مخصوصاً ضرب و شتم وحشیانه از توان افتاده بود. عیسی توان حمل تیرک را نداشت، به همین‌خاطر، شمعون قیروانی را از میان جماعت بیرون آوردند و مجبور ساختند آن را حمل کند. این حرکتی وحشتناک به‌سوی جلجتا یا "مکان جمجمه" بود، جایی که در آن جرعه‌ای آرامش‌بخش (شراب آمیخته به مُرّ) به عیسی دادند اما او نپذیرفت. در ساعت نُه صبح عیسی را عریان کردند و دست و پایش را بر صلیب به میخ کوفتند و او را میان دو مرد (دو شورشی، که آنجا آورده بودند تا بمیرند) قرار دادند. وقتی سربازان میخ‌ها

را در اعضای بدن او فرو می‌کردند، عیســی چنین گفت: «ای پدر اینان را ببخش، زیرا نمی‌دانند چه می‌کنند» (لوقا ۳۴:۲۳).

جامه‌اش میان ســربازان تقسیم شد، و آنها با تمسخر تقصیرنامهٔ او را بر تکه چوبی نوشتند و بالای سرش بر صلیب کوفتند: «این عیسی است، پادشــاه یهود.» برای رومیان ادعای پادشاهی به‌منزلهٔ خیانت، و تهدیدی برای حکومت قیصر محســوب می‌شد؛ برای یهودیان کفرگویی بود؛ اما برای هرکه واقعهٔ صلیب را از دیدگاه رســتاخیز بنگرد، این اتهام، چیزی جز حقیقت محض نیست!

رهبران یهود که عیســی را تحت تعقیب قرار داده و توطئهٔ مرگ او را چیده بودند، اکنون او را اســتهزا و توهیــن می‌کردند: «دیگران را نجات داد، اما نمی‌تواند خود را نجات دهد! او پادشــاه اسرائیل است! بگذار از صلیب پایین بیاید تا به او ایمان آوریم!» (مرقس ۳۱:۱۵-۳۲ ترجمهٔ آزاد). یکی از دو گناهکار مصلوب در کنار مسیح نیز شروع به تمسخر او کرد، اما مصلوبی که در سمت دیگر عیسی بود او را سرزنش کرد: «مکافات ما به‌حق است، زیرا ســزای اعمال ماست. امّا این مرد هیچ تقصیری نکرده اســت». سپس گفت: «ای عیسی، چون به پادشاهی خود رسیدی، مرا نیز به‌یاد آور» (لوقا ۴۱:۲۳-۴۲). عیسی ایمان او را تأیید کرد؛ و یقیناً این مرد پادشاهی خدا را به میراث خواهد برد.

هنگام ظهر، ســه ســاعت تاریکی تمام زمین را فرا گرفت. عیسی با صدای بلند فریاد زد: «خدای من، خدای من، چرا من را واگذاشــته‌ای؟» (مرقس ۳۴:۱۵). عیسی زیر بار عمیق‌ترین ژرفای گناه، خود را از پدر جدا احساس کرد. عیسی دیگر او را نه "پدر" بلکه "خدای من" خواند. سپس زندگی عیســی با فریادی بلند به پایان رسید: «تمام شد» (یوحنا ۳۰:۱۹). «ای پدر روح خود را به دستان تو می‌سپارم» (لوقا ۴۶:۲۳). در نهایت کار عیسی با انجام دادن ارادهٔ خدا تمام شد و حال او مجدداً می‌توانست خود را در دستان پرمحبت پدر قرار دهد.

افســری رومی در نزدیکی محل ایستاده بود تا اطمینان یابد که حکم ایــن افراد بدون مداخلهٔ یهودیان کاملاً اجرا می‌شــود. وقتی او به هنگام

مرگ عیسی رفتار و گفتارش را دید و شنید، اگرچه فرماندهی قهار و رئیس صد سرباز در فلسطینِ تحت اشغال روم بود، بی‌اختیار گفت: «به‌راستی این مرد پسر خدا بود» (مرقس ۳۹:۱۵). در همان لحظه، اتفاق عجیبی در شهر، که از جلجتا فاصلهٔ بسیار داشت، در معبد اورشلیم رخ داد. در آنجا، پردهٔ سنگین معبد که قدس‌الاقداس را از حجره‌های بیرونی جدا می‌کرد، و مکان حضور خدا را از قوم می‌پوشاند، از بالا به پایین دریده شد، اما نه به دست انسان (مرقس ۳۸:۱۵). مرگ عیسی راه را برای وارد شدن به حضور خدا باز کرد (مقایسه کنید با عبرانیان ۱۶:۴).

مصلوب کردن در امپراتوری روم

تصویر ۱۹- الاغی بر صلیب

«عیسی را به جلجتا بردند و به صلیب کشیدند» (مرقس ۲۲:۱۵، ۲۴). برای ما که دو هزار سال پس از دورهٔ صلیب زندگی می‌کنیم، درک این حقیقت که صلیب برای حضار قرن اول چقدر وحشتناک و نفرت‌انگیز بوده بسیار دشوار است: «امری کاملاً اهانت‌آمیز، زشت و ناپسند به معنای واقعی کلمه.» مطابق قانون، شهروندان رومی را نمی‌توانستند مصلوب کنند. این بدین معنا است که شکنجه و مرگ در دادگاه رومی فقط برای برده‌ها و بیگانگان و جنایتکاران بود. درد و رنج جسمانی آن بسیار وحشتناک بود و آن را تا حد امکان، برای چندین ساعت و یا حتی یک روز ادامه می‌دادند. در این روند، مجرم کاملاً تحقیر شده، عریان

و آویزان در انظار عموم، از تمسخر و سرزنش رهگذران رنج می‌برد. صلیب به‌طور خاص برای شهروندان رومی، و تابعان امپراتوری روم، نمادی از حقارت و عذاب بود.

با این حال، کلیسای اولیه، جسورانه این واقعه را - مصلوب شدن رهبرشان - عمل قدرتمند خدا می‌خواند. چه حماقت عظیمی! جای تعجب نیست که مخالفین، کلیسا را استهزا می‌کردند. تصویری نقاشی شده بر دیوار (Grafitto) در روزهای اولیهٔ امپراتوری روم، بدن مردی را نشان می‌دهد که سر الاغ دارد و بر صلیب میخکوب شده است، و مردی آن را می‌پرستد (در تصویر صفحهٔ قبل). نوشتهٔ ناخوانای زیر آن توضیحی تمسخرآمیز است: «الکسانموس خدا را می‌پرستد.» احتمالاً برده یا کودکی با این تصویر قصد شوخی با کسی را داشته است. پرستش خدایی مصلوب چقدر احماقانه و مضحک بود! این ادعا که مرگ عیسی عمل قدرتمند خدا بود، یقیناً در سراسر امپراتوری روم در قرن اول، ادعایی بسیار احمقانه به‌نظر می‌رسید.

تنها رومیان نبودند که چنین نظری داشتند. حتی یهودیان نیز نمی‌توانستند وحشت، و تباهی مرگ بر صلیب را به‌عنوان عمل دست خدای خود بپذیرند. آیا انبیای عهدعتیق دربارهٔ آمدن ماشیح در جلال و پیروزی صحبت نکرده بودند؟ یقیناً او باید حاکمی بزرگ و قدرتمند می‌بود که عدالت را به پادشاهیِ جدید خود می‌آورد. پادشاهی او باید سراسر زمین را در بر می‌گرفت. چنانکه در دایرةالمعارف یهود آمده است: «ماشیح مورد تأیید یهودیان نمی‌تواند با چنین مرگی روبه‌رو شود؛ زیرا "کسی که به دار آویخته شود ملعون خداست" (تثنیه ۲۱:۲۳؛ که در غلاطیان ۱۳:۳ نیز بدان اشاره شده). همچنین، صلیب جایی بود که زندگی شورشیان مخالف امپراتوری روم - شامل ماشیحان دروغین بسیار - بر آن تمام می‌شد. برای یهودیان، "ماشیح مصلوب"، ترکیبی متناقض بود. صلیب به‌عنوان عمل قدرتمند خدا برای آنها سنگ لغزش بوده (و هست) (اول قرنتیان ۱:۲۳).

مصلوب شدن در عهدجدید

عهدجدید در میان ادبیات باستان از این جهت منحصربه‌فرد است که مصلوب شدن را به‌شکلی مثبت، و به‌عنوان بزرگترین عمل خدا در تاریخ تفسیر می‌کند. پولس رسول می‌گوید: «زیرا پیام صلیب برای آنان که هلاک می‌شوند جهالت است، امّا برای ما که نجات می‌یابیم قدرت خداست» (اول قرنتیان ۱۸:۱). اما او و دیگر نویسندگان عهدجدید کاملاً آگاه بودند که دیدگاه آنها نسبت به این واقعه، تمسخر دیگران را جلب می‌کند. برای رومیان صلیب جهالت کامل بود: صلیب به‌عنوان بدترین مجازات برای دشمنان روم در نظر گرفته شده بود. آنها بیش از توان انسانی مورد تحقیر، شکست و شکنجه قرار گرفته، در نهایت ضعف می‌مردند. فراتر از آن، صلیب نشانهٔ عملی ظالمانه بود.

با این‌حال کلیسای اولیه ادعایی شجاعانه و فوق‌العاده داشت مبنی بر اینکه صلیب عمل محوریِ خدا در کل تاریخ بشر است! این شجاعت محصول دیدگاهی عمیقاً متفاوت بود، زیرا کلیسا صلیب را از دریچهٔ رستاخیز می‌نگریست.

قیام عیسی از مرگ، ادعای او را مبنی بر اینکه ماشیحِ مسح‌شدهٔ خدا است، ثابت کرد. وقتی کسی از دریچهٔ رستاخیز به صلیب می‌نگرد، آنچه در ابتدا جهالت می‌نمود، برایش تبدیل به حکمت خدا می‌شود. آنچه ضعف به‌نظر می‌رسید، تبدیل به قدرت خدا شده، بر عصیان بشر و شیطان فائق آمده است. آنچه حقارت به‌نظر می‌رسید، تبدیل به مکاشفه‌ای از جلال خدا شده است. محبت، رحمت، امانت‌داری، فیض، عدالت و پارسایی، که خدا می‌بخشد، در این واقعه که خدا طی آن نجات را برای خلقت خود تکمیل ساخت، نمایان می‌شود. کلیسای اولیه آنچه را که در چشم جهان برای عیسی شکست محسوب می‌شد، به‌عنوان پیروزی عظیم او و بر تمام دشمنانی که در مقابل خلقت نیکوی خدا ایستادند، اعلام کرد. این عمل ظاهراً بی‌معنایِ خشن و ظالمانه، در حقیقت هدف غایی خدا را نمایان ساخت: داوری او علیه گناه، و قدرت و ارادهٔ او برای احیای خلقت. از یک‌سو صلیب جهالت، ضعف، حقارت، شکست، و بی‌معنا دیده می‌شود.

از سوی دیگر، برای کسانی که می‌دانند عیسی از مرگ برخاسته، صلیب به معنای حکمت، قدرت، جلال، پیروزی و خواست کامل خدا است.

عیسی بر صلیب، نقشهٔ خدا برای کل تاریخ را که نجات کل خلقت بود، تکمیل کرد. ما اغلب اهمیت صلیب را به اینکه «عیسی برای من مرد» کاهش می‌دهیم. ایمانداران در مرگ او سهیم هستند و به همین خاطر است که می‌توانیم این را با شادی و اعتماد بیان کنیم. با این‌حال، هدف خدا فراتر از نجات فردی عمل می‌کند. در مرگ عیسی، خدا وارد عمل می‌شود تا تمام خلقت را نجات بخشد: عیسی برای کل جهان مرد.

صلیب به‌عنوان وسیله‌ای برای تکمیل کار نجات‌بخش خدا، هم در شیوه‌ای که نویسندگان اناجیل برای روایت داستان برگزیدند، و هم در تصویری که نامه‌های عهدجدید برای تفسیر آنها ترسیم کردند، به‌وضوح نمایان است. هر چهار انجیل‌نویس فضای زیادی را به آن، به‌عنوان اوج خدمت عیسی، اختصاص دادند (متی ۲۸:۲۰؛ مرقس ۴۵:۱۰؛ لوقا ۲۵:۲۴-۲۷؛ یوحنا ۲۳:۱۲-۲۸). با این‌حال، هر یک، داستان را به روش خود بیان می‌کنند، و بر مسائلی تأکید می‌ورزند که برای شنوندگان‌شان مناسب است. مرقس صلیب را شیوه‌ای می‌بیند که عیسی بدان نجات را برای جامعه‌ای جدید که فداکارانه او را پیروی می‌کنند به ارمغان می‌آورد. انجیل متی (که برای یهودیان نوشته شد) داستان مرگ عیسی را همانا رد او به‌عنوان ماشیح خدا توسط قومش می‌بیند؛ با این‌حال، صلیب را تأیید ادعای او و مبنی بر مقام سلطنتی‌اش می‌داند که نظمی نوین برای تمام قوم‌ها به‌وجود آورد. لوقا داستان صلیب را توسط دو الگو بیان می‌کند: ۱) عدالت‌جوییِ عیسی به‌عنوان نبی با مخالفت‌های شیطانی و طرد شدن از سوی مردم روبه‌رو شد. ۲) عیسی باید بر صلیب می‌رفت، زیرا مهمترین واقعهٔ محوریِ تاریخ جهان بود. یوحنا «رسوایی صلیب را در پرتو سرافراز شدنِ عیسی تفسیر کرده، بر آن غلبه می‌کند.» عیسی بر صلیب افراشته شد تا کشته شود، اما دقیقاً در همان عمل، در محبتش رفعت و جلال یافت.[1]

1. Ibid., 162.

نامه‌هایی که به کلیساهای نوپا در عهدجدید نوشته شد، از این تصاویر استفاده کردند تا اهمیت جهانی مرگ عیسی را تفسیر کنند. در اینجا ما به‌صورت خلاصه سه تصویر را ذکر می‌کنیم. نخست، تصویر پیروزی است که «جان درایور»[1] آن را «موتیفِ (درون‌مایهٔ اصلی)[2] نبرد–پیروزی–آزادی» می‌نامد. تصلیب نشانی از جنگی عظیم و روحانی میان خدا و شیطان بود. عیسی در این نبرد پیروز شد و نجاتی عظیم برای برده‌های شیطان، که عیسی به‌خاطرشان جنگیده بود، به ارمغان آورد. دوم، تصویر قربانی نیابتی[3] است که از اعمال عهدعتیق گرفته شده است که در آن حیوانی بی‌عیب و نقص به‌جای فردی گناهکار کشته می‌شد. سپس آن فرد گناهکار در رابطهٔ مبتنی بر عهد با خدا احیا می‌شد، زیرا آن حیوان خطایای او را بر خود گرفته و گناهانش را برداشته بود. اکنون، عیسی، برهٔ خدا، کسی است که گناه جهان را برمی‌دارد (یوحنا ۲۹:۱). تصویر نهایی عیسی را نماینده[4] می‌خوانَد، کسی که به نمایندگی از طرف همهٔ قوم عمل می‌کند. عیسی با شیطان، گناه، و مرگ دست به گریبان شد و به نمایندگی از طرف همهٔ انسان‌ها، با مرگش بر آنها ظفر یافت. او به‌خاطر کل جهان هستی جان داد، و داوری خدا را بر خلقتی که به‌خاطر گناه فاسد و ناپاک شده بود بر خود گرفت. ما در این پیروزی بر گناه، سهیم هستیم، حتی زمانی که در پیروزیِ عیسی بر گناه، با او شریکیم (رومیان ۶:۱–۱۱).

صلیب بیانگر اوج پیروزی پادشاهی خدا است. سلطنت خدا توسط عصیان بشر دچار اغتشاش شده و عواقب آن چنین بود: قدرت‌شیطانی، بیماری، رنج، درد، مرگ و همه نوع پلیدی! ریشهٔ تمام مخالفت‌ها با حاکمیت خدا، عصیان بشر بود که فقط در صلیب عیسی که خطایا و گناهان جهان را بر خود گرفت، می‌توانست نابود شود.

عیسی در رستاخیز خود پادشاهی خدا را آغاز می‌کند

روزی شخصی ملحد، شاگردی سرسپردهٔ "حقیقت" کمونیسم، در مقابل جمعیت عظیمی در شوروی سابق سخنرانی می‌کرد. او ایمان

1. John Driver; 2. Motif; 3. Substitutionary Sacrifice; 4. Representative Man

مسیحی را استهزا می‌کرد و آن را خیال‌بافی می‌خواند. به‌زعم او نقشهٔ عیسی نیست که تاریخ را به سمت هدفی معین هدایت می‌کند، بلکه طرح مارکس و لنین است. شخص ملحد، بسیار فصیح و شیوا سخنرانی می‌کرد و در تحقیر مسیحیت از هیچ تلاشی فروگذار نمی‌کرد. وقتی سخنرانی او تمام شد، کشیشی ارتدکس اجازه گرفت تا تنها دو کلمه در پاسخ بگوید. کشیش با صدای بلند گفت: «مسیح برخاست!» و جماعت یکصدا با هم پاسخی دادند که از کودکی همراه خود داشتند: «حقیقتاً برخاست!» برای دنیایی که با شریر آمیخته و به بردگی گناه گرفته شده است، چه پیام دیگری می‌تواند وجود داشته باشد؟ مسیح از مردگان برخاست. در رستاخیز عیسای مسیح، دنیای تازه‌ای طلوع می‌کند. شب تاریک شریر تمام شده است و نور خدا تمام زمین را پر خواهد ساخت. رستاخیز در مرکز ایمان مسیحی قرار گرفته است.

عیسی از مرگ قیام می‌کند

پس از مرگ عیسی، پیلاتس به یوسف رامه‌ای و نیقودیموس اجازه داد تا او را از صلیب پایین بیاورند و برای مراسم خاکسپاری آماده سازند و در مقبره‌ای قرار دهند. برخی از زنانی که او را پیروی می‌کردند، منتظر بودند تا ببینند او را کجا دفن می‌کنند (مرقس ۴۲:۱۵-۴۷؛ یوحنا ۳۸:۱۹-۴۲). مصلوب شدن عیسی شاگردان را بهت‌زده و بسیار غمگین ساخته بود. چنین به‌نظر می‌رسید که تمام آرزوهاشان بر باد رفته است. یکی از آنها که از اورشلیم به‌سمت عموآس می‌رفت، چنین گفت: «ما امید داشتیم او همان باشد که می‌بایست اسرائیل را رهایی بخشد» (لوقا ۲۱:۲۴ تأکید با حروف ایتالیک در متن اصلی نیست). «امید داشتیم» فعل گذشته است با آینده‌ای نامعلوم. شاگردان که رهبرشان مرده بود و هدف را گم کرده و به‌شدت ترسیده بودند، باید تصمیم می‌گرفتند چه کنند. اما تمام اینها بسیار سریع تغییر کرد. با کشف مقبرهٔ خالی و اعلام رستاخیز او توسط فرشتگان، ظاهر شدن خداوند قیام‌کرده، و شهادت آنانی که عیسی را زنده ملاقات کردند، این باور که حقیقتاً عیسی از مردگان برخاسته، میان شاگردان تقویت یافت.

زنانِ شاهد دفن عیسی، اولین افرادی بودند که به مقبره رفتند تا بدن او را تطهیر کنند، اما نمی‌دانستند چگونه می‌توانند سنگ عظیم مقابل ورودی را کنار بزنند. وقتی به آنجا رسیدند، دیدند سنگ به کناری غلتیده است و فرشتگان آنجا هستند! زنان وحشت کرده بودند، اما یکی از فرشتگان آنها را آرام کرد، و آشکار ساخت که بدن عیسی دیگر در داخل مقبره نیست: او از مردگان قیام کرده و زنده است. فرشته سخنان عیسی را به‌یاد آنها آورد: «پسر انسان باید به دست گناهکاران تسلیم شده، بر صلیب کشیده شود و در روز سوّم برخیزد» (لوقا ۷:۲۴). سپس فرشته به زنان گفت که به دیگر شاگردان بگویند که عیسی چنانکه وعده داده بود آنها را در جلیل ملاقات خواهد کرد (مرقس ۱:۱۶-۸؛ لوقا ۱:۲۴-۸).

زنان ترسان و سردرگم و در عین حال شادمان به شهر بازگشتند. ابتدا به کسی چیزی نگفتند. وقتی آنچه را که اتفاق افتاده بود برای دیگر شاگردان تعریف کردند، داستان‌شان کاملاً بی‌معنا به‌نظر می‌رسید. با این اوصاف، پطرس و یوحنا به داخل مقبره رفتند و آنچه را که زنان تعریف کرده بودند تصدیق کردند: مقبره حقیقتاً خالی بود (لوقا ۹:۲۴-۱۲؛ یوحنا ۱:۲۰-۸). هر دو شاگرد متعجب از آنچه اتفاق افتاده بود، آنجا را ترک کردند. (شاید آنها فکر می‌کردند که این می‌تواند برای شاگردان عیسی مشکل‌آفرین نیز باشد.) براساس انجیل یوحنا، در این نقطه از داستان، شاگردان هنوز از روی کتب مقدس درک نکرده بودند که عیسی باید از مرگ برخیزد (یوحنا ۹:۲۰). برای یهودیان، فکر رستاخیز مرده‌ای در وسط تاریخ تصورناپذیر بود. به همین‌خاطر وقتی عیسی به آنها گفت که از مردگان قیام خواهد کرد، برای‌شان این سؤال ایجاد شد که «برخاستن از مردگان» به چه معنا است! (مرقس ۱۰:۹).

ظهور عیسی آنها را به‌سمت پذیرفتن حقیقت هدایت کرد. آنچه ما دربارهٔ شاگردان در میان نوشته‌های اناجیل می‌یابیم، این است که آنها افرادی ساده‌لوح و زودباور نبودند که به هر شکلی می‌خواستند باور کنند عیسی زنده است. در عوض، شاگردان شکاکی را می‌بینیم که به مرور زمان - و با آشکار شدن عیسی بر آنها - حقیقت را پذیرفتند.

عیسی بر مریم و دیگر زنان (یوحنا ۲۰:۱۱-۱۸)، بر دو شاگرد در راه عموآس (لوقا ۲۴:۱۳-۳۵)، بر گروهی کوچک از شاگردان (چند مرتبه: لوقا ۲۴:۳۶-۴۸؛ یوحنا ۲۰:۱۹-۲۵، ۲۶-۲۹؛ اول قرنتیان ۵:۱۵)، و بر جماعت بزرگی از پیروانش (اول قرنتیان ۶:۱۵) ظاهر شد. به‌واسطهٔ تمام اینها شاگردان به‌مرور پذیرفتند که عیسی از مردگان قیام کرده و حقیقتاً زنده است. اما این برای آنها چه معنایی داشت؟

قیام/ رستاخیز از دیدگاه یهود

پیروان عیسی رستاخیر را چگونه درک می‌کردند؟ واژه‌ای که ما آن را قیام/ رستاخیر ترجمه کرده‌ایم، ابتدا به‌طور استعاری در ادبیات یهود استفاده شد، تا مُعرِف احیای قوم اسرائیل پس از بازگشت از اسارت باشد (حزقیال ۳۷:۱-۱۴؛ اشعیا ۲۶:۱۹). در پایان دورهٔ عهد عتیق (دانیال ۱۲:۲) و در سراسر دورهٔ بین‌العهدین، کلمهٔ رستاخیر فقط برای توضیح این رویداد استفاده می‌شد که زندگیِ مادی (فیزیکی) به بدنی مرده بازمی‌گردد. یهودیان باور داشتند که این امر فقط در روز آخر (قیامت) اتفاق می‌افتد، نه به‌عنوان رویدادی که فقط برای یک تن اتفاق می‌افتد، بلکه به‌عنوان رویدادی که کل قوم خدا را کاملاً احیا می‌کند تا در خلقتی نوین زندگی کنند. از آن دوران، رستاخیز تصویری زنده در تفکر یهودیان، و نشان‌دهندهٔ آمدن پایان عصر و احیای جهانی بود که در آن قوم خدا به زندگی مادی بازمی‌گردند. رستاخیر بدن فقط یک عنصر از احیای جهانی بود و زبان رستاخیز برای اشاره به کل آن نیز استفاده می‌شد:

> "رستاخیز" اگرچه بر احیای مادیِ انسان تمرکز دارد، معنای اصلی احیای قوم اسرائیل توسط خدای متعهد را نیز حفظ می‌کند. همچنین، "رستاخیز" فقط امیدی مذهبی برای قیام مردگان نیست، بلکه شامل مواردی می‌شود که بازگشت از اسارت نیز به همراه داشت: بخشش گناهان، بازسازی قوم اسرائیل به‌عنوان بشریت واقعی برای خدای عهد بسته، و

> احیای کل خلقت ... به همین ترتیب، یهودیانی که به رستاخیز باور داشتند آن را به‌عنوان بخشی از ایمانی بزرگتر به احیای کلِ نظم خلقت می‌دانستند.[1]

بنابراین، باور رستاخیز بدن با تفکر یهود مبنی بر احیای کل خلقت و آمدن پادشاهی خدا در هم تنیده شده است.

رستاخیز عیسی: آغازگر عصر آینده

هر چهار انجیل دربارهٔ شاهدان عینی که عیسای زنده را پس از قیام جسمانی او از مرگ دیده بودند، صحبت می‌کنند. اما اگر چنین چیزی - یعنی بازگشت مردگان از قبر - نباید پیش از پایان تاریخ اتفاق بیفتد، پس این دیگر چیست؟ (مقایسه کنید با مرقس ۹:۱۰، ۳۲). پیروان اولیهٔ عیسی بر سر معنای این حقیقت تازه مشکل داشتند، و به دنبال تفسیر آن (مانند مصلوب شدن) «مطابق کتب مقدس» بودند (اول قرنتیان ۱۵:۴). نتیجه‌گیری آنها را می‌توان در موعظات‌شان در کتاب اعمال رسولان، در روایات چهار انجیل و نامه‌های عهدجدید یافت. کلیسای اولیه با خشنودی تمام، رستاخیز عیسی را به‌عنوان خبر خوش، رویدادی با تبعات عالم‌گیر، و آغازی برای احیای خلقت خدا بیان می‌کند. سخنان عیسی در یوحنا باب ۱۱ ما را در درک رستاخیز یاری می‌دهد. وقتی عیسی به مرتا می‌گوید که ایلعازر بر خواهد خاست، مرتا پاسخ می‌دهد: «می‌دانم که در روز قیامت بر خواهد خاست» (آیهٔ ۲۴). عیسی پاسخ می‌دهد: «قیامت و حیات مَنَم. آن که به من ایمان آوَرَد، حتی اگر بمیرد، زنده خواهد شد. و هر که زنده است و به من ایمان دارد، به‌یقین تا به ابد نخواهد مرد» (آیات ۲۵-۲۶). رستاخیز عیسی تأثیری فراتر از بازگشت او به زندگی داشت. عیسی در مرگ و قیامش، به نمایندگی از طرف ما و کل خلقت عمل کرد. او خودِ قیامت است: او در مرگش داوری جهان

1. Wright, New Testament and the People of God, 332.

را بر خود گرفت. در قیام از مرگ، او راه تازه‌ای برای احیای کل خلقت، که شامل بدن‌های انسانی نیز می‌شد، گشود. بدین‌ترتیب، هر که به عیسی ایمان دارد در قیام او نیز شریک و سهیم خواهد بود.

بازگشت عیسی از قبر، طلوع روزی تازه بود: قوم خدا و تمام مخلوقات در زندگی قیام‌کردهٔ او سهیم خواهند بود. سه تصویر در عهدجدید نشان‌دهندهٔ رابطهٔ نزدیک میان قیام نیابتی عیسی و قیام ما است. نخست، مسیح نوبر قیام‌کردگان است (کولسیان ۱۸:۱؛ مکاشفه ۵:۱). برادران و خواهران او (ایمانداران همچون من و شما) برادر ارشد خود (عیسی) را در این زندگی تازه پیروی خواهند کرد. دوم، مسیح نوبر محصول خوانده شده است (اول قرنتیان ۲۰:۱۵، ۲۳). نوبر محصول، تضمینی است بر اینکه کل محصول نیز خواهد آمد. سوم، عیسی قهرمان نجات ما معرفی شده است (عبرانیان ۱۰:۲)، کسی که در قلمروی تازه پیش از همه وارد می‌شود تا راه را نشان دهد و علامتگذاری کند. عیسی ما را به‌سوی عصر آینده هدایت کرده، و راه را به‌سوی پادشاهی خدا به ما نشان داده است. ما می‌توانیم با پیروی از او وارد پادشاهی خدا شویم؛ ما ابتدا وارد بخش نوبرِ تکمیل‌شدهٔ پادشاهی خدا می‌شویم و در نهایت به‌طور کامل وارد زمین نوین خواهیم شد.

عیسی شاگردانش را به مأموریت می‌فرستد

عیسی پس از قیام، شاگردان را جمع کرد و از آنها خواست (و یا "مأمورشان" کرد) تا اموری را که او آغاز کرده بود، ادامه دهند. هر یک از اناجیل، آخرین مأموریت را با توجه به مخاطبان خود به طرق مختلف تفسیر کرده‌اند. متی که انجیلش تضاد میان رهبران یهود و عیسی را آشکار می‌سازد، این جملات را از زبان مسیح قیام‌کرده نقل می‌کند: «تمامی قدرت آسمان و زمین به من داده شده است» (۱۸:۲۸). حقانیت عیسی ثابت شده است! متی با اشاره به دامنهٔ اقتدار عالمگیر عیسی، چهار مرتبه بر کلمهٔ "تمام" تأکید می‌کند. به عیسی ***تمامی*** قدرت بخشیده شده است. پیروان او باید شاگردانی از *تمام* قوم‌ها بسازند. آنها باید به شاگردان

بیاموزند که از *تمام* فرمان‌های عیسی اطاعت کنند. و عیسی میان آنها در *تمام* روزهای باقی‌مانده بـــر روی زمین عمل خواهد کرد (متی ۱۸:۲۸-۲۰). در پس این بیانیهٔ اقتدار عیســـی، دانیال ۱۴:۷ قرار دارد که می‌گوید، به کســـی که مانند پسر انسان اســـت تمام قدرت داده شده تا بر ملت‌ها فرمان براند. عیسی با چنین قدرت و اقتدار سلطنتی چه خواهد کرد؟ آیا به زور و خشونت متوسل می‌شود تا دشمنانی را که او را رد کردند از بین ببرد؟ ظاهراً خیر. عیســـی در ادامه، در واقع این را می‌گوید که «از این‌رو که به من این اقتدار بخشـــیده شده، شاگردان بسازید.» مسیح جلال یافته و خداونـــد تمام قدرت‌ها، از طریق خدمت بی‌تکلف و فروتنانهٔ کلیســـا در امر شاگردسازی است که دشمنانش را با محبت «به زانو درمی‌آورد.» دشـــمن دیرینهٔ او در اجتماع شاگردان تعمید می‌یابد و آنجا طریق عیسی را فرامی‌گیرد.

در انجیل یوحنا، عیســـی به‌عنوان کسی که از طرف پدر به این جهان فرســـتاده شد تا حیات بخشد به تصویر کشیده می‌شود. در عصر یکشنبهٔ قیام، عیسی بر شاگردان ظاهر شد و به آنها فرمود که خدمت او را ادامه دهند: «همان‌گونه که پدر مرا فرستاد، من نیز شما را می‌فرستم» (یوحنا ۲۱:۲۰). در اینجا کلمهٔ "همان‌گونه" اغلب نادیده گرفته می‌شود. این جمع تازه باید به همان طریقی که عیسی خدمت می‌کرد، خدمت کنند. و به‌طور خاص، خبر خوش را به همه جا برســـانند، که شامل بخشش گناهان نیز می‌شود (۲۳:۲۰). دو اقـــدام مانند پرانتزی این فرمان را احاطه می‌کنند و در درک عمیق معنای آن به ما کمک می‌کنند. عیسی پیش از بیان این کلمات، زخم دست‌ها و پهلوی خود را به‌عنوان علامتی از مبارزه با شیطان به شاگردان نشـــان داد تا به آنها بگوید: «شـــما نیز در خدمت خود با شیطان مواجه خواهید شد و رنج خواهید کشید. خدمت شما در سایهٔ صلیب من انجام خواهد شد، و در سایهٔ صلیب تضاد و سختی وجود دارد.» عیسی پس از مأمور ســـاختنِ شاگردان، به‌عنوان نمادی از بخشیدن حیات، بر آنها دمید (مقایسه کنید با پیدایش ۷:۲؛ حزقیال ۵:۳۷-۱۰) و فرمود: «روح‌القدس را بیابید» (یوحنا ۲۲:۲۰). شـــاگردان برای انجام خدمتی که عیســـی به

آنها سپرده بود، باید قدرت قیامت عیسی - روح‌القدس - را دریافت می‌کردند که تنها به‌واسطهٔ قدرت او وظایف‌شان انجام می‌پذیرفت.

در انجیل لوقا، عیسی شاگردان را به‌عنوان شاهدان مأمور می‌سازد؛ کلمه‌ای برگرفته از نظام قضایی برای اشاره به فردی که از او خواسته می‌شود در خصوص آنچه دیده و تجربه کرده است، شهادت دهد. از این اجتماع تازه انتظار می‌رفت ابتدا به مرگ و قیام عیسای مسیح و سپس به دعوت او به توبه و بخشش برای تمام انسان‌ها شهادت دهند. مجدداً لوقا تأکید می‌کند که آنها شاهد نخواهند بود، مگر ابتدا پدر روح موعود را بفرستد و پیروان عیسی را به قدرتی که برای انجام وظایف خود نیاز دارند آراسته سازد (لوقا ۲۴:۴۶-۴۹؛ مقایسه کنید با اعمال ۱:۸).

چیزهای بیشتری در راه است؛ اما چه چیزهایی؟

ورود عیسی به تاریخ بشر - زندگی او در این دنیا، مرگ او و قیامش از مردگان - اوج داستان کتاب‌مقدس را نشان می‌دهد. عیسی آمدن پادشاهی را از طریق زندگی، سخنان و اعمال خود آشکار ساخت. او بر صلیب با خودِ شرارت مبارزه کرد و بر آن پیروز شد. وقتی عیسی از مردگان برخاست، آغازی نوین برای قیام تمام خلقت بود. اما آیا این به معنای آمدن سریع پادشاهی خدا در کاملیت خود بود؟ آیا عیسی در آخرین فرمان خود به شاگردانش فرمود که "گرد آوردنِ ملت‌ها" را به پایان برسانند و خود را برای پایان آماده سازند؟ آنها حداقل در ابتدا چنین تصور می‌کردند (اعمال ۱:۶). اما اگر آمدن پادشاهی خدا سریع اتفاق نمی‌افتد، پس چه باید کرد؟ پیروان عیسی در این زمان چگونه باید زندگی می‌کردند؟ آنها - و ما - چه باید بکنیم؟

در حالی که متی، مرقس و یوحنا داستان عیسی را با رستاخیز او به پایان می‌رسانند، لوقا روایت عیسی را در کتاب اعمال رسولان ادامه می‌دهد. ما به‌دنبال پاسخ به سؤالات شاگردان دربارهٔ زمان آمدن پادشاهی عیسی، و نقش آنها در تداوم خدمت او، به این کتاب مراجعه می‌کنیم.

پردۀ پنجم

اعلانِ خبر خوشِ پادشاهی خدا

مأموریت کلیسا

هدف از عمل نجات‌بخش خدا این بود که خلقتش را از تأثیرات گناه بر آن رها سازد. عیسی در مرگ خود بر گناه پیروز شد، و در قیام خود دورۀ تازه‌ای از نجات و احیا را آغاز کرد. ضیافت پادشاهی خدا برای تنعم آماده است، اما هنوز آغاز نشده است. افراد بیشتری باید بر سر میز ضیافت جمع شوند تا آنها نیز طعم قدرت احیاگرِ عصر آینده را بچشند. این دورۀ بینابین، پس از آمدن اولیۀ عیسی و بازگشت او، زمان خدمت مسیح جلال‌یافته، روح‌القدس و کلیسا است.

صحنۀ اول: از اورشلیم تا رُم

لوقا در میان نویسندگان چهار انجیل، تنها کسی است که داستان را پس از مرگ و قیام مسیح ادامه می‌دهد. کتاب اعمال رسولان واقعاً جلد دوم انجیل لوقا است که داستان آمدن پادشاهی خدا را در سه دهۀ پس از رستاخیز مسیح روایت می‌کند.

کار مسیح جلال‌یافته و حاکم این بود که نجات را به تمام دنیا برساند. کلمات آغازین لوقا در کتاب اعمال چنین می‌گوید: «من کتاب نخست خود را، ای تِئوفیلوس، در باب همۀ اموری تألیف کردم که عیسی به عمل نمودن و تعلیم دادنشان *آغاز* کرد تا روزی که به‌واسطۀ روح‌القدس دستورهایی به رسولان برگزیدۀ خود داد و سپس به بالا برده شد.» (اعمال ۱:۱-۲ تأکید با حروف ایتالیک از نویسنده است). مفهوم صریح آن این است که این کتاب دومین جلد از داستان لوقا در این باره است که عیسی به عمل کردن و تعلیم دادن ادامه داد، حتی پس از اینکه نزد پدر

بازگشت. اکنون کار عیسی عمدتاً از طریق روح اوست، که بخشندهٔ تمام عطایای پادشاهی به اعضای کلیسا است، تا کلیسا را «پر سازد»، به جمع پیروان عیسی قدرت بخشد و از طریق آنها پیام نجات را به تمام جهان برساند. در دوران زندگی عیسی بر زمین، عمدتاً کارهایش محدود به قوم اسرائیل بود؛ اکنون مسیح جلال‌یافته خدمت خود را «تا دورترین نقاط جهان» گسترش می‌دهد (۸:۱). قسمت دوم داستان انجیل، دربارهٔ ادامهٔ خدمت مسیح جلال‌یافته توسط روح اوست تا کلیسا را نجات بخشد و از طریق کلیسا کل دنیا را. و ما نیز که در تداوم تاریخی با کلیسای اولیه قرار داریم به این خدمت فرا خوانده شده‌ایم. داستان آنها داستان ما نیز هست.

مسیح به دست راست خدا بالا برده شده است

با شروع کتاب اعمال، مسیح قیام‌کرده طی چهل روز، در زمانی که بیشترین صحبت بر سر پادشاهی خدا و آمدن روح‌القدس بود، بر شاگردان ظاهر شد (۱:۳-۵). این امر سؤالی در ذهن شاگردان ایجاد کرد: «خداوندا، آیا در این زمان است که پادشاهی را به اسرائیل باز خواهی گرداند؟» (۱:۶). پاسخ مسیح قابل توجه است: «بر شما نیست که ایام و زمان‌هایی را که پدر در اختیار خود نگاه داشته است بدانید؛ امّا چون روح‌القدس بر شما آید، قدرت خواهید یافت و شاهدان من خواهید بود، در اورشلیم و تمامی یهودیه و سامِره و تا دورترین نقاط جهان» (۱:۷-۸). لزومی نداشت شاگردان از آن زمان و ساعت مطلع باشند (مقایسه کنید با مرقس ۱۳:۳۲)، اما تا آن زمان - تا هنگام بازگشت عیسی - روح‌القدس از طریق شهادت پیروان عیسی، حیات پادشاهی خدا را به تمام ملت‌ها می‌رساند.

سپس عیسی به آسمان برده شد (اعمال ۱:۹)، یا چنانکه پطرس رسول بعدها گفت: «به دست راست خدا بالا برده شد» (۲:۳۳؛ مقایسه کنید با ۵:۳۱). و این روز تاجگذاری بود! اکنون ماشیح سهیم در تخت حاکمیت خدا بر تمام کائنات و ملل جلوس کرده است.

درک اهمیت مکانی که "دست راست خدا" خوانده شده، بسیار مهم است. اگرچه بسیاری از یهودیان بر این باور بودند که ماشیح بر تخت سلطنت خدا خواهد نشست، اما انتظار داشتند تخت خدا در اورشلیم قرار بگیرد، تا از آنجا ماشیح بر تمام امپراتوری یهودیان فرمانروایی کند. با وجود این، بنا به گفتهٔ پطرس، تخت پادشاهی ماشیح هرگز در اورشلیم نخواهد بود بلکه جایگاه آن کاملاً فراتر از این دنیا، در آسمان بر دست راست خدا است. آنجا مکانی برای بالاترین مقام است. پادشاهی خدا هیچ حد و مرزی ندارد. عیسی صرفاً بر تخت قلب ما ننشسته و تنها در آنجا فرمانروایی نمی‌کند؛ این فقط حوزهٔ بسیار کوچکی از اقتدار اوست. عیسی بر کل زندگی بشر، کل تاریخ، و تمام ملت‌ها سلطنت می‌کند. نامی که به عیسی به هنگام صعود داده شد تا بر دست راست خدا سلطنت کند به همان میزان مهم است. مسیحیان اولیه چنین اعتراف می‌کردند:

«پس خدا نیز او (عیسی) را به‌غایت سرافراز کرد
و نامی برتر از همهٔ نام‌ها بدو بخشید،
تا به نام عیسی هر زانویی خم شود،
در اسمان، بر زمین و در زیر زمین،
و هر زبانی اقرار کند که عیسای مسیح "خداوند" است،
برای جلال خدای پدر» (فیلیپیان ۲:‏۹-۱۱).

این "نام" محور اقرار کلیسای اولیه شده بود: عیسی خداوند است، عنوانی که نشان‌دهندهٔ برترین اقتدار است (به یونانی کوریوس[1] اعمال ۲:‏۳۶؛ رومیان ۱۰:‏۹؛ اول قرنتیان ۱۲:‏۳). خداوندگاران (اربابان) بسیاری در امپراتوری روم بودند، و هر یک در محدودهٔ مشخصی اقتدار داشتند: پدر خانواده، خداوند/ ارباب خانوادهٔ خود بود؛ افسر نظامی، خداوند/ ارباب صد سرباز بود و غیره. اما در امپراتوری روم، قیصر از بالاترین اقتدار برخوردار بود. فرماندهان لشکر روم و دیگران باید چنین

1. Kyrios

اعتراف می‌کردند: «قیصر **خداوند** است.» اما کلیسای اولیه نمی‌توانست چنین اعترافی بکند زیرا باور داشت که اقتدار قیصر تنها به امور سیاسی روم محدود است، و حتی آن نیز مادون قدرت خدا به‌واسطهٔ مسیح است. نه قیصر بلکه عیسی **خداوند** تمام زمین است. امتناع کلیسای اولیه از اقرار به خداوندیِ قیصر، آنها را در برابر مقامات امپراتوری روم قرار داد و منجر به نزاع و رنج‌های بسیار شد.

وقتی پطرس (در اعمال ۲:‏۳۲-۳۶) می‌گوید که مسیح برخیزانیده شد تا بر دست راست خدا بنشیند، از مزمور ۱۱۰:‏۱ نقل‌قول می‌کند: «خداوند به خداوندگار من گفت: / به دست راست من بنشین / تا آن هنگام که دشمنانت را کرسی زیر پایت سازم.» این آیه بیانگر خدمت مسیح جلال‌یافته است: تا بر تمام دشمنانش غلبه یابد. مزمور در این باره صحبت می‌کند که خداوند عصای نیرومند خود را بر سراسر زمین برمی‌افرازد، و در میان دشمنانش حکم می‌راند، او در خشم خود پادشاهان را فرو خواهد کوفت، قوم‌ها را داوری خواهد کرد، و آنها را از لاشه‌ها پر خواهد ساخت. چنین به نظر می‌رسید که پادشاهی خدا با قدرت نظامی خشونت‌باری علیه دشمنان سیاسی قوم اسرائیل خواهد آمد. اما نه قبل و نه بعد از پنطیکاست چنین اتفاقی نیفتاد. عیسی اقتدارش را به‌شکلی کاملاً متفاوت به‌کار گرفت.

عیسی در همان تعالیم اولیهٔ خود، هر دو واژهٔ "دشمنان" و "به اطاعت درآوردنِ آنها" را از نو تعریف کرد. دشمن واقعیِ پادشاهی خدا امپراتوری روم نبود، بلکه قدرت شریر بود که در پس مخالفت با حاکمیت خدا ایستاده بود. مطیع ساختن نه با نیروی نظامی بلکه با قدرت محبت انجیل پدید می‌آید. «به زانو درآوردن دشمنان» به معنای بخشیدن نجاتی بود که برای‌شان مهیا ساخته بود: «عیسای جلال‌یافته اکنون به‌عنوان کسی که بر مسند سلطنت نشسته (ماشیح)، و به‌عنوان ولی‌نعمت مردم (خداوند)، و به‌عنوان منجی سلطنت می‌کند، و برکت نجات را به همراه روح‌القدس ... بر همگان فرو می‌ریزد.»[1]

1. Green, "Salvation," 97.

صحنهٔ پنجم کتاب ما نگاهی بر ادامهٔ داستان انجیل، به‌خصوص روایت لوقا در کتاب اعمال رسولان می‌اندازد. هدف ما این است که ببینیم چگونه مسیح جلال‌یافته خدمت خود را پیش می‌برد و ما چگونه در آن سهیم هستیم.

مسیح جلال‌یافته روح خود را افاضه می‌کند

پس از صعود عیسی به نزد پدر، کار او توسط نازل ساختن روحش آغاز شد. عهدعتیق وعده داده بود که در روزهای آخر روح، بر ماشیح خادم (اشعیا ۱:۴۲)، بر قوم اسرائیل (حزقیال ۱۴:۳۷)، و بر تمام مردم (یوئیل ۲:۲۸-۳۲) قرار خواهد گرفت. روح در همان ابتدای خدمت عیسی بر او قرار گرفت اما در کاملیت به او بخشیده نشد تا زمانی که جلال یافت (لوقا ۳:۲۱-۲۲؛ یوحنا ۷:۳۹). عیسی پس از قیام، وعده داد که روح‌القدس بر پیروانش افاضه خواهد شد و به آنها گفت که در اورشلیم بمانند (لوقا ۲۴:۴۹؛ اعمال ۱:۴-۵).

این عمل قدرتمند خدا حدوداً ده روز پس از صعود عیسی، در عید پنطیکاست یهودیان اتفاق افتاد. زمان این واقعه به دو شکل کاملاً مجزا قابل توجه است. در اصل این عید زمانی بود که قوم اسرائیل نوبر محصولش را به‌عنوان بیعانه‌ای از آنچه قرار است حاصل آید به حضور خدا می‌آوَرد (خروج ۲۳:۱۶؛ تثنیه ۱۶:۹-۱۲). خدا این روز را برگزید تا روح‌القدس را که نوبر آمدن پادشاهی خدا بود عطا کند (مقایسه کنید با رومیان ۸:۲۳). در قرن دوم پیش از میلاد، عید پنطیکاست تأکید اصلی خود را به‌عنوان عید محصول از دست داده بود. در عوض، یادواره‌ای شد از وعدهٔ خدا به ابراهیم، مبنی بر اینکه نسل او «تبدیل به قوم برگزیده ... و وارثانی در میان تمام ملل روی زمین، از این پس و برای تمام روزها و تمام نسل‌های روی زمین خواهند شد.»[1] بدین‌ترتیب، در دوران عیسی، عید پنطیکاست برای تجدید عهد قوم اسرائیل و سهیم کردن

1. Kee, Good News, 30–31.

ملت‌ها در عهد میان خدا و ابراهیم، جشن گرفته می‌شد. اکنون، در این عید پنطیکاست، روح‌القدس برای محقق ساختن چنین انتظار و امیدی آمد.

وقتی شاگردان عیسی در روز پنطیکاست با یکدیگر جمع شده بودند، ناگهان باد تندی خانه‌ای را که در آن نشسته بودند پر ساخت (اعمال ۲:۱-۴). زبانه‌های آتش بر سر آنها قرار گرفت، و همه از روح‌القدس پر شدند. این دو نشانه از حضور روح‌القدس -باد و آتش - بسیار مهم هستند. در مثال استخوان‌های خشک حزقیال، خداوندگار یهوه چنین فرمود: «ای روح، از بادهای چهارگانه بیا و بر این کُشتگان بِدَم تا زنده شوند» (حزقیال ۹:۳۷). او وعده داد روح خود را بر آنها قرار دهد تا زنده شوند. باد نشان‌دهندهٔ قدرت خدا برای بخشیدن حیات تازه است (۹:۳۷، ۱۴). در واقع، کلمهٔ عبری روح در عهدعتیق رواخ[1] و کلمهٔ یونانی آن در عهدجدید پنوما[2] است که می‌تواند به معنی "باد" و "دم" نیز باشد. به همین شکل، آتش اغلب نشان‌دهندهٔ حضور خدا است، درست مانند زمانی که ستون آتش به هنگام خروج از مصر نشان‌دهندهٔ حضور او بود (خروج ۲:۳؛ ۲۱:۱۳-۲۲؛ ۱۸:۱۹). در روز پنطیکاست روح خدا همچون زبانه‌های آتش، که نشان حضور قدرتمند خدا بود آمد تا حیات پادشاهی خدا را به ارمغان آورد.

در زمان این عید، اورشلیم مملو از مردمی بود که از اقصا نقاط امپراتوری روم آمده بودند. و سومین نشانه از حضور روح‌القدس هنگامی ظهور کرد که شاگردان شروع به صحبت به زبان‌های غیر کردند، و خبر خوش را به زبان مردمی که از قوم‌های متفاوت میان‌شان بودند بیان کردند. این علامتی بود مبنی بر اینکه انجیل دیگر محدود به قوم یهود و زبان عبری نیست: سلطنت خدا چنانکه عیسی وعده داده بود از قوم اسرائیل به‌سوی قوم‌ها آغاز شد.

این اتفاق عجیب - سخن گفتنِ مردم به زبان‌هایی که هرگز نیاموخته بودند - برای حضار بسیار شگفت‌انگیز و گیج‌کننده بود. چه اتفاقی

1. Ruach; 2. Pneuma

افتاده است؟ پطرس برخاست و خطابه‌ای ایراد کرد که اهمیت واقعه‌ای را که بر پیروان عیسی اتفاق افتاده بود توضیح می‌داد (اعمال ۱۴:۲–۳۶). پطرس این اتفاق را تحقق نبوت یوئیل معرفی کرد مبنی بر اینکه در روزهای آخر روح بر همه فرو خواهد ریخت (آیات ۱۶–۲۱). این روزهای آخر فرا رسیده است، و عیسای ناصری آغازگر آن بود. زندگی او بیانگر پادشاهی «روزهای آخر» بود، و در عین حال خود بنا بر مشیت خدا مصلوب شد (آیات ۲۲–۲۳). اما خدا او را از چنگال مرگ رهانید، و شاگردان شاهدین عینی این حقیقت بودند (آیات ۲۴–۳۲). همان عیسایی که یک بار مصلوب شد، اکنون بر دست راست خدا بالا برده شده و آنجا سلطنت می‌کند، و تمام دشمنان را زیر پا نهاده است. او خداوند و ماشیح است. اکنون مسیح همان روح‌القدس موعودی را که از پدرش دریافت کرده است، بر شاگردان افاضه فرموده است (آیات ۳۳–۳۶).

اکنون مسیح جلال‌یافته توسط روح خود عمل می‌کند، همان روحی که عامل اصلی کتاب اعمال رسولان است. روح‌القدس این خبر خوش را به تمام نقاط دنیا می‌رساند، افراد جدید را به این جماعت می‌افزاید، رسولان و کلیسا را هدایت می‌کند و قدرت می‌بخشد، تا خدمت خود را ادامه دهند، و درون و بیرون کلیسا را داوری می‌کند.

روح‌القدس جامعه‌ای تشکیل می‌دهد

اولین کار روح‌القدس این بود که جامعه‌ای را برای رساندن نجات پادشاهی خدا تجهیز کند، و آن را وسیله‌ای برای رساندن این نجات به دیگران بسازد (اعمال ۳۷:۲–۴۷). آنچه در اینجا اتفاق افتاد، آغاز کار کلیسا به‌عنوان تداوم خدمت عیسی برای گردآوردن و بنای مجدد قوم اسرائیل نبود.

وقتی پطرس پیام خود را در توضیح معنای واقعهٔ پنطیکاست به پایان رساند، مردم سریعاً چنین پرسیدند: «چه باید بکنیم؟» (۳۷:۲). آنها متوجه شدند که آنها ماشیح را کشتند! پطرس پاسخ داد: «توبه کنید و هر یک از شما به نام عیسای مسیح برای آمرزش گناهان خود تعمید گیرید

که عطای روح‌القدس را خواهید یافت» (آیهٔ ۳۸). خدا به کسانی نیاز دارد که توبه می‌کنند - از بت‌پرستی روی می‌گردانند و زندگی‌شان را به‌سوی مسیح و پادشاهی او بازمی‌گردانند - و در این جامعه که اکنون روح‌القدس را به‌عنوان هدیهٔ پادشاهی خدا دریافت کرده است، تعمید می‌یابند. روح‌القدس در این جامعه، برکت بخشش را فراهم می‌سازد. در نتیجهٔ موعظهٔ پطرس، حدود سه‌هزار یهودی به جمع قوم اسرائیل نوین پیوستند. لوقا در بخش بعدی کتابش، زندگی این جامعه را توضیح می‌دهد. این صرفاً درسی تاریخی نیست بلکه طرح و نقشه‌ای است برای تمام افرادی که در هر برهه از زمان عضو قوم خدا می‌شوند.

لوقا همان‌طور که به شرح داستان این کلیسای جوان و نوپا می‌پردازد، سه خصوصیت کیفی آن را نیز عنوان می‌کند. اولین خصوصیت وقف‌شدگی است: این جامعهٔ نوپا خود را وقف تعالیم رسولان، مشارکت، پاره کردن نان (عشای ربانی)، و دعا کرده بودند، و به همین‌خاطر، حیات پادشاهی خدا را بیشتر تجربه می‌کردند (۴۲:۲). دومین خصوصیت آنها این بود که حیات عیسی هم در زندگی فردی و هم در زندگی جمعی آنها به‌عنوان یک کلیت نمایان بود. بدین‌سان، کلیسا توسط آیات و نشانه‌های قانع‌کننده‌ای از قدرت نجات‌بخش خدا در میان‌شان (آیهٔ ۴۳)، عدالت و رحمتی که در مشارکت با یکدیگر داشتند (آیات ۴۴-۴۵)، زندگی در صفا و صمیمت در کنار یکدیگر (آیهٔ ۴۶)، و پرستش خدا (آیهٔ ۴۷) شناخته می‌شد. و بالاخره، در حالی که حیات آزادی‌بخش پادشاهی خدا بیشتر در کلیسا دیده می‌شد، خداوند جلال‌یافته «هر روزه نجات‌یافتگان را به جمع آنان می‌افزود» (آیهٔ ۴۷). اینها تماماً تحقق نبوت‌های عهدعتیق دربارهٔ پادشاهی خدا بود. انبیا قدرت قوم اسرائیل نوین را به تصویر کشیدند (اشعیا ۶۰:۲-۳، زکریا ۲۰:۸-۲۳): «عنصر تعیین‌کنندهٔ درک نبوتی در خصوص دیدار و زیارت قوم‌ها از اورشلیم این است که آنها متحیر از نجات مشهودی که در اسرائیل پدید آمده بود، خودخواسته به‌سوی قوم خدا جذب می‌شدند. آنها به‌خاطر خدمات بشارتی ایمان نیاوردند، بلکه جاذبه‌ای که از قوم خدا ساطع می‌شد آنها را به سمت

خود می‌کشید.»[1] جامعهٔ نوپای کلیسای اولیه برای بیگانگان جذاب بود. زندگی جامعهٔ ایماندار نور پادشاهی خدا را بر همه جا می‌تابانَد و مردم را از تاریکی بیرون می‌کشد (مقایسه کنید با افسسیان ۵:۸؛ اول پطرس ۲:۹).

اگرچه تشــکیل جامعهٔ پر از روح اعمــال باب ۲ در تاریخ امری تازه بــود، لیکن در تــداوم تاریخی با قوم (ملت) عهدعتیق قرار داشــت که اصالتاً از ابراهیم بود. خدا قوم اســرائیل را شکل داد تا برای دیگر قوم‌ها نور باشــند، اما آنها از زندگی کردن مطابق دعوت‌شــان قاصر آمدند؛ به همین خاطر خدا آنها را به اســارت فرســتاد. با این اوصاف، او وعده داد یــک روز قومش را جمع خواهد کرد، و روح خود را بر آنها قرار خواهد داد تــا در نهایت بتوانند خواندگی خود را محقق ســازند. انبیا در انتظار روزی بودند که قوم اسرائیل دوباره گرد هم جمع شود. اکنون در عیسی این گردهمایی آغاز شــده بود. او دوازده شاگرد را به‌عنوان بنیادی برای پادشاهی‌اش و ملتی جدید از قوم خدا برگزید. در پنطیکاست، در واکنش به موعظهٔ پطرس و قدرت روح‌القدس، ســه هزار تن به این بنیاد افزوده شــدند. مابقی کتاب اعمال رسولان به شرح داســتان این جامعهٔ تازه از ایمانــداران می‌پردازد که چگونه مأموریت عیســی را برای جمع کردن گمشــدگان در قوم اسرائیل ادامه می‌دهند، و چگونه از مرزهای نژادی و فرهنگی می‌گذرند تا سامریان و غیریهودیان را وارد پادشاهی خدا سازند.

شهادت کلیسا در اورشلیم

پس از آغاز کلیسا (اعمال ۲)، داستان شهادت کلیسا در اورشلیم ادامه می‌یابد (۱:۳-۷:۶)، و به یهودا و سامره می‌رسد (۸:۶-۱۸:۱۱)، و به‌تدریج از حاشیهٔ یهودیه و استان‌های امپراتوری روم به شهر رُم می‌رسد (۱۹:۱۱-۳۱:۲۸)، درست چنانکه عیســی وعده داده بود (۱:۸). اعمال ۱:۳-۷:۶ بیشتر دربارهٔ اولین مرحله از شهادت دربارهٔ کار روح‌القدس از طریق این جامعهٔ نبوتی صحبت می‌کند: آغاز کار در اورشلیم.

---

1. Lohfink, Jesus and Community, 19.

ما پیش‌تر به سه عامل در این شهادت اشاره کردیم: این کار مسیح جلال‌یافته است که توسط *روح‌القدس* و از طریق *کلیسا* انجام می‌شود. اما کتاب اعمال توضیح می‌دهد که چگونه این شهادت همچنین از طریق *کلام خدا* ادامه می‌یابد. در هر بخش عمدهٔ کتاب اعمال با این عبارت روبه‌رو می‌شویم: «پس نشر کلام خدا ادامه یافت»، و یا عبارتی مانند آن (۷:۶؛ ۲۴:۱۲؛ ۲۰:۱۹). پیام انجیل از اورشلیم تا رُم گسترش یافت، و همان‌طور که در جامعهٔ آنها جسم می‌پوشید و در زندگی‌شان عملی می‌شد و در گفتارشان اعلام می‌شد، بر تعداد پیروانش افزوده می‌گشت.

اولین جامعهٔ ایمانداران در اورشلیم پس از نزول روح‌القدس (۱:۲-۱۳)، در واکنش به اعلام خبر خوش توسط پطرس شکل گرفت (آیات ۱۴-۴۷). این گروه از ایمانداران در پیروی از عیسی و تداوم خدمت او، به پادشاهی خدا شهادت می‌دادند. در انجیل لوقا شهادت ایمانداران در گفتار و کردار، با رفتن پطرس و یوحنا به معبد آغاز شد. آنها در راه لنگ مادرزادی را شفا دادند (۱:۳-۱۰). این امر جماعت بسیاری را به‌سمت آنها کشید، و پطرس فرصت را غنیمت شمرد و یک بار دیگر بشارت خبر خوش را اعلام کرد: داستان عهدعتیق در مرگ و قیام عیسای مسیح به اوج خود رسید (آیات ۱۱-۲۶).

گفتار و کردار این دو شاگرد، درست همانند گفتار و کردار عیسی، واکنش‌های تحقیرآمیز و درد و رنج به همراه داشت. رهبران یهود، پطرس و یوحنا را دستگیر کردند و به زندان انداختند و آنها را به حضور سنهدرین بردند تا دربارهٔ موعظهٔ «مختل‌کننده‌شان» توضیح دهند. این اتفاق به پطرس فرصت دیگری داد تا خبر خوش عیسی را باز اعلام کند. اعضای سنهدرین گیر افتاده بودند. آنها قصد داشتند پطرس و یوحنا را مجازات کنند، اما در عین حال جرأت نداشتند معجزه‌ای را که اتفاق افتاده بود (شفای لنگ مادرزاد) انکار کنند. به همین‌خاطر به آنها فرمان دادند که از انتشار انجیل دست بردارند، اما آن دو پاسخ دادند: «شما خود داوری کنید، کدام در نظر خدا درست است، اطاعت از شما یا اطاعت از خدا؟ زیرا ما نمی‌توانیم آنچه دیده و شنیده‌ایم، بازنگوییم» (۱۹:۴-۲۰).

پطرس و یوحنا پس از آزاد شدن، نزد کلیسای خود بازگشتند تا آنچه را که اتفاق افتاده بود به آنها بگویند، و کلیسا شروع به دعا کرد. آنها از خداوند حاکم بر همهٔ امور خواستند به آنها شهامت و قدرت عطا کند تا بتوانند با دشمنی و عداوت پیش رو مقابله کنند (آیات ۲۳-۳۱). پاسخ دعای آنها بسیار چشمگیر بود: «پس از دعای ایشان، مکانی که در آن جمع بودند به لرزه درآمد و همه از روح‌القدس پر شده، کلام خدا را با شهامت بیان می‌کردند» (آیهٔ ۳۱). روح‌القدس به‌واسطهٔ دعاها شهادت عظیمی به‌جا گذاشت. عیسی نمونهٔ دعای مستمر بود و اکنون کلیسا او را در دعا پیروی می‌کرد.

همان‌طور که افراد بیشتری ایمان می‌آوردند و به جمع پیروان مسیح افزوده می‌شد (۱۴:۵)، موفقیت این جنبش، رهبران یهود را مملو از خشم و حسادت کرد. آنها رسولان را دستگیر کردند و خواستند آنها را بکشند، اما غمالائیل فریسی به آنها هشدار داد. او چنین گفت که اگر این جنبش صرفاً امری انسانی باشد، از میان خواهد رفت؛ اما اگر از خدا باشد، رهبران یهود نباید بر ضد آن بجنگند (آیات ۳۳-۳۹). سنهدرین به این سخنان گوش دادند و رسولان را مجدداً از صحبت‌کردن دربارهٔ عیسی منع کردند و آنها را پیش از آزادی تازیانه زدند. اما رسولان این سختی‌ها را با شادی پذیرفتند زیرا شایسته شمرده شده بودند که به‌خاطر نام عیسی آزار ببینند (آیهٔ ۴۱). شهادت آنها ادامه داشت: «و هیچ روزی، چه در معبد و چه در خانه‌ها، از تعلیم و بشارت دربارهٔ اینکه عیسی همان مسیح است، دست نکشیدند» (آیهٔ ۴۲). مخالفت بشری نمی‌توانست اعلام خبر خوش انجیل را متوقف سازد، زیرا رشد کلیسا و آمدنِ پادشاهی الاهی، کار خدا بود. خداوندِ حاکم مطلق، توسط روح خود عمل می‌کرد و از طریق کلامش مردم را به ایمان جذب می‌کرد. در داستان اعمال ما شاهد «عملِ قدرتمند خدا، در مقابله با نیروهای دشمن انجیل مسیح» هستیم.[1] بنابراین، نه سنهدرین و نه هیرودیس (آگریپاس اول) و نه هیچ حاکم سیاسی دیگری قادر نبود شهادت قدرتمند انجیل را ساکت سازد (باب‌های ۳، ۵، ۱۲).

1. Leland Ryken, Words of Life: A Literary Introduction to the New Testament (Grand Rapids: Baker, 1987), 87. See also Brian Rapske, "Opposition to the Plan of God and Persecution," in Witness to the Gospel, 235–56.

شهادت‌رسولان، بخش اعظم کتاب اعمال را تشکیل می‌دهد. در عین حال، این کتاب شرح زندگی جامعه‌ای است که در آن عمل قدرتمند روح‌القدس، به حقانیت این بشارت عظیم اعتبار می‌بخشد. این زندگی پرهیجان و صمیمانه، مردم بیشتری را از بیرون این جامعه به‌سوی آنانی که اکنون صاحب این زندگی‌تازه شده‌بودند، جذب می‌کرد. رسولان می‌توانستند انجیل را به هر کسی که می‌شنید موعظه کنند، اما بسیاری از طریق مشاهدهٔ زندگی جامعهٔ مسیحی به حقیقت آن پی می‌بردند (۴:۳۲-۳۷). رسالت شهادت دادن به انجیل بستگی به جامعه‌ای دارد که حقانیت انجیل را با روش زندگی مسرت‌بخش خود تأیید می‌کند. به این ترتیب، وقتی شهادت زندگی جمعی کلیسایی در معرض خطر بود، رسولان سریعاً و قاطعانه وارد عمل می‌شدند (۶:۱-۶). شاگردان یهودیِ یونانی‌زبان از این شکایت داشتند که در تقسیم غذای روزانه، به بیوه زنان آنها رسیدگی نمی‌شود. رسولان سریعاً متوجه شدند که این امر عادلانه نیست. آنها از کلیسا خواستند هفت مرد نیک‌نام و پر از روح خدا را بر خدمت تقسیم غذا بگمارند و به نیازمندان رسیدگی کنند تا رسولان بتوانند تمام توجه‌شان را معطوف کلام خدا و دعا سازند. این هفت نفر اولین شماسان کلیسا بودند. بنابراین، شروع سنت رسیدگی به نیازهای مادی کلیسا - عملی که شاهدی قدرتمند بر رحمت، لطف و عدالت انجیل بود - حتی کاهنان را نیز به خود جلب کرد. «پس نشر کلام خدا ادامه یافت و شمار شاگردان در اورشلیم به‌سرعت فزونی گرفت و جمعی کثیر از کاهنان نیز مطیع ایمان شدند» (۶:۷).

شهادت رسولان به این خبر خوش در اورشلیم و جمع شدن اجتماع ایمانداران، تحقق نبوت‌های عهدعتیق دربارهٔ جمع شدن پراکندگان قوم اسرائیل بود. اما همین نبوت‌ها همچنین وعده داده بودند که نجات خدا به تمام قوم‌ها خواهد رسید. در این نقطه از داستان کلیسای اولیه، همچنان بخش اعظم جامعهٔ مسیحی را یهودیان تشکیل می‌دادند (اگرچه تعدادی از غیریهودیان نیز به آنها پیوسته بودند). پیشرفت مهم بعدی در این داستان این بود که انجیل به‌طرز فزاینده‌ای به‌سوی آنانی که بیرون

از چارچوب قوم یهود قرار داشتند حرکت کرد و ابتدا به غیریهودیان خداترسی که در کنیسه‌ها عبادت می‌کردند رسید.

شاهدین کلیسا در سامره و یهودیه

خبر خوش پادشاهی خدا نمی‌توانست فقط در اورشلیم باقی بماند، و باید «تا دورترین نقاط جهان» می‌رسید.

کتاب اعمال رسولان روایتِ رشد انجیل از جمع کوچک شاگردان یهودی عیسی در اورشلیم، به فراسوی مرزهای فرقه‌ای، نژادی، ارتباطی و جغرافیایی، تا موعظات شجاعانه و بی‌پردۀ پولس دربارۀ عیسای قیام و صعود کرده، به غیریهودیان در رُم است. کتاب اعمال، بدون شک داستان گسترش مأموریتی است که در ۸:۱ اعلام شده و به‌وسیلۀ گزارش‌هایی در این خصوص، تأیید شده است.

چنانکه انجیل از اورشلیم به مناطق یهودا و سامره گسترش می‌یافت (۸:۶-۲۴:۱۲) مسئولیت شاهد بودن از رسولان فراتر رفت و تمام جمع مسیحی را در بر گرفت. استیفان و فیلیپس، از گروه هفت نیک‌نامِ برگزیده در کلیسای اورشلیم، از نمونه‌های بارز این امر بودند (۱:۶-۶). بدین‌سان، فقط رهبران کلیسا نبودند که خبر خوش را به دیگران می‌رساندند؛ مسیحیان «عادی» نیز در این امر شریک بودند.

استیفان، یکی از هفت مرد منتخب برای رسیدگی به نیازهای بیوه‌زنان، در گفتار و کردارش شاهدی قدرتمند در میان کنیسه‌های یهود در اورشلیم و بیرون از آن و حتی بسیار دورتر از آن بود. یهودیانی که عیسی را نپذیرفته بودند با استیفان به مخالفت برخاستند. دشمنان او به این دلیل که قادر نبودند در مقابل حکمت استیفان و روحی که در او کار می‌کرد بایستند، علیه او توطئه کردند و در مقابل سنهدرین به او اتهامات دروغین نسبت دادند (۸:۶-۱۵). حضور استیفان در آنجا به او امکان داد تا خبر خوش را دربارۀ عیسی اعلام کند (۱:۷-۵۳). او برای رهبران یهود داستان قوم خود را به همراه واقعۀ زندگی عیسی به‌عنوان نقطۀ اوج و تحقق کامل داستان، تعریف کرد. استیفان ادعا کرد که خود رهبران

یهود مانند قوم اسرائیل نسبت به عهدعتیق طغیان‌گر و بی‌وفا هستند، و مدام با کار خدا مخالفت می‌کنند: «ای قوم گردنکش، ای کسانی که دل‌ها و گوش‌های‌تان ختنه‌ناشده است! شما نیز همچون پدران خود همواره در برابر روح‌القدس مقاومت می‌کنید. کدام پیامبر است که از دست پدران شما آزار ندیده باشد؟ آنان حتی پیامبرانی را که ظهور آن پارسا را پیشگویی کرده بودند، کشتند؛ و اکنون شما تسلیم‌کننده و قاتل خودِ او شده‌اید» (آیات ۵۱-۵۲). یهودیان از اتهامات استیفان برافروختند، دندان به هم فشردند و گوش‌های خود را گرفتند و به‌سوی استیفان حمله‌ور شدند و او را خاموش ساختند. سپس او را به بیرون شهر کشاندند و سنگسار کردند. اما استیفان (همچون مسیح) با کلماتی مملو از بخشش نسبت به کسانی که کمر به قتل او بسته بودند، جان داد (آیات ۵۴-۶۰؛ مقایسه کنید با لوقا ۲۳:۳۴).

پس از این واقعه، جفای عظیمی در رُم علیه کلیسا آغاز شد. شاگردان آنجا را به‌سوی نواحی یهودا و سامره ترک کردند، اما «آنان که پراکنده شدند، هر جا که پا می‌نهادند، به کلام بشارت می‌دادند» (اعمال ۸:۴). یقیناً کلیسا برای چنین "بشارت گسترده‌ای" برنامه‌ریزی نکرده بودند، اما روح‌القدس از پراکندگان در این مسیر استفاده می‌کرد. تمام کسانی که از اورشلیم به‌خاطر این جفا بیرون رانده شدند، این خبر خوش را به همه‌جا رساندند. دیگر تنها واعظین رسمی کلیسا نبودند که انجیل را موعظه می‌کردند (۸:۴؛ ۱۱:۱۹-۲۱؛ مقایسه کنید با اول تسالونیکیان ۱:۸). در روایت کتاب اعمال، ممکن است چنین بنماید که بشارت انجیل بیشتر توسط رسولان که به‌واسطهٔ روح‌القدس هدایت و رهبری می‌شدند انجام می‌گرفت. با این‌حال در همه جا گزارش‌ها نشان می‌دهد که بخش اعظم بشارت کار ایماندارن عادی؛ «مبشرینِ غیررسمی» کلیسای اولیه بود: «در حقیقت بزرگترین خدمات در مسیحیت، توسط خادمین غیررسمی انجام شده است.»[1] این «گسترش خودجوش کلیسا ... در پی فعالیت‌های

1. Harnack, Mission and Expansion, 368. Cf. Green, Evangelism in the Early Church, 173.

۲۳۷ اعلانِ خبر خوشِ پادشاهی خدا

سامان‌نیافته و بدون برنامهٔ اعضای کلیسا اتفاق افتاد که فقط انجیلی را که خود دریافته بودند برای دیگران شرح می‌دادند.»

یکی از افرادی که توسط جفای عظیم از اورشلیم بیرون انداخته شد فیلیپس بود. او به سامره سفر کرد (اعمال ۸:۵-۲۵) و با خواجه‌سرای حبشی روبه‌رو شد و خبر خوش انجیل را با او در میان گذاشت (آیات ۲۶-۴۰). در همان زمان، در انطاکیه کلیسایی برای یهودیان و غیریهودیان توسط مسیحیان بی‌نام و نشانی که در اثر جفا پراکنده شده بودند بنا شده بود (۱۱: ۱۹-۲۱؛ مقایسه کنید با غلاطیان ۲:۱۱-۱۴). روح‌القدس از دشمنان کلیسا برای پراکندن اعضای آن در سراسر امپراتوری روم استفاده کرد. بدین‌ترتیب به عوض جلوگیری از انتشار انجیل، این دشمنان در واقع در انتشار آن دست داشتند!

بدون شک مهمترین رویدادی که در دوران این جفا اتفاق افتاد، ایمان آوردن و به خدمت فراخوانده شدنِ مردی از ترسوس به نام سولس بود (۹:۱-۳۰). وقتی استیفان سنگسار می‌شد، سولس در آنجا حضور داشت - حتی ممکن است خود نیز در آن دخیل بوده باشد (۸:۱) - و سنهدرین را در جفا رساندن به این کلیسای جوان رهبری می‌کرد. او تحت مأموریت از جانب سنهدرین به کنیسه‌های سراسر فلسطین و حتی خارج از آن می‌رفت تا اجازه یابد شاگردان عیسی را دستگیر کند و برای محاکمه به اورشلیم بازگرداند. با این‌حال در راه دمشق، نوری درخشان گرد او تابید. او صدایی شنید که «می‌گفت: "شائول، شائول، چرا مرا آزار می‌رسانی؟" وی پاسخ داد: "خداوندا، تو کیستی؟" پاسخ آمد: "من آن عیسی هستم که تو بدو آزار می‌رسانی"» (۹:۴-۵). عیسی همسان با پیروانش، آزار می‌دید. پس از این واقعه، سولس پیرو عیسای مسیح شد. او نقش مهمی در رساندن انجیل به غیریهودیان داشت، زیرا خداوند او را به‌عنوان «ظرف برگزیدهٔ خود انتخاب کرد تا نام [عیسی] را نزد غیریهودیان و پادشاهان‌شان و قوم اسرائیل ببرد» (۹:۱۵).

کلیساها با پراکنده شدن ایمانداران و رساندن خبر خوش در سراسر یهودا، جلیل و سامره پدید آمدند. پس از داستان تبدیل سولس (که نام رومی او پولس بود؛ ۹:۱۳)، به این تفسیر کوتاه می‌رسیم: «بدین‌گونه

کلیسا در سرتاسر یهودیه و جلیل و سامِره آرامش یافته، استوار می‌شد و در ترس خداوند به‌سر می‌برد و به تشویق روح‌القدس بر شمار آن افزوده می‌گشت» (۳۱:۹).

انجیل همچنان فراتر از مرزهای اورشلیم انتشار می‌یافت و بیشتر وارد کنیسه‌های یهود در سراسر فلسطین و فراتر از آن می‌شد. یهودیان بسیاری در سراسر امپراتوری روم زندگی می‌کردند و هر جا آنها بودند کنیسه نیز وجود داشت. بدین‌ترتیب، کلیسای اولیه در ارتباط نزدیک با فرهنگ یهود باقی مانده بود. اما این امر باید تغییر می‌کرد.

پطرس رسول در راه سفر از نواحی یهودا، از طریق دریا به یافا رسید، و رؤیایی دید که در آن سفره‌ای از انواع حیوانات حرام در مقابل او گسترده بود (۱۰:۹-۱۶). پطرس صدایی شنید که به او فرمان می‌داد آنها را ذبح کند و بخورد، اما او پاسخ داد: «حاشا از من، خداوندا! ... زیرا هرگز به چیزی حرام یا نجس لب نزده‌ام» (آیهٔ ۱۴). خداوند دوباره فرمود: «آنچه خدا پاک ساخته است، تو نجس مخوان» (آیهٔ ۱۵). پطرس سه مرتبه این رؤیا را دید. او یقیناً به احکام خوراکی که خدا در عهدعتیق فرمان داده بود فکر می‌کرد. این احکام اکنون مرزهای مشخص میان یهودیان و غیریهودیان را تعیین می‌کرد. در حالی که پطرس در فکر معنای آن رؤیا بود، کرنلیوس که فرماندهی خداترس از غیریهودیان بود چند تن را به پیش او فرستاد تا پطرس را به خانهٔ کرنلیوس در قیصریه دعوت کنند. وقتی پطرس به آن خانه رسید، کرنلیوس هم داستانی برای تعریف کردن داشت: او فرشته‌ای را ملاقات کرده بود که به او فرمان داده بود پطرس را به اینجا بیاورد. او چنین خاتمه داد: «اینک همهٔ ما در حضور خدا حاضریم تا هرآنچه خداوند به تو فرموده است، بشنویم» (آیهٔ ۳۳). بدین‌ترتیب پطرس شروع به رساندن خبر خوش عیسی در خانهٔ شخصی غیریهودی کرد. وقتی پطرس سخن می‌گفت، روح‌القدس بر تمام شنوندگان قرار گرفت، و پطرس و بقیهٔ مسیحیان یهودی‌نژاد از اینکه می‌دیدند خدا روحش را حتی بر غیریهودیان افاضه می‌کند، شگفت‌زده شدند. سپس کرنلیوس و اهل خانه‌اش در نام عیسی تعمید گرفتند (آیات ۴۴-۴۸). وقتی پطرس به اورشلیم بازگشت،

کلیسا او را به‌خاطر اینکه با غیریهودیان همسفره شده بود توبیخ کرد. پطرس رؤیایی که خود و کرنلیوس دیده بودند، و این حقیقت را که خود روح‌القدس ایمان این غیریهودیان را تأیید کرده است، برای آنها شرح داد. پس از آن، ایمانداران یهودی در کلیسای اورشلیم دیگر اعتراضی نسبت به آن نداشتند (۱۱:۱-۱۷). آنها خدا را حمد گفتند زیرا «به‌راستی که خدا توبهٔ حیات‌بخش را به "غیریهودیان" نیز عطا فرموده است» (آیهٔ ۱۸).

این بخش از اعمال رسولان نشر خودجوش انجیل فرای مرزهای اورشلیم را توضیح می‌دهد، و با داستانی دیگر از مخالفت و جفا به پایان می‌رسد. هیرودیس (آگریپاس اول)، یعقوب (برادر یوحنا) را کشته و اکنون پطرس را نیز با همان نیت دستگیر کرده بود. اما خدا در پاسخ به دعای کلیسا، فرشته‌ای فرستاد تا پطرس را از زندان هیرودیس آزاد سازد، که این اتفاق بسیار فراتر از انتظار کلیسایِ در دعا بود (۱۲:۱-۱۹). در ادامهٔ داستان، فرشتهٔ خدا هیرودیس را زد و او به‌شکل دردناکی مرد، زیرا کفرآمیز از مردم خواسته بود او را به‌عنوان خدا بپرستند (آیات ۱۹-۲۳؛ مقایسه کنید با دانیال ۴:۲۸-۳۷). پیام بسیار واضح است: نه هیچ بشری، نه هیچ نیروی مخالفی از هر قسم، نمی‌تواند در مسیر عمل نجات‌بخش خدا بایستد. هیرودیس مرد، «اما کلام خدا هرچه بیشتر پیش می‌رفت و انتشار می‌یافت» (اعمال ۱۲:۲۴).

شهادت کلیسا تا رُم

اگرچه انجیل به‌سمت بیرون از اورشلیم حرکت آغاز کرده اما بیشتر در میان یهودیان پراکنده در امپراتوری روم انتشار یافته بود. ولی چیزی تازه در انطاکیه آغاز شده بود، جایی که ایمانداران – متشکل از یهود و غیریهود – با یکدیگر جمع شدند تا کلیسایی تشکیل دهند (اعمال ۱۱:۱۹-۲۱). وقتی کلیسای مادر در اورشلیم این را شنید، برنابا را فرستاد تا ببیند در انطاکیه چه رخ داده است. برنابا به‌وضوح فیض خدا را دید که در میان ایمانداران انطاکیه عمل می‌کرد و آنها را تشویق کرد تا در ایمان‌شان پایدار بمانند. در حقیقت، این کلیسا بنیادی برای

خدمتی بسیار وسیع شد، و پولس را با انجیل مسیح به بخش‌های بزرگ امپراتوری روم فرستاد. وقتی کلیسای انطاکیه در عبادت بود، روح‌القدس فرمود: «برنابا و سولس را برای من جدا سازید، به جهت کاری که ایشان را بدان فراخوانده‌ام» (۲:۱۳). پس از دعا و روزه، رهبران کلیسا بر سولس و برنابا دست گذاشتند و ایشان را برای موعظهٔ انجیل به دیگر شهرهای امپراتوری روم فرستادند.

در اینجا برای اولین بار می‌بینیم که برای رساندن انجیل به مکان‌هایی که هنوز دربارهٔ آن نشنیده بودند تلاشی نظام‌مند صورت می‌گیرد. این کلیسا همچنان به خدمت در ناحیهٔ خود، یعنی انطاکیه، ادامه می‌داد. اما اکنون در اطاعت از دعوت خدا نگاه خود را به‌سوی «دورترین نقاط جهان» معطوف کرده بود. اولین حرکت بزرگ به‌سمت بیرون از اورشلیم، نشر خودجوش انجیل به یهودا، سامره و مناطق مشخص غیریهودی‌نشین بود (۶:۸-۲۵:۱۲). اما اکنون شاهد نشر سازمان‌یافتهٔ انجیل از کلیسای انطاکیه به‌سوی آسیای صغیر و اروپا، تحت رهبری پولس هستیم (۲۵:۱۲-۲۰:۱۹).

پولس که برجسته‌ترین شخصیت در خدمت مسیحی شده بود، پیش‌تر به‌عنوان سولس فریسی، و آزاردهندهٔ ظالم کلیسای اولیه معروف بود. سولس پس از رؤیایی که از مسیح قیام‌کرده داشت، تحول چشمگیری را تجربه کرد و به دعوت خدا مبنی بر: «تا نام [او] را نزد غیریهودیان و پادشاهان‌شان و قوم اسرائیل ببرد» (۱۵:۹) پاسخ داد. بعدها خود پولس شرح می‌دهد که خداوند به او چنین گفت: «تو را نوری برای ملت‌ها ساختم، تا نجات را به کران‌های زمین برسانی» (اعمال ۴۷:۱۳؛ مقایسه کنید با اشعیا ۶:۴۹). پولس شاهد اصلی داستان انجیل در اعمال باب ۱۳ تا آخر است، و همچنین سیزده نامه در عهدجدید به نام او وجود دارد. بدین‌سان، ممکن است به نظر برسد که پولس شخصیت اصلی نیمی از کتاب اعمال رسولان است. اما این‌طور نیست زیرا روح‌القدس حاکم بر داستان است و پولس به‌عنوان ابزاری در دستان او قرار دارد. روح‌القدس برنابا و سولس/ پولس را به مسیرهایی که باید می‌رفتند فرستاد (۴:۱۳)،

پولس را از موعظه در ایالت آسیا منع کرد (۱۶:۶)، او را بیرون از بیطینیه نگه داشت (۱۶:۷)، او را متقاعد کرد به اورشلیم برود (۲۰:۲۲)، او را قدرت بخشید (۱۳:۹)، و نسبت به خطرات او را هشدار می‌داد (۲۰:۲۳). مأموریت بشارتی در وهلهٔ اول کار روح‌القدس است.

خدمت بشارتی پولس شامل تأسیس کلیساهای جدید و تقویت آنها بود تا نور انجیل را درخشان سازند. هدف پولس ایجاد اجتماعی از شاهدان پادشاهی خدا در تمام بخش‌های امپراتوری روم بود (رومیان ۱۵:۱۷-۲۲). او وقت کافی صرف می‌کرد تا این اجتماعات بر بنیادی محکم استوار شوند. پولس ضمن تعلیم انجیل و کتب مقدس، و برگزیدن رهبران برای نظارت بر رشد کلیساها، همچنین شام خداوند را بنیان نهاد. او اغلب در سفرهایش به کلیساهایی که بنا نهاده یا آنها را تقویت کرده بود، بازمی‌گشت تا آنها را تشویق به وفاداری کند (مانند اعمال ۱۵:۴۱). به همین دلیل نامه‌هایی به کلیساهای جوان نوشت.

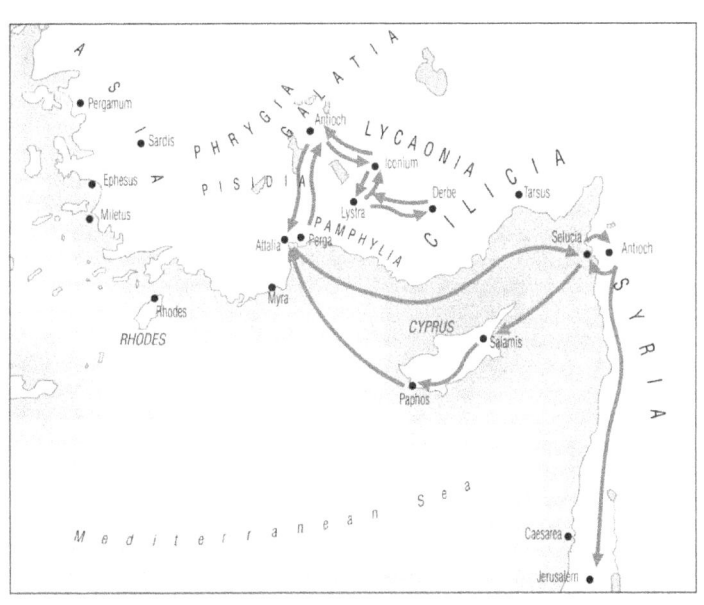

تصویر ۲۰- اولین سفر بشارتی پولس

پولس سه سفر به آسیای صغیر، یونان و مکادونیه برای تأسیس و تقویت کلیساها کرد. شیوهٔ او این بود که از کنیسه‌های محلی آغاز می‌کرد، زیرا به‌خوبی از نبوت‌های عهدعتیق مبنی بر اینکه احیای خدا ابتدا برای قوم اسرائیل است و سپس غیریهودیان به‌سوی آن جذب می‌شوند (رومیان ۱۶:۱) آگاه بود. پولس در اولین سفر از انطاکیه به‌سوی قپرس با برنابا همسفر بود (مرقس نیز مدت کوتاهی با آنها بود). در آنجا شخص والی ایمان آورد، و لوقا جزئیات بیشتری از آنچه در این جزیره اتفاق افتاده بود به آن می‌افزاید (اعمال ۱۳:۴-۱۲). پولس و برنابا از قپرس به انطاکیهٔ پیسیدیه واقع در ایالت غلاطیه سفر کردند و در آنجا پولس در کنیسه انجیل را اعلام کرد. برخی از شنوندگان یهودی (و برخی از غیریهودیان که به یهودیت گرویده بودند) این خبر خوش را پذیرفتند، اما بقیهٔ افراد نپذیرفتند. مردم بسیاری از یهود و غیریهود پولس را دعوت می‌کردند تا پیامش را بیشتر برای آنها توضیح دهد، اما رهبران اجتماع یهود جلوی آنها را با خشونت می‌گرفتند. سپس پولس توجهش را به‌سوی غیریهودیان معطوف می‌کند، که بسیاری از آنها ایمان آوردند و از روح‌القدس پر شدند (آیات ۱۳-۵۲). یک بار دیگر جامعهٔ یهود مشکلاتی برای پولس و برنابا ایجاد کردند و آنها را از شهرشان بیرون راندند.

در قونیه همین الگو تکرار شد: تعداد زیادی از یهودیان و غیریهودیان به انجیل ایمان آوردند، اما مجدداً مقامات یهودی به مخالفت پرداختند و پولس و یارانش را بیرون راندند (۱۴:۱-۷). در لستره، پولس و برنابا لنگ مادرزادی را شفا دادند. مردم بت‌پرست آن شهر باور کرده بودند که آنها (پولس و برنابا) زئوس و هرمس هستند که نزول کرده‌اند! پولس خبر خوش را بشارت می‌داد، اما مخالفین یهودی که آنها را از قونیه دنبال می‌کردند به پولس آزار رساندند و او را به قصد کشت سنگسار کردند. پولس پس از بهبود یافتن از این مصایب، همراه برنابا به‌سمت دربه حرکت کرد (آیات ۸-۲۰). پس از بشارت انجیل در آنجا و تربیت شاگردان بسیار، از همان مسیر به لستره، قونیه و سپس به انطاکیهٔ پیسیدیه (آیات ۲۱-۲۳)، و بعد از آن به انطاکیهٔ سوریه بازگشتند، و به کلیسایی که آنها را فرستاده بود گزارش دادند (آیات ۲۴-۲۸).

چنانکه دیدیم، روش معمول پولس این بود که بشارت انجیل را ابتدا از داخل کنیسه شروع می‌کرد و وقتی مخالفت برپا می‌شد، بیرون کنیسه‌ها می‌رفت. یهودیانی که او در سفرهایش با آنها روبه‌رو می‌شــد عموماً با موعظاتش به مخالفت برمی‌خاستند، و این در حالی بود که غیریهودیان بیشتر پذیرای او بودند. از این‌رو، کلیساهایی که پولس در اولین سفرش تأسیس کرد و آنها را تعلیم داد، بیشــتر از غیریهودیان تشکیل شده بود. شاید درک این مطلب برای ما سخت باشد که برای یهودیان قرن اول کنار گذاشتن سنت‌هایی که هویت دیرینهٔ مذهبی آنها را تشکیل می‌داد و وجه تمایز آنها با ملل بت‌پرست محسوب می‌شد چقدر دشوار بود. اکنون پولس آنها را فرامی‌خواند تا ایمانداران غیریهودی را به‌عنوان شــریکی برابر در این "اسرائیل" احیاشده در پادشاهی خدا بپذیرند. بدین‌سان، جای تعجب نیست که مباحثاتی میان غیریهودیان و یهودیان در همین ابتدای دوران داستان کلیسا درگرفت. به‌طور خاص، مســیحیان یهودی‌نژاد که اولین جامعهٔ ایمانداران را (در اورشــلیم و کمی فراتر از آن) تشکیل داده بودند در ابتدا اعتقاد داشــتند که غیریهودیانی که به مســیح ایمان آورده‌اند باید حداقل از شــریعت موسی اطاعت کنند. ایمانداران یهودی از غیریهودیان انتظار داشــتند ختنه شــوند، به این معنا که در عهد یهودیان با خدا متولد شده‌اند. گروهی از این «افراد که رسوم یهود را دنبال می‌کردند» حتی شهر به شهر در غلاطیه می‌گشتند، و به کلیساهایی که توسط پولس بنا شده بود ســر می‌زدند و می‌کوشیدند مسیحیان غیریهودی را متقاعد سازند ایمانی به روش یهودی، چنانکه در شــریعت آمده است، داشته باشند. اما پولس خشــمگین نامهٔ پرشوری خطاب به غلاطیان نوشت، و از آنها خواست تا در ایمان خود اســتوار باقی بمانند زیرا نجات تنها از طریق مسیح است، نه از طریق پیروی از رسوم یهودی. این مباحثات فرهنگی باعث به‌وجود آمدن شورایی در اورشلیم شد، که نتیجه گرفت غیریهودیان باید به‌عنوان عضوی برابر به کلیسا بپیوندند، آن‌هم بدون رعایت آداب و رسوم فرهنگی یهود (باب ۱۵). شــورای اورشلیم بسیار مهم بود زیرا از این نقطه بود که مشخصاً انجیل اجازه یافت به تمام فرهنگ‌های دنیا ترجمه شود.

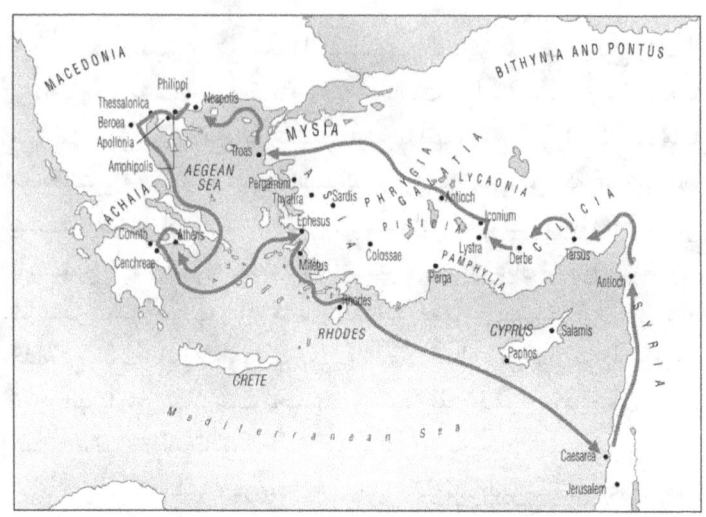

تصویر ۲۱- دومین سفر بشارتی پولس

سفر دوم پولس به برخی دلایل، قابل توجه است (۱۵:۳۶-۱۸:۲۲). نخست اینکه استراتژی او تا حدی تغییر کرد. او تصمیم گرفت زمان بیشتری را در شهرهای مهم هر منطقه بگذراند، تا کلیساهایی را در آنجا تأسیس کند. به‌علاوه، در این سفر کلیساهایی را ملاقات کرد که عاقبت یکی از نامه‌های شبانی او را دریافت کردند: فیلیپی، تسالونیکی، قرنتس و افسس.

بعد از مشاجره‌ای که میان او و برنابا درگرفت، پولس سفر دوم بشارتی خود را با سیلاس و همچنین در ادامه با تیموتائوس به پایان رساند. آنها از انطاکیه (در سوریه) به‌سوی غرب سفر کردند و از ایالت‌های رومی کیلیکیه، غلاطیه و آسیا (بین دریای مدیترانه و دریای سیاه) گذشتند. پس از آنکه پولس رؤیای مردی را دید که برای کمک التماس می‌کرد، آنها در اطاعت از آنچه روح آنها را برانگیخته بود از دریای اژه گذشتند و به شبه‌جزیرهٔ یونان رسیدند. آنها کلیساهای فیلیپی، تسالونیکی، آتن و قرنتس را بنا نهادند. پولس و همکارانش پس از یک‌سال‌ونیم خدمت در قرنتس، به انطاکیه بازگشتند (۱۵:۳۶-۱۸:۲۲).

در سومین سفر پولس، او مجدداً مسیر پیشین خود را در کیلیکیه، غلاطیه، فریجیه دنبال کرد و کلیساهای آن مناطق را تقویت نمود (۲۳:۱۸). اکنون اصلی‌ترین هدف پولس این بود که کلیسایی در شهر مهم افسس بنا کند، جایی که در پایان سفر دومش دیدار کوتاهی از آنجا داشت. پولس از طریق رهنمود و اعمال قدرتمند (که شامل معجزات شفا بود) موفق شد کلیسایی در آنجا بنا کند، و به این وسیله شیوع جادوگری و بت‌پرستی را در آن شهر به چالش کشید. او بیش از دو سال در افسس اقامت داشت (۱:۱۹-۴۱)، و در این زمان «کلام خدا به‌طور گسترده منتشر می‌شد و قوت می‌یافت» (آیهٔ ۲۰). پولس در زمان اقامتش در افسس حداقل چهار نامه به قرنتس نوشت (دو نامه از چهار نامه در کتاب‌مقدس ما موجود است)، و به تعدادی از سؤالات دربارهٔ معنی تجسم انجیل در محیط بت‌پرست قرنتس پرداخت. او همچنین به بررسی برخی از مشکلات شخصی که میان او و آن کلیسا بود پرداخت.

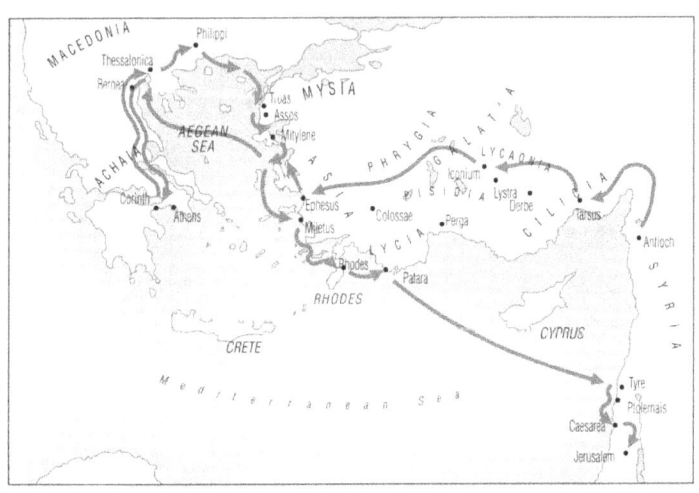

تصویر ۲۲- سفر سوم بشارتی پولس

پولس به محض ترک افسس، از میان مقدونیه و یونان سفر کرد و کلیساهایی که در آتن، قرنتس، بیریه، تسالونیکی، و فلیپی را بنا کرده

بود دلگرمی بخشـــید (تشویق کرد) (۲۰: ۱-۶). او نهایتاً سه ماه در یونان توقف کرد، و از آنجا نامه‌ای به مســـیحیان روم نوشت. این مشهورترین نامهٔ پولس اســـت و نسبت به بقیه نامه‌ها بیشترین تأثیر را در تاریخ کلیسا داشته است: نامه (و یا رساله) به رومیان. پولس هرگز به روم نرفته بود، و لحن او در این نامه بسیار رسمی است، چرا که سعی دارد درک مسیحیان روم را از انجیل و رابطه میان یهود و غیریهود عمیق‌تر کند. پولس از یونان با کشـــتی به تروآس رفت و بعد از آن یک بار دیگر به افسس بازگشت، جایی که رهبرانش را پیش از آنکه وداعی اشـــکبار داشـــته باشد تقویت نمود (۲۰: ۷-۳۸).

پولس آخرین سفر خود را با بازگشت به اورشلیم تکمیل نمود، جایی که گزارش سفرهای بشـــارتی خود را به کلیسا داد (۲۱:۱۷-۲۶)، جایی که به تحریک رهبران یهود توسط رومی‌ها دستگیر شد (آیات ۲۷-۳۶). مابقی کتاب اعمال رسولان، پولس را در جلسات قضایی و محکمه‌ها از اورشـــلیم تا قیصریه و سپس تا رُم نشان می‌دهد. این محکمه‌ها نیز برای پولس فرصتی فراهم کرد تا خبر خوش را به بســـیاری بشـــارت دهد که شـــامل تعداد زیادی از حاکمین نیز می‌شد (مقایسه کنید با ۹:۱۵). او در رُم نامه‌هایی به کلیساهای فیلیپی، افسس، کولسی، و نیز نامه‌ای به فلیمون (مالک برده‌ای فراری که توسط پولس به مسیح ایمان آورده بود) نوشت. در کتاب اعمال، لوقا کار مسیح جلال‌یافته را که توسط روح‌القدس و از طریق کلیسای اولیه انجام می‌شـــد شرح می‌دهد. او در پایان این داستان به ما می‌گوید که پولس دو ســـال را در حبس خانگی در رُم به‌سر برد، و شجاعانه دربارهٔ پادشاهی خدا و خداوند عیسای مسیح موعظه می‌کرد.

پولس مفهوم انجیل را در نامه‌های خود آشکار می‌سازد

پولس در داستان کتاب‌مقدس

پولس در داســـتان کتاب‌مقدس نقش بســـیار مهمـــی ایفا می‌کند. او اصلی‌ترین شخصیت در اواخر کتاب اعمال رسولان است که انجیل را از قالب اصلی یهودی خود به دنیای غیریهود برد. از همه مهمتر، پولس مبشر

است، زیرا خبر خوش را به مکان‌هایی رساند که تاکنون چیزی دربارۀ آن نشنیده بودند. پولس همچنین قلب شبانی داشت. او مشتاق بود شکوفایی تمام کلیساهایی را که بنا کرده بود ببیند، و دوست داشت ببیند که به جامعه‌ای فعال تبدیل شده‌اند و شاهدانی هستند که از طریق زندگی، کلام و اعمال‌شان وفادارانه به آمدن پادشاهی خدا اشاره می‌کنند. او اغلب پس از تأسیس کلیسا، زمانی را در آنجا سپری می‌کرد تا به ایماندارانی که تولد تازه یافته بودند تبلور خبر خوش را تعلیم دهد. او اغلب در سفرهای بعدی خود به آنجا بازمی‌گشت تا به آنها رهنمودهای بیشتری دربارۀ طریق زندگی در پادشاهی خدا بدهد. نامه‌های او به کلیساهای جوان اهمیت انجیل برای زندگی جدید آنها را در مسیح آشکار می‌ساخت. اگر قصد داریم تعالیم پولس را در رسالتش درک کنیم، ابتدا باید او را مبشری بدانیم که اصلی‌ترین انگیزۀ او خوراک دادن به کلیساهایی بود که بنا نموده بود تا بتوانند شاهدانی امین برای پادشاهی خدا باشند.

پولس نامه‌های خود را برای آشکار ساختن اهمیت خبر خوش عیسای مسیح، برای کلیساهای مشخص و در شرایط تاریخی مشخصی نوشت. نامه‌ها بر پایۀ شرح خبر خوش آنچه خدا برای جهان در واقعۀ تاریخی زندگی، مرگ و قیام مسیح انجام داده است نوشته شده است. پولس معنا و مفهوم این خبر خوش را برای حیات تازۀ کلیسا در مسیح مخصوصاً در مقابل فرهنگ بت‌پرست روم با جزئیات تمام می‌شکافد. او همچنین انجیل را با عهدعتیق ارتباط می‌دهد و حقایق آن را در مقابل خطایای تعالیم غلط استوار می‌سازد. هر کدام از نامه‌های پولس خطاب به کلیسایی متفاوت است که مشکلات و سؤالات مربوط به خود را دارد.

برای شناخت پولس باید دعوت بشارتی او را جدی بگیریم. او در حالی که بشارت می‌داد و جامعۀ غیریهودیِ نوبنیان را شبانی می‌کرد، انجیل را در قالب فرهنگی آنان بیان می‌کرد - به‌گونه‌ای که اصطلاحات یونانی-رومی را وام می‌گرفت و آنها را با محتوای انجیل پر می‌ساخت. او همچنین بت‌پرستی، مخصوصاً ادعای کفرآمیز قیصر، را در امپراتوری روم به چالش کشید. اما پولس درعین‌حال یهودی باقی ماند، کسی که

با تعالیم رابیان در خصوص شریعت و دیدگاه یهودی نسبت به جهان آموزش دیده بود. بدین‌ترتیب نامه‌های او دو چشم‌انداز داشت: یکی جهان یهودی عهدعتیق که در عیسی تحقق یافت، و دیگری، دعوت بشارتی پولس برای رساندن آن پیام به غیریهودیان و تعلیم آنها به‌عنوان نشانی از امانت و وفاداریی نسبت به انجیل در فرهنگی بت‌پرست.

در این فصل نمی‌توانیم تمام جزئیات تعالیم پولس را بررسی کنیم اما توضیح مختصری دربارهٔ ساختار آن خواهیم داد.

تعالیم پولس: پادشاهی خدا در مسیح طلوع کرد

سولس ترسوسی، فریسیِ فرهیخته، چنین تعلیم دیده بود که تاریخ بشر به دو عصر حاضر و آینده تقسیم می‌شود. در تفکرات یهود، عصر حاضر تحت سلطهٔ گناه، شیطان و مرگ قرار دارد، اما در عصر آینده، خدا به قوم اسرائیل بازخواهدگشت و سلطنت خود را آغاز خواهد نمود. وقتی گروهی از مردم در اورشلیم پس از مصلوب شدن عیسی ادعا کردند پادشاهی خدا آغاز شده است، سولس بسیار خشمگین شد. او با تعصب فراوان بر این فرقهٔ بدعت‌گرا حمله کرد. اما همه چیز برای سولس در ملاقات با عیسای قیام‌کرده تغییر نمود. اگر عیسی، همان ماشیح یهودیان است که از مرگ برخاسته (و پولس از زمان ملاقات با عیسای قیام‌کرده، هرگز نسبت به آن تردید نکرد)، به این معنا است که عصر آینده اکنون آغاز شده است و پادشاهی خدا هم‌اکنون در اینجاست. این مسیحی که سابقاً فریسی بوده و اکنون تولد تازه یافته، باید مجدداً دربارهٔ هر آنچه تاکنون آموخته بود فکر می‌کرد.

و این نقطهٔ شروع پولس بود: پادشاهی خدا، "عصر آینده،" فرا رسیده است.

تمام محتوای موعظهٔ پولس را می‌توان در اعلان و شرح روز نجات آخرالزمانی که با ظهور، مرگ و قیام مسیح آغاز شد خلاصه کرد. از این منظر اصلی و به‌واسطهٔ این وجه مشترک است که می‌توان موضوعات جداگانهٔ موعظات پولس را درک نمود و در اتحاد و ارتباط با یکدیگر قرار داد.

نجاتی که توسط انبیای عهدعتیق وعده داده شده بود آغاز گشته بود؛ چیزهای کهنه درگذشته، و همه چیز تازه شده است (دوم قرنتیان ۱۷:۵). زمان مقرر فرا رسیده است (غلاطیان ۴:۴)، و اکنون روز نجات خداوند است (دوم قرنتیان ۲:۶).

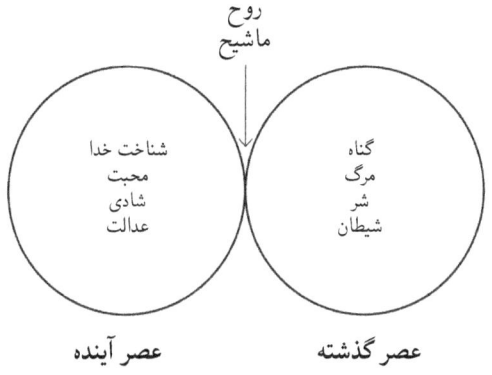

تصویر ۲۳- انتظار یهودیان

علاوه بر این، پادشاهی خدا در مرگ و قیام عیسای مسیح به ظهور رسید. دو شخصیت برجسته مقابل دروازهٔ دو جهان ایستادند: آدم بر دروازهٔ دنیای گذشته ایستاده بود و عیسی بر دروازهٔ دنیای جدید. گناه اولیهٔ آدم، آغازگر عصر گذشته بود و گناه، مرگ و محکومیت به همراه داشت. اما اکنون روز تازه‌ای از پارسایی، حیات، و عدالت به‌واسطهٔ عیسی پدید آمده (رومیان ۱۲:۵-۲۱). اگر از "آدم" هستیم، جزئی از عصر گذشته‌ایم و زیر لعنت آنیم، اما اگر "در مسیح" هستیم، جزئی از عصر آینده‌ایم و هم‌اکنون می‌توانیم قدرت حیات‌بخش خدا را تجربه کنیم.

آنچه در تفکرات پولس چنین تغییر بزرگی ایجاد کرد همانا درک تازه‌ای از رستاخیز بود. در راه دمشق، عیسای قیام‌کرده شخصاً با پولس ملاقات کرد. برای پولس (که به‌عنوان یهودی قرن اول به‌دقت تعلیم یافته بود) رستاخیز به معنای قیام جسمانی و ورود به حیات عصر آینده بود. و از آنجا که عیسی زنده شده بود، پس عصر آینده نیز آغاز شده بود. «از آنجا که عیسی همان مسیح بود، قیام او صرفاً مانند برخاستن مردگان در گذشته

یا رخدادی منزوی نبود؛ بلکه در آن، نجاتی که در او وعده داده شـده بود، یعنی خلقت تازه، به‌عنوان انتقال از دنیای کهنه به دنیای نوین، به‌شـکلی چشـمگیر طلوع کرده بود» (دوم قرنتیان ۵:‏۱۷؛ مقایسـه کنید با آیهٔ ۱۵). پولس عیسی را فرزند ارشد از میان برادران (رومیان ۸:‏۲۹) و نوبر خفتگان (اول قرنتیان ۱۵:‏۲۰) معرفی می‌کند. عیسـی سـرآغاز – و پیش‌قراولِ – زندگی ابدی است، کسی که راه را برای دیگران گشود (کولسیان ۱:‏۱۸).

برای پولس این دیدگاه تازه نسبت به رستاخیز، دیدگاه تازه‌ای نسبت به صلیب می‌طلبید. او می‌دانست که در عهدعتیق «هر کس که به دار آویخته شود ملعون است» (غلاطیان ۳:‏۱۳؛ مقایسـه کنید با تثنیه ۲۱:‏۲۳). اما از آنجا که عیسی همان ماشیح بود، و از مرگ قیام کرده بود، صلیب نیز باید در پرتو رستاخیز بازنگری می‌شد. از آنجایی که رستاخیز به معنی شروع تازه‌ها اسـت، مصلوب شدن مسـیح نیز باید به معنی پایان کهنه‌ها باشد (رومیان ۶:‏۱-۱۱). مسیح به‌خاطر جهان، لعنت خدا، تقصیرات و قدرت گناه را که بر عصر گذشته حاکم بود بر خود گرفت (غلاطیان ۳:‏۱۳-۱۴). اکنون پولس اعلان می‌کند که خدا از صلیب استفاده کرد تا عصر گذشته را خاتمه بخشد. صلیب نشان پیروزی خدا بر قدرت گناه و شریر بود که در عصر حاضر بر دنیا سـلطنت می‌کرد (کولسیان ۲:‏۱۵). بدین‌سان، این ایده برای یهودیان سـنگ لغزش و برای غیریهودیان جهالت محسـوب می‌شـد، اما در حقیقت (بنا بر ادعای پولس) حاکی از حکمت و قدرت خدا بود (اول قرنتیان ۱:‏۱۸-۲:‏۵). پولس مجموعه‌ای از تصاویر را به‌کار می‌گیرد تا اهمیت این واقعهٔ اصلی را آشکار سازد.

اما اگر کهنه‌ها درگذشته‌اند، و تازه‌ها آمده‌اند، پس چرا شرارت و مرگ همچنان در دنیا وجود دارد؟ نامه‌هـای پولس نیز دربارهٔ همان تنش میان جنبهٔ "هم‌اکنون" و "نه هنوز" پادشـاهی خدا که در تعالیم خود عیسی دیده می‌شد صحبت می‌کند، اما با تأکیدی متفاوت. برای پولس، پادشاهی خدا توسط مرگ عیسی که به کهنه‌ها خاتمه داد و توسط قیامش که تازه‌ها را به ارمغان آورد اکنون حاضر است. روح‌القدس به‌عنوان بیعانهٔ (پیش‌پرداخت) پادشاهی آینده معرفی شده است (دوم قرنتیان ۱:‏۲۲؛ ۵:‏۵؛ افسسیان ۱:‏۱۴).

بیعانه صرفاً سند بدهکاری یا وعده‌ای برای آینده نیست، بلکه مبلغی است که هم‌اکنون پرداخت می‌شود و تضمین می کند در آینده مابقی مبلغ پرداخت خواهد شد. روح‌القدس همچنین به‌عنوان نوبر محصول نیز تصویر شده است، اولین بخش محصول که آمادهٔ بهره‌برداری است، و شاهدی ملموس بر این حقیقت که مابقی محصول نیز خواهد آمد (رومیان ۲۳:۸).

پادشاهی خدا هنوز به‌صورت کامل فرانرسیده است. ما هنوز در دنیایی زندگی می‌کنیم که از تأثیر شریر و قدرت‌های تاریکی به‌صورت کامل آزاد نشده است (دوم قرنتیان ۴:۴). ما همچنان با تاریکی گناه و عصیان علیه خدا، حتی زمانی که در انتظار مکاشفهٔ کامل پادشاهی خدا هستیم، احاطه شده‌ایم (افسسیان ۲:۲-۳)، پادشاهی‌ای که در آن دیگر چنین چیزهایی وجود نخواهد داشت. به این ترتیب در تعالیم پولس نمی‌توان هیچ علامت مشخصی را یافت که حد فاصل میان عصر حاضر و عصر آینده را نشان دهد. ما در این حد فاصل زندگی می‌کنیم، جایی که دو عصر بر یکدیگر همپوشانی دارند. پولس شرح می‌دهد که این دو عصر اجازه یافتند در نقشهٔ خدا با یکدیگر همزیستی داشته باشند تا کار خدمتی کلیسا - گردآوردن ملت‌ها نزد خدای قوم اسرائیل - بتواند پیش از آخرین مکاشفهٔ پادشاهی خدا تکمیل شود. در حقیقت خدا این دوران حد فاصل را به کلیسا بخشید تا کلیسا خواندگی خود را به‌عنوان شاهدی بر آمدن پادشاهی خدا تحقق بخشد.

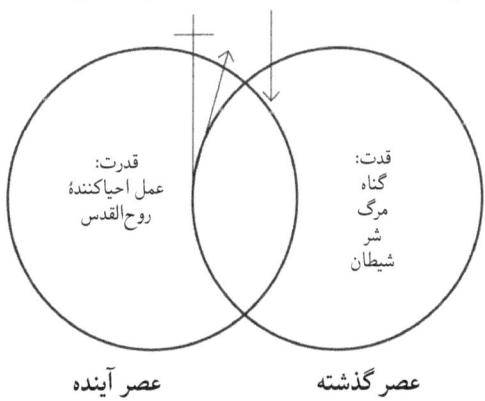

تصویر ۲۴- تحقق در اناجیل

رشد زندگی جدید ما در مسیح

چنانکه دیدیم، بیشترین توجه پولس به‌عنوان مبشر، رساندن انجیل به مکان‌هایی بود که تاکنون دربارهٔ آن چیزی نشنیده بودند. انجیل برای پولس تنها شرحی از وقایع تاریخی و یا تعالیم و آموزهٔ جدید مذهبی نبود. بلکه قدرت خدا بود برای بخشیدن نجات، تا اینکه انسان‌ها را به پادشاهی عصر آینده وارد کند. به همین خاطر بود که پولس تعهدی را احساس می‌کرد و همواره مشتاق بود داستان انجیل را تعریف کند (رومیان ۱۴:۱-۱۵). او مجبور بود انجیل را موعظه کند: «وای بر من اگر بشارت ندهم!» (اول قرنتیان ۱۶:۹). ایمان آوردن شنوندگان پولس و تعمید گرفتن آنها که نشان از مردن نسبت به زندگی پیشین و قیام در زندگی تازه در مسیح بود، باعث شده بود هر جا پولس در امپراتوری روم سفر می‌کرد کلیساهای تازه بنا شود.

اما این کلیساهای نوپا نمی‌توانستند به حال خود رها شوند. آنها تا زمانی که در عصر حاضر زندگی می‌کردند، با این واقعیت روبه‌رو بودند که شریر همچنان در این دنیا پیش از آمدن پادشاهی کامل خدا مشغول به کار است، و آنها باید به‌عنوان شاهدانی بر حقیقت پادشاهی خدا در این دنیا زندگی کنند. از این‌رو دومین نگرانی پولس به‌عنوان مبشر، این بود که جامعهٔ ایمانداران را در ایمان و شاهد بودن به رشد و بلوغ برساند. پولس در نوشته‌هایش از دو تصویر برای رسیدن به این بلوغ استفاده می‌کند. اولین تصویر، کلیسا است که به‌عنوان معبد تازهٔ خدا، جایی که او اکنون با روح‌القدس در آن مسکن گزیده، به تصویر کشیده شده است (اول قرنتیان ۱۶:۳؛ افسسیان ۲۱:۲-۲۲). بنیاد آن خود انجیل است، و رسیدن به بلوغ، ساختن بر همان بنیاد است (افسسیان ۱۲:۴). دومین تصویر برای بلوغ یافتن کلیسا، رشد طبیعی بدن انسان (از طفولیت به بزرگسالی؛ افسسیان ۱۵:۴) یا محصول (اول قرنتیان ۵:۳-۹) است که در عیسای مسیح "ریشه" دارد (افسسیان ۱۷:۳؛ کولسیان ۷:۲) و او تا به ثمر رسیدنش از آن مراقبت می‌کند.

حیات کلیسا با دریافت حیات روح از طریق انجیل آغاز می‌شود: که بر مسیح بنا شده و در او ریشه دارد. اما حیات کلیسا همچنین توسط

ایمان به انجیل ادامه می‌یابد (غلاطیان ۳:۲-۳؛ کولسیان ۲:۶-۷)، چنانکه ایمانداران توسط روح به تکامل، بلوغ و باروری می‌رسند: «به بلندای کامل قامت مسیح» (افسسیان ۴:۱۳؛ مقایسه کنید با آیات ۱۱-۱۶). پولس در ادامه، دربارهٔ عطایای گوناگون و خدماتی که به کلیسا توسط روح‌القدس بخشیده شده تا آن را به بلوغ برساند صحبت می‌کند.

حیات تازه و اطاعت تازه

رسیدن به پری در مسیح امری پیشرونده است. به همین خاطر پولس مدام کلیساهای نوپا را تشویق می‌کند که زندگی شایستهٔ انجیل داشته باشند. الگوی این تشویق در نامه‌های پولس به کلیساها مدام دیده می‌شود. ابتدا به آنها می‌گوید که *خدا* چه کاری برای آنها انجام داده است تا این حیات تازه را به آنها ببخشد، و سپس به *آنها* می‌گوید چه کاری باید مطابق این هویت جدید انجام دهند. از آنجا که خدا به آنها حیات تازه در پادشاهی‌اش بخشیده است، آنها نیز باید به‌عنوان شهروندان مطیع این پادشاهی زندگی کنند.

حیات تازهٔ کلیسا بر آنچه خدا از طریق مرگ و قیام مسیح انجام داده بنا شده است. خدا در مرگ مسیح، قدرت گناه، شریر و مرگ را که بر عصر حاضر سلطنت می‌کند شکست داد. در قیام مسیح، عصر آینده به‌وسیلهٔ وعدهٔ حیات، محبت و صلح آغاز شد (رومیان ۶:۱-۱۱). حیات تازهٔ کلیسا همچنین به‌وسیلهٔ روح‌القدس که در میان جامعهٔ ایمانداران ساکن است و به آنها حیات تازه می‌بخشد قدرت می‌یابد (باب ۸؛ غلاطیان ۵). پولس این را زندگی تازهٔ مسیحیان می‌نامد، که توسط کار مسیح بر صلیب آغاز شد، در پادشاهی پدر تداوم می‌یابد، و توسط قدرت روح‌القدس شکل می‌گیرد.

در قلب این حیات تازه، رابطه‌ای جدید با خدا شکل گرفت که پولس آن را با عناوین مختلف پارسایی، آشتی و فرزندخواندگی معرفی می‌کند.

نخست) خدا قانونگذار و داوری عادل است، و ما که به‌خاطر شراکت در عصیان آدم و به‌خاطر گناه با خدا بیگانه شدیم، خطاکار محسوب

می‌شویم. اما پولس این خبر خوش را اعلام می‌کند که (برای کسانی که به مسیح ایمان دارند) حکم "خطایای" ما لغو شده است. اکنون حکم تازه‌ای وجود دارد: اکنون به‌خاطر مرگ عیسای مسیح، ما پارسا شمرده می‌شویم (رومیان ۳:۲۱-۳۱؛ غلاطیان ۲:۱۵-۱۶؛ ۳:۶-۱۴). در خصوص مسیحیان، داوری نهایی خدا *هم‌اکنون اتفاق افتاده است*! ما با پاک شدن خطاهای‌مان در رابطه‌ای صحیح با خدا قرار گرفتیم.

دوم) از آنجایی که به‌خاطر عصیان گناه‌آلودمان با خدا بیگانه شده بودیم، به آشتی با او نیاز داشتیم. مردم از مدت‌ها پیش بر این باور بودند که این آشتی تنها در زمان‌های آخر با آمدن پادشاهی خدا در دسترس خواهد بود، اما هم‌اکنون به‌عنوان هدیه‌ای رایگان به ما بخشیده شده است (دوم قرنتیان ۵:۱۸-۱۹؛ کولسیان ۱:۲۰). آشتی، گناه را که باعث شد جهان مخلوق خدا در عداوت با او قرار گیرد، از میان می‌برد و به‌سوی صلح و آرامی هدایت می‌کند. به این معنا که تجدید شالوم و هارمونیِ نظم خلقتِ آغازینِ خدا برای کل جهان و مخصوصاً بشریت مهیا شده است (رومیان ۵:۱).

سوم) ما که از نسل گناهکار آدم متولد شده‌ایم، توسط پذیرش هدیهٔ فرزندخواندگی او بازخرید شده‌ایم (غلاطیان ۴:۴-۵؛ افسسیان ۱:۵). همان روحی که در مسیح بود بر زندگی ما نیز فرود آمده است و ما را قادر ساخته تا خدا را "اَبّا، پدر" خطاب کنیم، چنانکه عیسی می‌کرد (رومیان ۸:۱۴-۱۵).

کلیسا چنین است: مردمی که در دنیایی تازه، با هویتی تازه و در رابطه‌ای تازه با خدا زندگی می‌کنند. به همین خاطر است که پولس به کلیسا فرمان می‌دهد بیشتر در حیات تازهٔ پادشاهی خدا زندگی کنند، و انسان قدیم را همچون لباسی آلوده به‌درآورند و انسان جدید را در بر کنند (افسسیان ۴:۲۲-۲۴؛ کولسیان ۳:۹-۱۰). به کلامی دیگر، باید با شیوهٔ زندگی‌شان که توسط تجربیات عصر حاضر شکل گرفته است، خداحافظی کنند و به استقبال شیوهٔ زندگی جدید به‌عنوان بخشی از عصر آینده بروند. و این روش تازه، نیازمند اطاعتی جدید نسبت به

شـــریعت خدا در هر بخش از زندگی است، اطاعتی که ریشه در محبت دارد.

ایـــن دعوت به اطاعت، بازســـازی کل زندگی بشـــر را مد نظر دارد. «هرمان ریدربوس»[1] ایـــن «ویژگی تمامیت‌طلبانـــهٔ اطاعت جدید را ... ضروری‌ترین و بارزترین ویژگی» درک پولس از زندگی تازه در مســـیح می‌خواند. مســـیح بر کل جهان ســـلطنت می‌کند و کل آفرینش را رهایی می‌بخشد (کولسیان ۱:‏۱۵-۲۰). به این ترتیب، تمام زندگی بشر، که حتی شامل فعالیت‌های مادی مانند خوردن و نوشیدن می‌شود، باید برای جلال خدا باشـــد (اول قرنتیان ۱۰:‏۳۱). از آنجا کـــه کل زندگی مادی ما به خدا تقدیم شـــده اســـت (رومیان ۶:‏۱۳؛ ۱۲:‏۱-۲)، هر آنچه در گفتار و کردار انجام می‌دهیم باید در نام خداوند عیسی انجام شود، و به‌واسطهٔ آن خدای پدر را شـــکر کنیم (کولســـیان ۳:‏۱۷). این اطاعت همه‌جانبه، در نیکویی خلقت ریشـــه دارد که در حال رهایی یافتن اســـت (اول قرنتیان ۱۰:‏۲۶؛ اول تیموتائوس ۴:‏۱-۵). پولس به‌خوبـــی آگاه بود که اگرچه کل زندگی بشر، توســـط خدا آفریده شـــده و توسط مســـیح رهایی یافته است، اما همچنین به گناه نیز آلوده اســـت. او هشدار می‌دهد که هر چند ایمانداران آزادند تا از خلقت نیکوی خدا لذت ببرند، اما باید مراقب باشند تا گناهی که آن خلقت را آلوده ساخته است بر آنها تسلط نیابد (اول قرنتیان ۶:‏۱۲).

زندگی مطیعانه و تازهٔ کلیســـا در مســـیح، شریعت خدا در عهدعتیق را به‌عنوان معیار عمل می‌پذیرد. مشکل اصلی با شریعت این بود که هیچ‌کس هرگز نمی‌توانســـت با قدرت خود مطابق معیار بالای آن زندگی کند. لیکن «چون آنچه شریعت قادر به انجامش نبود، از آن رو که به سبب انسان نفسانیْ ناتوان بود، خدا به انجام رســـانید. او پسر خود را به شباهت انسان گناهکار فرستاد تا قربانی گناه باشد، و بدین‌سان در پیکری بشری، حکم محکومیتِ گناه را اجرا کرد. تا آنچه شریعت مطالبه می‌کند، در ما تحقق یابد، در ما که نه بر طبق نَفْس بلکه بر طبق روح رفتار می‌کنیم» (رومیان ۸:‏۳-۴).

1. Herman Ridderbos

این زندگی تازه از اطاعت در مسیح، در نوشته‌های پولس به‌عنوان زندگی در محبت توصیف شده است (افسسیان ۴:‏۱۵-۱۶؛ کولسیان ۲:‏۲). در اینجا پولس تعالیم خود را بر تعالیم عیسای مسیح، مخصوصاً تعالیم مذکور در انجیل یوحنا، بنا می‌سازد (یوحنا ۱۵:‏۱-۱۷). عیسی رابطهٔ مداوم شاگردان با او پس از عزیمتش را به تاک و شاخه‌ها تشبیه می‌کند. وقتی شیرهٔ تاک به شاخه‌ها می‌رسد، ثمر می‌آورند. وقتی حیات مسیح از او به شاگردانش می‌رسد، آنها نیز "ثمر" خواهند آورد، که مهمترینِ آن محبت است. زیستن و ماندن در مسیح به این معنا است که او را محبت و اطاعت کنیم. عیسی دو مرتبه چنین فرمود: «حکم من این است که یکدیگر را محبت کنید، چنانکه من شما را محبت کرده‌ام» (یوحنا ۱۵:‏۱۲؛ مقایسه کنید با آیهٔ ۱۷). این محبت که به‌عنوان ثمرهٔ روح‌القدس در این زندگی تازه به‌وجود می‌آید و اَشکال گوناگون به خود می‌گیرد، در نامه‌های پولس اغلب با شادی و صلح به هم می‌پیوندند و صورتی سه‌وجهی می‌یابد (رومیان ۵:‏۱-۸). محبت همچنین با دیگر کیفیت‌های پادشاهی خدا توصیف می‌شود: فروتنی، صبر، مهربانی، نیکویی، وفاداری، ملایمت، خویشتنداری، پارسایی و قدرشناسی (غلاطیان ۵:‏۲۲-۲۳).

به‌خاطر جهان

حیات تازه و اطاعت جدید کلیسا تنها به‌خاطر جهان بود. وقتی زندگی نوین کلیسا در روح‌القدس برای بی‌ایمانان مشهود باشد، آنها نیز حقانیت این "خبر خوش" را باور می‌کنند و به‌سوی مسیح جذب می‌شوند. پولس در حین تعلیم دادن به جامعه‌ای که وفادارانه حیات تازه در پادشاهی خدا را در بر گرفته بود ، همواره به مردم بیرون از کلیسا نیز توجه داشت. پولس در توضیح حیات کلیسا در محبت، شادی، سخاوتمندی، و بخشش چنین می‌گوید: «دقّت کنید که آنچه را در نظر همگان پسندیده است، به جای آورید» (رومیان ۱۲:‏۱۷). ملایمت و فیض کلیسا باید بر همگان آشکار باشد (فیلیپیان ۴:‏۵؛ کولسیان ۴:‏۵-۶). ایمانداران باید سخت بکوشند «تا زندگی روزمرهٔ [آنها] احترام مردم بیرون را برانگیزد» (اول تسالونیکیان ۴:‏۱۲)

و خود را وقف کارهـــای نیک برای همگان بســازند (تیتوس ۲:۷-۸). اعمال آنها باید به «شیوهٔ شایســتهٔ انجیل مسیح» باشد (فیلیپیان ۱:۲۷)، و به این خاطر بود که در میان فساد ظلمانی امپراتوری روم، شهادت آنها بر انجیل پادشاهی خدا «مانند ستارگان در آسمان» درخشید (فیلیپیان ۲:۱۵). «دیوید بوش»[1] دربارهٔ اهمیت شـــهادت کلیســا از دیـــدگاه پولس چنین می‌گوید: «روش زندگی مســیحیان نه فقط نمونه، بلکه باید با خوشـــی و مسرت همراه باشد. باید مردم بیرون را جذب و به جامعه دعوت کند ... "حضور نمونهٔ آنها" مانند آهن‌ربای قدرتمندی اســت که مردم بیرون را به‌سوی کلیسا جذب می‌کند.»

شهادت کلیســا به فرهنگ عمومی جامعه ســرایت می‌کند، و نشان می‌دهد که نجات عصر آینده امری جامع و فراگیر است. «بروس وینتر»[2] نشان می‌دهد که کلیســای عهدجدید باید در زندگی جامعه سهیم باشد و برای رفاه و ســعادتمندی آن بکوشد. پولس در فیلیپیان (۱:۲۷-۲:۱۸) می‌گوید که «مسیحیان متعهدند "به‌عنوان شهروندان" در دنیای "پولایتیا"[3] [زندگی عمومی جامعه] به‌شایســتگی انجیل زندگی کنند.» مسیحیان با سهیم شـــدن و فعال بودن در فرهنگ پیرامون‌شان، و با اجتناب از آلوده شـــدن به فرهنگ فراگیر بت‌پرستی، «مانند ســتارگان»، «در میان نسلی کج‌رو و منحرف» خواهند درخشید (۲:۱۵).

آمدن خداوند

چنانکه دیدیم، در نامه‌های پولس تنشی میان "هم‌اکنون" و "نه‌هنوز" دیده می‌شـــود. اگرچه پادشـــاهی خدا وارد تاریخ بشر شـــده است، اما تحقق کامل کار رهایی‌بخش خدا در بازگشت مسیح اتفاق خواهد افتاد. پادشاهی خدا در زندگی کنونی کلیســا امری واقعی است، لیکن انتظار برای تکمیل آن در آینده، امید عظیم کلیسا است. «این یقین که در مسیح روز نجات، و دوران پذیرش فرا رســیده اســت، به معنای اتمام انتظار

1. David Bosch; 2. Bruce Winter

۳. Politeia در یونانی به معنای زندگی جمعی شهروندان تحت حاکمیت دولت است. و.

برای رهایی نیست، بلکه فقط بر شدت آن می‌افزاید.»[1] پولس می‌گوید: «ما می‌دانیم که تمام خلقت تا هم‌اکنون از دردی همچون درد زایمان می‌نالد. و نه تنها خلقت، بلکه خود ما نیز که از نوبر روح برخورداریم، در درون خویش ناله برمی‌آوریم، در همان حال که مشتاقانه در انتظار پسرخواندگی، یعنی رهایی بدن‌های خویش هستیم. زیرا با همین امید نجات یافتیم» (رومیان ۸:۲۲-۲۴). ایمانداران مسیحی با امید زندگی می‌کنند، و این امید انگیزه‌ای است تا در عصر حاضر شریر در اطاعت و آرامش رشد کنند.

تداوم داستان کلیسای اولیه

داستان مأموریت خدا از طریق قومش داستانی ناتمام است، که در آن هر یک از ما دعوت شده‌ایم تا جای خود را بیابیم. کتاب اعمال با حضور پولس در رُم به پایان خود نزدیک می‌شود. آخرین چیزی که دربارهٔ او می‌شنویم این است که در خانهٔ اجاره‌ای خود در انتظار محاکمه به‌سر می‌برد. با اینکه در حصر خانگی بود اما اجازه داشت پذیرای ملاقات‌کنندگان باشد: «او پادشاهی خدا را [اعلام می‌کرد] و دلیرانه و بی‌پروا دربارهٔ عیسای مسیح خداوند [تعلیم می‌داد].» (اعمال ۲۸:۳۱). مع‌هذا، این پایان ناگهانی، بسی گیج‌کننده است.

لوقا با این نتیجه‌گیری باز از ما دعوت می‌کند تا به مأموریت «تا دورترین نقاط جهان» بپیوندیم. عیسی بیان کرد که انتشار انجیل از اورشلیم آغاز می‌شود و به دورترین نقاط جهان می‌رسد (اعمال ۱:۸). اما «در حقیقت "دورترین نقاط جهان" به رُم اشاره ندارد ... اعمال ۱:۸ انتشار گستردهٔ این مأموریت را در سراسر امپراتوری روم و فراتر از آن پیش‌بینی می‌کند.»[2] لوقا در اعمال رسولان پیشرویِ انجیل را به تصویر می‌کشد، و پایان ناگهانی آن

1. Ridderbos, Paul, 487. It is possible to stress either the present or future coming of the kingdom at the expense of the other and to distort Paul's teaching. A view of "realized eschatology" stresses the present coming of the kingdom to the neglect of future fulfillment. An "apocalyptic" view stresses the opposite. See Bosch, Transforming Mission, 139–43.

2. Rosner, "Progress of the Word," 218–19.

در رُم خواننده را به داستان دعوت می‌کند تا در انجام وظیفهٔ ناتمام سهیم شود. «در واقع، نویسنده با پیامی تلویحی کتاب را پایان می‌دهد، و خواننده را "در تداوم داستان" شریک و همراه می‌سازد.»[1] ما دعوت شدیم تا وظیفهٔ خود را در این مأموریت به انجام برسانیم.

لوقا در انجیل خود داستان «همهٔ اموری را که عیسی به عمل نمودن و تعلیم دادنشان آغاز کرد» تعریف می‌کند (اعمال ۱:۱ تأکید با حروف ایتالیک در متن اصلی نیست). او در کتاب اعمال رسولان بیان می‌کند که چگونه پیروان عیسی این وظیفه را در روزهای اولیهٔ کلیسا انجام می‌دادند. در این داستان ما نیز سهمی داریم، زیرا دعوت شده‌ایم - و از ما خواسته شده است - تا بخشی از داستان کلیسا باشیم، تا عیسی را پیروی کنیم و مأموریت پادشاهی خدا را بر اثر قدم‌های پیروان اولیهٔ او ادامه دهیم.

صحنهٔ دوم: و به سراسر جهان

کلیسای قرن اول حدود دوهزار سال قدمت، و از لحاظ مکانی (و با بسیاری از ما غربیان) به اندازهٔ نیمی از دنیا فاصله دارد. زندگی، مرگ و قیام مسیح در فلسطین تنها کمی پیش از اکثر وقایع کتاب اعمال رسولان اتفاق افتاد. دو هزار سال پیش از آن، قوم کهن اسرائیل به امید سلوک با خدا سرزمین کنعان را فتح کردند و در آن سکنی گرفتند. چنین می‌نماید که شرح کتاب‌مقدس از اینکه چگونه این مردم سعی می‌کردند در زمان و مکان کهن خود وفادارانه زندگی کنند، ارتباط چندانی به ما نداشته باشد.

اما این‌چنین نیست. دنیای کتاب‌مقدس، دنیای ما است و داستان نجات، داستان نجات ما نیز هست. این داستان در انتظار بخش پایانی است، و ما نیز باید پیش از آنکه همه چیز خاتمه یابد نقش خود را ایفا کنیم. از این‌رو، باید به تداوم داستان نجات در کتاب‌مقدس توجه کنیم. ما نباید کتاب‌مقدس را همچون حجره‌ای مذهبی ببینیم که مملو از کتب تاریخی و آموزه‌های قدیمی و داستان‌های مذهبی، وعده‌ها و فرمان‌های

1. Ibid., 231.

پراکنده است. برخی از خوانندگان کتاب‌مقدس آن را مجموعه‌ای از آیات منتخب می‌دانند که برای حمایت از نظامی الاهیاتی نوشته شده است. برخی دیگر فقط به دنبال راهنمایی‌های اخلاقی هستند، و به همین خاطر، عهدعتیق را برای یافتن داستان‌هایی با تعالیم اخلاقی زیر و رو می‌کنند. برخی افراد نیز تنها به دنبال الهام گرفتن و پیام‌های روحانی هستند تا وعده‌های تسلی‌بخش و درس‌هایی برای زندگی روزمرهٔ خود بیابند. در نتیجه ما یکپارچگی بنیادین کتاب‌مقدس را از دست می‌دهیم و فقط بخش‌های الاهیاتی، اخلاقی، روحانی و تاریخی مورد نظرمان را می‌یابیم.

اما تمام جوامع بشری، و از جمله خود ما، بر اساس داستانی جامع‌تر که معنا و هدف تاریخ را بیان می‌کند و به زندگی بشر شکل و خط‌مشی می‌بخشد، زندگی می‌کنند. ممکن است داستان کتاب‌مقدس را نادیده بگیریم، یعنی شرح جامع الاهی در خصوص شکل دادن و هدایت تاریخ جهان و معنای تمام آنچه را که خدا برای جهان ما انجام داده است؛ اما اگر چنین کنیم، قطعات کتاب‌مقدسی، به‌تدریج در معرض خطر جذب شدن در داستان‌های حاکم بر فرهنگ‌مان قرار می‌گیرند. و داستان‌های حاکم بر فرهنگ مدرن ریشه در بت‌پرستی دارند: اعتمادی غایی به بشریت مبنی بر اینکه خود می‌تواند به نجات دست یابد. بنابراین، به‌جای اینکه به کتاب‌مقدس اجازه دهیم ما را شکل دهد، احتمال دارد به فرهنگ‌مان اجازه دهیم کتاب‌مقدس را برای ما شکل دهد. دیدگاه ما نسبت به دنیا و حتی ایمان‌مان، توسط یکی از این دو شکل می‌گیرد: یا کتاب‌مقدس بنیاد ما است، یا کتاب‌مقدس تبدیل به بخشی از داستان مدرن دنیای سکولار غرب می‌شود. اگر زندگی ما توسط کتاب‌مقدس شکل گرفته است، باید داستان کتاب‌مقدس را به‌خوبی بدانیم، و با تمام وجود آن را احساس کنیم. برای انجام آن باید جای خودمان را در آن بدانیم؛ یعنی بدانیم که در کجای این داستان قرار گرفته‌ایم.

ساعت چند است؟

ان. تی. رایت تصویر مفیدی دربارهٔ اینکه چگونه کتاب‌مقدس ما را دعوت می‌کند تا جای خود را در این داستان بیابیم ارائه می‌دهد. مثلاً

تصور کنید که متن نمایشـــنامه‌ای از شکســـپیر، که «گم شده»، پیدا شود. این نمایشـــنامه در اصل شامل شش پرده بوده، اما تاکنون فقط کمی بیش از پنج پرده از آن پیدا شـــده است؛ چهار پردهٔ نخست، و صحنهٔ اول پردهٔ پنجم، و پردهٔ نهایی. مابقی متن گم شـــده اســـت. نمایشنامه به بازیگران داده شـــد تا روی ادامـــهٔ پردهٔ پنجم کار کنند. آنها خـــود را در فرهنگ و زبان شکسپیر و متون موجود جای دادند. سپس قسمت‌های نانوشتهٔ پردهٔ پنجم را بداهه اجرا کردند و اجازه دادند اجرای‌شـــان توسط خط سیر و نیروی محرکه‌ای که از داستان شکســـپیر درک کرده بودند، شکل گیرد. بدین‌سان، آنها نمایشنامه را به‌سوی خاتمه، چنانکه نویسنده در متن پردهٔ نهایی نوشته بود، سوق دادند.

چنین داســـتانی می‌تواند به درک این حقیقـــت کمک کند که اکنون اقتدار کتاب‌مقدس چگونه می‌تواند زندگی ما را هدایت کند. ما نمایشنامهٔ رهایی کتاب‌مقدس را در پنج پردهٔ اصلی مشـــاهده می‌کنیم: ۱) خلقت، ۲) افتادن در گناه، ۳) داســـتان قوم اســـرائیل، ۴) داستان عیسای مسیح، ۵) داستان کلیســـا، که نقشهٔ نجات خدا را به کمال می‌رساند؛ پرده‌ای که هنوز تکمیل نشده است. ما همچنین نویسندهٔ داستان را می‌شناسیم. حال که خط ســـیر داستان را که تا اینجا روایت شده است می‌دانیم، مخصوصاً با علم به اینکه به ما اعتماد شده تا در ادامهٔ پردهٔ پنجم ایفای نقش کنیم – مأموریت عیسی و کلیسای اولیه – چگونه باید به‌عنوان ایمانداران زندگی کنیم؟ چگونه می‌توانیم نقش خود را ایفا کنیم تا داســـتان به‌سمت پایانی که خدا برای آن نوشته است، پیش برود؟

نور بودن برای جهان: تداوم مأموریت قوم اسرائیل

بیایید به گفتهٔ عیســـی به شـــاگردانش در پایان پـــردهٔ ۴ نگاهی بیندازیم: «همان‌گونه که پدر مرا فرستاد، من نیز شما را می‌فرستم» (یوحنا ۲۰:۲۱). این "شـــما" در خدمت پادشاهی عیسی شامل ما نیز می‌شود. ما آنچه را که عیسی و شاگردانش آغاز کردند، ادامه می‌دهیم. اما اگر در این مقطع به داستان وارد شـــده‌ایم، باید به پشت‌ســـر و پیشِ‌رو نگاه کنیم. ما به پشت‌سر نگاه می‌کنیم

زیرا خدمت پادشاهی عیسی، نقطهٔ اوج داستان قوم اسرائیل است که در عهدعتیق گفته شده بود: عیسی مأموریت قوم اسرائیل مبنی بر نور بودن برای جهان را تحقق بخشید. همچنین به پیش‌رو نگاه می‌کنیم، زیرا عهدجدید (و به‌طور خاص، روایت اعمال رسولان) کلیسای اولیه را ادامه‌دهندهٔ مأموریت پادشاهی عیسی تصویر می‌کند. از این‌رو، برای درک خدمت خود، باید وظیفهٔ بنیادینی که خدا به قوم اسرائیل بخشید، چگونگی تحقق آن به‌وسیلهٔ عیسی و چگونگی تداوم آن توسط کلیسای اولیه را درک کنیم.

داستان کتاب‌مقدس در این باره است که خدا در این جهان چه می‌کند: او در جهت احیا و تازگی کل خلقت عمل می‌کند. خدا انسان‌هایی را برگزید تا به او بپیوندند و در کار او سهیم شوند، کسانی چون ابراهیم، قوم اسرائیل، شاگردان عیسی، کلیسای اولیه، و کلیساهای نوپا که توسط پولس طی سفر در امپراتوری روم به‌وجود آمدند. امروز نیز ما دعوت شده‌ایم تا در کار خدا سهیم باشیم. اگر قصد داریم خواندگی خود را دریابیم، باید آن را در رابطه با آنانی که پیش از ما خوانده شدند درک کنیم.

وعدهٔ خدا به ابراهیم را، مبنی بر اینکه از او قوم عظیمی به‌وجود خواهد آورد و از طریق او تمام قوم‌ها را برکت خواهد بخشید (پیدایش ۱۲:۱-۳)، باید در پرتو پس‌زمینهٔ پیدایش ۱-۱۱ ببینیم، که روایت خلقت جهان توسط خدا و تأثیر مخرب گناه بر آن است. قومی که از نسل ابراهیم هستند باید تبلور هدف اولیهٔ خدا از خلقت بشر باشند (خروج ۱۹:۳-۶). از همان ابتدا کار نجات‌بخش خدا با هدف احیا و بنای خلقت نیکوی خود بود. به همین خاطر، مردمی که مطیع او هستند، باید به دنبال رهایی و نجاتی به بزرگی خلقت باشند. تا آنجا که قوم اسرائیل نسبت به خواندگی خود مطیع بود، می‌توانست برای جهان نور باشد. و جذابیت این زندگی باعث می‌شد قوم‌ها نیز به‌سوی خدا کشیده شوند.

معرفی پادشاهی: ادامهٔ مأموریت عیسی

اگرچه قوم اسرائیل در پاسخ به دعوتش مبنی بر اینکه برای جهان نور باشد شدیداً شکست خورد، اما عیسی شکست نخورد. او هدفی را که

خدا برای قوم اسرائیل داشت تحقق بخشید، سپس (بعد از قیام) اجتماعی از پیروانش را گرد هم آورد، و به آنها مسئولیت داد آنچه را او آغاز کرده بود، ادامه دهند (یوحنا ۲۱:۲۰). ما جزوی از آن اجتماع هستیم، و وظیفهٔ آنها مبنی بر ادامه دادن به مأموریت عیسی وظیفهٔ ما نیز هست.

چنانکه دیدیم، مأموریت عیسی بر آمدن پادشاهی خدا، احیای سلطنت خدا بر تمام خلقت و تمام زندگی بشر، و روز رهایی خدا متمرکز بود. با وجود این، امروزه برخی مسیحیان بر این باورند که عیسی آمد تا ما را قادر سازد از این خلقت بگریزیم و در خانهٔ آخرت و آسمانی خود تا ابد زندگی کنیم! چنین درکی از نجات با نبوت‌های عهدعتیق، و درک یهودیان قرن اول و حتی خود عیسی کاملاً بیگانه است. نجات به معنی فرار از زندگی جسمانی و حضور در زندگی "روحانی" نیست، بلکه احیای سلطنت خدا بر تمام خلقت و تمامیت زندگی بشر است. نجات صرفاً احیای رابطهٔ شخصی با خدا نیست، بلکه بسیار مهم‌تر از آن است: نجات به معنای احیای کل زندگی بشر و در نهایت احیای خلقت غیربشری است. این است دامنهٔ نجات در کتاب‌مقدس. همچنین دامنهٔ خواندگی ما است در شاهد بودن نسبت به این نجات و تداوم مأموریت عیسی، که برای آمدن پادشاهی خدا دعا کرد. عیسی در گفتار خود پادشاهی خدا را اعلام می‌کرد، و در اعمالش نشان می‌داد که پادشاهی خدا آمده است. او مطرودین را پذیرفت و جامعه‌ای از پادشاهی خدا تشکیل داد و نمونه‌ای برای آن گذاشت مبنی بر اینکه چگونه در آن جامعه وفادارانه زندگی کنند، و در حالی که فرهنگ بت‌پرست، زمان خود را به چالش کشید، به‌خاطر آن جامعه رنج دید.

ما از همان مأموریت عیسی پیروی می‌کنیم، اما شرایط فرهنگی‌مان با آنچه در فلسطین قرن اول وجود داشت، بسیار متفاوت است. به این‌خاطر، باید مأموریت عیسی را با خلاقیت به انجام رسانیم. «عیسی الگویی سفت و سخت برای عملکرد افراد تنظیم نکرد؛ اما در عوض، به شاگردانش الهام بخشید تا همان منطقی را که در خدمت او بود خلاقانه به‌کار گیرند تا در موقعیت‌های تاریخی جدید و متفاوت بتوانند انجیل

پادشاهی خدا را در قول و فعل اعلام کنند.»[۱] مجدداً تصویرسازی «رایت» از پردهٔ پنجم نمایشنامهٔ شکسپیر می‌تواند مفید باشد. او بداهه‌گویی و خلاقیت را چنین شرح می‌دهد که بازیگران در پردهٔ پنجم به‌دنبال معنای چهار پردهٔ اول می‌گشتند:

"اقتدار" چهار پردهٔ اول منوط بر فرمانی تلویحی مبنی بر تکرار مداوم قسمت‌های اولیهٔ نمایشنامه نیست؛ نمی‌تواند منوط بر آن باشد! بلکه منوط بر نمایشنامه‌ای *ناتمام* است که عامل محرک و روش پیش‌روی خود را دارد، و شیوه‌ای مناسب و درخورِ خاتمه می‌طلبد. این امر به ورود آزادانه و مسئولانهٔ بازیگران به داستان، چنانکه هست، نیاز دارد تا نخست درک کنند که چگونه این رشته‌ها می‌توانند به‌شکلی مناسب به هم وصل شوند و سپس این درک را به‌شکلی مؤثر با گفتار و کردار به‌گونه‌ای *خلاقانه و منسجم* به اجرا درآورند.[۲]

خلاقیت و انسجام: این دو کلمه معنای پیروی از عیسی در مأموریت پادشاهی‌اش را تحت‌الشعاع قرار می‌دهند. اگر منسجم سخن بگوییم و عمل کنیم، خدمت‌مان با درکی که از جوهر و خط سیر خدمت خود عیسی داریم شکل خواهد گرفت. اگر با خلاقیت سخن بگوییم و عمل کنیم، وظیفهٔ خودمان را با خلاقیت در شرایط جدید فرهنگی و تاریخی‌ای که خدا ما را در آن هدایت می‌کند، انجام خواهیم داد.

شاهدان امین: تداوم مأموریت کلیسای اولیه

عهدجدید دو نمونه در اختیار ما قرار می‌دهد: نمونهٔ عیسی از بشارت پادشاهی و نمونهٔ کلیسای اولیه به‌عنوان پیروان عیسی، و شاهدانی امین بر هر آنچه او بود، و انجام داد و گفت (اعمال ۱:۸). در حالی که عیسی به فکر جمع کردن «گوسفندان گمشدهٔ قوم اسرائیل» بود (متی ۱۵:۲۴)،

1. Hugo Echegaray, The Practice of Jesus, trans. M. J. O'Connell (Maryknoll, NY: Orbis, 1984), 94.

2. Wright, New Testament and the People of God, 140, italics added.

کلیسایش را فرستاد تا آن مأموریت را میان تمام قوم‌ها گسترش دهند. شاگردان باید خبر خوش پادشاهی را به همه جا، و به تمام قوم‌ها برسانند، و آن هنگام است که پایان فرا خواهد رسید (۱۴:۲۴).

با آمدن روح‌القدس، کلیسا از بیعانهٔ نجات پادشاهی خدا برخوردار شد. "ضیافت" پادشاهی توسط کار مسیح مهیا شد، اما برای زمان مقرر انتظار می‌کشد تا تمام میهمانان گرد هم آیند (لوقا ۱۴:۱۵-۲۴). اکنون پیروان مسیح، چشیدن قدرت نجات را آغاز کرده‌اند که همه چیز را تازه خواهد ساخت. کلیسا در حالی که از بیعانهٔ ضیافت آینده لذت می‌برد، نمونهٔ زنده‌ای می‌شود از آنچه پادشاهی آینده خواهد بود. این امر شبیه پیش‌نمایش فیلم است که دقایقی از فیلم اکران‌نشده را به نمایش می‌گذارد. این پیش‌نمایش نشان داده می‌شود تا بینندگان بتوانند نگاهی اجمالی به کل فیلم داشته باشند و بفهمند فیلم چگونه خواهد بود و چه چیز در کل فیلم به نمایش گذاشته می‌شود. به همین شکل نیز یکی از مهمترین کارهای کلیسا این است که تصویر یا نمایشی موجز و نمونه‌ای از آنچه را که پادشاهی خدا در آینده خواهد بود به نمایش بگذارد.

جماعت کلیسای اولیه در اورشلیم و انطاکیه الگوی سالمی از شهادت به پادشاهی خدا ساختند؛ آنها خود را وقف کلام، دعا، مشارکت و شام خداوند کردند، تا زندگی تازهٔ خود را در مسیح بنا سازند (اعمال ۲:۴۲-۴۷؛ ۱۱:۱۹-۲۱؛ ۱۳:۱-۳). در نتیجه، این جماعت پیش‌نمایی مؤثر از آمدنِ پادشاهی خدا شد، و بسیاری از نجات‌یافتگان به جمع‌شان افزوده می‌گشت (۲:۴۳-۴۷). از آنجا که شواهد فراوانی از فیض خدا در زندگی این مسیحیان دیده می‌شد، اطرافیان‌شان آنها را پیروی می‌کردند. شهادت آنها بر راستی انجیل در میان روستاها و شهرها تأثیر بسزایی داشت. کلیسای انطاکیه فراتر از این شاهدین محلی و بومی، پولس و برنابا را فرستاد تا انجیل را به مناطق دوردست ببرند و جماعاتی از ایمانداران در مکان‌های تازه در سراسر امپراتوری بنا کنند (۱۳:۱-۳). بدین‌سان، کلیسا در آن زمان به‌خاطر غیرت در شاهد بودن برای نزدیکان و مأموریت بشارت برای دوردست‌ها شناخته شده بود (و هم‌اکنون نیز باید چنین باشد).

شـــاهد بودن، تعریف این دورهٔ زمانی از داســـتان خدا است؛ که البته ممکن است اشتباه تفسیر شـــود: ممکن است برخی شهادت مسیحی یا خدمت میسیون را به بشارت دادن یا خدمات بشارتی میان‌فرهنگیِ صِرف تقلیل دهند. اگرچه این ابعاد برای مأموریت کلیســـا اهمیت دارند، لیکن نابســـنده و محدودند. وقتی درک کنیم که نجات پادشاهی خدا، خلقت و همه چیز را احیا می‌سازد، آنگاه شـــهادت پادشاهی خدا را به وسعت خلقت خواهیم دید. شـــاهد بودن به این معنا است که قدرت احیاکنندهٔ خدا در سیاســـت و شـــهروندی، اقتصاد و تجارت، تحصیل و آموزش، خانواده و همسایه، رسانه‌ها و هنر، اوقات فراغت و سرگرمی تبلور یافته اســـت. البته به این معنا نیســـت که باید در این حوزه‌های زندگی صرفاً بشـــارت دهیم. باز هم باید یادآور شـــد که این امر اگرچه مهم ولی کافی نیســـت. این امر به این معنا است که شیوهٔ زندگی ما به‌عنوان شهروندان، مشتریان، دانش آموزان، شـــوهران، مادران، و دوستان، شهادتی است بر قدرت احیاکنندهٔ خدا. ممکن اســـت از رویارویی با داستان‌های مذهبی جامع و رقیب که سعی در شکل بخشیدن به فرهنگ ما دارند رنج ببریم. با این اوصاف، این خدمت گسترده مرکز هستی ما است. شهادت معاصر مبنی بر اینکه *دنیای ما متعلق به خدا اســـت*، هم گویای مرکزیت خدمت میسیون و هم دامنهٔ وسیع آن است.

کلیسا با پیروی از رسولان، فرستاده شد –
با انجیل پادشاهی فرستاده شد
تا تمام قوم‌ها را شاگرد سازد
گرسنگان را خوراک دهد
و با اطمینان اعلام کند که در نام مسیح
بخشش گناه، و زندگی تازه وجود دارد
برای تمام کسانی که توبه می‌کنند و ایمان می‌آورند –
تا این خبر را برساند که دنیای ما متعلق به خدا است.
در دنیایی که با خدا بیگانه شده،

و میلیون‌ها تن با انتخاب‌های گیج‌کننده روبه‌رو هستند،
این خدمت، مرکز هستی ما است،
زیرا نامی را اعلام می‌کنیم که نجات می‌بخشد ...
و از اینکه روح‌القدس ما را بیدار ساخته تا
مأموریت خود را در جهان خدا دریابیم، شادی می‌کنیم.

سلطنت عیسای مسیح کل جهان را می‌پوشاند.
برای پیروی از این خداوند باید او را در همه جا خدمت کنیم،
بی‌آنکه هم‌شکل دنیا شویم،
به‌عنوان نور در تاریکی،
و نمک در دنیای رو به فساد.

زندگی کنونی در داستان خدا

شما تا اینجا ما را طی سفر در داستان کتاب‌مقدس همراهی کردید. شاید اکنون در دیدگاه ما مبنی بــر اینکه خدا در جهان و قوم خود فعال است، و مطابق آنچه از ابتدا طرح کرده بود، هر دو را در پادشاهی بزرگ خود شــکل می‌دهد، سهیم شده باشید. اما اگر هر یک از ما حقیقتاً جایی در این داستان داریم، آنجا کجاســت؟ و چگونه این دیدگاه از پادشاهی عظیم خدا می‌تواند هر یک از ما را کمک کند تا جای خود را در آن بیابیم؟ در چند صفحهٔ آینده ما به کمک سه داستان بیان خواهیم کرد که چگونه زندگی فردی ما می‌تواند با داستان کتاب‌مقدس درآمیزد. دو داستان اول کاملاً حقیقــت دارد و مردان و زنانی را نام می‌بــرد که راه‌های مهیجی را برای شــریک شــدن در کار پیش‌روندهٔ خدا پیدا کرده‌اند. در داستان ســوم، ما دوباره به دوســتان خیالی خود آلبرت و ژانت می‌پیوندیم (در بخش مقدمهٔ این کتاب) تا دریابیم چگونه زوج جوان مسیحی می‌توانند با نگاهی تازه به داستان عظیم کتاب‌مقدس زندگی خود را تغییر دهند.

داستان اول: شاهد امین در دنیای تجارت

اولین داســتان (واقعی) ما برگرفته از زندگی «گری گینتر»[1] می‌باشد، مردی که باور داشت خدا او را برای خدمت میان‌فرهنگی خوانده است. در عوض، خدا «گری» را به‌سمت خدمت در دنیای تجارت هدایت کرد.

گری به‌عنوان شریک و بنیانگذار گروه تحقیقاتی و بازرگانی شیکاگو (یک شرکت پیشرو در امور آینده و گزینه‌های بازرگانی، که به گفتهٔ "وال اســتریت ژورنال"[2] «مایهٔ افتخار این صنعت» اســت)، به سمت ریاست و مدیرعاملی شرکت "سیســتم‌هایی قدرتمند گسترده" رسید و همچنین مدیر سه کمپانی تجاری دیگر شــد. او طی دوران شغلی بسیار مهمش، بیش از بیست مؤسســهٔ تجاری دیگر نیز راه‌اندازی کرد که برخی از آنها شرکت‌های خدماتی صنعتی هســتند و به جوامع نیازمند در اقصا نقاط جهان کمک می‌رســانند. بر اســاس معیارهای شناخته شــده در دنیای تجارت، کار گری گینتر بسیار موفقیت‌آمیز بود.

اما گری حاضر نبود موفقیت را با معیار سنتی آن مبنی بر سود و قدرت تعریف کند. برای او، موفقیت در تجارت، درست مانند تمام عرصه‌های زندگی باید در رابطه با پادشاهی خدا تعریف می‌شد. به گفتهٔ گری، هر که خوانده شــده تا در دنیای تجارت مضامین داستان کتاب‌مقدس را به‌کار بگیرد، "متخصص پادشاهی خدا" است!

> متخصصیــن پادشــاهی، موفقیت را در قالب پــول، کار و یا موقعیــت تعریف نمی‌کننــد. آنها به دنبــال افزایش درآمد یا امنیت و جایگاه و ارتقای شــغلی نیســتند. در عوض، آنها به دنبال افزایش تأثیر بر مردم و مکان‌هایی هســتند که خدا آنها را بدان فرا خوانده است. آنها موفقیت را با مشارکت در آنچه خدا می‌خواهد پیرامون‌شــان انجام دهد، اندازه می‌گیرند. آنها خود را زمانی موفق می‌دانند که هر آنچه خدا از آنها خواســته است انجام دهند، به هر کجا که او هدایت می‌کند بروند، و از

1. Gary Ginter; 2. Wall Street Journal

شیوه‌ای اســـتفاده کنند که استعدادشان به‌کار گرفته شود. هیچ چیز کمتر از این قابل قبول نیســـت؛ نه سطحی بودنِ موقعیت، نه توهم گذرای ثروت، نه تأثیرات مخرب قدرت. آنچه برای متخصصین پادشاهی اهمیت دارد، تناسب میان زندگی روزمره و پادشاهی پیش‌روندهٔ خدا در محل کار و زندگی آنهاست.

شـــخص برای شراکت در تجارت و وفاداری به داستان کتاب‌مقدس، باید "کارآفرینی مباشر" باشد، مباشری برای موقعیت‌ها، استعدادها، زمان و پولی که خدا می‌بخشد، و شـــاهدی وقف‌شده برای آمدن پادشاهی او. «گری» می‌گوید که خدا او را خوانده اســـت تا پـــول درآورد، به‌قدر نیاز از آن بـــرای معاش بردارد و مابقی را ببخشـــد. او بر اســـاس این اصول توانست تعدادی "شرکت پادشاهی"، مؤسسهٔ میسیونری و به‌طور خاص در بســـترهای میان‌فرهنگی بنا ســـازد. هدف این شرکت‌های تجارتی، نه افزایش ســـود، بلکه ایجاد شـــغل و تولید اقلام ضروری و خدمات برای مکان‌های نیازمند است. بســـیاری از کشورها که مرزهای خود را به‌روی روش‌های ســـنتی بشارت و موعظهٔ انجیل بســـته‌اند، از این شرکت‌های مسیحی استقبال می‌کنند (این شرکت‌ها بعضاً "خیمه‌دوز" نامیده می‌شوند، که به حرفهٔ پولس رسول اشاره دارد). تجارت به خودی خود به شاهدی قدرتمند برای حقیقت زندهٔ خدا در زندگی قوم وفادار خود تبدیل می‌شود.

«گری» علاوه بر راه‌اندازی "شـــرکت‌های پادشـــاهی"، شخصاً و از لحاظ مالی در سازمان «چرخهٔ خدمات شهری»[1] فعال است که نیازهای خانواده‌های کم‌درآمد مجاور و مناطق فقیر شـــیکاگو را تأمین می‌کند. اما «گری گینتر» فقط با مشارکت در بشارت و خدمت، بخشندگی و سخاوت ایثارگرانه، و تلاش برای ترویج عدالت و رحمت میان نیازمندان نزدیک و دور، شاهدی امین برای پادشاهی خدا نبود. قلب شهادت او وفاداری‌اش به اهـــداف والای خدا در دنیای تجارت بود. گری تجارت را بخشـــش

1. Circle Urban Ministries

نیکوی خدا می‌دانست که در پاسخ به فرمان اول "ده فرمان" به‌وجود آمده است (پیدایش ۲۸:۱). کسب و کار تجاری می‌تواند نقش مهم و مثبتی در جهان خدا ایفا کند. مردم می‌توانند همسایهٔ خود را با برآوردن نیازهای ضروری و خدمت کردن به آنها به‌عنوان ناظران خدا محبت کنند. گری محبت به همسایه، نظارت بر منابع خدا، و عدالت را بر سود مالی مقدم شمرد و این‌گونه بر قصد نیکوی خدا برای تجارت شهادت داد. او برای دستیابی به آرمان "شرکت پادشاهی" کوشید، تلاشی تجاری که با داستان کتاب‌مقدس شکل گرفته است و به زندگی کارمندان و خانواده‌هاشان، تهیه‌کنندگان و مشتریانش برکت خواهد رساند. چنین هدفی در عصری که انگیزهٔ سود بت‌پرستانه بیشتر دنیای تجارت را فراگرفته، بسیار دشوار است. گری متوجه شد که وفاداری در اهداف خدا در تجارت، ممکن است باعث رنج کشیدن، چه به‌خاطر زیان مالی و چه به دلیل از دست دادن شهرت شود. اما این چیزی است که باید به‌عنوان شاهدان منتظرش باشیم.

داستان دوم: شاهدین امین در حفاظت از مخلوقات

آیا در پادشاهی خدا جایی برای استعداد و توانایی مشتاقان پرندگان وجود دارد؟ «پیتر و میراندا هریس»[1] به این نتیجه رسیدند که وجود دارد. پیتر معاون شبان کلیسایی در انگلیس بود، و پس از آنکه خدا نقشهٔ کاملاً متفاوتی را که برای خانوادهٔ آنها داشت به او و میراندا نشان داد، آنها در جستجوی خدمتی مناسب به تانزانیا رفتند. پیتر و میراندا به همراه سه فرزندشان و یک زوج انگلیسی دیگر با عشقی که به خلقت خدا و مخصوصاً پرندگان داشتند در سال ۱۹۸۳ به کشور پرتغال رفتند و سازمانی مسیحی برای محافظت از محیط زیست تأسیس کردند به‌نام روچا ("به معنی صخره"). در آن دوران به‌ندرت شنیده می‌شد که مسیحیان واقعاً نگران محیط زیست باشند. با این‌حال، داستان کتاب‌مقدس به‌وضوح

---
1. Peter and Miranda Harris

محبت عمیق خدا را نسبت به مخلوقات غیربشری بیان می‌کند و نشان می‌دهد که خدا بشر را به‌عنوان نگهبان و ناظر بر آن منصوب کرد. در آن زمان کشور پرتغال، هم با کمبود مسیحیان متعهد و متخصص در علم محیط زیست و هم با کمبود مراکز مطالعاتی روبه‌رو بود. باید از زیستگاه‌هایی که در امتداد ساحل جنوبی این کشور قرار داشتند و آسیب دیده بودند حفاظت می‌شد. به‌طور خاص، مصب رودخانه‌ای، توقفگاهی برای تعداد کثیری از پرندگان مهاجر، توجه این مؤسسه را به خود جلب کرد. کارکنان روچا به مطالعه در این زمینه پرداختند تا الگوهای مهاجرت را بیابند، پرندگان را بشمارند و گونه‌های مختلف را در این منطقه بررسی کنند. سپس این اطلاعات به‌شکل گزارشی رسمی گردآوری و با گروه حفاظت محیط زیست ملی در میان گذاشته شد. کار سخت نتیجه داد. اکنون دولت پرتغال مصب رودخانهٔ نزدیک روچا را منطقهٔ حفاظت‌شدهٔ محیط زیست اعلام کرده است.

مرکز مطالعاتی روچا به‌خاطر تأکید بر همکاری گروهی منحصربه‌فرد بود. افراد با تجربیات متفاوت و قابلیت‌های گوناگون، از تازه‌کارها گرفته تا کسانی که دکترای پرنده‌شناسی داشتند، برای جمع‌آوری اطلاعات و شناخت محیط زیست به آن ناحیه می‌آمدند. کتاب پیتر به نام «زیر بال‌های درخشان» سال‌های اولیهٔ سازمان و برخی چالش‌هایی را که با آنها روبه‌رو بودند، توضیح می‌دهد. این کتاب همچنین نشان می‌دهد که روچا وسیله‌ای بی‌نظیر برای هدایت مردم به‌سوی مسیح بود. مردمی از زمینه‌های بسیار متفاوت از این مرکز مطالعاتی در «کروزینها»[1] بازدید می‌کردند و در این اجتماع پذیرفته می‌شدند. فعالیت‌های روزانه شامل تحقیقات محیطی تخصصی تا بحث دربارهٔ الاهیات می‌شد. برخی مواقع مردم دربارهٔ جنبهٔ مسیحی روچا سؤال می‌کردند. «هریس» می‌گوید که این اجتماع «تمایزی میان ... تحقیقات زیست‌محیطی و ... صحبت دربارهٔ عیسی با دانش‌آموزان مهمان نمی‌دیدند. نه گروه اول سکولار بودند، نه

---

1. Cruzinha

گروه دوم روحانی. همه چیز از روی پرستش و اطاعت انجام می‌شد، و همه چیز برای خالق و رهانندهٔ جهان اهمیت داشت.»[1] وقتی کار در زمینهٔ محیط زیست با هدف خدمت به خدا از طریق درک و مراقبت از خلقت او انجام می‌شود، تبدیل به عملی مبتنی بر پرستش و اطاعت، و راهی برای شهادت بر پادشاهی پیش‌روندهٔ او می‌گردد. در حالی که خدا از طریق عطایا و اشتیاقی که به کارکنان روچا بخشیده بود عمل می‌کرد، این مرکز به فرصتی برای شهادت دادن تبدیل می‌شد. بازدیدکنندگان جلال خدا را می‌دیدند که در خلقت و در زندگی این اجتماع که برای مسیح زندگی می‌کردند، آشکار شده بود. هریس می‌گوید: «همان‌طور که مطالعات در کروزینها توسعه می‌یافت، ما از زمان استفاده می‌کردیم تا با هم دربارهٔ طریق‌هایی که زندگی ما در مسیح شکل گرفته است، صحبت کنیم. بسیار ضروری بود که این تمرین را آگاهانه و ارادی انجام دهیم، زیرا دریافتیم که میل به دسته‌بندی‌کردن امور در اعماق وجود ما رسوخ کرده است. به مرور زمان این امر دیگر کمتر حالت مطالعاتی داشت و بیشتر امری طبیعی شده بود.» حدوداً بیست سال پیش، وقتی روچا بنیاد نهاده شد، تعداد انگشت‌شماری از مردم دور هم جمع شدند تا بذری بکارند. از آن سال تا به حال خدا سبب شد این بذر رشد کند و شکوفا شود. امروز روچا سازمانی بین‌المللی است که در سیزده کشور دنیا فعالیت می‌کند.

داستان سوم: شاهدین امین در دانشگاه

اما در مورد آلبرت و ژانت، دو دانشجوی جوان ما که مشتاق بودند خدا را بشناسند و او را خدمت کنند، و نسبت به یکدیگر علاقه‌مند شده بودند، چه می‌توان گفت؟ آنها به‌خاطر سفرشان با ما از طریق داستان کتاب‌مقدس، دید تازه‌ای نسبت به وسعت اهداف خدا برای جهان پیدا کردند. چگونه ممکن است چنین دیدگاه تازه‌ای بر زندگی‌شان چه در حال و چه در آینده تأثیر بگذارد؟

---

1. Peter Harris, Under the Bright Wings (London: Hodder & Stoughton, 1993; repr., Vancouver: Regent College Publishing, 2000), 117.

ژانت، همیشه فکر می‌کرد تنها ″خدمت مسیحی″ واقعی او زمان‌هایی بود که به دعا و بشارت شخصی اختصاص می‌داد، اما بعدها فهمید راه‌های دیگری نیز وجود دارد که خدا برمی‌گزیند تا از استعدادها و عطایایی که به او بخشیده است، استفاده کند. او دربارهٔ پیوستن به هیأت‌های دیپلماتیک یا تدریس زبان در مدارس خارجی فکر می‌کرد، و حتی به‌دنبال راه‌اندازی تجارت شخصی خود بود تا به افرادی که به‌خاطر شغل‌شان خارج از کشور زندگی می‌کنند، مشاوره بدهد. او دید که چگونه شخص مسیحی فرصت‌های بسیاری دارد تا طریق‌های خدا را در مسیرهای گوناگون زندگی نشان دهد. فکر ژانت دربارهٔ تحصیلات دانشگاهی‌اش نیز دیگر تغییر کرده بود. همچنین علاقهٔ او به تحصیل دانشگاهی در همین مکان و زمان نیز تغییر کرد. او تصمیم گرفت روانشناسی بخواند. اینک متوجه شده بود که خدا او را خوانده است تا دانشجو باشد، و انجیل را وارد افکار، مطالعات، نوشته‌هایش بکند تا به درک عمیقی از جهان خدا برسد که او را قادر می‌سازد تا در هر کجا که خدا بعدها او را می‌فرستد، شاهدی بر سلطنت خدا باشد.

زندگی روزانهٔ ژانت به‌عنوانْ دانشجو نیز احیا شده بود. از آنجا که خدا سلطنت خود را از طریق قومش در هر جا و هر موقعیتی از زندگی باشند، نشان می‌دهد، بسیاری از فعالیت‌های روزمرهٔ زندگی ژانت اهمیت تازه‌ای یافت. پرستش و خدمت، دیگر صرفاً محدود به ساعات پس از کار اداری نبود. مسائل ساده همچون رفتن به کلاس درس، صحبت با دوستان، و یا نوشتن مقاله، معنی تازه‌ای برای ژانت پیدا کرده بود. او درک کرده بود که اینها همان کارهایی هستند که اکنون باید با وقت و استعدادهایش و با انگیزهٔ محبت به انسان‌ها و خدا انجام دهد.

و آلبرت چطور؟ آلبرت همواره دانشجویی خوب، هدفمند و بلندپرواز بود. به همین خاطر، تصمیم گرفت علوم طبیعی بخواند و وارد دورهٔ پیراپزشکی شود؛ اگرچه هیچ چیز مسیحی‌ای در این هدف برای او وجود نداشت. البته این تخصصی بسیار عالی بود و او از طریق آن می‌توانست زندگی خوبی برای خانواده‌اش مهیا سازد. و می‌توانست

از موقعیتی که دارد برای بشارت انجیل استفاده کند و توسط درآمدش سخاوتمندانه به دیگران کمک کند.

اما آلبرت فهمیده بود اگرچه بشارت و سخاوتمند بودن بسیار مهم‌اند، اما همان امور پزشکی نیز می‌تواند دعوت خدا باشد؛ شیوه‌ای که به‌واسطهٔ آن می‌تواند همسایهٔ خود را محبت و خدمت کند و خدا را توسط استعدادی که دارد جلال دهد. او به‌دنبال راهی بود تا بتواند عیسی را در توجهی که نسبت به فقرا داشت پیروی کند. هرچه باشد، جامعهٔ مادی‌گرای ما، هزینه‌های درمان پزشکی را افزایش می‌دهد و فقرا اغلب زیان می‌بینند. آیا راهی برای او وجود داشت که از تحصیلات پزشکی برای رسیدگی به نیازمندان استفاده کند؟ علاوه بر آن، چگونه داستان کتاب‌مقدس پزشکان متخصص را الهام می‌بخشد؟ آلبرت به‌دنبال مسیحیانی گشت که مدت‌ها درمورد این موضوع صحبت می‌کردند و درباره‌اش می‌نوشتند. او فهمید چه چیز را می‌تواند از آنها بیاموزد و هر جا که خدا او را می‌فرستد، آن تجربیات را به‌کار بگیرد. زندگی آلبرت هم مانند ژانت، به‌عنوان دانشجو اهمیت تازه‌ای یافته است. او به‌دنبال یافتن طریق‌های متفاوتی برای پیروی پادشاهی خدا در اینجا و در همین زمان است. او این را فرصتی می‌داند که به او بخشیده شده است تا در آن بیاموزد و کار کند.

زیستن در امید: به‌سوی آنچه در پیش است خود را می‌کشانیم

ما به‌واسطهٔ کتاب‌مقدس آگاهیم که یک روز «هر زانویی خم خواهد شد ... و هر زبانی اقرار خواهد کرد که عیسای مسیح خداوند است» (فیلیپیان ۲:۱۰-۱۱). همچنین می‌دانیم که کل آفرینش روزی احیا خواهد شد. به این خاطر، با امید در انتظار آن روز هستیم، و عمیقاً زندگی‌مان را در انجیل استوار می‌کنیم. سپس می‌توانیم پادشاهی خدا را در جامعهٔ خود حتی از همین امروز بشناسانیم. ما با امید زندگی می‌کنیم، و مشتاقانه در انتظاریم و خود را به‌سوی آنچه در پیش است به جلو می‌کشانیم (۳:۱۳-۱۴).

امید مهم است، زیرا آن بخش حیاتی ایمان ماست که باید خدمت امروز ما را شکل دهد. پولس می‌گوید: «اما سه چیز باقی می‌ماند؛ ایمان، امید، محبت» (اول قرنتیان ۱۳:۱۳). ما از طریق ایمان، نجاتی را که در عیسای مسیح تحقق یافته است، دریافت می‌کنیم. محبت نماد بیرونی ایمان، و نشانی برای زندگی اجتماع ایمانداران است. امید، انتظاری مطمئن است مبنی بر اینکه پادشاهی آیندۀ خدا حتماً خواهد آمد. امید، اطمینانی برای آینده است، اطمینانی که زندگی امروز ما را شکل و معنا می‌بخشد. ما می‌توانیم این امر را در شرایط مختلف روزانه مشاهده کنیم. به‌طور مثال، اگر شما به این امید که روزی پزشک می‌شوید به دانشگاه بروید، این امید زندگی شما را شکل خواهد داد. این امید نه تنها در انتخاب واحدهای درسی دخیل است بلکه در زمان و تلاش (و پول) شما نیز که وقف تحصیل خواهد شد نقش خواهد داشت. به این ترتیب، کل زندگی شما به‌خاطر امیدتان به آینده و آنچه برای شما به ارمغان خواهد آورد، چشم‌انداز و تمرکزی تازه می‌یابد.

همین الگو -اما در ابعادی وسیع‌تر- در امید غایی مسیحیان مبنی بر مکاشفۀ پادشاهی خدا قابل مشاهده است. «لسلی نیوبیگین»[1] این را چنین بیان می‌کند: «وقایع بامعنی در تاریخ فقط زمانی اتفاق می‌افتند که رؤیایی از هدفی آتی وجود داشته باشد.» آنچه ما هدف تاریخ می‌دانیم، اهمیت ویژه‌ای به زندگی امروز ما خواهد بخشید و آن را شکل خواهد داد. اگر بدانیم که خوانده شده‌ایم تا برای دنیای خود پیش‌نمایشی از آمدن پادشاهی خدا مهیا کنیم، امید آن پادشاهی آینده تمام گفتار و کردار کنونی ما را شکل خواهد داد. ما در این مأموریت با عزم و انگیزۀ پیش‌روی، چنانکه در گفتار و کردار عیسی بود، پیش رانده، و به‌واسطۀ انتظاری امیدوارانه نسبت به پادشاهی آینده که با بازگشت عیسی آشکار خواهد شد، جلو کشیده می‌شویم.

به همین خاطر، بسیار مهم است که بدانیم به‌طور خاص در انتظار چه هستیم. با این‌حال، بعضاً به‌عنوان مسیحیان توجه کاملی به محتوای

---

1. Lesslie Newbigin

ایمان‌مان و اینکه تاریخ ما را به کجا هدایت می‌کند نداریم. از آنجا که همواره در امیدمان تأمل نمی‌کنیم، این خطر وجود دارد که محتوای آن کاملاً کتاب‌مقدسی نباشد؛ و این امر بسیار مهم است، تا جایی که (چنانکه دیدیم) امید ما برای آینده، خدمت‌مان را در زمان حال شکل خواهد داد. جوهر امید مسیحیان چیست؟ کتاب‌مقدس چه تعالیمی دربارۀ پایان تاریخ، و پردۀ نهایی نمایشنامۀ کائنات می‌دهد؟ پاسخ این سؤالات را در فصل آخر بررسی خواهیم کرد.

پردهٔ ششم

بازگشت پادشاه

تکمیل رهایی

هدف غایی خدا، وقتی تصمیم گرفت خلقت خود را از گناه و تأثیرات آن رها سازد، این بود که آنچه او نیکو آفریده بود کاملاً احیا شود، و کل کائنات بار دیگر تحت فرمانروایی خیرخواهانهٔ او زندگی و رشد کنند. در عیسای مسیح، هدف رهاییِ کائنات ابتدا آشکار و سپس تکمیل شد: آخرین کلمات عیسی بر صلیب، «تمام شد» (یوحنا ۱۹:۳۰)، حاکی از آن بود که اکنون رهایی عملی شده است، با این‌حال، مکاشفهٔ نهایی آن در آینده اتفاق خواهد افتاد. کتاب‌مقدس داستان حرکت پیشروندهٔ خدا به‌سمت احیای نهایی کل کائنات را بیان می‌کند. همچنین گه‌گاه آشکار می‌سازد که وقتی این احیا در کاملیت نهایی خود آشکار شود، چگونه خواهد بود. در این فصل پایانی کتاب، نگاهی به پایان تاریخ، هنگامی که خلقت نیکوی خدا احیا می‌شود، خواهیم انداخت.

باب‌های پایانی کتاب مکاشفه تصویری ارائه می‌دهند از اینکه وقتی خدا تاریخ را به پایان می‌رساند، چه چیز در انتظار خلقت است. لیکن در سراسر کتاب‌مقدس گوشه‌هایی از آنچه را داستان رهایی‌بخش خدا بدان روی داشته است، دیده‌ایم. واضح‌ترین و آشکارترین تصویر پادشاهی خدا در شخصیت، گفتار و کردار پسر خدا، عیسای مسیح دیده می‌شود. با این‌حال، بخش‌های دیگری از کلام، پنجره‌ای به‌سوی قصد و هدف نهایی خدا برای خلقتش می‌گشایند.

پایان داستان

در آخرین باب‌های کتاب مکاشـــفه (مخصوصاً ۱:۲۱-۵)، از هدف نهایی خدا پرده‌برداری می‌شـــود. یوحنا رؤیایی از آسمان جدید و زمین جدید که برای همیشـــه از گناه و شـــیطان پاک شده است، دید. آسمان و زمین کهنه (قلمرو گناه و مرگ) جای خود را به قلمروی تازه می‌دهد که در آن خداوند مجدداً ســـلطنت می‌کند. شهر مقدس "اورشلیم جدید"، از آســـمان به زمین آمده است. و این نشانه‌ای بود از اِعمال نوین نظم کامل خدا بر زمین، که یادآور دعای عیسی است: «پادشاهی تو بیاید، ارادهٔ تو، چنانکه در آسمان انجام می‌شود، بر زمین نیز به انجام رسد» (متی ۶:۱۰). فرود آمدن مســـکن خدا یا "اورشـــلیم جدید" بر زمین، تصویری از این حقیقت است که پادشاهی خدا آمده است و ارادهٔ او تا ابد بر زمین انجام خواهد شد؛ درست چنانکه همیشه در آسمان بوده است.

از تخت خدا صدای بلندی شنیده شد که اعلام می‌کرد:

> اینک، مسکن خدا با آدمیان اســـت، و او با آنها ساکن خواهد شد؛ و ایشان قوم او خواهند بود، و خود خدا با ایشان خواهد بود و خدای ایشان خواهد بود. او هر اشکی را از چشمان آنها پاک خواهد کرد. و دیگر مرگ نخواهد بود؛ و ماتم و شـــیون و درد وجود نخواهد داشـــت، زیرا چیزهای اوّل سپری شد. (مکاشفه ۳:۲۱-۴).

آســـمان، مســـکن خدا (که به‌خاطر گناه از خلقت جدا شـــده بود)، در تصویـــری نمادین "پایین" می‌آید و بر زمین قـــرار می‌گیرد تا اتحاد و هماهنگی را میان خالق و هر آنچه آفریده بود احیا سازد. خود خدا می‌آید تا با بشـــر بر زمین جدید مســـکن بگزیند. گناه و تمام تأثیرات آن از بین رفته‌اند. دیگر هیچ مرگ و بیماری و دردی نیســـت، بلکه تنها آرامش و هماهنگی وجود دارد، زیرا رابطهٔ خدا و انســـان شفا یافته است. خدا بار دیگر به اندازهٔ همان روزهایی که بـــه (اجداد ما) آدم و حوا در باغ عدن نزدیک بود به ما نزدیک شده اســـت. رابطهٔ انسان‌ها نیز شفا یافته است:

محبت سلطنت می‌کند. تمام زندگی بشر پاک شده است، حتی مخلوقات غیربشـــری نیز در این آزادی قوم خدا از بردگیِ پیشـــین به گناه و مرگ، سهیم شـــده‌اند. هدف تاریخ کتاب‌مقدس احیای خلقت است: شفایافته، رهایی‌یافته، و احیاشده.

اگرچه این نگاه دربارهٔ خلقت جدید، نقطهٔ اوج پایان مکاشفه، آخرین کتاب در کتاب‌مقدس اســـت، اما بیشتر آن بر آینده تمرکز دارد. آنچه این کتاب ارائه می‌دهد، نگاهی اجمالی است به اهداف خدا در سراسر تاریخ؛ اهدافی که به این نتیجه‌گیری ختم می‌شـــود. بخش اعظم کتاب‌مقدس، تاریخ بشـــر بر زمین اســـت و به‌طور خاص تجربیات قوم خدا را نشان می‌دهد. در این کتاب پایانی، گویی پردهٔ تالار تخت آسمانی خدا کنار رفته است. این به ما امکان می‌دهد تا ســـرانجام، جنگی روحانی را که تاریخ دنیای ما را شکل داده اســـت ببینیم؛ جنگی که نمی‌توانیم آن را با دیدگاه محدود زمینی و تاریخی خود ببینیم (مقایسه کنید با افسسیان ۶:۱۲).

یوحنا این مطالب را برای جمع کوچکی از ایمانداران در آســـیای صغیر که تحت جفای روم شـــدیداً در رنج بودند، می‌نویســـد. آنها احتمالاً تصور می‌کردند که در نبرد با نیروهای شریر تنها هستند. اما یوحنا مشاهده کرد – و برای خوانندگان نیز آشکار ساخت – که در پس مخالفت با انجیل و کلیسای اولیه، تنفر دیرین و سازش‌ناپذیر شیطان نسبت به مسیح و قوم او نهفته بود. کلیسای کوچک آسیای صغیر در بطن مبارزه‌ای روحانی در کائنات، درگیر جنگی کوچک بود و نمی‌توانســـت دامنهٔ وســـیع جنگ میان خدا و شیطان را ببینند. بدین‌سان، برای این مســـیحیان وفادار و ترسان، پیام مکاشفه داده می‌شود: خدا پیروز خواهد شـــد. آنان که در خدمت او امین بودند با او در پیروزی نهایی سهیم خواهند بود. حتی اگر نتیجهٔ جنگ کنونی‌شان تردیدآمیز است، اما عیسای مسیح بر وقایع دنیا کاملاً مسلط است.

یوحنا کتاب مکاشفه را با رؤیای شگفت‌انگیزی از مسیح جلال‌یافته آغاز می‌کند. سپس توضیح می‌دهد که به او گفته شد تا وقایع کنونی (در دوران معاصـــر خود، در قرن اول) و آنچه را کـــه در آینده اتفاق خواهد افتاد، بنویســـد (۱:۱۹). اولین موضوعی که نویسنده توجه خود را بدان

معطوف می‌کند، تشـــویق هفت کلیسای آســیای صغیر است تا در میان رنج‌هایی که می‌بینند، نســبت به انجیل امین و وفادار بمانند (باب ۲-۳). ســپس پرده کنار می‌رود و یوحنا اجازه می‌یابد رؤیایی از تخت خدا در آســمان ببیند، که از آنجا خدا در جلال و شکوه خود فرمانروایی می‌کرد (باب ۴). بیست‌وچهار پیر (که به‌صورت سمبولیک نمایندهٔ کل قوم خدا بودند: قوم اســرائیل در عهدعتیق و کلیسای عهدجدید) و چهار موجود زنــده (که نمایندهٔ تمام خلقت بودند) در مقابل خدا بر خاک افتادند و او را پرستش کردند.

ســپس یوحنا طوماری بــا هفت مهر دید که نشــان‌دهندهٔ حاکمیت مطلق بــر تمام جهان و اهداف تاریخ جهان بود. وقتی ســرانجام طومار حاوی اهداف خدا گشوده شــود، شریر مغلوب خواهد شد، و قوم خدا (که نام‌شــان در آن طومار مکتوب است) در نجات الاهی سهیم خواهند شد (باب ۵). فرشتهٔ خدا می‌پرســد: «کیست که سزاوار برداشتن مهرها و برگشودن طومار باشد؟ کیست که قادر است تاریخ را به‌سوی هدفش هدایت کند؟ کیست که می‌تواند بر شیطان غالب آید و نجات را به ارمغان آورد؟» (آیهٔ ۲ به صورت تفســیری آمده است). در ابتدا هیچ پاسخی به سؤال فرشته داده نشد. یوحنا به تلخی می‌گرید، زیرا می‌بیند کسی نیست که بتواند تاریخ را هدایت کند، و بشــر در دور باطل شــریر، رنج، درد و مرگ گرفتار شــده اســت. اما یکی از پیران او را تسلی می‌دهد و از او می‌خواهد تا مجدداً بنگرد و شیر تنومندی را که بر دشمنان غالب آمده و قادر است طومار را بگشــاید، ببیند. اما وقتی یوحنا با چشمان اشک‌آلود می‌نگرد، نه شیری شــکوهمند، بلکه برهٔ خونین رقت‌انگیزی می‌بیند که گویی ذبح شــده بود. پیروزی خدا نه در میدان جنگ، نه توســط شیری جنگجو، بلکه توسط بره‌ای که بر صلیب جان داد به‌دست آمد.

هنگامی که بره طومار را از خدا گرفت، سرود حمد و پرستش توسط بیست‌وچهار پیر آغاز شد، و ســپس هزاران هزار تن از فرشتگان به آنها پیوســتند، و در نهایت هر موجودی در آسمان و بر زمین همان‌طور که به روی زمین می‌افتاد، بره را می‌پرستید و چنین می‌گفت:

تو سزاوار گرفتن طوماری و سزاوار گشودن مُهرهای آن،
چرا که ذبح شدی، و با خون خود مردم را
از هر طایفه و زبان و قوم و ملت،
برای خدا خریدی؛
و از آنان حکومتی ساختی و کاهنانی که خدمتگزار خدای ما باشند
و اینان بر زمین سلطنت خواهند کرد ...
آن برهٔ ذبح شده
سزاوار قدرت و دولت و حکمت و توانایی است،
و سزاوار حرمت و جلال و ستایش!
ستایش و حرمت، و جلال و قدرت،
تا ابد از آنِ تخت‌نشین و بره باد! (مکاشفه ۵:۹-۱۰، ۱۲-۱۳)

مابقی کتاب مکاشفه نشان می‌دهد که عیسی -برهٔ تخت‌نشین - مهرها را می‌گشاید و تاریخ را به‌سوی هدف نهایی خود هدایت می‌کند، یعنی بنای پادشاهی خدا، داوری و نجات هنگامی که آن مصلوبِ فاتح مهرها را گشود و طومار تاریخ را باز کرد بر زمین قرار گرفت. یوحنا آشکار ساخت که اصلی‌ترین موضوع تاریخ همواره این جنگ روحانی بوده است؛ و اگرچه از دید انسان اغلب پنهان بوده، اکنون در تصاویر زنده‌ای بر او نمایان شده است. اگرچه تصاویر پیچیده و بعضاً ترسناک بودند، اما اهمیت کلی آنها واضح بود. خداست که از طریق پسر محبوبش تاریخ را به حرکت درآورده است. نقشهٔ خدا انجام خواهد گرفت: پادشاهی او خواهد آمد. این همان تصویر پایانی از احیای آسمان و زمین است که در مکاشفه ۲۱-۲۲ ذکر شده است.

تسلی و امیدی را تصور کنید که این کتاب باید به کلیسای کوچک جفادیده‌ای می‌بخشید که یوحنا خطاب به آن می‌نوشت. اگرچه آنها در تعداد اندک و در نفوذ ضعیف بودند، اگرچه باید مدتی تحت قدرت ظالم روم رنج می‌دیدند، اما امیدشان بر باد نرفته است، زیرا آنها در جبههٔ برنده

ایستاده بودند. آنها کسی را پیروی می‌کردند که قاطعانه بر تاریخ سلطنت می‌کند، کسی که تمام مخالفان پادشاهی‌اش را از بین خواهد برد. آنها در پیروزی مسیح نیز شریکند.

وقایع پیش از پایان

عهدجدید به سه رویداد اشاره می‌کند که در احیای خلقت و آمدن پادشاهی خدا در کاملیتش اتفاق خواهد افتاد: ۱) بازگشت عیسای مسیح، ۲) قیام جسمانی مردگان (برخی برای زندگی در خلقت تازه و برخی برای داوری نهایی)، و ۳) داوری جهان توسط عیسای مسیح.

متأسفانه این وقایع آخرالزمانی اغلب باعث ایجاد مباحثات بی‌ثمر در میان مسیحیان می‌شود. ایمانداران سعی می‌کنند جدول زمانی کیهانی طرح کنند که بتوان وقایع شناخته شدۀ تاریخی را در آن جای داد. اما از آنجا که چنین جداول زمانی در رقابت با یکدیگرند، چنین کنجکاوی‌هایی دربارۀ نوع و نحوۀ عملکرد خدا، و به‌طور خاص، زمان انجام آن، اغلب باعث مناظره و اختلاف میان ایمانداران می‌شود. در میان گروه‌های مختلف مسیحی دربارۀ جزئیات زمان بازگشت مسیح، سلطنت هزارساله، ربوده شدن، داوری نهایی، ضدمسیح، و دوران مصیبت درک متفاوتی وجود دارد. با این‌حال «دیوید لائورنس» به ما یادآور می‌شود که توجه به چنین اموری بیشتر شبیه نگران بودن دربارۀ ماهیت، قدرت و فرکانس دردهای زایمان است تا فکر کردن به خود نوزاد! اگرچه "درد زایمان" در وقایع زمان‌های آخر می‌تواند حیرت‌انگیز باشد، اما باید تمام توجه‌مان را به دنیای تازه‌ای بدوزیم که پس از آن دردها متولد می‌شود. به همین خاطر، تمرکز ما در اینجا بر "نوزاد" و دنیای تازه‌ای است که در انتظار تولد به‌سر می‌برد.

خلقت تازه: احیای همه چیز

مکاشفه باب ۲۱ رؤیایی است از خلقتی که کاملاً احیا شده و به نیکویی اصیل خود بازگشته است. ممکن است از این نکته غافل باشیم

(مگر اینکه خوب به موضوع توجه کنیم) که این دید و رؤیا از هدف نهایی خدا، ممکن است به‌طرز چشمگیری با آنچه ما انتظار داریم متفاوت باشد. کتاب مکاشفه تصویری از انتقال ناگهانی مسیحیان از این دنیا برای زندگی ابدی و روحانی در آسمان به ما ارائه *نمی‌دهد*. «رایت» دربارهٔ این اشتباه رایج چنین می‌گوید: «مردم اغلب با این پیش‌فرض عهدجدید را می‌خوانند که "رفتن به آسمان پس از مرگ" تلویحاً کل مفهوم آن است ... ولی آنها این ایده را نه از عهدجدید بلکه از جایی دیگر وام گرفته‌اند.» در حقیقت، رؤیای یوحنا در مکاشفه، و کل عهدجدید، نجات را به معنای فرار از زمین و رفتن به آسمانی روحانی، جایی که روح آدمی تا ابد در آن ساکن باشد، نمی‌دانند. برعکس، به یوحنا نشان داده شد (و او نیز به ما نشان داد) که نجات به معنای احیای خلقت خدا در زمین تازه است. در این دنیای احیاشده، نجات‌یافتگان خدا در بدن‌های جلال‌یافته در خلقتی تازه، جایی که گناه و تأثیرات آن برداشته شده است، زندگی خواهند کرد. این همان پادشاهی است که پیروان مسیح هم‌اکنون شروع به تنعم از نوبر آن کرده‌اند.

این تعریف از نجات به‌عنوان احیای خلقت (به‌جای نابودی و نوسازی) بر پیوستگی میان جهان کنونی و جهان آینده تأکید دارد. با این‌حال، کتاب‌مقدس همچنین به برخی از عناصر اشاره می‌کند که نشان از عدم تداوم دارد. به‌طور مثال، بدن قیام‌کردهٔ عیسی همچنان برای شاگردانی که او را پیش از مرگ می‌شناختند، قابل شناسایی بود. لیکن قابلیت تازه‌ای یافته بود که می‌توانست از درهای قفل‌شده عبور و فواصل بسیار دور را سریع طی کند (لوقا ۲۴:۲۸-۴۳). وقتی عیسی با صدوقیانی که دربارهٔ بقای ازدواج در قیامت نگران بودند صحبت می‌کرد، به شیوهٔ تازه‌ای از زندگی اشاره کرد که فراتر از روابط جنسی بود که ما اینجا و اکنون بدان واقفیم (متی ۲۲:۳۰؛ لوقا ۲۰:۳۴-۳۶). بنابراین، به نظر می‌رسد که میان زندگی کنونی ما و زندگی آینده، هم پیوستگی و هم گسستگی وجود داشته باشد، برخی مسائل آشنا باشد و برخی بیگانه. ما نمی‌توانیم امور را چنانکه مشتاقیم به‌وضوح ببینیم (اول قرنتیان ۱۳:۱۲)، اما می‌دانیم: «آنچه

را هیچ چشمی ندیده، و هیچ گوشی نشنیده ... خدا برای دوستداران خود مهیا کرده است» (۹:۲). با این‌حال، می‌دانیم که زندگی تازهٔ ما در بدن‌های جلال‌یافته در میان خلقتی تازه خواهد بود (باب ۱۵).

این احیا و تازگی خلقت، امری جامع خواهد بود: کل زندگی بشر در بطن کل خلقت احیا خواهد شد. اغلب دیدگاه ما نسبت به آینده، نجات فردی را مؤکداً جدا از چارچوب کل خلقت و کل رابطه‌ای دیده است که بشر در آن زندگی می‌کند. اغلب چنین می‌نماید که کل داستان کتاب‌مقدس حول "من" می‌چرخد. با این حال، رؤیای مکاشفه – و در حقیقت کل داستان کتاب‌مقدس – ما را به این سمت هدایت می‌کند که با امید در انتظار احیای خلقت در تمامیتش باشیم. هر جنبه از آن باید به‌سوی آنچه خدا از ابتدا برای آن در نظر داشته است بازگردد. در آن کاملیت پرجلال و تمامیت کامل، جایی برای ما وجود دارد. این نجات و رهایی کل کائنات را در بر می‌گیرد.

بشر آفریده شد تا از مشارکت با خدا در بطن کل حیات خلق‌شده برخوردار باشد. شیطان در وسوسهٔ عصیان آدم و حوا بر ضد خدا، به دنبال از بین بردن نقشهٔ خدا بود، و موفق هم شد؛ حداقل تا حدی که امروزه گناه و تأثیرات آن به تمام خلقت رسیده است. اما وقتی خدا تصمیم گرفت با گناه و نتایج مخرب آن مقابله کند، نقشهٔ او این بود که دشمنِ خلقت نیکویش را نابود کند، نه اینکه خود خلقت را از بین ببرد. تخریب آنچه ساخته بود، می‌توانست تأییدی بر پیروزی فوق‌العادهٔ شیطان باشد. «جی. ای. سییس»[1] در این‌باره می‌گوید: «اگر "رهایی" فراتر از نتایج گناه نرود، عنوان بی‌مسمایی است، و شکست خورده است ... نجات هر تعداد از افراد ... به معنای رهاییِ آنچه سقوط کرده نیست، بلکه جمع کردنِ مشتی از خروار است [و در این حالت] خباثت شیطان فراتر از احیای مسیح [خواهد رفت].» اما داستان کتاب‌مقدس به‌سوی پایانی می‌رود که در آن، کار احیاکنندهٔ خدا تمام خباثت‌های شیطان را از بین می‌برد.

1. J. A. Seiss

در سراسر کتاب‌مقدس، پادشاهی خدا به‌عنوان مکان و زمانی برای احیای کائنات نشان داده شده است. در نبوت‌های عهدعتیق خدا فرمود: «ببینید، آسمان جدید و زمین جدید خواهم آفرید» (اشعیا ۱۷:۶۵؛ مقایسه کنید با دوم پطرس ۱۳:۳؛ مکاشفه ۱:۲۱-۵). پس از آنکه عیسی بر صلیب بر گناه پیروز شد و با پیروزی بر مرگ از قبر برخاست، پطرس بشارت خبر خوش را در اورشلیم آغاز کرد و گفت: «باید آسمان پذیرای [عیسی] می‌شد تا ایامی که همه چیز بنا بر آنچه خدا از دیرباز به زبان همهٔ پیامبرانِ مقدّس خود گفته است، *احیا گردد*» (اعمال ۲۱:۳؛ تأکید با حروف ایتالیک از نویسنده است). پولس بر دامنهٔ کار رهایی‌بخش خدا در کل عالم تأکید می‌کند: «زیرا خشنودی خدا در این بود که با همهٔ کمال خود در [عیسی] ساکن شود، و به‌واسطهٔ او همه چیز *را*، چه در آسمان و چه بر زمین، *با خود آشتی دهد*، به‌وسیلهٔ صلحی که با ریخته شدن خون وی بر صلیب پدید آورد» (کولسیان ۱۹:۱-۲۰؛ تأکید با حروف ایتالیک از نویسنده است). چنانکه پس از گناه عدن هیچ چیز در خلقت از تأثیر گناه در امان نبود، پس از پیروزی مسیح بر صلیب نیز هیچ چیز خارج از محدودهٔ رهایی خدا قرار نخواهد نداشت.

برای مثال، دامنهٔ کامل کار رهایی‌بخش خدا به این معنا است که خلقت غیربشری، یعنی بستر و چارچوب زندگی بشر، بدان‌گونه که خدا از ابتدا برای آن در نظر داشته است احیا خواهد شد. به همین ترتیب، انبیا تصویری از هماهنگی و فراوانی (برکت) تازه‌ای در درون خلقت تحت فرمانروایی خدا به تصویر کشیده‌اند (اشعیا ۱۷:۶۵-۲۵؛ یوئیل ۱۸:۲-۲۷). پولس می‌گوید که خلقت غیربشری، که مدت مدیدی در فلاکت سقوط آدم در گناه شریک بوده، اکنون در انتظار رسیدن تازگی و احیا است:

> «زیرا خلقت با اشتیاق تمام در انتظار ظهور پسران خداست. زیرا خلقت تسلیم بطالت شد، نه به خواست خود، بلکه به ارادهٔ او که آن را تسلیم کرد، با این امید که خودِ خلقت نیز از بندگی فساد رهایی خواهد یافت و در آزادی پرجلال فرزندان خدا سهیم خواهد شد.» (رومیان ۱۹:۸-۲۱)

رهایــی کامل همچنین بدین معنا است که توسـعه و کار فرهنگی بشر ادامه خواهد داشت. دسـت‌آوردهای فرهنگی در تاریخ، طاهر و پاک خواهند شــد و بر زمین جدیــد دوبــاره نمایان خواهند گشــت (مکاشــفه ۲۴:۲۱-۲۶). بشر فرصت خواهد داشت تا به کار و توسعهٔ خلقت ادامه دهد، اما این بار رها شده از بار گناه.

اما در پایان این داستان شـگفت‌انگیز، جنبهٔ تاریکی نیز وجود دارد، جنبهٔ تاریکی که حاوی هشـداری جدی اسـت. کسانی وجود خواهند داشت که نام‌شان در دفتر حیات بره نوشته نشده است، و به همین خاطر، بیرون شهر می‌مانند. (مکاشفه ۲۷:۲۱؛ ۱۵:۲۲)

اینک به‌زودی می‌آیم!

تصاویر شـگفت‌انگیز اورشـلیم جدید کـه در باب‌هـای پایانی کتاب‌مقدس آمده اسـت، دید ما را به‌سـوی پایان تاریــخ و احیای کل خلقت خدا هدایت می‌کند. یوحنا کتابش را با وعده‌ای از عیسی به پایان می‌رساند (که سه مرتبه تکرار شده است: ۷:۲۲، ۱۲، ۲۰): «اینک به‌زودی می‌آیم!» او خوانندگان را دعوت می‌کند تا در ایمان استوار بایستند، و به آنهایی که همچنان بیرون از این پادشاهی هستند هشدار می‌دهد، و تمام کسـانی را که برای نجات خدا که در رؤیای یوحنا آمده است "تشنه‌اند"، دعوت می‌کند تا بیایند و آزادانه از آب حیات بنوشـند. عیسـی به‌زودی می‌آید. تمام کسانی که مانند یوحنای رسول به عیسی ایمان دارند، پاسخ خواهند داد: «آمین. خداوند عیسی بیا.»